消防救援队伍后勤管理丛书

消防救援队伍
政府采购法规应用指南

主　审　丁　鹏
主　编　周列美
副主编　刘伟民　欧立芳
编　委　王宇辰　谢　进　陈光化　陈佩卿
任锦辉　梁　振　卢　在　林明光
朱　卓

中国科学技术大学出版社

内 容 简 介

本书是一本针对消防救援队伍采购管理工作的指南，对国家、消防行业现行政府采购法规进行了全面梳理，按照业务工作流程有序分类，对政府采购的一般规定、采购目录、采购方式、采购信息发布、采购代理机构、采购政策扶持、采购质疑投诉等进行了详细介绍，并对相关采购法规做出解读；同时结合工作实际，提出了一整套科学有效的清单化、表格式的政府采购工作指南，作为相关行业从业人员的综合培训资料，以供借鉴与参考。

图书在版编目(CIP)数据

消防救援队伍政府采购法规应用指南/周列美主编. —合肥：中国科学技术大学出版社，2023.6

(消防救援队伍后勤管理丛书)

ISBN 978-7-312-05685-7

Ⅰ.消…　Ⅱ.周…　Ⅲ.消防部队—政府采购法—中国—指南　Ⅳ.D922.2-62

中国国家版本馆CIP数据核字(2023)第090419号

消防救援队伍政府采购法规应用指南

XIAOFANG JIUYUAN DUIWU ZHENGFU CAIGOU FAGUI YINGYONG ZHINAN

出版　中国科学技术大学出版社
安徽省合肥市金寨路96号，230026
http://press.ustc.edu.cn
https://zgkxjsdxcbs.tmall.com

印刷　安徽国文彩印有限公司

发行　中国科学技术大学出版社

开本　787 mm×1092 mm　1/16

印张　30

字数　730千

版次　2023年6月第1版

印次　2023年6月第1次印刷

定价　90.00元

前　言

2018 年 10 月，公安消防部队集体退出现役，成建制划归应急管理部，组建国家综合性消防救援队伍，承担防范化解重大安全风险、应对处置各类灾害事故的重要职责，发挥应急救援主力军和国家队作用。改制转隶后，消防救援队伍作为中央财政预算单位，统一执行国家财经法规、政府会计制度和行政事业单位财务规章，统一执行中央预算单位的采购政策。

管理体制的转变，对于消防救援队伍各级领导、采购工作负责人及相关从业人员，都是一次全新的学习和考验。党的十八大以来，特别是中央八项规定出台以后，严肃财经纪律、严格财务制度逐渐成为常态，政治巡视巡察、政府审计监督、财政监督检查对消防救援队伍的经济活动和采购管理都提出了更高的标准、更严的要求。为了帮助读者更好地学习行政事业单位及消防救援队伍的采购管理及相关法规制度，我们在多年工作实践和经验积累的基础上，对国家现行采购法规制度进行了全面梳理、分类，并为每个部分撰写了政策导读，方便读者快速查阅、正确理解、有效运用。

本书共分八个部分。“政府采购一般规定”对《中华人民共和国政府采购法》《中华人民共和国招标投标法》及其两个实施条例，以及政府采购的管理办法与相关工作部署作了解读；“政府集中采购目录”对中央预算单位、地方预算单位的政府集采目录，以及消防救援队伍的部门集采目录作了解读；“政府采购方式”对招标投标、非招标采购方式、竞争性磋商、框架协议采购等作了解读；“政府采购信息发布与格式规范”对采购意向公开等各类信息发布规定作了解读；“政府采购代理机构与采购评审”对采购代理机构及评标评审规定作了解读；“政府采购政策扶持与公平竞争”对政府采购贫困地区农副产品、促进中小企业发展，以及优化营商环境的政策作了解读；“政府采购质疑投诉与监督检查”对政府采购质疑和投诉办法、政府采购执行情况动态监管以及违反政府采购和公平竞争行为规定作了解读；“消防救援队伍政府采购流程示例”是编者结合工作实际，对消防救援队伍开展政府采购工作清单式、表格化的流程示例，可供读者参考。

本书共收录各类法规文件78部，收录时间截至2022年7月，可作为消防救援队伍各级领导与财务、审计、纪检、后勤、采购、基建等业务部门工作人员，学习行政事业单位和消防救援队伍采购管理制度的培训教材和日常工作的实用工具书。

本书由丁鹏主审，周列美主编，刘伟民、欧立芳任副主编，参加本书编撰的人员还有：王宇辰、谢进、陈光化、陈佩卿、任锦辉、梁振、卢在、林明光、朱卓。

由于行政事业单位和消防救援队伍采购管理工作不断发展，加之编者水平有限，书中仍有缺点和不足在所难免，恳请批评指正。

编　者

2022年8月

目　　录

第一部分　政府采购一般规定

第二部分　政府集中采购目录

第三部分　政府采购方式

第四部分　政府采购信息发布与格式规范

第五部分　政府采购代理机构与采购评审

第六部分　政府采购政策扶持与公平竞争

第七部分　政府采购质疑投诉与监督检查

第八部分　消防救援队伍政府采购流程示例

第一部分

政府采购一般规定

本部分主要介绍《中华人民共和国政府采购法》及其实施条例、《中华人民共和国招标投标法》及其实施条例、加强政府采购内部控制与管理的意见、政府购买服务管理办法以及消防救援队伍政府采购管理办法等内容。

一、《中华人民共和国政府采购法》及其实施条例

为了规范政府采购行为，提高政府采购资金的使用效益，维护国家利益和社会公共利益，保护政府采购当事人的合法权益，促进廉政建设，《中华人民共和国政府采购法》于 2002 年 6 月 29 日第九届全国人民代表大会常务委员会第二十八次会议通过，根据 2014 年 8 月 31 日第十二届全国人民代表大会常务委员会第十次会议修正。

2015 年 1 月 30 日，国务院颁布《中华人民共和国政府采购法实施条例》，自 2015 年 3 月 1 日起施行。

《中华人民共和国政府采购法》及其实施条例主要有以下几个特点：

一是明确了政府采购的适用对象和适用范围。“各级国家机关、事业单位和团体组织，使用财政性资金采购依法制定的集中采购目录以内的或者采购限额标准以上的货物、工程和服务”，也就是通常所说的“目录内、限额上”的采购活动。这个目录和限额包括政府集中采购目录与限额标准、部门集中采购目录与限额标准。

二是明确了政府采购活动中应予回避的几种情形。采购人员及相关人员与供应商有利害关系的，必须回避。供应商认为采购人员及相关人员与其他供应商有利害关系的，可以申请其回避。利害关系主要是指与供应商存在劳动关系、担任供应商董事监事或实际控制人、与供应商法人或负责人有血亲或近姻亲关系、以及其他可能影响采购公平公正进行的关系。

三是明确了政府采购当事人的权利和义务。政府采购当事人包括采购人、供应商和采购代理机构等，纳入集中采购目录的政府采购项目必须委托集采机构代理采购，未纳入集中采购目录的政府采购项目，可由采购人自行采购、也可委托集采机构采购。供应商应满足法定的条件，才可以参与政府采购活动。采购人或者采购代理机构不得以不合理的条件对供应商实行差别待遇或者歧视待遇。

四是明确了政府采购的几种方式。包括公开招标、邀请招标、竞争性谈判、单一来源采购、询价和其他采购方式，对每一种采购方式规定了适用条件、变更审批程序等。

五是明确了政府采购的基本程序。对各种采购方式的主要工作流程作出规定，对发布招标文件、单一来源采购公示等一些特定环节提出了具体的工作时限，并对投标保证金、采购评审、样品等也作出规定。

六是明确了政府采购活动的监督与法律责任。对政府采购活动事项有疑问的，供应商

可以提出询问、质疑、甚至投诉，采购人、采购代理机构、财政部门应依法受理。对违反有关规定的依法追责。

另外，《中华人民共和国政府采购法实施条例》第十九条第一款规定的"较大数额罚款"认定标准为200万元以上的罚款，法律、行政法规以及国务院有关部门明确规定相关领域"较大数额罚款"标准为高于200万元的，该意见自2022年2月8日起施行。

现行政府采购法为推动我国政府采购事业发展发挥了重要作用。但实践中也暴露出一些不足，如采购人主体责任缺失、采购绩效有待提高、政策功能发挥不充分、公共采购制度不统一等。为贯彻落实《深化政府采购制度改革方案》，完善政府采购法律制度，2022年7月15日发布的《中华人民共和国政府采购法（修订草案征求意见稿）》中，对政府采购参加人、政府采购政策、政府采购需求管理、政府采购方式与程序、政府采购合同管理、争议处理、监督检查、法律责任作了修订，并向社会公开征求意见。

二、《中华人民共和国招标投标法》及其实施条例

为了规范招标投标活动，保护国家利益、社会公共利益和招标投标活动当事人的合法权益，提高经济效益，保证项目质量，《中华人民共和国招标投标法》（以下简称《招标投标法》）于1999年8月30日经第九届全国人民代表大会常务委员会第十一次会议通过，根据2017年12月27日第十二届全国人民代表大会常务委员会第三十一次会议《关于修改〈中华人民共和国招标投标法〉、〈中华人民共和国计量法〉的决定》修正。

2011年12月20日，《中华人民共和国招标投标法实施条例》发布，自2012年2月1日起施行，根据2019年3月2日《国务院关于修改和废止部分行政法规的决定》第三次修订。

《招标投标法》第三条规定的"必须进行招标"的项目，是指"在中国境内进行规定的工程建设项目包括项目的勘察、设计、施工、监理以及与工程建设有关的重要设备、材料等的采购。法律或者国务院对必须进行招标的其他项目的范围有规定的，依照其规定"。

《招标投标法》及其实施条例对招标人、投标人、招标代理机构在实施招标、投标、开标、评标、中标等活动进行了具体规定，就相关违法行为明确了法律责任。不论是否属于依法必须进行招标的项目，市场主体只要选择招标方式的，就应当遵守招标投标法及其实施条例相关规定。

随国务院"放管服"改革和建筑业改革，对必须招标的范围进行了大幅缩减。2017年2月《国务院办公厅关于促进建筑业持续健康发展的意见》规定，完善招标投标制度。加快修订《工程建设项目招标范围和规模标准规定》，缩小并严格界定必须进行招标的工程建设项目范围，放宽有关规模标准，防止工程建设项目实行招标"一刀切"。在民间投资的房屋建筑中，探索由建设单位自主决定发包方式。并将依法必须招标的工程建设项目纳入统一的公共资源交易平台，遵循公平、公正、公开和诚信的原则，规范招标投标行为。进一步简化招标投标程序，尽快实现招标投标交易全过程电子化，推行网上异地评标。对依法通过竞争性谈判或单一来源采购方式确定供应商的政府采购工程建设项目，符合相应条件的应当颁发施工许可证。

目前我国公共采购领域政府采购法和招标投标法并立，两法适用范围交叉重叠，具体规

则不尽一致，管理体制各成一套，虽然两则实施条例为两法衔接作了大量努力，但两法“叠床架屋”的矛盾并未根本解决，让广大市场主体无所适从，增加了交易成本和市场障碍，直接影响到对营商环境的体验和评价。两法并立还不利于发挥政府采购政策功能，难以在工程采购中有效落实政府采购政策目标。目前，我国正在积极推进加入世贸组织《政府采购协定》(GPA)和《全面与进步跨太平洋伙伴关系协定》(CPTPP)等国际协定，这也要求我们按照国际规则和国际通行做法，进一步提高国内政府采购制度的完整性和可预见性。推进两法合一，对内有利于形成统一高效的政府采购法律制度，厘清政府和市场的边界，让政府的归政府、市场的归市场；对外有利于提高政府采购市场开放水平，建设更高水平开放性经济新体制，是推进国家治理体系与治理能力现代化，加快构建新发展格局的必然要求。下一步，财政部将围绕两法协调统一，加快推进政府采购法修订工作，增强政府采购法律制度的系统性、整体性和协同性，努力实现政府采购一个领域一套规则，降低市场主体的制度性交易成本，优化政府采购营商环境。

三、加强政府采购内部控制与管理的意见

为了不断加强制度建设、规范采购行为，国务院办公厅于2009年4月发布《关于进一步加强政府采购管理工作的意见》(国办发〔2009〕35号)，提出“七个坚持、七个进一步”：坚持应采尽采，进一步强化和实现依法采购；坚持管采分离，进一步完善监管和运行机制；坚持预算约束，进一步提高政府采购效率和质量；坚持政策功能，进一步服务好经济和社会发展大局；坚持依法处罚，进一步严肃法律制度约束；坚持体系建设，进一步推进电子化政府采购；坚持考核培训，进一步加强政府采购队伍建设。旨在解决个别单位规避政府采购，操作执行环节不规范，运行机制不完善，监督处罚不到位，部分政府采购效率低价格高等问题；同时防范一些违反法纪、贪污腐败现象的发生，避免造成财政资金损失浪费。

为了进一步规范政府采购活动中的权力运行，强化内部流程控制，促进政府采购提质增效，财政部于2016年6月发布了《关于加强政府采购活动内部控制管理的指导意见》(财库〔2016〕99号)，以“分事行权、分岗设权、分级授权”为主线，通过制定制度、健全机制、完善措施、规范流程，逐步形成依法合规、运转高效、风险可控、问责严格的政府采购内部运转和管控制度，做到约束机制健全、权力运行规范、风险控制有力、监督问责到位，实现对政府采购活动内部权力运行的有效制约。

采购需求和履约验收是政府采购活动内部控制的重要环节，财政部于2016年11月颁布《关于进一步加强政府采购需求和履约验收管理的指导意见》(财库〔2016〕205号)，于2021年4月颁发《政府采购需求管理办法》(财库〔2021〕22号)，对采购需求的制定、需求调查的开展、采购实施计划的内容、履约验收方案的内容、采购需求与采购计划的审查等工作环节，提出了具体明确的要求和规定。

四、政府购买服务管理办法

2020年1月，财政部公布了《政府购买服务管理办法》(财政部令第102号)。推广政府

购买服务是党的十八届三中全会通过的《中共中央关于全面深化改革若干重大问题的决定》确定的一项重要改革任务。2013 年 9 月，国务院办公厅印发《关于政府向社会力量购买服务的指导意见》(国办发〔2013〕96 号)，明确要求在公共服务领域更多地利用社会力量，加大政府购买服务力度。2014 年 12 月，财政部、民政部、原工商总局制定颁布《政府购买服务管理办法(暂行)》，对政府购买服务的主体、对象、内容、程序、预算管理、绩效和监督管理作出了制度规范。财政部令第 102 号是对原暂行办法的完善，以部门规章的形式硬化制度约束，进一步规范和加强政府购买服务管理。《政府购买服务管理办法》共 7 章 35 条，除总则和附则外，分别对购买主体和承接主体、购买内容和目录、购买活动的实施、合同及履行、监督管理和法律责任等分章作了规定。

政府购买服务是创新政府公共服务提供方式、推动政府职能转变、全面实施绩效管理的一项重要改革举措。政府采购与政府购买服务在制度上是衔接的，如《政府采购法实施条例》规定，政府采购法所称服务，包括政府自身需要的服务和政府向社会公众提供的公共服务；《政府购买服务管理办法》规定，政府购买服务是指各级国家机关将属于自身职责范围且适合通过市场化方式提供的服务事项，按照政府采购方式和程序，交由符合条件的服务供应商承担，并根据服务数量和质量等因素向其支付费用的行为；《政府购买服务管理办法》同时明确，政府购买服务项目采购环节的执行和监督管理按照政府采购法律、行政法规和相关制度执行。

政府购买服务是政府服务提供方式的重大创新，强调从“养人办事”提供服务向“花钱买服务、办事不养人”转变，这种契约化服务提供方式具有权责清晰、结果导向、灵活高效等特点。实践中，政府购买服务内容出现泛化现象，2016 年前后，一些地方和部门借政府购买服务名义变相举债融资现象一度比较突出，一些地方存在借政府购买服务名义变相用工等问题，还有一些地方和部门将本该由自己直接履职的事务也通过政府购买服务外包出去，转嫁工作责任。为此，《政府购买服务管理办法》明确 6 类事项不得作为政府购买服务内容，也就是被列入政府购买服务内容的“负面清单”：一是不属于政府职责范围的服务事项；二是应当由政府直接履职的事项；三是政府采购法律、行政法规规定的货物和工程，以及将工程和服务打包的项目；四是融资行为；五是购买主体的人员招聘、聘用，以劳务派遣方式用工，以及设置公益性岗位等事项；六是法律法规及国务院规定的其他事项。以上第二至六项中，属于政府职责范围的事项，应当通过符合国家法律法规规定的规范方式实施。

政府购买服务的承接主体主要为企事业单位和社会组织等专业服务机构，政府一般不向个人购买服务。《政府购买服务管理办法》明确，具备条件的个人可以作为政府购买服务的承接主体，主要考虑是，在城乡基层社区或某些特殊行业领域，可能存在组织型承接主体缺乏或优势不足的情形，政府可以向个人购买服务；专家学者也可以以个人身份向政府提供咨询、专业评审等服务。同时，政府向个人购买服务在实践中容易被异化为变相用工。比如，一些地方和部门以招聘“政府购买服务人员”“购买岗位”等政府购买服务的名义用工，一般由政府部门或劳务公司发布招聘公告，通过考试、政审、体检等程序招聘“政府购买服务(岗位)人员”，相关人员名义上与劳务公司签订合同，实际上以劳务派遣方式到政府部门工作。这种以政府购买服务名义变相用工的形式，混淆了政府购买服务、政府以劳务派遣方式用工和政府聘用编制外人员的不同政策规定，容易造成政府人事管理风险，也不利于保护劳动者的合法权益。为此,《政府购买服务管理办法》规定,购买主体向个人购买服务,应当限于确实适宜实施政府购买服务并且由个人承接的情形,不得以政府购买服务名义变相用工。具体实施当中,购买主体向个人购买服务,应当根据《中华人民共和国合同法》《中华人民共和国政府采购法》和《办法》有关规定签订政府购买服务合同,并按合同约定支付购买费用。

为积极稳妥、依法规范有序推进政府购买法律服务工作,根据政府采购和购买服务等有关法律法规,结合法律服务工作实际,司法部、财政部于 2020 年 10 月发布《关于建立健全政府购买法律服务机制的意见》(司法通〔2020〕72 号),规定政府向社会公众提供的公共法律服务、政府履职所需辅助性法律服务,可以依法纳入政府购买服务指导性目录,自觉接受监察监督、财政监督、审计监督、社会监督以及服务对象的监督。

为贯彻落实党中央关于过"紧日子"要求,规范中央国家机关购买后勤服务工作,控制机关运行经费支出,国家机关事务管理局于 2019 年 8 月发布了《中央国家机关购买后勤服务管理办法(试行)》。该管理办法规定中央国家机关购买后勤服务指导性目录涉及服务主要包括:物业服务(房屋养护维护、给排水设备运行维护、供电设备监控维护、弱电设备运行维护、锅炉设备/热力站运行维护、电梯运行维护、空调系统运行维护、消防系统维护、保洁服务、绿化服务)、办公家具维修服务、安全保卫服务、餐饮服务、传达收发服务、会议服务、文印服务等。后勤服务指导性目录所涉及的各类后勤服务购买费用实行定额管理,购买主体应当按照政府采购有关规定组织实施购买服务、确定承接主体。

五、消防救援队伍政府采购管理办法

按照财政部、应急管理部 2020 年 3 月印发的《国家综合性消防救援队伍经费管理规定》,消防救援队伍按照财政部对中央预算单位政府采购管理要求,统一执行中央预算单位政府集中采购目录及标准、信息统计等政府采购相关制度规定。

为了加强中央单位政府集中采购管理,规范集中采购行为,完善和规范中央单位政府集中采购运行机制,财政部于 2007 年 1 月印发了《中央单位政府集中采购管理实施办法》(财库〔2007〕3 号)。该办法分总则、预算和计划管理、目录及标准制定与执行、集中采购机构采购、部门集中采购、监督检查、附则共 7 章 56 条,自发布之日起施行。

财政部于 2017 年 12 月印发了《政务信息系统政府采购管理暂行办法》(财库〔2017〕210 号),对政府投资建设、政府和社会企业联合建设、政府向社会购买服务或需要政府运行维护的,用于支撑政务部门履行管理和服务职能的各类信息系统,包括执行政务信息处理的计算机、软件和外围设备等货物和服务等这些政府采购行为作了相关规定和具体要求。

财政部、国家保密局于 2019 年 7 月联合印发了《涉密政府采购管理暂行办法》(财库〔2019〕39 号),共 6 章 44 条,填补了涉密政府采购领域的空白。根据依法行政要求和简政放权原则,调整了保密行政管理部门事前审查确认涉密项目、财政部门审批采购方式(单一来源采购除外)的制度,在进一步明确采购人主体责任基础上,对涉密项目的确定、采购和保密管理提出具体要求,并规定了采购人、集采机构、供应商、评审小组成员以及监管部门的法律责任。为避免采购人以"涉密"为由规避竞争程序、暗箱操作等问题,该办法对涉密政府采购项目确定作出严格规定，严格限定范围，规范确定程序，明确争议处理，严格责任追究。

应急部消防救援局于2021年1月印发了《消防救援队伍政府采购管理暂行办法》（应急消〔2021〕1号），结合队伍工作实际，对集中采购目录（包括政府集中采购目录和部门集中采购目录）内、采购限额标准以上的货物、工程和服务的行为，作出相应规定，切实加强消防救援队伍政府采购管理，规范政府采购行为，强化政府采购廉政风险防控。

中华人民共和国政府采购法

（2002年6月29日第九届全国人民代表大会常务委员会第二十八次会议通过
根据2014年8月31日第十二届全国人民代表大会常务委员会第十次会议
《关于修改〈中华人民共和国保险法〉等五部法律的决定》修正）

第一章　总则

第一条　为了规范政府采购行为，提高政府采购资金的使用效益，维护国家利益和社会公共利益，保护政府采购当事人的合法权益，促进廉政建设，制定本法。

第二条　在中华人民共和国境内进行的政府采购适用本法。

本法所称政府采购，是指各级国家机关、事业单位和团体组织，使用财政性资金采购依法制定的集中采购目录以内的或者采购限额标准以上的货物、工程和服务的行为。

政府集中采购目录和采购限额标准依照本法规定的权限制定。

本法所称采购，是指以合同方式有偿取得货物、工程和服务的行为，包括购买、租赁、委托、雇用等。

本法所称货物，是指各种形态和种类的物品，包括原材料、燃料、设备、产品等。

本法所称工程，是指建设工程，包括建筑物和构筑物的新建、改建、扩建、装修、拆除、修缮等。

本法所称服务，是指除货物和工程以外的其他政府采购对象。

第三条　政府采购应当遵循公开透明原则、公平竞争原则、公正原则和诚实信用原则。

第四条　政府采购工程进行招标投标的，适用招标投标法。

第五条　任何单位和个人不得采用任何方式，阻挠和限制供应商自由进入本地区和本行业的政府采购市场。

第六条　政府采购应当严格按照批准的预算执行。

第七条　政府采购实行集中采购和分散采购相结合。集中采购的范围由省级以上人民政府公布的集中采购目录确定。

属于中央预算的政府采购项目，其集中采购目录由国务院确定并公布；属于地方预算的政府采购项目，其集中采购目录由省、自治区、直辖市人民政府或者其授权的机构确定并公布。

纳入集中采购目录的政府采购项目，应当实行集中采购。

第八条　政府采购限额标准，属于中央预算的政府采购项目，由国务院确定并公布；属于地方预算的政府采购项目，由省、自治区、直辖市人民政府或者其授权的机构确定并公布。

第九条　政府采购应当有助于实现国家的经济和社会发展政策目标，包括保护环境，扶持不发达地区和少数民族地区，促进中小企业发展等。

第十条　政府采购应当采购本国货物、工程和服务。但有下列情形之一的除外：

（一）需要采购的货物、工程或者服务在中国境内无法获取或者无法以合理的商业条件获取的；

（二）为在中国境外使用而进行采购的；

（三）其他法律、行政法规另有规定的。

前款所称本国货物、工程和服务的界定，依照国务院有关规定执行。

第十一条　政府采购的信息应当在政府采购监督管理部门指定的媒体上及时向社会公开发布，但涉及商业秘密的除外。

第十二条　在政府采购活动中，采购人员及相关人员与供应商有利害关系的，必须回避。供应商认为采购人员及相关人员与其他供应商有利害关系的，可以申请其回避。

前款所称相关人员，包括招标采购中评标委员会的组成人员，竞争性谈判采购中谈判小组的组成人员，询价采购中询价小组的组成人员等。

第十三条　各级人民政府财政部门是负责政府采购监督管理的部门，依法履行对政府采购活动的监督管理职责。

各级人民政府其他有关部门依法履行与政府采购活动有关的监督管理职责。

第二章　政府采购当事人

第十四条　政府采购当事人是指在政府采购活动中享有权利和承担义务的各类主体，包括采购人、供应商和采购代理机构等。

第十五条　采购人是指依法进行政府采购的国家机关、事业单位、团体组织。

第十六条　集中采购机构为采购代理机构。设区的市、自治州以上人民政府根据本级政府采购项目组织集中采购的需要设立集中采购机构。

集中采购机构是非营利事业法人，根据采购人的委托办理采购事宜。

第十七条　集中采购机构进行政府采购活动，应当符合采购价格低于市场平均价格、采购效率更高、采购质量优良和服务良好的要求。

第十八条　采购人采购纳入集中采购目录的政府采购项目，必须委托集中采购机构代理采购；采购未纳入集中采购目录的政府采购项目，可以自行采购，也可以委托集中采购机构在委托的范围内代理采购。

纳入集中采购目录属于通用的政府采购项目的，应当委托集中采购机构代理采购；属于本部门、本系统有特殊要求的项目，应当实行部门集中采购；属于本单位有特殊要求的项目，经省级以上人民政府批准，可以自行采购。

第十九条　采购人可以委托集中采购机构以外的采购代理机构，在委托的范围内办理政府采购事宜。

采购人有权自行选择采购代理机构，任何单位和个人不得以任何方式为采购人指定采购代理机构。

第二十条　采购人依法委托采购代理机构办理采购事宜的，应当由采购人与采购代理机构签订委托代理协议,依法确定委托代理的事项,约定双方的权利义务。

第二十一条　供应商是指向采购人提供货物、工程或者服务的法人、其他组织或者自然人。

第二十二条　供应商参加政府采购活动应当具备下列条件:

(一)具有独立承担民事责任的能力;

(二)具有良好的商业信誉和健全的财务会计制度;

(三)具有履行合同所必需的设备和专业技术能力;

(四)有依法缴纳税收和社会保障资金的良好记录;

(五)参加政府采购活动前三年内,在经营活动中没有重大违法记录;

(六)法律、行政法规规定的其他条件。

采购人可以根据采购项目的特殊要求,规定供应商的特定条件,但不得以不合理的条件对供应商实行差别待遇或者歧视待遇。

第二十三条　采购人可以要求参加政府采购的供应商提供有关资质证明文件和业绩情况,并根据本法规定的供应商条件和采购项目对供应商的特定要求,对供应商的资格进行审查。

第二十四条　两个以上的自然人、法人或者其他组织可以组成一个联合体,以一个供应商的身份共同参加政府采购。

以联合体形式进行政府采购的,参加联合体的供应商均应当具备本法第二十二条规定的条件,并应当向采购人提交联合协议,载明联合体各方承担的工作和义务。联合体各方应当共同与采购人签订采购合同,就采购合同约定的事项对采购人承担连带责任。

第二十五条　政府采购当事人不得相互串通损害国家利益、社会公共利益和其他当事人的合法权益;不得以任何手段排斥其他供应商参与竞争。

供应商不得以向采购人、采购代理机构、评标委员会的组成人员、竞争性谈判小组的组成人员、询价小组的组成人员行贿或者采取其他不正当手段谋取中标或者成交。

采购代理机构不得以向采购人行贿或者采取其他不正当手段谋取非法利益。

第三章　政府采购方式

第二十六条　政府采购采用以下方式:

(一)公开招标;

(二)邀请招标;

(三)竞争性谈判;

(四)单一来源采购;

(五)询价;

(六)国务院政府采购监督管理部门认定的其他采购方式。

公开招标应作为政府采购的主要采购方式。

第二十七条　采购人采购货物或者服务应当采用公开招标方式的,其具体数额标准,属于中央预算的政府采购项目,由国务院规定;属于地方预算的政府采购项目,由省、自治区、直辖市人民政府规定;因特殊情况需要采用公开招标以外的采购方式的,应当在采购活动开始前获得设区的市、自治州以上人民政府采购监督管理部门的批准。

第二十八条　采购人不得将应当以公开招标方式采购的货物或者服务化整为零或者以其他任何方式规避公开招标采购。

第二十九条　符合下列情形之一的货物或者服务，可以依照本法采用邀请招标方式采购：

（一）具有特殊性，只能从有限范围的供应商处采购的；

（二）采用公开招标方式的费用占政府采购项目总价值的比例过大的。

第三十条　符合下列情形之一的货物或者服务，可以依照本法采用竞争性谈判方式采购：

（一）招标后没有供应商投标或者没有合格标的或者重新招标未能成立的；

（二）技术复杂或者性质特殊，不能确定详细规格或者具体要求的；

（三）采用招标所需时间不能满足用户紧急需要的；

（四）不能事先计算出价格总额的。

第三十一条　符合下列情形之一的货物或者服务，可以依照本法采用单一来源方式采购：

（一）只能从唯一供应商处采购的；

（二）发生了不可预见的紧急情况不能从其他供应商处采购的；

（三）必须保证原有采购项目一致性或者服务配套的要求，需要继续从原供应商处添购，且添购资金总额不超过原合同采购金额百分之十的。

第三十二条　采购的货物规格、标准统一、现货货源充足且价格变化幅度小的政府采购项目，可以依照本法采用询价方式采购。

第四章　政府采购程序

第三十三条　负有编制部门预算职责的部门在编制下一财政年度部门预算时，应当将该财政年度政府采购的项目及资金预算列出，报本级财政部门汇总。部门预算的审批，按预算管理权限和程序进行。

第三十四条　货物或者服务项目采取邀请招标方式采购的，采购人应当从符合相应资格条件的供应商中，通过随机方式选择三家以上的供应商，并向其发出投标邀请书。

第三十五条　货物和服务项目实行招标方式采购的，自招标文件开始发出之日起至投标人提交投标文件截止之日止，不得少于二十日。

第三十六条　在招标采购中，出现下列情形之一的，应予废标：

（一）符合专业条件的供应商或者对招标文件作实质响应的供应商不足三家的；

（二）出现影响采购公正的违法、违规行为的；

（三）投标人的报价均超过了采购预算，采购人不能支付的；

（四）因重大变故，采购任务取消的。

废标后，采购人应当将废标理由通知所有投标人。

第三十七条　废标后，除采购任务取消情形外，应当重新组织招标；需要采取其他方式采购的，应当在采购活动开始前获得设区的市、自治州以上人民政府采购监督管理部门或者政府有关部门批准。

第三十八条　采用竞争性谈判方式采购的,应当遵循下列程序:

(一)成立谈判小组。谈判小组由采购人的代表和有关专家共三人以上的单数组成,其中专家的人数不得少于成员总数的三分之二。

(二)制定谈判文件。谈判文件应当明确谈判程序、谈判内容、合同草案的条款以及评定成交的标准等事项。

(三)确定邀请参加谈判的供应商名单。谈判小组从符合相应资格条件的供应商名单中确定不少于三家的供应商参加谈判,并向其提供谈判文件。

(四)谈判。谈判小组所有成员集中与单一供应商分别进行谈判。在谈判中,谈判的任何一方不得透露与谈判有关的其他供应商的技术资料、价格和其他信息。谈判文件有实质性变动的,谈判小组应当以书面形式通知所有参加谈判的供应商。

(五)确定成交供应商。谈判结束后,谈判小组应当要求所有参加谈判的供应商在规定时间内进行最后报价,采购人从谈判小组提出的成交候选人中根据符合采购需求、质量和服务相等且报价最低的原则确定成交供应商,并将结果通知所有参加谈判的未成交的供应商。

第三十九条　采取单一来源方式采购的,采购人与供应商应当遵循本法规定的原则,在保证采购项目质量和双方商定合理价格的基础上进行采购。

第四十条　采取询价方式采购的,应当遵循下列程序:

(一)成立询价小组。询价小组由采购人的代表和有关专家共三人以上的单数组成,其中专家的人数不得少于成员总数的三分之二。询价小组应当对采购项目的价格构成和评定成交的标准等事项作出规定。

(二)确定被询价的供应商名单。询价小组根据采购需求,从符合相应资格条件的供应商名单中确定不少于三家的供应商,并向其发出询价通知书让其报价。

(三)询价。询价小组要求被询价的供应商一次报出不得更改的价格。

(四)确定成交供应商。采购人根据符合采购需求、质量和服务相等且报价最低的原则确定成交供应商,并将结果通知所有被询价的未成交的供应商。

第四十一条　采购人或者其委托的采购代理机构应当组织对供应商履约的验收。大型或者复杂的政府采购项目,应当邀请国家认可的质量检测机构参加验收工作。验收方成员应当在验收书上签字,并承担相应的法律责任。

第四十二条　采购人、采购代理机构对政府采购项目每项采购活动的采购文件应当妥善保存,不得伪造、变造、隐匿或者销毁。采购文件的保存期限为从采购结束之日起至少保存十五年。

采购文件包括采购活动记录、采购预算、招标文件、投标文件、评标标准、评估报告、定标文件、合同文本、验收证明、质疑答复、投诉处理决定及其他有关文件、资料。

采购活动记录至少应当包括下列内容:

(一)采购项目类别、名称;

(二)采购项目预算、资金构成和合同价格;

(三)采购方式,采用公开招标以外的采购方式的,应当载明原因;

(四)邀请和选择供应商的条件及原因;

（五）评标标准及确定中标人的原因；

（六）废标的原因；

（七）采用招标以外采购方式的相应记载。

第五章 政府采购合同

第四十三条 政府采购合同适用合同法。采购人和供应商之间的权利和义务，应当按照平等、自愿的原则以合同方式约定。

采购人可以委托采购代理机构代表其与供应商签订政府采购合同。由采购代理机构以采购人名义签订合同的，应当提交采购人的授权委托书，作为合同附件。

第四十四条 政府采购合同应当采用书面形式。

第四十五条 国务院政府采购监督管理部门应当会同国务院有关部门，规定政府采购合同必须具备的条款。

第四十六条 采购人与中标、成交供应商应当在中标、成交通知书发出之日起三十日内，按照采购文件确定的事项签订政府采购合同。

中标、成交通知书对采购人和中标、成交供应商均具有法律效力。中标、成交通知书发出后，采购人改变中标、成交结果的，或者中标、成交供应商放弃中标、成交项目的，应当依法承担法律责任。

第四十七条 政府采购项目的采购合同自签订之日起七个工作日内，采购人应当将合同副本报同级政府采购监督管理部门和有关部门备案。

第四十八条 经采购人同意，中标、成交供应商可以依法采取分包方式履行合同。

政府采购合同分包履行的，中标、成交供应商就采购项目和分包项目向采购人负责，分包供应商就分包项目承担责任。

第四十九条 政府采购合同履行中，采购人需追加与合同标的相同的货物、工程或者服务的，在不改变合同其他条款的前提下，可以与供应商协商签订补充合同，但所有补充合同的采购金额不得超过原合同采购金额的百分之十。

第五十条 政府采购合同的双方当事人不得擅自变更、中止或者终止合同。

政府采购合同继续履行将损害国家利益和社会公共利益的，双方当事人应当变更、中止或者终止合同。有过错的一方应当承担赔偿责任，双方都有过错的，各自承担相应的责任。

第六章 质疑与投诉

第五十一条 供应商对政府采购活动事项有疑问的，可以向采购人提出询问，采购人应当及时作出答复，但答复的内容不得涉及商业秘密。

第五十二条 供应商认为采购文件、采购过程和中标、成交结果使自己的权益受到损害的，可以在知道或者应知其权益受到损害之日起七个工作日内，以书面形式向采购人提出质疑。

第五十三条 采购人应当在收到供应商的书面质疑后七个工作日内作出答复，并以书面形式通知质疑供应商和其他有关供应商，但答复的内容不得涉及商业秘密。

第五十四条 采购人委托采购代理机构采购的，供应商可以向采购代理机构提出询问或者质疑,采购代理机构应当依照本法第五十一条、第五十三条的规定就采购人委托授权范围内的事项作出答复。

第五十五条　质疑供应商对采购人、采购代理机构的答复不满意或者采购人、采购代理机构未在规定的时间内作出答复的,可以在答复期满后十五个工作日内向同级政府采购监督管理部门投诉。

第五十六条　政府采购监督管理部门应当在收到投诉后三十个工作日内,对投诉事项作出处理决定,并以书面形式通知投诉人和与投诉事项有关的当事人。

第五十七条　政府采购监督管理部门在处理投诉事项期间,可以视具体情况书面通知采购人暂停采购活动,但暂停时间最长不得超过三十日。

第五十八条　投诉人对政府采购监督管理部门的投诉处理决定不服或者政府采购监督管理部门逾期未作处理的,可以依法申请行政复议或者向人民法院提起行政诉讼。

第七章　监督检查

第五十九条　政府采购监督管理部门应当加强对政府采购活动及集中采购机构的监督检查。

监督检查的主要内容是:

(一)有关政府采购的法律、行政法规和规章的执行情况;

(二)采购范围、采购方式和采购程序的执行情况;

(三)政府采购人员的职业素质和专业技能。

第六十条　政府采购监督管理部门不得设置集中采购机构,不得参与政府采购项目的采购活动。

采购代理机构与行政机关不得存在隶属关系或者其他利益关系。

第六十一条　集中采购机构应当建立健全内部监督管理制度。采购活动的决策和执行程序应当明确,并相互监督、相互制约。经办采购的人员与负责采购合同审核、验收人员的职责权限应当明确,并相互分离。

第六十二条　集中采购机构的采购人员应当具有相关职业素质和专业技能,符合政府采购监督管理部门规定的专业岗位任职要求。

集中采购机构对其工作人员应当加强教育和培训;对采购人员的专业水平、工作实绩和职业道德状况定期进行考核。采购人员经考核不合格的,不得继续任职。

第六十三条　政府采购项目的采购标准应当公开。

采用本法规定的采购方式的,采购人在采购活动完成后,应当将采购结果予以公布。

第六十四条　采购人必须按照本法规定的采购方式和采购程序进行采购。

任何单位和个人不得违反本法规定,要求采购人或者采购工作人员向其指定的供应商进行采购。

第六十五条　政府采购监督管理部门应当对政府采购项目的采购活动进行检查,政府采购当事人应当如实反映情况,提供有关材料。

第六十六条　政府采购监督管理部门应当对集中采购机构的采购价格、节约资金效果、服务质量、信誉状况、有无违法行为等事项进行考核,并定期如实公布考核结果。

第六十七条　依照法律、行政法规的规定对政府采购负有行政监督职责的政府有关部门，应当按照其职责分工，加强对政府采购活动的监督。

第六十八条　审计机关应当对政府采购进行审计监督。政府采购监督管理部门、政府采购各当事人有关政府采购活动，应当接受审计机关的审计监督。

第六十九条　监察机关应当加强对参与政府采购活动的国家机关、国家公务员和国家行政机关任命的其他人员实施监察。

第七十条　任何单位和个人对政府采购活动中的违法行为，有权控告和检举，有关部门、机关应当依照各自职责及时处理。

第八章　法律责任

第七十一条　采购人、采购代理机构有下列情形之一的，责令限期改正，给予警告，可以并处罚款，对直接负责的主管人员和其他直接责任人员，由其行政主管部门或者有关机关给予处分，并予通报：

（一）应当采用公开招标方式而擅自采用其他方式采购的；

（二）擅自提高采购标准的；

（三）以不合理的条件对供应商实行差别待遇或者歧视待遇的；

（四）在招标采购过程中与投标人进行协商谈判的；

（五）中标、成交通知书发出后不与中标、成交供应商签订采购合同的；

（六）拒绝有关部门依法实施监督检查的。

第七十二条　采购人、采购代理机构及其工作人员有下列情形之一，构成犯罪的，依法追究刑事责任；尚不构成犯罪的，处以罚款，有违法所得的，并处没收违法所得，属于国家机关工作人员的，依法给予行政处分：

（一）与供应商或者采购代理机构恶意串通的；

（二）在采购过程中接受贿赂或者获取其他不正当利益的；

（三）在有关部门依法实施的监督检查中提供虚假情况的；

（四）开标前泄露标底的。

第七十三条　有前两条违法行为之一影响中标、成交结果或者可能影响中标、成交结果的，按下列情况分别处理：

（一）未确定中标、成交供应商的，终止采购活动；

（二）中标、成交供应商已经确定但采购合同尚未履行的，撤销合同，从合格的中标、成交候选人中另行确定中标、成交供应商；

（三）采购合同已经履行的，给采购人、供应商造成损失的，由责任人承担赔偿责任。

第七十四条　采购人对应当实行集中采购的政府采购项目，不委托集中采购机构实行集中采购的，由政府采购监督管理部门责令改正；拒不改正的，停止按预算向其支付资金，由其上级行政主管部门或者有关机关依法给予其直接负责的主管人员和其他直接责任人员处分。

第七十五条　采购人未依法公布政府采购项目的采购标准和采购结果的，责令改正，对直接负责的主管人员依法给予处分。

第七十六条　采购人、采购代理机构违反本法规定隐匿、销毁应当保存的采购文件或者伪造、变造采购文件的，由政府采购监督管理部门处以二万元以上十万元以下的罚款，对其直接负责的主管人员和其他直接责任人员依法给予处分；构成犯罪的，依法追究刑事责任。

第七十七条　供应商有下列情形之一的，处以采购金额千分之五以上千分之十以下的罚款，列入不良行为记录名单，在一至三年内禁止参加政府采购活动，有违法所得的，并处没收违法所得，情节严重的，由工商行政管理机关吊销营业执照；构成犯罪的，依法追究刑事责任：

（一）提供虚假材料谋取中标、成交的；

（二）采取不正当手段诋毁、排挤其他供应商的；

（三）与采购人、其他供应商或者采购代理机构恶意串通的；

（四）向采购人、采购代理机构行贿或者提供其他不正当利益的；

（五）在招标采购过程中与采购人进行协商谈判的；

（六）拒绝有关部门监督检查或者提供虚假情况的。

供应商有前款第（一）至（五）项情形之一的，中标、成交无效。

第七十八条　采购代理机构在代理政府采购业务中有违法行为的，按照有关法律规定处以罚款，可以在一至三年内禁止其代理政府采购业务，构成犯罪的，依法追究刑事责任。

第七十九条　政府采购当事人有本法第七十一条、第七十二条、第七十七条违法行为之一，给他人造成损失的，并应依照有关民事法律规定承担民事责任。

第八十条　政府采购监督管理部门的工作人员在实施监督检查中违反本法规定滥用职权，玩忽职守，徇私舞弊的，依法给予行政处分；构成犯罪的，依法追究刑事责任。

第八十一条　政府采购监督管理部门对供应商的投诉逾期未作处理的，给予直接负责的主管人员和其他直接责任人员行政处分。

第八十二条　政府采购监督管理部门对集中采购机构业绩的考核，有虚假陈述，隐瞒真实情况的，或者不作定期考核和公布考核结果的，应当及时纠正，由其上级机关或者监察机关对其负责人进行通报，并对直接负责的人员依法给予行政处分。

集中采购机构在政府采购监督管理部门考核中，虚报业绩，隐瞒真实情况的，处以二万元以上二十万元以下的罚款，并予以通报；情节严重的，取消其代理采购的资格。

第八十三条　任何单位或者个人阻挠和限制供应商进入本地区或者本行业政府采购市场的，责令限期改正；拒不改正的，由该单位、个人的上级行政主管部门或者有关机关给予单位责任人或者个人处分。

第九章　附则

第八十四条　使用国际组织和外国政府贷款进行的政府采购，贷款方、资金提供方与中方达成的协议对采购的具体条件另有规定的，可以适用其规定，但不得损害国家利益和社会公共利益。

第八十五条　对因严重自然灾害和其他不可抗力事件所实施的紧急采购和涉及国家安全和秘密的采购，不适用本法。

第八十六条　军事采购法规由中央军事委员会另行制定。

第八十七条　本法实施的具体步骤和办法由国务院规定。

第八十八条　本法自 2003 年 1 月 1 日起施行。

中华人民共和国政府采购法实施条例

（中华人民共和国国务院令第658号）

第一章　总则

第一条　根据《中华人民共和国政府采购法》(以下简称政府采购法)，制定本条例。

第二条　政府采购法第二条所称财政性资金是指纳入预算管理的资金。

以财政性资金作为还款来源的借贷资金，视同财政性资金。

国家机关、事业单位和团体组织的采购项目既使用财政性资金又使用非财政性资金的，使用财政性资金采购的部分，适用政府采购法及本条例；财政性资金与非财政性资金无法分割采购的，统一适用政府采购法及本条例。

政府采购法第二条所称服务，包括政府自身需要的服务和政府向社会公众提供的公共服务。

第三条　集中采购目录包括集中采购机构采购项目和部门集中采购项目。

技术、服务等标准统一，采购人普遍使用的项目，列为集中采购机构采购项目；采购人本部门、本系统基于业务需要有特殊要求，可以统一采购的项目，列为部门集中采购项目。

第四条　政府采购法所称集中采购，是指采购人将列入集中采购目录的项目委托集中采购机构代理采购或者进行部门集中采购的行为；所称分散采购，是指采购人将采购限额标准以上的未列入集中采购目录的项目自行采购或者委托采购代理机构代理采购的行为。

第五条　省、自治区、直辖市人民政府或者其授权的机构根据实际情况，可以确定分别适用于本行政区域省级、设区的市级、县级的集中采购目录和采购限额标准。

第六条　国务院财政部门应当根据国家的经济和社会发展政策，会同国务院有关部门制定政府采购政策，通过制定采购需求标准、预留采购份额、价格评审优惠、优先采购等措施，实现节约能源、保护环境、扶持不发达地区和少数民族地区、促进中小企业发展等目标。

第七条　政府采购工程以及与工程建设有关的货物、服务，采用招标方式采购的，适用《中华人民共和国招标投标法》及其实施条例；采用其他方式采购的，适用政府采购法及本条例。

前款所称工程，是指建设工程，包括建筑物和构筑物的新建、改建、扩建及其相关的装修、拆除、修缮等；所称与工程建设有关的货物，是指构成工程不可分割的组成部分，且为实现工程基本功能所必需的设备、材料等；所称与工程建设有关的服务，是指为完成工程所需的勘察、设计、监理等服务。

政府采购工程以及与工程建设有关的货物、服务，应当执行政府采购政策。

第八条　政府采购项目信息应当在省级以上人民政府财政部门指定的媒体上发布。采购项目预算金额达到国务院财政部门规定标准的，政府采购项目信息应当在国务院财政部门指定的媒体上发布。

第九条　在政府采购活动中，采购人员及相关人员与供应商有下列利害关系之一的，应当回避：

（一）参加采购活动前3年内与供应商存在劳动关系；

（二）参加采购活动前3年内担任供应商的董事、监事；

（三）参加采购活动前3年内是供应商的控股股东或者实际控制人；

（四）与供应商的法定代表人或者负责人有夫妻、直系血亲、三代以内旁系血亲或者近姻亲关系；

（五）与供应商有其他可能影响政府采购活动公平、公正进行的关系。

供应商认为采购人员及相关人员与其他供应商有利害关系的，可以向采购人或者采购代理机构书面提出回避申请，并说明理由。采购人或者采购代理机构应当及时询问被申请回避人员，有利害关系的被申请回避人员应当回避。

第十条　国家实行统一的政府采购电子交易平台建设标准，推动利用信息网络进行电子化政府采购活动。

第二章　政府采购当事人

第十一条　采购人在政府采购活动中应当维护国家利益和社会公共利益，公正廉洁，诚实守信，执行政府采购政策，建立政府采购内部管理制度，厉行节约，科学合理确定采购需求。

采购人不得向供应商索要或者接受其给予的赠品、回扣或者与采购无关的其他商品、服务。

第十二条　政府采购法所称采购代理机构，是指集中采购机构和集中采购机构以外的采购代理机构。

集中采购机构是设区的市级以上人民政府依法设立的非营利事业法人，是代理集中采购项目的执行机构。集中采购机构应当根据采购人委托制定集中采购项目的实施方案，明确采购规程，组织政府采购活动，不得将集中采购项目转委托。集中采购机构以外的采购代理机构，是从事采购代理业务的社会中介机构。

第十三条　采购代理机构应当建立完善的政府采购内部监督管理制度，具备开展政府采购业务所需的评审条件和设施。

采购代理机构应当提高确定采购需求，编制招标文件、谈判文件、询价通知书，拟订合同文本和优化采购程序的专业化服务水平，根据采购人委托在规定的时间内及时组织采购人与中标或者成交供应商签订政府采购合同，及时协助采购人对采购项目进行验收。

第十四条　采购代理机构不得以不正当手段获取政府采购代理业务，不得与采购人、供应商恶意串通操纵政府采购活动。

采购代理机构工作人员不得接受采购人或者供应商组织的宴请、旅游、娱乐，不得收受礼品、现金、有价证券等，不得向采购人或者供应商报销应当由个人承担的费用。

第十五条　采购人、采购代理机构应当根据政府采购政策、采购预算、采购需求编制采购文件。

采购需求应当符合法律法规以及政府采购政策规定的技术、服务、安全等要求。政府向社会公众提供的公共服务项目，应当就确定采购需求征求社会公众的意见。除因技术复杂或者性质特殊，不能确定详细规格或者具体要求外，采购需求应当完整、明确。必要时，应当就确定采购需求征求相关供应商、专家的意见。

第十六条　政府采购法第二十条规定的委托代理协议，应当明确代理采购的范围、权限和期限等具体事项。

采购人和采购代理机构应当按照委托代理协议履行各自义务，采购代理机构不得超越代理权限。

第十七条　参加政府采购活动的供应商应当具备政府采购法第二十二条第一款规定的条件，提供下列材料：

（一）法人或者其他组织的营业执照等证明文件，自然人的身份证明；

（二）财务状况报告，依法缴纳税收和社会保障资金的相关材料；

（三）具备履行合同所必需的设备和专业技术能力的证明材料；

（四）参加政府采购活动前3年内在经营活动中没有重大违法记录的书面声明；

（五）具备法律、行政法规规定的其他条件的证明材料。

采购项目有特殊要求的，供应商还应当提供其符合特殊要求的证明材料或者情况说明。

第十八条　单位负责人为同一人或者存在直接控股、管理关系的不同供应商，不得参加同一合同项下的政府采购活动。

除单一来源采购项目外，为采购项目提供整体设计、规范编制或者项目管理、监理、检测等服务的供应商，不得再参加该采购项目的其他采购活动。

第十九条　政府采购法第二十二条第一款第五项所称重大违法记录，是指供应商因违法经营受到刑事处罚或者责令停产停业、吊销许可证或者执照、较大数额罚款等行政处罚。

供应商在参加政府采购活动前3年内因违法经营被禁止在一定期限内参加政府采购活动，期限届满的，可以参加政府采购活动。

第二十条　采购人或者采购代理机构有下列情形之一的，属于以不合理的条件对供应商实行差别待遇或者歧视待遇：

（一）就同一采购项目向供应商提供有差别的项目信息；

（二）设定的资格、技术、商务条件与采购项目的具体特点和实际需要不相适应或者与合同履行无关；

（三）采购需求中的技术、服务等要求指向特定供应商、特定产品；

（四）以特定行政区域或者特定行业的业绩、奖项作为加分条件或者中标、成交条件；

（五）对供应商采取不同的资格审查或者评审标准；

（六）限定或者指定特定的专利、商标、品牌或者供应商；

（七）非法限定供应商的所有制形式、组织形式或者所在地；

（八）以其他不合理条件限制或者排斥潜在供应商。

第二十一条　采购人或者采购代理机构对供应商进行资格预审的，资格预审公告应当在省级以上人民政府财政部门指定的媒体上发布。已进行资格预审的，评审阶段可以不再对供应商资格进行审查。资格预审合格的供应商在评审阶段资格发生变化的，应当通知采购人和采购代理机构。

资格预审公告应当包括采购人和采购项目名称、采购需求、对供应商的资格要求以及供应商提交资格预审申请文件的时间和地点。提交资格预审申请文件的时间自公告发布之日起不得少于5个工作日。

第二十二条　联合体中有同类资质的供应商按照联合体分工承担相同工作的，应当按照资质等级较低的供应商确定资质等级。

以联合体形式参加政府采购活动的，联合体各方不得再单独参加或者与其他供应商另外组成联合体参加同一合同项下的政府采购活动。

第三章　政府采购方式

第二十三条　采购人采购公开招标数额标准以上的货物或者服务，符合政府采购法第二十九条、第三十条、第三十一条、第三十二条规定情形或者有需要执行政府采购政策等特殊情况的，经设区的市级以上人民政府财政部门批准，可以依法采用公开招标以外的采购方式。

第二十四条　列入集中采购目录的项目，适合实行批量集中采购的，应当实行批量集中采购，但紧急的小额零星货物项目和有特殊要求的服务、工程项目除外。

第二十五条　政府采购工程依法不进行招标的，应当依照政府采购法和本条例规定的竞争性谈判或者单一来源采购方式采购。

第二十六条　政府采购法第三十条第三项规定的情形，应当是采购人不可预见的或者非因采购人拖延导致的；第四项规定的情形，是指因采购艺术品或者因专利、专有技术或者因服务的时间、数量事先不能确定等导致不能事先计算出价格总额。

第二十七条　政府采购法第三十一条第一项规定的情形，是指因货物或者服务使用不可替代的专利、专有技术，或者公共服务项目具有特殊要求，导致只能从某一特定供应商处采购。

第二十八条　在一个财政年度内，采购人将一个预算项目下的同一品目或者类别的货物、服务采用公开招标以外的方式多次采购，累计资金数额超过公开招标数额标准的，属于以化整为零方式规避公开招标，但项目预算调整或者经批准采用公开招标以外方式采购除外。

第四章　政府采购程序

第二十九条　采购人应当根据集中采购目录、采购限额标准和已批复的部门预算编制政府采购实施计划，报本级人民政府财政部门备案。

第三十条　采购人或者采购代理机构应当在招标文件、谈判文件、询价通知书中公开采购项目预算金额。

第三十一条　招标文件的提供期限自招标文件开始发出之日起不得少于5个工作日。

采购人或者采购代理机构可以对已发出的招标文件进行必要的澄清或者修改。澄清或者修改的内容可能影响投标文件编制的，采购人或者采购代理机构应当在投标截止时间至少15日前，以书面形式通知所有获取招标文件的潜在投标人；不足15日的，采购人或者采购代理机构应当顺延提交投标文件的截止时间。

第三十二条　采购人或者采购代理机构应当按照国务院财政部门制定的招标文件标准

文本编制招标文件。

招标文件应当包括采购项目的商务条件、采购需求、投标人的资格条件、投标报价要求、评标方法、评标标准以及拟签订的合同文本等。

第三十三条　招标文件要求投标人提交投标保证金的，投标保证金不得超过采购项目预算金额的2%。投标保证金应当以支票、汇票、本票或者金融机构、担保机构出具的保函等非现金形式提交。投标人未按照招标文件要求提交投标保证金的，投标无效。

采购人或者采购代理机构应当自中标通知书发出之日起5个工作日内退还未中标供应商的投标保证金，自政府采购合同签订之日起5个工作日内退还中标供应商的投标保证金。

竞争性谈判或者询价采购中要求参加谈判或者询价的供应商提交保证金的，参照前两款的规定执行。

第三十四条　政府采购招标评标方法分为最低评标价法和综合评分法。

最低评标价法，是指投标文件满足招标文件全部实质性要求且投标报价最低的供应商为中标候选人的评标方法。综合评分法，是指投标文件满足招标文件全部实质性要求且按照评审因素的量化指标评审得分最高的供应商为中标候选人的评标方法。

技术、服务等标准统一的货物和服务项目，应当采用最低评标价法。

采用综合评分法的，评审标准中的分值设置应当与评审因素的量化指标相对应。

招标文件中没有规定的评标标准不得作为评审的依据。

第三十五条　谈判文件不能完整、明确列明采购需求，需要由供应商提供最终设计方案或者解决方案的，在谈判结束后，谈判小组应当按照少数服从多数的原则投票推荐3家以上供应商的设计方案或者解决方案，并要求其在规定时间内提交最后报价。

第三十六条　询价通知书应当根据采购需求确定政府采购合同条款。在询价过程中，询价小组不得改变询价通知书所确定的政府采购合同条款。

第三十七条　政府采购法第三十八条第五项、第四十条第四项所称质量和服务相等，是指供应商提供的产品质量和服务均能满足采购文件规定的实质性要求。

第三十八条　达到公开招标数额标准，符合政府采购法第三十一条第一项规定情形，只能从唯一供应商处采购的，采购人应当将采购项目信息和唯一供应商名称在省级以上人民政府财政部门指定的媒体上公示，公示期不得少于5个工作日。

第三十九条　除国务院财政部门规定的情形外，采购人或者采购代理机构应当从政府采购评审专家库中随机抽取评审专家。

第四十条　政府采购评审专家应当遵守评审工作纪律，不得泄露评审文件、评审情况和评审中获悉的商业秘密。

评标委员会、竞争性谈判小组或者询价小组在评审过程中发现供应商有行贿、提供虚假材料或者串通等违法行为的，应当及时向财政部门报告。

政府采购评审专家在评审过程中受到非法干预的，应当及时向财政、监察等部门举报。

第四十一条　评标委员会、竞争性谈判小组或者询价小组成员应当按照客观、公正、审慎的原则，根据采购文件规定的评审程序、评审方法和评审标准进行独立评审。采购文件内容违反国家有关强制性规定的，评标委员会、竞争性谈判小组或者询价小组应当停止评审并向采购人或者采购代理机构说明情况。

评标委员会、竞争性谈判小组或者询价小组成员应当在评审报告上签字，对自己的评审意见承担法律责任。对评审报告有异议的，应当在评审报告上签署不同意见，并说明理由，否则视为同意评审报告。

第四十二条　采购人、采购代理机构不得向评标委员会、竞争性谈判小组或者询价小组的评审专家作倾向性、误导性的解释或者说明。

第四十三条　采购代理机构应当自评审结束之日起2个工作日内将评审报告送交采购人。采购人应当自收到评审报告之日起5个工作日内在评审报告推荐的中标或者成交候选人中按顺序确定中标或者成交供应商。

采购人或者采购代理机构应当自中标、成交供应商确定之日起2个工作日内，发出中标、成交通知书，并在省级以上人民政府财政部门指定的媒体上公告中标、成交结果，招标文件、竞争性谈判文件、询价通知书随中标、成交结果同时公告。

中标、成交结果公告内容应当包括采购人和采购代理机构的名称、地址、联系方式，项目名称和项目编号，中标或者成交供应商名称、地址和中标或者成交金额，主要中标或者成交标的的名称、规格型号、数量、单价、服务要求以及评审专家名单。

第四十四条　除国务院财政部门规定的情形外，采购人、采购代理机构不得以任何理由组织重新评审。采购人、采购代理机构按照国务院财政部门的规定组织重新评审的，应当书面报告本级人民政府财政部门。

采购人或者采购代理机构不得通过对样品进行检测、对供应商进行考察等方式改变评审结果。

第四十五条　采购人或者采购代理机构应当按照政府采购合同规定的技术、服务、安全标准组织对供应商履约情况进行验收，并出具验收书。验收书应当包括每一项技术、服务、安全标准的履约情况。

政府向社会公众提供的公共服务项目，验收时应当邀请服务对象参与并出具意见，验收结果应当向社会公告。

第四十六条　政府采购法第四十二条规定的采购文件，可以用电子档案方式保存。

第五章　政府采购合同

第四十七条　国务院财政部门应当会同国务院有关部门制定政府采购合同标准文本。

第四十八条　采购文件要求中标或者成交供应商提交履约保证金的，供应商应当以支票、汇票、本票或者金融机构、担保机构出具的保函等非现金形式提交。履约保证金的数额不得超过政府采购合同金额的10%。

第四十九条　中标或者成交供应商拒绝与采购人签订合同的，采购人可以按照评审报告推荐的中标或者成交候选人名单排序，确定下一候选人为中标或者成交供应商，也可以重新开展政府采购活动。

第五十条　采购人应当自政府采购合同签订之日起2个工作日内，将政府采购合同在省级以上人民政府财政部门指定的媒体上公告，但政府采购合同中涉及国家秘密、商业秘密的内容除外。

第五十一条　采购人应当按照政府采购合同规定，及时向中标或者成交供应商支付采购资金。

政府采购项目资金支付程序，按照国家有关财政资金支付管理的规定执行。

第六章　质疑与投诉

第五十二条　采购人或者采购代理机构应当在3个工作日内对供应商依法提出的询问作出答复。

供应商提出的询问或者质疑超出采购人对采购代理机构委托授权范围的，采购代理机构应当告知供应商向采购人提出。

政府采购评审专家应当配合采购人或者采购代理机构答复供应商的询问和质疑。

第五十三条　政府采购法第五十二条规定的供应商应知其权益受到损害之日，是指：

（一）对可以质疑的采购文件提出质疑的，为收到采购文件之日或者采购文件公告期限届满之日；

（二）对采购过程提出质疑的，为各采购程序环节结束之日；

（三）对中标或者成交结果提出质疑的，为中标或者成交结果公告期限届满之日。

第五十四条　询问或者质疑事项可能影响中标、成交结果的，采购人应当暂停签订合同，已经签订合同的，应当中止履行合同。

第五十五条　供应商质疑、投诉应当有明确的请求和必要的证明材料。供应商投诉的事项不得超出已质疑事项的范围。

第五十六条　财政部门处理投诉事项采用书面审查的方式，必要时可以进行调查取证或者组织质证。

对财政部门依法进行的调查取证，投诉人和与投诉事项有关的当事人应当如实反映情况，并提供相关材料。

第五十七条　投诉人捏造事实、提供虚假材料或者以非法手段取得证明材料进行投诉的，财政部门应当予以驳回。

财政部门受理投诉后，投诉人书面申请撤回投诉的，财政部门应当终止投诉处理程序。

第五十八条　财政部门处理投诉事项，需要检验、检测、鉴定、专家评审以及需要投诉人补正材料的，所需时间不计算在投诉处理期限内。

财政部门对投诉事项作出的处理决定，应当在省级以上人民政府财政部门指定的媒体上公告。

第七章　监督检查

第五十九条　政府采购法第六十三条所称政府采购项目的采购标准，是指项目采购所依据的经费预算标准、资产配置标准和技术、服务标准等。

第六十条　除政府采购法第六十六条规定的考核事项外，财政部门对集中采购机构的考核事项还包括：

（一）政府采购政策的执行情况；

（二）采购文件编制水平；

（三）采购方式和采购程序的执行情况；

（四）询问、质疑答复情况；

（五）内部监督管理制度建设及执行情况；

（六）省级以上人民政府财政部门规定的其他事项。

财政部门应当制定考核计划，定期对集中采购机构进行考核，考核结果有重要情况的，应当向本级人民政府报告。

第六十一条 采购人发现采购代理机构有违法行为的，应当要求其改正。采购代理机构拒不改正的，采购人应当向本级人民政府财政部门报告，财政部门应当依法处理。

采购代理机构发现采购人的采购需求存在以不合理条件对供应商实行差别待遇、歧视待遇或者其他不符合法律、法规和政府采购政策规定内容，或者发现采购人有其他违法行为的，应当建议其改正。采购人拒不改正的，采购代理机构应当向采购人的本级人民政府财政部门报告，财政部门应当依法处理。

第六十二条 省级以上人民政府财政部门应当对政府采购评审专家库实行动态管理，具体管理办法由国务院财政部门制定。

采购人或者采购代理机构应当对评审专家在政府采购活动中的职责履行情况予以记录，并及时向财政部门报告。

第六十三条 各级人民政府财政部门和其他有关部门应当加强对参加政府采购活动的供应商、采购代理机构、评审专家的监督管理，对其不良行为予以记录，并纳入统一的信用信息平台。

第六十四条 各级人民政府财政部门对政府采购活动进行监督检查，有权查阅、复制有关文件、资料，相关单位和人员应当予以配合。

第六十五条 审计机关、监察机关以及其他有关部门依法对政府采购活动实施监督，发现采购当事人有违法行为的，应当及时通报财政部门。

第八章 法律责任

第六十六条 政府采购法第七十一条规定的罚款，数额为10万元以下。

政府采购法第七十二条规定的罚款，数额为5万元以上25万元以下。

第六十七条 采购人有下列情形之一的，由财政部门责令限期改正，给予警告，对直接负责的主管人员和其他直接责任人员依法给予处分，并予以通报：

（一）未按照规定编制政府采购实施计划或者未按照规定将政府采购实施计划报本级人民政府财政部门备案；

（二）将应当进行公开招标的项目化整为零或者以其他任何方式规避公开招标；

（三）未按照规定在评标委员会、竞争性谈判小组或者询价小组推荐的中标或者成交候选人中确定中标或者成交供应商；

（四）未按照采购文件确定的事项签订政府采购合同；

（五）政府采购合同履行中追加与合同标的相同的货物、工程或者服务的采购金额超过原合同采购金额10%；

（六）擅自变更、中止或者终止政府采购合同；

（七）未按照规定公告政府采购合同；

（八）未按照规定时间将政府采购合同副本报本级人民政府财政部门和有关部门备案。

第六十八条　采购人、采购代理机构有下列情形之一的，依照政府采购法第七十一条、第七十八条的规定追究法律责任：

（一）未依照政府采购法和本条例规定的方式实施采购；

（二）未依法在指定的媒体上发布政府采购项目信息；

（三）未按照规定执行政府采购政策；

（四）违反本条例第十五条的规定导致无法组织对供应商履约情况进行验收或者国家财产遭受损失；

（五）未依法从政府采购评审专家库中抽取评审专家；

（六）非法干预采购评审活动；

（七）采用综合评分法时评审标准中的分值设置未与评审因素的量化指标相对应；

（八）对供应商的询问、质疑逾期未作处理；

（九）通过对样品进行检测、对供应商进行考察等方式改变评审结果；

（十）未按照规定组织对供应商履约情况进行验收。

第六十九条　集中采购机构有下列情形之一的，由财政部门责令限期改正，给予警告，有违法所得的，并处没收违法所得，对直接负责的主管人员和其他直接责任人员依法给予处分，并予以通报：

（一）内部监督管理制度不健全，对依法应当分设、分离的岗位、人员未分设、分离；

（二）将集中采购项目委托其他采购代理机构采购；

（三）从事营利活动。

第七十条　采购人员与供应商有利害关系而不依法回避的，由财政部门给予警告，并处2000元以上2万元以下的罚款。

第七十一条　有政府采购法第七十一条、第七十二条规定的违法行为之一，影响或者可能影响中标、成交结果的，依照下列规定处理：

（一）未确定中标或者成交供应商的，终止本次政府采购活动，重新开展政府采购活动。

（二）已确定中标或者成交供应商但尚未签订政府采购合同的，中标或者成交结果无效，从合格的中标或者成交候选人中另行确定中标或者成交供应商；没有合格的中标或者成交候选人的，重新开展政府采购活动。

（三）政府采购合同已签订但尚未履行的，撤销合同，从合格的中标或者成交候选人中另行确定中标或者成交供应商；没有合格的中标或者成交候选人的，重新开展政府采购活动。

（四）政府采购合同已经履行，给采购人、供应商造成损失的，由责任人承担赔偿责任。

政府采购当事人有其他违反政府采购法或者本条例规定的行为，经改正后仍然影响或者可能影响中标、成交结果或者依法被认定为中标、成交无效的，依照前款规定处理。

第七十二条　供应商有下列情形之一的，依照政府采购法第七十七条第一款的规定追究法律责任：

（一）向评标委员会、竞争性谈判小组或者询价小组成员行贿或者提供其他不正当利益；

（二）中标或者成交后无正当理由拒不与采购人签订政府采购合同；

（三）未按照采购文件确定的事项签订政府采购合同；

（四）将政府采购合同转包；

（五）提供假冒伪劣产品；

（六）擅自变更、中止或者终止政府采购合同。

供应商有前款第一项规定情形的，中标、成交无效。评审阶段资格发生变化，供应商未依照本条例第二十一条的规定通知采购人和采购代理机构的，处以采购金额5‰的罚款，列入不良行为记录名单，中标、成交无效。

第七十三条　供应商捏造事实、提供虚假材料或者以非法手段取得证明材料进行投诉的，由财政部门列入不良行为记录名单，禁止其1至3年内参加政府采购活动。

第七十四条　有下列情形之一的，属于恶意串通，对供应商依照政府采购法第七十七条第一款的规定追究法律责任，对采购人、采购代理机构及其工作人员依照政府采购法第七十二条的规定追究法律责任：

（一）供应商直接或者间接从采购人或者采购代理机构处获得其他供应商的相关情况并修改其投标文件或者响应文件；

（二）供应商按照采购人或者采购代理机构的授意撤换、修改投标文件或者响应文件；

（三）供应商之间协商报价、技术方案等投标文件或者响应文件的实质性内容；

（四）属于同一集团、协会、商会等组织成员的供应商按照该组织要求协同参加政府采购活动；

（五）供应商之间事先约定由某一特定供应商中标、成交；

（六）供应商之间商定部分供应商放弃参加政府采购活动或者放弃中标、成交；

（七）供应商与采购人或者采购代理机构之间、供应商相互之间，为谋求特定供应商中标、成交或者排斥其他供应商的其他串通行为。

第七十五条　政府采购评审专家未按照采购文件规定的评审程序、评审方法和评审标准进行独立评审或者泄露评审文件、评审情况的，由财政部门给予警告，并处2000元以上2万元以下的罚款；影响中标、成交结果的，处2万元以上5万元以下的罚款，禁止其参加政府采购评审活动。

政府采购评审专家与供应商存在利害关系未回避的，处2万元以上5万元以下的罚款，禁止其参加政府采购评审活动。

政府采购评审专家收受采购人、采购代理机构、供应商贿赂或者获取其他不正当利益，构成犯罪的，依法追究刑事责任；尚不构成犯罪的，处2万元以上5万元以下的罚款，禁止其参加政府采购评审活动。

政府采购评审专家有上述违法行为的，其评审意见无效，不得获取评审费；有违法所得的，没收违法所得；给他人造成损失的，依法承担民事责任。

第七十六条　政府采购当事人违反政府采购法和本条例规定，给他人造成损失的，依法承担民事责任。

第七十七条　财政部门在履行政府采购监督管理职责中违反政府采购法和本条例规定，滥用职权、玩忽职守、徇私舞弊的，对直接负责的主管人员和其他直接责任人员依法给予处分；直接负责的主管人员和其他直接责任人员构成犯罪的，依法追究刑事责任。

第九章　附则

第七十八条　财政管理实行省直接管理的县级人民政府可以根据需要并报经省级人民政府批准，行使政府采购法和本条例规定的设区的市级人民政府批准变更采购方式的职权。

第七十九条　本条例自 2015 年 3 月 1 日起施行。

中华人民共和国招标投标法

（1999年8月30日第九届全国人民代表大会常务委员会第十一次会议通过
根据2017年12月27日第十二届全国人民代表大会常务委员会第三十一次会议《关于修改〈中华人民共和国招标投标法〉、〈中华人民共和国计量法〉的决定》修正）

第一章　总则

第一条　为了规范招标投标活动，保护国家利益、社会公共利益和招标投标活动当事人的合法权益，提高经济效益，保证项目质量，制定本法。

第二条　在中华人民共和国境内进行招标投标活动，适用本法。

第三条　在中华人民共和国境内进行下列工程建设项目包括项目的勘察、设计、施工、监理以及与工程建设有关的重要设备、材料等的采购，必须进行招标：

（一）大型基础设施、公用事业等关系社会公共利益、公众安全的项目；

（二）全部或者部分使用国有资金投资或者国家融资的项目；

（三）使用国际组织或者外国政府贷款、援助资金的项目。

前款所列项目的具体范围和规模标准，由国务院发展计划部门会同国务院有关部门制订，报国务院批准。

法律或者国务院对必须进行招标的其他项目的范围有规定的，依照其规定。

第四条　任何单位和个人不得将依法必须进行招标的项目化整为零或者以其他任何方式规避招标。

第五条　招标投标活动应当遵循公开、公平、公正和诚实信用的原则。

第六条　依法必须进行招标的项目，其招标投标活动不受地区或者部门的限制。任何单位和个人不得违法限制或者排斥本地区、本系统以外的法人或者其他组织参加投标，不得以任何方式非法干涉招标投标活动。

第七条　招标投标活动及其当事人应当接受依法实施的监督。

有关行政监督部门依法对招标投标活动实施监督，依法查处招标投标活动中的违法行为。

对招标投标活动的行政监督及有关部门的具体职权划分，由国务院规定。

第二章　招标

第八条　招标人是依照本法规定提出招标项目、进行招标的法人或者其他组织。

第九条　招标项目按照国家有关规定需要履行项目审批手续的，应当先履行审批手续，取得批准。

招标人应当有进行招标项目的相应资金或者资金来源已经落实，并应当在招标文件中如实载明。

第十条　招标分为公开招标和邀请招标。

公开招标,是指招标人以招标公告的方式邀请不特定的法人或者其他组织投标。

邀请招标,是指招标人以投标邀请书的方式邀请特定的法人或者其他组织投标。

第十一条　国务院发展计划部门确定的国家重点项目和省、自治区、直辖市人民政府确定的地方重点项目不适宜公开招标的,经国务院发展计划部门或者省、自治区、直辖市人民政府批准,可以进行邀请招标。

第十二条　招标人有权自行选择招标代理机构,委托其办理招标事宜。任何单位和个人不得以任何方式为招标人指定招标代理机构。

招标人具有编制招标文件和组织评标能力的,可以自行办理招标事宜。任何单位和个人不得强制其委托招标代理机构办理招标事宜。

依法必须进行招标的项目,招标人自行办理招标事宜的,应当向有关行政监督部门备案。

第十三条　招标代理机构是依法设立、从事招标代理业务并提供相关服务的社会中介组织。

招标代理机构应当具备下列条件:

(一) 有从事招标代理业务的营业场所和相应资金;

(二) 有能够编制招标文件和组织评标的相应专业力量;

第十四条　招标代理机构与行政机关和其他国家机关不得存在隶属关系或者其他利益关系。

第十五条　招标代理机构应当在招标人委托的范围内办理招标事宜,并遵守本法关于招标人的规定。

第十六条　招标人采用公开招标方式的,应当发布招标公告。依法必须进行招标的项目的招标公告,应当通过国家指定的报刊、信息网络或者其他媒介发布。

招标公告应当载明招标人的名称和地址、招标项目的性质、数量、实施地点和时间以及获取招标文件的办法等事项。

第十七条　招标人采用邀请招标方式的,应当向三个以上具备承担招标项目的能力、资信良好的特定的法人或者其他组织发出投标邀请书。

投标邀请书应当载明本法第十六条第二款规定的事项。

第十八条　招标人可以根据招标项目本身的要求,在招标公告或者投标邀请书中,要求潜在投标人提供有关资质证明文件和业绩情况,并对潜在投标人进行资格审查;国家对投标人的资格条件有规定的,依照其规定。

招标人不得以不合理的条件限制或者排斥潜在投标人,不得对潜在投标人实行歧视待遇。

第十九条　招标人应当根据招标项目的特点和需要编制招标文件。招标文件应当包括招标项目的技术要求、对投标人资格审查的标准、投标报价要求和评标标准等所有实质性要求和条件以及拟签订合同的主要条款。

国家对招标项目的技术、标准有规定的,招标人应当按照其规定在招标文件中提出相应要求。

招标项目需要划分标段、确定工期的,招标人应当合理划分标段、确定工期,并在招标文件中载明。

第二十条 招标文件不得要求或者标明特定的生产供应者以及含有倾向或者排斥潜在投标人的其他内容。

第二十一条 招标人根据招标项目的具体情况,可以组织潜在投标人踏勘项目现场。

第二十二条 招标人不得向他人透露已获取招标文件的潜在投标人的名称、数量以及可能影响公平竞争的有关招标投标的其他情况。

招标人设有标底的,标底必须保密。

第二十三条 招标人对已发出的招标文件进行必要的澄清或者修改的,应当在招标文件要求提交投标文件截止时间至少十五日前,以书面形式通知所有招标文件收受人。该澄清或者修改的内容为招标文件的组成部分。

第二十四条 招标人应当确定投标人编制投标文件所需要的合理时间;但是,依法必须进行招标的项目,自招标文件开始发出之日起至投标人提交投标文件截止之日止,最短不得少于二十日。

第三章 投标

第二十五条 投标人是响应招标、参加投标竞争的法人或者其他组织。

依法招标的科研项目允许个人参加投标的,投标的个人适用本法有关投标人的规定。

第二十六条 投标人应当具备承担招标项目的能力;国家有关规定对投标人资格条件或者招标文件对投标人资格条件有规定的,投标人应当具备规定的资格条件。

第二十七条 投标人应当按照招标文件的要求编制投标文件。投标文件应当对招标文件提出的实质性要求和条件作出响应。

招标项目属于建设施工的,投标文件的内容应当包括拟派出的项目负责人与主要技术人员的简历、业绩和拟用于完成招标项目的机械设备等。

第二十八条 投标人应当在招标文件要求提交投标文件的截止时间前,将投标文件送达投标地点。招标人收到投标文件后,应当签收保存,不得开启。投标人少于三个的,招标人应当依照本法重新招标。

在招标文件要求提交投标文件的截止时间后送达的投标文件,招标人应当拒收。

第二十九条 投标人在招标文件要求提交投标文件的截止时间前,可以补充、修改或者撤回已提交的投标文件,并书面通知招标人。补充、修改的内容为投标文件的组成部分。

第三十条 投标人根据招标文件载明的项目实际情况,拟在中标后将中标项目的部分非主体、非关键性工作进行分包的,应当在投标文件中载明。

第三十一条 两个以上法人或者其他组织可以组成一个联合体,以一个投标人的身份共同投标。

联合体各方均应当具备承担招标项目的相应能力;国家有关规定或者招标文件对投标人资格条件有规定的,联合体各方均应当具备规定的相应资格条件。由同一专业的单位组成的联合体,按照资质等级较低的单位确定资质等级。

联合体各方应当签订共同投标协议,明确约定各方拟承担的工作和责任,并将共同投标协议连同投标文件一并提交招标人。联合体中标的,联合体各方应当共同与招标人签订合同，就中标项目向招标人承担连带责任。

招标人不得强制投标人组成联合体共同投标，不得限制投标人之间的竞争。

第三十二条　投标人不得相互串通投标报价，不得排挤其他投标人的公平竞争，损害招标人或者其他投标人的合法权益。

投标人不得与招标人串通投标，损害国家利益、社会公共利益或者他人的合法权益。

禁止投标人以向招标人或者评标委员会成员行贿的手段谋取中标。

第三十三条　投标人不得以低于成本的报价竞标，也不得以他人名义投标或者以其他方式弄虚作假，骗取中标。

第四章　开标、评标和中标

第三十四条　开标应当在招标文件确定的提交投标文件截止时间的同一时间公开进行；开标地点应当为招标文件中预先确定的地点。

第三十五条　开标由招标人主持，邀请所有投标人参加。

第三十六条　开标时，由投标人或者其推选的代表检查投标文件的密封情况，也可以由招标人委托的公证机构检查并公证；经确认无误后，由工作人员当众拆封，宣读投标人名称、投标价格和投标文件的其他主要内容。

招标人在招标文件要求提交投标文件的截止时间前收到的所有投标文件，开标时都应当当众予以拆封、宣读。

开标过程应当记录，并存档备查。

第三十七条　评标由招标人依法组建的评标委员会负责。

依法必须进行招标的项目，其评标委员会由招标人的代表和有关技术、经济等方面的专家组成，成员人数为五人以上单数，其中技术、经济等方面的专家不得少于成员总数的三分之二。

前款专家应当从事相关领域工作满八年并具有高级职称或者具有同等专业水平，由招标人从国务院有关部门或者省、自治区、直辖市人民政府有关部门提供的专家名册或者招标代理机构的专家库内的相关专业的专家名单中确定；一般招标项目可以采取随机抽取方式，特殊招标项目可以由招标人直接确定。

与投标人有利害关系的人不得进入相关项目的评标委员会；已经进入的应当更换。

评标委员会成员的名单在中标结果确定前应当保密。

第三十八条　招标人应当采取必要的措施，保证评标在严格保密的情况下进行。

任何单位和个人不得非法干预、影响评标的过程和结果。

第三十九条　评标委员会可以要求投标人对投标文件中含义不明确的内容作必要的澄清或者说明，但是澄清或者说明不得超出投标文件的范围或者改变投标文件的实质性内容。

第四十条　评标委员会应当按照招标文件确定的评标标准和方法，对投标文件进行评审和比较；设有标底的，应当参考标底。评标委员会完成评标后，应当向招标人提出书面评标报告，并推荐合格的中标候选人。

招标人根据评标委员会提出的书面评标报告和推荐的中标候选人确定中标人。招标人也可以授权评标委员会直接确定中标人。

国务院对特定招标项目的评标有特别规定的,从其规定。

第四十一条　中标人的投标应当符合下列条件之一:

(一)能够最大限度地满足招标文件中规定的各项综合评价标准;

(二)能够满足招标文件的实质性要求,并且经评审的投标价格最低;但是投标价格低于成本的除外。

第四十二条　评标委员会经评审,认为所有投标都不符合招标文件要求的,可以否决所有投标。

依法必须进行招标的项目的所有投标被否决的,招标人应当依照本法重新招标。

第四十三条　在确定中标人前,招标人不得与投标人就投标价格、投标方案等实质性内容进行谈判。

第四十四条　评标委员会成员应当客观、公正地履行职务,遵守职业道德,对所提出的评审意见承担个人责任。

评标委员会成员不得私下接触投标人,不得收受投标人的财物或者其他好处。

评标委员会成员和参与评标的有关工作人员不得透露对投标文件的评审和比较、中标候选人的推荐情况以及与评标有关的其他情况。

第四十五条　中标人确定后,招标人应当向中标人发出中标通知书,并同时将中标结果通知所有未中标的投标人。

中标通知书对招标人和中标人具有法律效力。中标通知书发出后,招标人改变中标结果的,或者中标人放弃中标项目的,应当依法承担法律责任。

第四十六条　招标人和中标人应当自中标通知书发出之日起三十日内,按照招标文件和中标人的投标文件订立书面合同。招标人和中标人不得再行订立背离合同实质性内容的其他协议。

招标文件要求中标人提交履约保证金的,中标人应当提交。

第四十七条　依法必须进行招标的项目,招标人应当自确定中标人之日起十五日内,向有关行政监督部门提交招标投标情况的书面报告。

第四十八条　中标人应当按照合同约定履行义务,完成中标项目。中标人不得向他人转让中标项目,也不得将中标项目肢解后分别向他人转让。

中标人按照合同约定或者经招标人同意,可以将中标项目的部分非主体、非关键性工作分包给他人完成。接受分包的人应当具备相应的资格条件,并不得再次分包。

中标人应当就分包项目向招标人负责,接受分包的人就分包项目承担连带责任。

第五章　法律责任

第四十九条　违反本法规定,必须进行招标的项目而不招标的,将必须进行招标的项目化整为零或者以其他任何方式规避招标的,责令限期改正,可以处项目合同金额千分之五以上千分之十以下的罚款;对全部或者部分使用国有资金的项目,可以暂停项目执行或者暂停资金拨付;对单位直接负责的主管人员和其他直接责任人员依法给予处分。

第五十条　招标代理机构违反本法规定,泄露应当保密的与招标投标活动有关的情况和资料的,或者与招标人、投标人串通损害国家利益、社会公共利益或者他人合法权益的,处五万元以上二十五万元以下的罚款，对单位直接负责的主管人员和其他直接责任人员处单位罚款数额百分之五以上百分之十以下的罚款；有违法所得的，并处没收违法所得；情节严重的，禁止其一年至二年内代理依法必须进行招标的项目并予以公告，直至由工商行政管理机关吊销营业执照；构成犯罪的，依法追究刑事责任。给他人造成损失的，依法承担赔偿责任。

前款所列行为影响中标结果的，中标无效。

第五十一条　招标人以不合理的条件限制或者排斥潜在投标人的，对潜在投标人实行歧视待遇的，强制要求投标人组成联合体共同投标的，或者限制投标人之间竞争的，责令改正，可以处一万元以上五万元以下的罚款。

第五十二条　依法必须进行招标的项目的招标人向他人透露已获取招标文件的潜在投标人的名称、数量或者可能影响公平竞争的有关招标投标的其他情况的，或者泄露标底的，给予警告，可以并处一万元以上十万元以下的罚款；对单位直接负责的主管人员和其他直接责任人员依法给予处分；构成犯罪的，依法追究刑事责任。

前款所列行为影响中标结果的，中标无效。

第五十三条　投标人相互串通投标或者与招标人串通投标的，投标人以向招标人或者评标委员会成员行贿的手段谋取中标的，中标无效，处中标项目金额千分之五以上千分之十以下的罚款，对单位直接负责的主管人员和其他直接责任人员处单位罚款数额百分之五以上百分之十以下的罚款；有违法所得的，并处没收违法所得；情节严重的，取消其一年至二年内参加依法必须进行招标的项目的投标资格并予以公告，直至由工商行政管理机关吊销营业执照；构成犯罪的，依法追究刑事责任。给他人造成损失的，依法承担赔偿责任。

第五十四条　投标人以他人名义投标或者以其他方式弄虚作假，骗取中标的，中标无效，给招标人造成损失的，依法承担赔偿责任；构成犯罪的，依法追究刑事责任。

依法必须进行招标的项目的投标人有前款所列行为尚未构成犯罪的，处中标项目金额千分之五以上千分之十以下的罚款，对单位直接负责的主管人员和其他直接责任人员处单位罚款数额百分之五以上百分之十以下的罚款；有违法所得的，并处没收违法所得；情节严重的，取消其一年至三年内参加依法必须进行招标的项目的投标资格并予以公告，直至由工商行政管理机关吊销营业执照。

第五十五条　依法必须进行招标的项目，招标人违反本法规定，与投标人就投标价格、投标方案等实质性内容进行谈判的，给予警告，对单位直接负责的主管人员和其他直接责任人员依法给予处分。

前款所列行为影响中标结果的，中标无效。

第五十六条　评标委员会成员收受投标人的财物或者其他好处的，评标委员会成员或者参加评标的有关工作人员向他人透露对投标文件的评审和比较、中标候选人的推荐以及与评标有关的其他情况的，给予警告，没收收受的财物，可以并处三千元以上五万元以下的罚款，对有所列违法行为的评标委员会成员取消担任评标委员会成员的资格，不得再参加任何依法必须进行招标的项目的评标；构成犯罪的，依法追究刑事责任。

第五十七条　招标人在评标委员会依法推荐的中标候选人以外确定中标人的，依法必须进行招标的项目在所有投标被评标委员会否决后自行确定中标人的，中标无效。责令改正,可以处中标项目金额千分之五以上千分之十以下的罚款;对单位直接负责的主管人员和其他直接责任人员依法给予处分。

第五十八条　中标人将中标项目转让给他人的,将中标项目肢解后分别转让给他人的,违反本法规定将中标项目的部分主体、关键性工作分包给他人的,或者分包人再次分包的,转让、分包无效,处转让、分包项目金额千分之五以上千分之十以下的罚款;有违法所得的,并处没收违法所得;可以责令停业整顿;情节严重的,由工商行政管理机关吊销营业执照。

第五十九条　招标人与中标人不按照招标文件和中标人的投标文件订立合同的,或者招标人、中标人订立背离合同实质性内容的协议的,责令改正;可以处中标项目金额千分之五以上千分之十以下的罚款。

第六十条　中标人不履行与招标人订立的合同的,履约保证金不予退还,给招标人造成的损失超过履约保证金数额的,还应当对超过部分予以赔偿;没有提交履约保证金的,应当对招标人的损失承担赔偿责任。

中标人不按照与招标人订立的合同履行义务,情节严重的,取消其二年至五年内参加依法必须进行招标的项目的投标资格并予以公告,直至由工商行政管理机关吊销营业执照。

因不可抗力不能履行合同的,不适用前两款规定。

第六十一条　本章规定的行政处罚,由国务院规定的有关行政监督部门决定。本法已对实施行政处罚的机关作出规定的除外。

第六十二条　任何单位违反本法规定,限制或者排斥本地区、本系统以外的法人或者其他组织参加投标的,为招标人指定招标代理机构的,强制招标人委托招标代理机构办理招标事宜的,或者以其他方式干涉招标投标活动的,责令改正;对单位直接负责的主管人员和其他直接责任人员依法给予警告、记过、记大过的处分,情节较重的,依法给予降级、撤职、开除的处分。

个人利用职权进行前款违法行为的,依照前款规定追究责任。

第六十三条　对招标投标活动依法负有行政监督职责的国家机关工作人员徇私舞弊、滥用职权或者玩忽职守,构成犯罪的,依法追究刑事责任;不构成犯罪的,依法给予行政处分。

第六十四条　依法必须进行招标的项目违反本法规定,中标无效的,应当依照本法规定的中标条件从其余投标人中重新确定中标人或者依照本法重新进行招标。

第六章　附则

第六十五条　投标人和其他利害关系人认为招标投标活动不符合本法有关规定的,有权向招标人提出异议或者依法向有关行政监督部门投诉。

第六十六条　涉及国家安全、国家秘密、抢险救灾或者属于利用扶贫资金实行以工代赈、需要使用农民工等特殊情况,不适宜进行招标的项目,按照国家有关规定可以不进行招标。

第六十七条　使用国际组织或者外国政府贷款、援助资金的项目进行招标,贷款方、资金提供方对招标投标的具体条件和程序有不同规定的,可以适用其规定,但违背中华人民共和国的社会公共利益的除外。

第六十八条　本法自2000年1月1日起施行。

中华人民共和国招标投标法实施条例

（2011年12月20日中华人民共和国国务院令第613号公布
根据2017年3月1日《国务院关于修改和废止部分行政法规的决定》第一次修订
根据2018年3月19日《国务院关于修改和废止部分行政法规的决定》第二次修订
根据2019年3月2日《国务院关于修改部分行政法规的决定》第三次修订）

第一章　总则

第一条　为了规范招标投标活动，根据《中华人民共和国招标投标法》（以下简称招标投标法），制定本条例。

第二条　招标投标法第三条所称工程建设项目，是指工程以及与工程建设有关的货物、服务。

前款所称工程，是指建设工程，包括建筑物和构筑物的新建、改建、扩建及其相关的装修、拆除、修缮等；所称与工程建设有关的货物，是指构成工程不可分割的组成部分，且为实现工程基本功能所必需的设备、材料等；所称与工程建设有关的服务，是指为完成工程所需的勘察、设计、监理等服务。

第三条　依法必须进行招标的工程建设项目的具体范围和规模标准，由国务院发展改革部门会同国务院有关部门制订，报国务院批准后公布施行。

第四条　国务院发展改革部门指导和协调全国招标投标工作，对国家重大建设项目的工程招标投标活动实施监督检查。国务院工业和信息化、住房城乡建设、交通运输、铁道、水利、商务等部门，按照规定的职责分工对有关招标投标活动实施监督。

县级以上地方人民政府发展改革部门指导和协调本行政区域的招标投标工作。县级以上地方人民政府有关部门按照规定的职责分工，对招标投标活动实施监督，依法查处招标投标活动中的违法行为。县级以上地方人民政府对其所属部门有关招标投标活动的监督职责分工另有规定的，从其规定。

财政部门依法对实行招标投标的政府采购工程建设项目的政府采购政策执行情况实施监督。

监察机关依法对与招标投标活动有关的监察对象实施监察。

第五条　设区的市级以上地方人民政府可以根据实际需要，建立统一规范的招标投标交易场所，为招标投标活动提供服务。招标投标交易场所不得与行政监督部门存在隶属关系，不得以营利为目的。

国家鼓励利用信息网络进行电子招标投标。

第六条　禁止国家工作人员以任何方式非法干涉招标投标活动。

第二章　招标

第七条　按照国家有关规定需要履行项目审批、核准手续的依法必须进行招标的项目，其招标范围、招标方式、招标组织形式应当报项目审批、核准部门审批、核准。项目审批、核准部门应当及时将审批、核准确定的招标范围、招标方式、招标组织形式通报有关行政监督部门。

第八条 国有资金占控股或者主导地位的依法必须进行招标的项目,应当公开招标;但有下列情形之一的,可以邀请招标:

(一)技术复杂、有特殊要求或者受自然环境限制,只有少量潜在投标人可供选择;

(二)采用公开招标方式的费用占项目合同金额的比例过大。

有前款第二项所列情形,属于本条例第七条规定的项目,由项目审批、核准部门在审批、核准项目时作出认定;其他项目由招标人申请有关行政监督部门作出认定。

第九条 除招标投标法第六十六条规定的可以不进行招标的特殊情况外,有下列情形之一的,可以不进行招标:

(一)需要采用不可替代的专利或者专有技术;

(二)采购人依法能够自行建设、生产或者提供;

(三)已通过招标方式选定的特许经营项目投资人依法能够自行建设、生产或者提供;

(四)需要向原中标人采购工程、货物或者服务,否则将影响施工或者功能配套要求;

(五)国家规定的其他特殊情形。

招标人为适用前款规定弄虚作假的,属于招标投标法第四条规定的规避招标。

第十条 招标投标法第十二条第二款规定的招标人具有编制招标文件和组织评标能力,是指招标人具有与招标项目规模和复杂程度相适应的技术、经济等方面的专业人员。

第十一条 国务院住房城乡建设、商务、发展改革、工业和信息化等部门,按照规定的职责分工对招标代理机构依法实施监督管理。

第十二条 招标代理机构应当拥有一定数量的具备编制招标文件、组织评标等相应能力的专业人员。

第十三条 招标代理机构在招标人委托的范围内开展招标代理业务,任何单位和个人不得非法干涉。

招标代理机构代理招标业务,应当遵守招标投标法和本条例关于招标人的规定。招标代理机构不得在所代理的招标项目中投标或者代理投标,也不得为所代理的招标项目的投标人提供咨询。

第十四条 招标人应当与被委托的招标代理机构签订书面委托合同,合同约定的收费标准应当符合国家有关规定。

第十五条 公开招标的项目,应当依照招标投标法和本条例的规定发布招标公告、编制招标文件。

招标人采用资格预审办法对潜在投标人进行资格审查的,应当发布资格预审公告、编制资格预审文件。

依法必须进行招标的项目的资格预审公告和招标公告,应当在国务院发展改革部门依法指定的媒介发布。在不同媒介发布的同一招标项目的资格预审公告或者招标公告的内容应当一致。指定媒介发布依法必须进行招标的项目的境内资格预审公告、招标公告,不得收取费用。

编制依法必须进行招标的项目的资格预审文件和招标文件，应当使用国务院发展改革部门会同有关行政监督部门制定的标准文本。

第十六条　招标人应当按照资格预审公告、招标公告或者投标邀请书规定的时间、地点发售资格预审文件或者招标文件。资格预审文件或者招标文件的发售期不得少于5日。

招标人发售资格预审文件、招标文件收取的费用应当限于补偿印刷、邮寄的成本支出，不得以营利为目的。

第十七条　招标人应当合理确定提交资格预审申请文件的时间。依法必须进行招标的项目提交资格预审申请文件的时间，自资格预审文件停止发售之日起不得少于5日。

第十八条　资格预审应当按照资格预审文件载明的标准和方法进行。

国有资金占控股或者主导地位的依法必须进行招标的项目，招标人应当组建资格审查委员会审查资格预审申请文件。资格审查委员会及其成员应当遵守招标投标法和本条例有关评标委员会及其成员的规定。

第十九条　资格预审结束后，招标人应当及时向资格预审申请人发出资格预审结果通知书。未通过资格预审的申请人不具有投标资格。

通过资格预审的申请人少于3个的，应当重新招标。

第二十条　招标人采用资格后审办法对投标人进行资格审查的，应当在开标后由评标委员会按照招标文件规定的标准和方法对投标人的资格进行审查。

第二十一条　招标人可以对已发出的资格预审文件或者招标文件进行必要的澄清或者修改。澄清或者修改的内容可能影响资格预审申请文件或者投标文件编制的，招标人应当在提交资格预审申请文件截止时间至少3日前，或者投标截止时间至少15日前，以书面形式通知所有获取资格预审文件或者招标文件的潜在投标人；不足3日或者15日的，招标人应当顺延提交资格预审申请文件或者投标文件的截止时间。

第二十二条　潜在投标人或者其他利害关系人对资格预审文件有异议的，应当在提交资格预审申请文件截止时间2日前提出；对招标文件有异议的，应当在投标截止时间10日前提出。招标人应当自收到异议之日起3日内作出答复；作出答复前，应当暂停招标投标活动。

第二十三条　招标人编制的资格预审文件、招标文件的内容违反法律、行政法规的强制性规定，违反公开、公平、公正和诚实信用原则，影响资格预审结果或者潜在投标人投标的，依法必须进行招标的项目的招标人应当在修改资格预审文件或者招标文件后重新招标。

第二十四条　招标人对招标项目划分标段的，应当遵守招标投标法的有关规定，不得利用划分标段限制或者排斥潜在投标人。依法必须进行招标的项目的招标人不得利用划分标段规避招标。

第二十五条　招标人应当在招标文件中载明投标有效期。投标有效期从提交投标文件的截止之日起算。

第二十六条　招标人在招标文件中要求投标人提交投标保证金的，投标保证金不得超过招标项目估算价的2%。投标保证金有效期应当与投标有效期一致。

依法必须进行招标的项目的境内投标单位，以现金或者支票形式提交的投标保证金应当从其基本账户转出。

招标人不得挪用投标保证金。

第二十七条　招标人可以自行决定是否编制标底。一个招标项目只能有一个标底。标底必须保密。

接受委托编制标底的中介机构不得参加受托编制标底项目的投标，也不得为该项目的投标人编制投标文件或者提供咨询。

招标人设有最高投标限价的，应当在招标文件中明确最高投标限价或者最高投标限价的计算方法。招标人不得规定最低投标限价。

第二十八条　招标人不得组织单个或者部分潜在投标人踏勘项目现场。

第二十九条　招标人可以依法对工程以及与工程建设有关的货物、服务全部或者部分实行总承包招标。以暂估价形式包括在总承包范围内的工程、货物、服务属于依法必须进行招标的项目范围且达到国家规定规模标准的，应当依法进行招标。

前款所称暂估价，是指总承包招标时不能确定价格而由招标人在招标文件中暂时估定的工程、货物、服务的金额。

第三十条　对技术复杂或者无法精确拟定技术规格的项目，招标人可以分两阶段进行招标。

第一阶段，投标人按照招标公告或者投标邀请书的要求提交不带报价的技术建议，招标人根据投标人提交的技术建议确定技术标准和要求，编制招标文件。

第二阶段，招标人向在第一阶段提交技术建议的投标人提供招标文件，投标人按照招标文件的要求提交包括最终技术方案和投标报价的投标文件。

招标人要求投标人提交投标保证金的，应当在第二阶段提出。

第三十一条　招标人终止招标的，应当及时发布公告，或者以书面形式通知被邀请的或者已经获取资格预审文件、招标文件的潜在投标人。已经发售资格预审文件、招标文件或者已经收取投标保证金的，招标人应当及时退还所收取的资格预审文件、招标文件的费用，以及所收取的投标保证金及银行同期存款利息。

第三十二条　招标人不得以不合理的条件限制、排斥潜在投标人或者投标人。

招标人有下列行为之一的，属于以不合理条件限制、排斥潜在投标人或者投标人：

（一）就同一招标项目向潜在投标人或者投标人提供有差别的项目信息；

（二）设定的资格、技术、商务条件与招标项目的具体特点和实际需要不相适应或者与合同履行无关；

（三）依法必须进行招标的项目以特定行政区域或者特定行业的业绩、奖项作为加分条件或者中标条件；

（四）对潜在投标人或者投标人采取不同的资格审查或者评标标准；

（五）限定或者指定特定的专利、商标、品牌、原产地或者供应商；

（六）依法必须进行招标的项目非法限定潜在投标人或者投标人的所有制形式或者组织形式；

（七）以其他不合理条件限制、排斥潜在投标人或者投标人。

第三章　投标

第三十三条　投标人参加依法必须进行招标的项目的投标，不受地区或者部门的限制，任何单位和个人不得非法干涉。

第三十四条　与招标人存在利害关系可能影响招标公正性的法人、其他组织或者个人，不得参加投标。

单位负责人为同一人或者存在控股、管理关系的不同单位，不得参加同一标段投标或者未划分标段的同一招标项目投标。

违反前两款规定的，相关投标均无效。

第三十五条　投标人撤回已提交的投标文件，应当在投标截止时间前书面通知招标人。招标人已收取投标保证金的，应当自收到投标人书面撤回通知之日起5日内退还。

投标截止后投标人撤销投标文件的，招标人可以不退还投标保证金。

第三十六条　未通过资格预审的申请人提交的投标文件，以及逾期送达或者不按照招标文件要求密封的投标文件，招标人应当拒收。

招标人应当如实记载投标文件的送达时间和密封情况，并存档备查。

第三十七条　招标人应当在资格预审公告、招标公告或者投标邀请书中载明是否接受联合体投标。

招标人接受联合体投标并进行资格预审的，联合体应当在提交资格预审申请文件前组成。资格预审后联合体增减、更换成员的，其投标无效。

联合体各方在同一招标项目中以自己名义单独投标或者参加其他联合体投标的，相关投标均无效。

第三十八条　投标人发生合并、分立、破产等重大变化的，应当及时书面告知招标人。投标人不再具备资格预审文件、招标文件规定的资格条件或者其投标影响招标公正性的，其投标无效。

第三十九条　禁止投标人相互串通投标。

有下列情形之一的，属于投标人相互串通投标：

（一）投标人之间协商投标报价等投标文件的实质性内容；

（二）投标人之间约定中标人；

（三）投标人之间约定部分投标人放弃投标或者中标；

（四）属于同一集团、协会、商会等组织成员的投标人按照该组织要求协同投标；

（五）投标人之间为谋取中标或者排斥特定投标人而采取的其他联合行动。

第四十条　有下列情形之一的，视为投标人相互串通投标：

（一）不同投标人的投标文件由同一单位或者个人编制；

（二）不同投标人委托同一单位或者个人办理投标事宜；

（三）不同投标人的投标文件载明的项目管理成员为同一人；

（四）不同投标人的投标文件异常一致或者投标报价呈规律性差异；

（五）不同投标人的投标文件相互混装；

（六）不同投标人的投标保证金从同一单位或者个人的账户转出。

第四十一条　禁止招标人与投标人串通投标。

有下列情形之一的，属于招标人与投标人串通投标：

（一）招标人在开标前开启投标文件并将有关信息泄露给其他投标人；

（二）招标人直接或者间接向投标人泄露标底、评标委员会成员等信息；

（三）招标人明示或者暗示投标人压低或者抬高投标报价；

（四）招标人授意投标人撤换、修改投标文件；

（五）招标人明示或者暗示投标人为特定投标人中标提供方便；

（六）招标人与投标人为谋求特定投标人中标而采取的其他串通行为。

第四十二条　使用通过受让或者租借等方式获取的资格、资质证书投标的，属于招标投标法第三十三条规定的以他人名义投标。

投标人有下列情形之一的，属于招标投标法第三十三条规定的以其他方式弄虚作假的行为：

（一）使用伪造、变造的许可证件；

（二）提供虚假的财务状况或者业绩；

（三）提供虚假的项目负责人或者主要技术人员简历、劳动关系证明；

（四）提供虚假的信用状况；

（五）其他弄虚作假的行为。

第四十三条　提交资格预审申请文件的申请人应当遵守招标投标法和本条例有关投标人的规定。

第四章　开标、评标和中标

第四十四条　招标人应当按照招标文件规定的时间、地点开标。

投标人少于3个的，不得开标；招标人应当重新招标。

投标人对开标有异议的，应当在开标现场提出，招标人应当当场作出答复，并制作记录。

第四十五条　国家实行统一的评标专家专业分类标准和管理办法。具体标准和办法由国务院发展改革部门会同国务院有关部门制定。

省级人民政府和国务院有关部门应当组建综合评标专家库。

第四十六条　除招标投标法第三十七条第三款规定的特殊招标项目外，依法必须进行招标的项目，其评标委员会的专家成员应当从评标专家库内相关专业的专家名单中以随机抽取方式确定。任何单位和个人不得以明示、暗示等任何方式指定或者变相指定参加评标委员会的专家成员。

依法必须进行招标的项目的招标人非因招标投标法和本条例规定的事由，不得更换依法确定的评标委员会成员。更换评标委员会的专家成员应当依照前款规定进行。

评标委员会成员与投标人有利害关系的，应当主动回避。

有关行政监督部门应当按照规定的职责分工，对评标委员会成员的确定方式、评标专家的抽取和评标活动进行监督。行政监督部门的工作人员不得担任本部门负责监督项目的评标委员会成员。

第四十七条　招标投标法第三十七条第三款所称特殊招标项目，是指技术复杂、专业性强或者国家有特殊要求，采取随机抽取方式确定的专家难以保证胜任评标工作的项目。

第四十八条　招标人应当向评标委员会提供评标所必需的信息，但不得明示或者暗示其倾向或者排斥特定投标人。

招标人应当根据项目规模和技术复杂程度等因素合理确定评标时间。超过三分之一的评标委员会成员认为评标时间不够的，招标人应当适当延长。

评标过程中，评标委员会成员有回避事由、擅离职守或者因健康等原因不能继续评标的，应当及时更换。被更换的评标委员会成员作出的评审结论无效，由更换后的评标委员会成员重新进行评审。

第四十九条　评标委员会成员应当依照招标投标法和本条例的规定，按照招标文件规定的评标标准和方法，客观、公正地对投标文件提出评审意见。招标文件没有规定的评标标准和方法不得作为评标的依据。

评标委员会成员不得私下接触投标人，不得收受投标人给予的财物或者其他好处，不得向招标人征询确定中标人的意向，不得接受任何单位或者个人明示或者暗示提出的倾向或者排斥特定投标人的要求，不得有其他不客观、不公正履行职务的行为。

第五十条　招标项目设有标底的，招标人应当在开标时公布。标底只能作为评标的参考，不得以投标报价是否接近标底作为中标条件，也不得以投标报价超过标底上下浮动范围作为否决投标的条件。

第五十一条　有下列情形之一的，评标委员会应当否决其投标：

（一）投标文件未经投标单位盖章和单位负责人签字；

（二）投标联合体没有提交共同投标协议；

（三）投标人不符合国家或者招标文件规定的资格条件；

（四）同一投标人提交两个以上不同的投标文件或者投标报价，但招标文件要求提交备选投标的除外；

（五）投标报价低于成本或者高于招标文件设定的最高投标限价；

（六）投标文件没有对招标文件的实质性要求和条件作出响应；

（七）投标人有串通投标、弄虚作假、行贿等违法行为。

第五十二条　投标文件中有含义不明确的内容、明显文字或者计算错误，评标委员会认为需要投标人作出必要澄清、说明的，应当书面通知该投标人。投标人的澄清、说明应当采用书面形式，并不得超出投标文件的范围或者改变投标文件的实质性内容。

评标委员会不得暗示或者诱导投标人作出澄清、说明，不得接受投标人主动提出的澄清、说明。

第五十三条　评标完成后，评标委员会应当向招标人提交书面评标报告和中标候选人名单。中标候选人应当不超过3个，并标明排序。

评标报告应当由评标委员会全体成员签字。对评标结果有不同意见的评标委员会成员应当以书面形式说明其不同意见和理由，评标报告应当注明该不同意见。评标委员会成员拒绝在评标报告上签字又不书面说明其不同意见和理由的，视为同意评标结果。

第五十四条　依法必须进行招标的项目，招标人应当自收到评标报告之日起3日内公示中标候选人，公示期不得少于3日。

投标人或者其他利害关系人对依法必须进行招标的项目的评标结果有异议的，应当在中标候选人公示期间提出。招标人应当自收到异议之日起3日内作出答复；作出答复前，应当暂停招标投标活动。

第五十五条　国有资金占控股或者主导地位的依法必须进行招标的项目，招标人应当确定排名第一的中标候选人为中标人。排名第一的中标候选人放弃中标、因不可抗力不能履行合同、不按照招标文件要求提交履约保证金，或者被查实存在影响中标结果的违法行为等情形，不符合中标条件的，招标人可以按照评标委员会提出的中标候选人名单排序依次确定其他中标候选人为中标人，也可以重新招标。

第五十六条　中标候选人的经营、财务状况发生较大变化或者存在违法行为，招标人认为可能影响其履约能力的，应当在发出中标通知书前由原评标委员会按照招标文件规定的标准和方法审查确认。

第五十七条　招标人和中标人应当依照招标投标法和本条例的规定签订书面合同，合同的标的、价款、质量、履行期限等主要条款应当与招标文件和中标人的投标文件的内容一致。招标人和中标人不得再行订立背离合同实质性内容的其他协议。

招标人最迟应当在书面合同签订后5日内向中标人和未中标的投标人退还投标保证金及银行同期存款利息。

第五十八条　招标文件要求中标人提交履约保证金的，中标人应当按照招标文件的要求提交。履约保证金不得超过中标合同金额的10%。

第五十九条　中标人应当按照合同约定履行义务，完成中标项目。中标人不得向他人转让中标项目，也不得将中标项目肢解后分别向他人转让。

中标人按照合同约定或者经招标人同意，可以将中标项目的部分非主体、非关键性工作分包给他人完成。接受分包的人应当具备相应的资格条件，并不得再次分包。

中标人应当就分包项目向招标人负责，接受分包的人就分包项目承担连带责任。

第五章　投诉与处理

第六十条　投标人或者其他利害关系人认为招标投标活动不符合法律、行政法规规定的，可以自知道或者应当知道之日起10日内向有关行政监督部门投诉。投诉应当有明确的请求和必要的证明材料。

就本条例第二十二条、第四十四条、第五十四条规定事项投诉的，应当先向招标人提出异议，异议答复期间不计算在前款规定的期限内。

第六十一条　投诉人就同一事项向两个以上有权受理的行政监督部门投诉的，由最先收到投诉的行政监督部门负责处理。

行政监督部门应当自收到投诉之日起3个工作日内决定是否受理投诉，并自受理投诉之日起30个工作日内作出书面处理决定；需要检验、检测、鉴定、专家评审的，所需时间不计算在内。

投诉人捏造事实、伪造材料或者以非法手段取得证明材料进行投诉的，行政监督部门应当予以驳回。

第六十二条　行政监督部门处理投诉，有权查阅、复制有关文件、资料，调查有关情况，相关单位和人员应当予以配合。必要时，行政监督部门可以责令暂停招标投标活动。

行政监督部门的工作人员对监督检查过程中知悉的国家秘密、商业秘密，应当依法予以保密。

第六章　法律责任

第六十三条　招标人有下列限制或者排斥潜在投标人行为之一的，由有关行政监督部门依照招标投标法第五十一条的规定处罚：

（一）依法应当公开招标的项目不按照规定在指定媒介发布资格预审公告或者招标公告；

（二）在不同媒介发布的同一招标项目的资格预审公告或者招标公告的内容不一致，影响潜在投标人申请资格预审或者投标。

依法必须进行招标的项目的招标人不按照规定发布资格预审公告或者招标公告，构成规避招标的，依照招标投标法第四十九条的规定处罚。

第六十四条　招标人有下列情形之一的，由有关行政监督部门责令改正，可以处10万元以下的罚款：

（一）依法应当公开招标而采用邀请招标；

（二）招标文件、资格预审文件的发售、澄清、修改的时限，或者确定的提交资格预审申请文件、投标文件的时限不符合招标投标法和本条例规定；

（三）接受未通过资格预审的单位或者个人参加投标；

（四）接受应当拒收的投标文件。

招标人有前款第一项、第三项、第四项所列行为之一的，对单位直接负责的主管人员和其他直接责任人员依法给予处分。

第六十五条　招标代理机构在所代理的招标项目中投标、代理投标或者向该项目投标人提供咨询的，接受委托编制标底的中介机构参加受托编制标底项目的投标或者为该项目的投标人编制投标文件、提供咨询的，依照招标投标法第五十条的规定追究法律责任。

第六十六条　招标人超过本条例规定的比例收取投标保证金、履约保证金或者不按照规定退还投标保证金及银行同期存款利息的，由有关行政监督部门责令改正，可以处5万元以下的罚款；给他人造成损失的，依法承担赔偿责任。

第六十七条　投标人相互串通投标或者与招标人串通投标的，投标人向招标人或者评标委员会成员行贿谋取中标的，中标无效；构成犯罪的，依法追究刑事责任；尚不构成犯罪的，依照招标投标法第五十三条的规定处罚。投标人未中标的，对单位的罚款金额按照招标项目合同金额依照招标投标法规定的比例计算。

投标人有下列行为之一的，属于招标投标法第五十三条规定的情节严重行为，由有关行政监督部门取消其1年至2年内参加依法必须进行招标的项目的投标资格：

（一）以行贿谋取中标；

（二）3年内2次以上串通投标；

（三）串通投标行为损害招标人、其他投标人或者国家、集体、公民的合法利益，造成直接经济损失30万元以上；

（四）其他串通投标情节严重的行为。

投标人自本条第二款规定的处罚执行期限届满之日起3年内又有该款所列违法行为之一的，或者串通投标、以行贿谋取中标情节特别严重的，由工商行政管理机关吊销营业执照。

法律、行政法规对串通投标报价行为的处罚另有规定的，从其规定。

第六十八条 投标人以他人名义投标或者以其他方式弄虚作假骗取中标的，中标无效；构成犯罪的，依法追究刑事责任；尚不构成犯罪的，依照招标投标法第五十四条的规定处罚。依法必须进行招标的项目的投标人未中标的，对单位的罚款金额按照招标项目合同金额依照招标投标法规定的比例计算。

投标人有下列行为之一的，属于招标投标法第五十四条规定的情节严重行为，由有关行政监督部门取消其1年至3年内参加依法必须进行招标的项目的投标资格：

（一）伪造、变造资格、资质证书或者其他许可证件骗取中标；

（二）3年内2次以上使用他人名义投标；

（三）弄虚作假骗取中标给招标人造成直接经济损失30万元以上；

（四）其他弄虚作假骗取中标情节严重的行为。

投标人自本条第二款规定的处罚执行期限届满之日起3年内又有该款所列违法行为之一的，或者弄虚作假骗取中标情节特别严重的，由工商行政管理机关吊销营业执照。

第六十九条 出让或者出租资格、资质证书供他人投标的，依照法律、行政法规的规定给予行政处罚；构成犯罪的，依法追究刑事责任。

第七十条 依法必须进行招标的项目的招标人不按照规定组建评标委员会，或者确定、更换评标委员会成员违反招标投标法和本条例规定的，由有关行政监督部门责令改正，可以处10万元以下的罚款，对单位直接负责的主管人员和其他直接责任人员依法给予处分；违法确定或者更换的评标委员会成员作出的评审结论无效，依法重新进行评审。

国家工作人员以任何方式非法干涉选取评标委员会成员的，依照本条例第八十一条的规定追究法律责任。

第七十一条 评标委员会成员有下列行为之一的，由有关行政监督部门责令改正；情节严重的，禁止其在一定期限内参加依法必须进行招标的项目的评标；情节特别严重的，取消其担任评标委员会成员的资格：

（一）应当回避而不回避；

（二）擅离职守；

（三）不按照招标文件规定的评标标准和方法评标；

（四）私下接触投标人；

（五）向招标人征询确定中标人的意向或者接受任何单位或者个人明示或者暗示提出的倾向或者排斥特定投标人的要求；

（六）对依法应当否决的投标不提出否决意见；

（七）暗示或者诱导投标人作出澄清、说明或者接受投标人主动提出的澄清、说明；

（八）其他不客观、不公正履行职务的行为。

第七十二条 评标委员会成员收受投标人的财物或者其他好处的，没收收受的财物，处3000元以上5万元以下的罚款，取消担任评标委员会成员的资格，不得再参加依法必须进行招标的项目的评标；构成犯罪的，依法追究刑事责任。

第七十三条 依法必须进行招标的项目的招标人有下列情形之一的，由有关行政监督部门责令改正，可以处中标项目金额10‰以下的罚款；给他人造成损失的，依法承担赔偿责

任;对单位直接负责的主管人员和其他直接责任人员依法给予处分:

（一）无正当理由不发出中标通知书;

（二）不按照规定确定中标人;

（三）中标通知书发出后无正当理由改变中标结果;

（四）无正当理由不与中标人订立合同;

（五）在订立合同时向中标人提出附加条件。

第七十四条　中标人无正当理由不与招标人订立合同,在签订合同时向招标人提出附加条件,或者不按照招标文件要求提交履约保证金的,取消其中标资格,投标保证金不予退还。对依法必须进行招标的项目的中标人,由有关行政监督部门责令改正,可以处中标项目金额10‰以下的罚款。

第七十五条　招标人和中标人不按照招标文件和中标人的投标文件订立合同,合同的主要条款与招标文件、中标人的投标文件的内容不一致,或者招标人、中标人订立背离合同实质性内容的协议的,由有关行政监督部门责令改正,可以处中标项目金额5‰以上10‰以下的罚款。

第七十六条　中标人将中标项目转让给他人的,将中标项目肢解后分别转让给他人的,违反招标投标法和本条例规定将中标项目的部分主体、关键性工作分包给他人的,或者分包人再次分包的,转让、分包无效,处转让、分包项目金额5‰以上10‰以下的罚款;有违法所得的,并处没收违法所得;可以责令停业整顿;情节严重的,由工商行政管理机关吊销营业执照。

第七十七条　投标人或者其他利害关系人捏造事实、伪造材料或者以非法手段取得证明材料进行投诉,给他人造成损失的,依法承担赔偿责任。

招标人不按照规定对异议作出答复,继续进行招标投标活动的,由有关行政监督部门责令改正,拒不改正或者不能改正并影响中标结果的,依照本条例第八十一条的规定处理。

第七十八条　国家建立招标投标信用制度。有关行政监督部门应当依法公告对招标人、招标代理机构、投标人、评标委员会成员等当事人违法行为的行政处理决定。

第七十九条　项目审批、核准部门不依法审批、核准项目招标范围、招标方式、招标组织形式的,对单位直接负责的主管人员和其他直接责任人员依法给予处分。

有关行政监督部门不依法履行职责,对违反招标投标法和本条例规定的行为不依法查处,或者不按照规定处理投诉、不依法公告对招标投标当事人违法行为的行政处理决定的,对直接负责的主管人员和其他直接责任人员依法给予处分。

项目审批、核准部门和有关行政监督部门的工作人员徇私舞弊、滥用职权、玩忽职守,构成犯罪的,依法追究刑事责任。

第八十条　国家工作人员利用职务便利,以直接或者间接、明示或者暗示等任何方式非法干涉招标投标活动,有下列情形之一的,依法给予记过或者记大过处分;情节严重的,依法给予降级或者撤职处分;情节特别严重的,依法给予开除处分;构成犯罪的,依法追究刑事责任:

（一）要求对依法必须进行招标的项目不招标,或者要求对依法应当公开招标的项目不公开招标;

（二）要求评标委员会成员或者招标人以其指定的投标人作为中标候选人或者中标人，或者以其他方式非法干涉评标活动，影响中标结果；

（三）以其他方式非法干涉招标投标活动。

第八十一条　依法必须进行招标的项目的招标投标活动违反招标投标法和本条例的规定，对中标结果造成实质性影响，且不能采取补救措施予以纠正的，招标、投标、中标无效，应当依法重新招标或者评标。

第七章　附则

第八十二条　招标投标协会按照依法制定的章程开展活动，加强行业自律和服务。

第八十三条　政府采购的法律、行政法规对政府采购货物、服务的招标投标另有规定的，从其规定。

第八十四条　本条例自2012年2月1日起施行。

国务院办公厅关于进一步加强政府采购管理工作的意见

（国办发〔2009〕35号）

各省、自治区、直辖市人民政府，国务院各部委、各直属机构：

近年来，各地区、各部门认真贯彻落实《中华人民共和国政府采购法》（以下简称《政府采购法》），不断加强制度建设、规范采购行为，政府采购在提高资金使用效益，维护国家和社会公益，以及防范腐败、支持节能环保和促进自主创新等方面取得了显著成效。但是，个别单位规避政府采购，操作执行环节不规范，运行机制不完善，监督处罚不到位，部分政府采购效率低价格高等问题仍然比较突出，一些违反法纪、贪污腐败的现象时有发生，造成财政资金损失浪费。为切实解决这些问题，全面深化政府采购制度改革，经国务院同意，现就进一步加强政府采购管理工作提出以下意见：

一、坚持应采尽采，进一步强化和实现依法采购

财政部门要依据政府采购需要和集中采购机构能力，研究完善政府集中采购目录和产品分类。各地区、各部门要加大推进政府采购工作的力度，扩大政府采购管理实施范围，对列入政府采购的项目应全部依法实施政府采购。尤其是要加强对部门和单位使用纳入财政管理的其他资金或使用以财政性资金作为还款来源的借（贷）款进行采购的管理；要加强工程项目的政府采购管理，政府采购工程项目除招标投标外均按《政府采购法》规定执行。

各部门、各单位要认真执行政府采购法律制度规定的工作程序和操作标准，合理确定采购需求，及时签订合同、履约验收和支付资金，不得以任何方式干预和影响采购活动。属政府集中采购目录项目要委托集中采购机构实施；达到公开招标限额标准的采购项目，未经财政部门批准不得采取其他采购方式，并严格按规定向社会公开发布采购信息，实现采购活动的公开透明。

二、坚持管采分离，进一步完善监管和运行机制

加强政府采购监督管理与操作执行相分离的体制建设，进一步完善财政部门监督管理和集中采购机构独立操作运行的机制。

财政部门要严格采购文件编制、信息公告、采购评审、采购合同格式和产品验收等环节的具体标准和程序要求；要建立统一的专家库、供应商产品信息库，逐步实现动态管理和加强违规行为的处罚；要会同国家保密部门制定保密项目采购的具体标准、范围和工作要求，防止借采购项目保密而逃避或简化政府采购的行为。

集中采购机构要严格按照《政府采购法》规定组织采购活动，规范集中采购操作行为，增强集中采购目录执行的严肃性、科学性和有效性。在组织实施中不得违反国家规定收取采购代理费用和其他费用，也不得将采购单位委托的集中采购项目再委托给社会代理机构组织实施采购。要建立健全内部监督管理制度，实现采购活动不同环节之间权责明确、岗位分离。要重视和加强专业化建设，优化集中采购实施方式和内部操作程序，实现采购价格低于市场平均价格、采购效率更高、采购质量优良和服务良好。

在集中采购业务代理活动中要适当引入竞争机制，打破现有集中采购机构完全按行政

隶属关系接受委托业务的格局，允许采购单位在所在区域内择优选择集中采购机构，实现集中采购活动的良性竞争。

三、坚持预算约束，进一步提高政府采购效率和质量

各部门、各单位要按照《政府采购法》的规定和财政部门预算管理的要求，将政府采购项目全部编入部门预算，做好政府采购预算和采购计划编报的相互衔接工作，确保采购计划严格按政府采购预算的项目和数额执行。

要采取有效措施，加强监管部门、采购单位和采购代理机构间的相互衔接，通过改进管理水平和操作执行质量，不断提高采购效率。财政部门要改进管理方式，提高审批效率，整合优化采购环节，制定标准化工作程序，建立各种采购方式下的政府采购价格监测机制和采购结果社会公开披露制度，实现对采购活动及采购结果的有效监控。集中采购机构要提高业务技能和专业化操作水平，通过优化采购组织形式，科学制定价格参数和评价标准，完善评审程序，缩短采购操作时间，建立政府采购价格与市场价格的联动机制，实现采购价格和采购质量最优。

四、坚持政策功能，进一步服务好经济和社会发展大局

政府采购应当有助于实现国家的经济和社会发展政策目标。强化政府采购的政策功能作用，是建立科学政府采购制度的客观要求。各地区、各部门要从政府采购政策功能上支持国家宏观调控，贯彻好扩大内需、调整结构等经济政策，认真落实节能环保、自主创新、进口产品审核等政府采购政策；进一步扩大政府采购政策功能范围，积极研究支持促进中小企业发展等政府采购政策。加大强制采购节能产品和优先购买环保产品的力度，凡采购产品涉及节能环保和自主创新产品的，必须执行财政部会同有关部门发布的节能环保和自主创新产品政府采购清单（目录）。要严格审核进口产品的采购，凡国内产品能够满足需求的都要采购国内产品。财政部门要加强政策实施的监督，跟踪政策实施情况，建立采购效果评价体系，保证政策规定落到实处。

五、坚持依法处罚，进一步严肃法律制度约束

各级财政、监察、审计、预防腐败部门要加强对政府采购的监督管理，严格执法检查，对违法违规行为要依法追究责任并以适当方式向社会公布，对情节严重的要依法予以处罚。

要通过动态监控体系及时发现、纠正和处理采购单位逃避政府采购和其他违反政府采购制度规定的行为，追究相关单位及人员的责任。要完善评审专家责任处罚办法，对评审专家违反政府采购制度规定、评审程序和评审标准，以及在评审工作中敷衍塞责或故意影响评标结果等行为，要严肃处理。要加快供应商诚信体系建设，对供应商围标、串标和欺诈等行为依法予以处罚并向社会公布。要加快建立对采购单位、评审专家、供应商、集中采购机构和社会代理机构的考核评价制度和不良行为公告制度，引入公开评议和社会监督机制。严格对集中采购机构的考核，考核结果要向同级人民政府报告。加强对集中采购机构整改情况的跟踪监管，对集中采购机构的违法违规行为，要严格按照法律规定予以处理。

六、坚持体系建设，进一步推进电子化政府采购

加强政府采购信息化建设，是深化政府采购制度改革的重要内容，也是实现政府采购科学化、精细化管理的手段。各地区要积极推进政府采购信息化建设，利用现代电子信息技术，实现政府采购管理和操作执行各个环节的协调联动。财政部门要切实加强对政府采购

信息化建设工作的统一领导和组织，科学制订电子化政府采购体系发展建设规划，以管理功能完善、交易公开透明、操作规范统一、网络安全可靠为目标，建设全国统一的电子化政府采购管理交易平台，逐步实现政府采购业务交易信息共享和全流程电子化操作。要抓好信息系统推广运行的组织工作，制定由点到面、协调推进的实施计划。

七、坚持考核培训，进一步加强政府采购队伍建设

各地区、各部门要继续加强政府采购从业人员的职业教育、法制教育和技能培训，增强政府采购从业人员依法行政和依法采购的观念，建立系统的教育培训制度。财政部要会同有关部门研究建立政府采购从业人员执业资格制度，对采购单位、集中采购机构、社会代理机构和评审专家等从业人员实行持证上岗和执业考核，推动政府采购从业人员职业化的进程。集中采购机构要建立内部岗位标准和考核办法，形成优胜劣汰的良性机制，不断提高集中采购机构专业化操作水平。

各地区、各部门要全面把握新时期、新形势下完善政府采购制度的新要求，进一步提高对深化政府采购制度改革重要性的认识，切实加大推进政府采购管理工作的力度，加强对政府采购工作的组织领导，着力协调和解决政府采购管理中存在的突出问题，推进政府采购工作健康发展。

国务院办公厅

2009 年 4 月 10 日

财政部关于加强政府采购活动内部控制管理的指导意见

（财库〔2016〕99 号）

党中央有关部门，国务院各部委、各直属机构，全国人大常委会办公厅，全国政协办公厅，高法院，高检院，各民主党派中央，有关人民团体，中央国家机关政府采购中心，中共中央直属机关采购中心，全国人大机关采购中心，各省、自治区、直辖市、计划单列市财政厅（局）、政府采购中心，新疆生产建设兵团财务局、政府采购中心：

加强对政府采购活动的内部控制管理，是贯彻《中共中央关于全面推进依法治国若干重大问题的决定》的重要举措，也是深化政府采购制度改革的内在要求，对落实党风廉政建设主体责任、推进依法采购具有重要意义。近年来，一些采购人、集中采购机构和政府采购监管部门积极探索建立政府采购活动内部控制制度，取得了初步成效，但总体上还存在体系不完整、制度不健全、发展不平衡等问题。为了进一步规范政府采购活动中的权力运行，强化内部流程控制，促进政府采购提质增效，现提出如下意见：

一、总体要求

（一）指导思想。

贯彻党的十八大和十八届三中、四中、五中全会精神，按照“四个全面”战略布局，适应政府职能转变和构建现代财政制度需要，落实政府采购法律法规要求，执行《行政事业单位内部控制规范（试行）》（财会〔2012〕21 号）和《财政部关于全面推进行政事业单位内部控制建设的指导意见》（财会〔2015〕24 号）相关规定，坚持底线思维和问题导向，创新政府采购管理手段，切实加强政府采购活动中的权力运行监督，有效防范舞弊和预防腐败，提升政府采购活动的组织管理水平和财政资金使用效益，提高政府采购公信力。

（二）基本原则。

1. 全面管控与突出重点并举。将政府采购内部控制管理贯穿于政府采购执行与监管的全流程、各环节，全面控制，重在预防。抓住关键环节、岗位和重大风险事项，从严管理，重点防控。

2. 分工制衡与提升效能并重。发挥内部机构之间，相关业务、环节和岗位之间的相互监督和制约作用，合理安排分工，优化流程衔接，提高采购绩效和行政效能。

3. 权责对等与依法惩处并行。在政府采购执行与监管过程中贯彻权责一致原则，因权定责、权责对应。严格执行法律法规的问责条款，有错必究、失责必惩。

（三）主要目标。

以“分事行权、分岗设权、分级授权”为主线，通过制定制度、健全机制、完善措施、规范流程，逐步形成依法合规、运转高效、风险可控、问责严格的政府采购内部运转和管控制度，做到约束机制健全、权力运行规范、风险控制有力、监督问责到位，实现对政府采购活动内部权力运行的有效制约。

二、主要任务

（一）落实主体责任。

采购人应当做好政府采购业务的内部归口管理和所属单位管理，明确内部工作机制，重点加强对采购需求、政策落实、信息公开、履约验收、结果评价等的管理。

集中采购机构应当做好流程控制，围绕委托代理、编制采购文件和拟订合同文本、执行采购程序、代理采购绩效等政府采购活动的重点内容和环节加强管理。

监管部门应当强化依法行政意识，围绕放管服改革要求，重点完善采购方式审批、采购进口产品审核、投诉处理、监督检查等内部管理制度和工作规程。

（二）明确重点任务。

1. 严防廉政风险。牢固树立廉洁是政府采购生命线的根本理念，把纪律和规矩挺在前面。针对政府采购岗位设置、流程设计、主体责任、与市场主体交往等重点问题，细化廉政规范、明确纪律规矩，形成严密、有效的约束机制。

2. 控制法律风险。切实提升采购人、集中采购机构和监管部门的法治观念，依法依规组织开展政府采购活动，提高监管水平，切实防控政府采购执行与监管中的法律风险。

3. 落实政策功能。准确把握政府采购领域政策功能落实要求，严格执行政策规定，切实发挥政府采购在实现国家经济和社会发展政策目标中的作用。

4. 提升履职效能。落实精简、统一、效能的要求，科学确定事权归属、岗位责任、流程控制和授权关系，推进政府采购流程优化、执行顺畅，提升政府采购整体效率、效果和效益。

三、主要措施

（一）明晰事权，依法履职尽责。采购人、采购代理机构和监管部门应当根据法定职责开展工作，既不能失职不作为，也不得越权乱作为。

1. 实施归口管理。采购人应当明确内部归口管理部门，具体负责本单位、本系统的政府采购执行管理。归口管理部门应当牵头建立本单位政府采购内部控制制度，明确本单位相关部门在政府采购工作中的职责与分工，建立政府采购与预算、财务（资金）、资产、使用等业务机构或岗位之间沟通协调的工作机制，共同做好编制政府采购预算和实施计划、确定采购需求、组织采购活动、履约验收、答复询问质疑、配合投诉处理及监督检查等工作。

2. 明确委托代理权利义务。委托采购代理机构采购的，采购人应当和采购代理机构依法签订政府采购委托代理协议，明确代理采购的范围、权限和期限等具体事项。采购代理机构应当严格按照委托代理协议开展采购活动，不得超越代理权限。

3. 强化内部监督。采购人、集中采购机构和监管部门应当发挥内部审计、纪检监察等机构的监督作用，加强对采购执行和监管工作的常规审计和专项审计。畅通问题反馈和受理渠道，通过检查、考核、设置监督电话或信箱等多种途径查找和发现问题，有效分析、预判、管理、处置风险事项。

（二）合理设岗，强化权责对应。合理设置岗位，明确岗位职责、权限和责任主体，细化各流程、各环节的工作要求和执行标准。

1. 界定岗位职责。采购人、集中采购机构和监管部门应当结合自身特点，对照政府采购法律、法规、规章及制度规定，认真梳理不同业务、环节、岗位需要重点控制的风险事项，划分风险等级，建立制度规则、风险事项等台账，合理确定岗位职责。

2. 不相容岗位分离。采购人、集中采购机构应当建立岗位间的制衡机制，采购需求制定与内部审核、采购文件编制与复核、合同签订与验收等岗位原则上应当分开设置。

3. 相关业务多人参与。采购人、集中采购机构对于评审现场组织、单一来源采购项目议价、合同签订、履约验收等相关业务，原则上应当由2人以上共同办理，并明确主要负责人员。

4. 实施定期轮岗。采购人、集中采购机构和监管部门应当按规定建立轮岗交流制度，按照政府采购岗位风险等级设定轮岗周期，风险等级高的岗位原则上应当缩短轮岗年限。不具备轮岗条件的应当定期采取专项审计等控制措施。建立健全政府采购在岗监督、离岗审查和项目责任追溯制度。

（三）分级授权，推动科学决策。明确不同级别的决策权限和责任归属，按照分级授权的决策模式，建立与组织机构、采购业务相适应的内部授权管理体系。

1. 加强所属单位管理。主管预算单位应当明确与所属预算单位在政府采购管理、执行等方面的职责范围和权限划分，细化业务流程和工作要求，加强对所属预算单位的采购执行管理，强化对政府采购政策落实的指导。

2. 完善决策机制。采购人、集中采购机构和监管部门应当建立健全内部政府采购事项集体研究、合法性审查和内部会签相结合的议事决策机制。对于涉及民生、社会影响较大的项目，采购人在制定采购需求时，还应当进行法律、技术咨询或者公开征求意见。监管部门处理政府采购投诉应当建立健全法律咨询机制。决策过程要形成完整记录，任何个人不得单独决策或者擅自改变集体决策。

3. 完善内部审核制度。采购人、集中采购机构确定采购方式、组织采购活动，监管部门办理审批审核事项、开展监督检查、做出处理处罚决定等，应当依据法律制度和有关政策要求细化内部审核的各项要素、审核标准、审核权限和工作要求，实行办理、复核、审定的内部审核机制，对照要求逐层把关。

（四）优化流程，实现重点管控。加强对采购活动的流程控制，突出重点环节，确保政府采购项目规范运行。

1. 增强采购计划性。采购人应当提高编报与执行政府采购预算、实施计划的系统性、准确性、及时性和严肃性，制定政府采购实施计划执行时间表和项目进度表，有序安排采购活动。

2. 加强关键环节控制。采购人、集中采购机构应当按照有关法律法规及业务流程规定，明确政府采购重点环节的控制措施。未编制采购预算和实施计划的不得组织采购，无委托代理协议不得开展采购代理活动，对属于政府采购范围未执行政府采购规定、采购方式或程序不符合规定的及时予以纠正。

3. 明确时限要求。采购人、集中采购机构和监管部门应当提高政府采购效率，对信息公告、合同签订、变更采购方式、采购进口产品、答复询问质疑、投诉处理以及其他有时间要求的事项，要细化各个节点的工作时限，确保在规定时间内完成。

4. 强化利益冲突管理。采购人、集中采购机构和监管部门应当厘清利益冲突的主要对象、具体内容和表现形式，明确与供应商等政府采购市场主体、评审专家交往的基本原则和界限，细化处理原则、处理方式和解决方案。采购人员及相关人员与供应商有利害关系的，应当严格执行回避制度。

5. 健全档案管理。采购人、集中采购机构和监管部门应当加强政府采购记录控制，按照规定妥善保管与政府采购管理、执行相关的各类文件。

四、保障措施

采购人、集中采购机构和监管部门要深刻领会政府采购活动中加强内部控制管理的重要性和必要性，结合廉政风险防控机制建设、防止权力滥用的工作要求，准确把握政府采购工作的内在规律，加快体制机制创新，强化硬的制度约束，切实提高政府采购内部控制管理水平。

（一）加强组织领导。建立政府采购内部控制管理工作的领导、协调机制，做好政府采购内部控制管理各项工作。要严格执行岗位分离、轮岗交流等制度，暂不具备条件的要创造条件逐步落实，确不具备条件的基层单位可适当放宽要求。集中采购机构以外的采购代理机构可以参照本意见建立和完善内部控制管理制度，防控代理执行风险。

（二）加快建章立制。抓紧梳理和评估本部门、本单位政府采购执行和监管中存在的风险，明确标准化工作要求和防控措施，完善内部管理制度，形成较为完备的内部控制体系。

（三）完善技术保障。运用信息技术落实政府采购内部控制管理措施，政府采购管理交易系统及采购人内部业务系统应当重点强化人员身份验证、岗位业务授权、系统操作记录、电子档案管理等系统功能建设。探索大数据分析在政府采购内部控制管理中的应用，将信息数据科学运用于项目管理、风险控制、监督预警等方面。

（四）强化运行监督。建立内部控制管理的激励约束机制，将内部控制制度的建设和执行情况纳入绩效考评体系，将日常评价与重点监督、内部分析和外部评价相结合，定期对内部控制的有效性进行总结，加强评估结果应用，不断改进内部控制管理体系。财政部门要将政府采购内部控制制度的建设和执行情况作为政府采购监督检查和对集中采购机构考核的重要内容，加强监督指导。

财政部

2016 年 6 月 29 日

财政部关于进一步加强政府采购需求和履约验收管理的指导意见

（财库〔2016〕205 号）

党中央有关部门，国务院各部委、各直属机构，全国人大常委会办公厅，全国政协办公厅，高法院、高检院，各民主党派中央，有关人民团体，各省、自治区、直辖市、计划单列市财政厅（局），新疆生产建设兵团财务局：

近年来，各地区、各部门认真贯彻政府采购结果导向改革要求，落实《中华人民共和国政府采购法》及其实施条例有关规定，不断加强政府采购需求和履约验收管理，取得了初步成效。但从总体上看，政府采购需求和履约验收管理还存在认识不到位、责任不清晰、措施不细化等问题。为了进一步提高政府采购需求和履约验收管理的科学化、规范化水平，现就有关工作提出以下意见：

一、高度重视政府采购需求和履约验收管理

依法加强政府采购需求和履约验收管理，是深化政府采购制度改革、提高政府采购效率和质量的重要保证。科学合理确定采购需求是加强政府采购源头管理的重要内容，是执行政府采购预算、发挥采购政策功能、落实公平竞争交易规则的重要抓手，在采购活动整体流程中具有承上启下的重要作用。严格规范开展履约验收是加强政府采购结果管理的重要举措，是保证采购质量、开展绩效评价、形成闭环管理的重要环节，对实现采购与预算、资产及财务等管理工作协调联动具有重要意义。各地区、各部门要充分认识政府采购需求和履约验收管理的重要性和必要性，切实加强政府采购活动的源头和结果管理。

二、科学合理确定采购需求

（一）采购人负责确定采购需求。采购人负责组织确定本单位采购项目的采购需求。采购人委托采购代理机构编制采购需求的，应当在采购活动开始前对采购需求进行书面确认。

（二）采购需求应当合规、完整、明确。采购需求应当符合国家法律法规规定，执行国家相关标准、行业标准、地方标准等标准规范，落实政府采购支持节能环保、促进中小企业发展等政策要求。除因技术复杂或者性质特殊，不能确定详细规格或者具体要求外，采购需求应当完整、明确。必要时，应当就确定采购需求征求相关供应商、专家的意见。采购需求应当包括采购对象需实现的功能或者目标，满足项目需要的所有技术、服务、安全等要求，采购对象的数量、交付或实施的时间和地点，采购对象的验收标准等内容。采购需求描述应当清楚明了、规范表述、含义准确，能够通过客观指标量化的应当量化。

（三）加强需求论证和社会参与。采购人可以根据项目特点，结合预算编制、相关可行性论证和需求调研情况对采购需求进行论证。政府向社会公众提供的公共服务项目，采购人应当就确定采购需求征求社会公众的意见。需求复杂的采购项目可引入第三方专业机构和专家，吸纳社会力量参与采购需求编制及论证。

（四）严格依据采购需求编制采购文件及合同。采购文件及合同应当完整反映采购需求的有关内容。采购文件设定的评审因素应当与采购需求对应，采购需求相关指标有区间规定的，评审因素应当量化到相应区间。采购合同的具体条款应当包括项目的验收要求、与履约验收挂钩的资金支付条件及时间、争议处理规定、采购人及供应商各自权利义务等内容。采购需求、项目验收标准和程序应当作为采购合同的附件。

三、严格规范开展履约验收

（五）采购人应当依法组织履约验收工作。采购人应当根据采购项目的具体情况，自行组织项目验收或者委托采购代理机构验收。采购人委托采购代理机构进行履约验收的，应当对验收结果进行书面确认。

（六）完整细化编制验收方案。采购人或其委托的采购代理机构应当根据项目特点制定验收方案，明确履约验收的时间、方式、程序等内容。技术复杂、社会影响较大的货物类项目，可以根据需要设置出厂检验、到货检验、安装调试检验、配套服务检验等多重验收环节；服务类项目，可根据项目特点对服务期内的服务实施情况进行分期考核，结合考核情况和服务效果进行验收；工程类项目应当按照行业管理部门规定的标准、方法和内容进行验收。

（七）完善验收方式。对于采购人和使用人分离的采购项目，应当邀请实际使用人参与验收。采购人、采购代理机构可以邀请参加本项目的其他供应商或第三方专业机构及专家参与验收，相关验收意见作为验收书的参考资料。政府向社会公众提供的公共服务项目，验收时应当邀请服务对象参与并出具意见，验收结果应当向社会公告。

（八）严格按照采购合同开展履约验收。采购人或者采购代理机构应当成立验收小组，按照采购合同的约定对供应商履约情况进行验收。验收时，应当按照采购合同的约定对每一项技术、服务、安全标准的履约情况进行确认。验收结束后，应当出具验收书，列明各项标准的验收情况及项目总体评价，由验收双方共同签署。验收结果应当与采购合同约定的资金支付及履约保证金返还条件挂钩。履约验收的各项资料应当存档备查。

（九）严格落实履约验收责任。验收合格的项目，采购人应当根据采购合同的约定及时向供应商支付采购资金、退还履约保证金。验收不合格的项目，采购人应当依法及时处理。采购合同的履行、违约责任和解决争议的方式等适用《中华人民共和国合同法》。供应商在履约过程中有政府采购法律法规规定的违法违规情形的，采购人应当及时报告本级财政部门。

四、工作要求

（十）强化采购人对采购需求和履约验收的主体责任。采购人应当切实做好需求编制和履约验收工作，完善内部机制、强化内部监督、细化内部流程，把采购需求和履约验收嵌入本单位内控管理流程，加强相关工作的组织、人员和经费保障。

（十一）加强采购需求和履约验收的业务指导。各级财政部门应当按照结果导向的改革要求，积极研究制定通用产品需求标准和采购文件标准文本，探索建立供应商履约评价制度，推动在政府采购评审中应用履约验收和绩效评价结果。

（十二）细化相关制度规定。各地区、各部门可根据本意见精神，研究制定符合本地区、本部门实际情况的具体办法和工作细则，切实加强政府采购活动中的需求和履约验收管理。

财政部

2016年11月25日

财政部关于印发《政府采购需求管理办法》的通知

（财库〔2021〕22 号）

各中央预算单位，各省、自治区、直辖市、计划单列市财政厅（局），新疆生产建设兵团财政局：

为落实《深化政府采购制度改革方案》加强政府采购需求管理的有关要求，财政部制定了《政府采购需求管理办法》，现印发给你们，请遵照执行。

附件：政府采购需求管理办法

财政部

2021 年 4 月 30 日

政府采购需求管理办法

第一章　总则

第一条　为加强政府采购需求管理，实现政府采购项目绩效目标，根据《中华人民共和国政府采购法》和《中华人民共和国政府采购法实施条例》等有关法律法规，制定本办法。

第二条　政府采购货物、工程和服务项目的需求管理适用本办法。

第三条　本办法所称政府采购需求管理，是指采购人组织确定采购需求和编制采购实施计划，并实施相关风险控制管理的活动。

第四条　采购需求管理应当遵循科学合理、厉行节约、规范高效、权责清晰的原则。

第五条　采购人对采购需求管理负有主体责任，按照本办法的规定开展采购需求管理各项工作，对采购需求和采购实施计划的合法性、合规性、合理性负责。主管预算单位负责指导本部门采购需求管理工作。

第二章　采购需求

第六条　本办法所称采购需求，是指采购人为实现项目目标，拟采购的标的及其需要满足的技术、商务要求。

技术要求是指对采购标的的功能和质量要求，包括性能、材料、结构、外观、安全，或者服务内容和标准等。

商务要求是指取得采购标的的时间、地点、财务和服务要求，包括交付（实施）的时间（期限）和地点（范围），付款条件（进度和方式），包装和运输，售后服务，保险等。

第七条　采购需求应当符合法律法规、政府采购政策和国家有关规定，符合国家强制性标准，遵循预算、资产和财务等相关管理制度规定，符合采购项目特点和实际需要。

采购需求应当依据部门预算（工程项目概预算）确定。

第八条　确定采购需求应当明确实现项目目标的所有技术、商务要求，功能和质量指标的设置要充分考虑可能影响供应商报价和项目实施风险的因素。

第九条 采购需求应当清楚明了、表述规范、含义准确。

技术要求和商务要求应当客观，量化指标应当明确相应等次，有连续区间的按照区间划分等次。需由供应商提供设计方案、解决方案或者组织方案的采购项目，应当说明采购标的的功能、应用场景、目标等基本要求，并尽可能明确其中的客观、量化指标。

采购需求可以直接引用相关国家标准、行业标准、地方标准等标准、规范，也可以根据项目目标提出更高的技术要求。

第十条 采购人可以在确定采购需求前，通过咨询、论证、问卷调查等方式开展需求调查，了解相关产业发展、市场供给、同类采购项目历史成交信息，可能涉及的运行维护、升级更新、备品备件、耗材等后续采购，以及其他相关情况。

面向市场主体开展需求调查时，选择的调查对象一般不少于3个，并应当具有代表性。

第十一条 对于下列采购项目，应当开展需求调查：

（一）1000万元以上的货物、服务采购项目，3000万元以上的工程采购项目；

（二）涉及公共利益、社会关注度较高的采购项目，包括政府向社会公众提供的公共服务项目等；

（三）技术复杂、专业性较强的项目，包括需定制开发的信息化建设项目、采购进口产品的项目等；

（四）主管预算单位或者采购人认为需要开展需求调查的其他采购项目。

编制采购需求前一年内，采购人已就相关采购标的开展过需求调查的可以不再重复开展。

按照法律法规的规定，对采购项目开展可行性研究等前期工作，已包含本办法规定的需求调查内容的，可以不再重复调查；对在可行性研究等前期工作中未涉及的部分，应当按照本办法的规定开展需求调查。

第三章 采购实施计划

第十二条 本办法所称采购实施计划，是指采购人围绕实现采购需求，对合同的订立和管理所做的安排。

采购实施计划根据法律法规、政府采购政策和国家有关规定，结合采购需求的特点确定。

第十三条 采购实施计划主要包括以下内容：

（一）合同订立安排，包括采购项目预（概）算、最高限价，开展采购活动的时间安排，采购组织形式和委托代理安排，采购包划分与合同分包，供应商资格条件，采购方式、竞争范围和评审规则等。

（二）合同管理安排，包括合同类型、定价方式、合同文本的主要条款、履约验收方案、风险管控措施等。

第十四条 采购人应当通过确定供应商资格条件、设定评审规则等措施，落实支持创新、绿色发展、中小企业发展等政府采购政策功能。

第十五条 采购人要根据采购项目实施的要求，充分考虑采购活动所需时间和可能影响采购活动进行的因素，合理安排采购活动实施时间。

第十六条　采购人采购纳入政府集中采购目录的项目，必须委托集中采购机构采购。政府集中采购目录以外的项目可以自行采购，也可以自主选择委托集中采购机构，或者集中采购机构以外的采购代理机构采购。

第十七条　采购人要按照有利于采购项目实施的原则，明确采购包或者合同分包要求。

采购项目划分采购包的，要分别确定每个采购包的采购方式、竞争范围、评审规则和合同类型、合同文本、定价方式等相关合同订立、管理安排。

第十八条　根据采购需求特点提出的供应商资格条件，要与采购标的的功能、质量和供应商履约能力直接相关，且属于履行合同必需的条件，包括特定的专业资格或者技术资格、设备设施、业绩情况、专业人才及其管理能力等。

业绩情况作为资格条件时，要求供应商提供的同类业务合同一般不超过2个，并明确同类业务的具体范围。涉及政府采购政策支持的创新产品采购的，不得提出同类业务合同、生产台数、使用时长等业绩要求。

第十九条　采购方式、评审方法和定价方式的选择应当符合法定适用情形和采购需求特点，其中，达到公开招标数额标准，因特殊情况需要采用公开招标以外的采购方式的，应当依法获得批准。

采购需求客观、明确且规格、标准统一的采购项目，如通用设备、物业管理等，一般采用招标或者询价方式采购，以价格作为授予合同的主要考虑因素，采用固定总价或者固定单价的定价方式。

采购需求客观、明确，且技术较复杂或者专业性较强的采购项目，如大型装备、咨询服务等，一般采用招标、谈判（磋商）方式采购，通过综合性评审选择性价比最优的产品，采用固定总价或者固定单价的定价方式。

不能完全确定客观指标，需由供应商提供设计方案、解决方案或者组织方案的采购项目，如首购订购、设计服务、政府和社会资本合作等，一般采用谈判（磋商）方式采购，综合考虑以单方案报价、多方案报价以及性价比要求等因素选择评审方法，并根据实现项目目标的要求，采取固定总价或者固定单价、成本补偿、绩效激励等单一或者组合定价方式。

第二十条　除法律法规规定可以在有限范围内竞争或者只能从唯一供应商处采购的情形外，一般采用公开方式邀请供应商参与政府采购活动。

第二十一条　采用综合性评审方法的，评审因素应当按照采购需求和与实现项目目标相关的其他因素确定。

采购需求客观、明确的采购项目，采购需求中客观但不可量化的指标应当作为实质性要求，不得作为评分项；参与评分的指标应当是采购需求中的量化指标，评分项应当按照量化指标的等次，设置对应的不同分值。不能完全确定客观指标，需由供应商提供设计方案、解决方案或者组织方案的采购项目，可以结合需求调查的情况，尽可能明确不同技术路线、组织形式及相关指标的重要性和优先级，设定客观、量化的评审因素、分值和权重。价格因素应当按照相关规定确定分值和权重。

采购项目涉及后续采购的，如大型装备等，要考虑兼容性要求。可以要求供应商报出后续供应的价格，以及后续采购的可替代性、相关产品和估价，作为评审时考虑的因素。

需由供应商提供设计方案、解决方案或者组织方案，且供应商经验和能力对履约有直接影响的，如订购、设计等采购项目，可以在评审因素中适当考虑供应商的履约能力要求，并合理设置分值和权重。需由供应商提供设计方案、解决方案或者组织方案，采购人认为有必要考虑全生命周期成本的，可以明确使用年限，要求供应商报出安装调试费用、使用期间能源管理、废弃处置等全生命周期成本，作为评审时考虑的因素。

第二十二条　合同类型按照民法典规定的典型合同类别，结合采购标的的实际情况确定。

第二十三条　合同文本应当包含法定必备条款和采购需求的所有内容，包括但不限于标的名称，采购标的质量、数量（规模），履行时间（期限）、地点和方式，包装方式，价款或者报酬、付款进度安排、资金支付方式，验收、交付标准和方法，质量保修范围和保修期，违约责任与解决争议的方法等。

采购项目涉及采购标的的知识产权归属、处理的，如订购、设计、定制开发的信息化建设项目等，应当约定知识产权的归属和处理方式。采购人可以根据项目特点划分合同履行阶段，明确分期考核要求和对应的付款进度安排。对于长期运行的项目，要充分考虑成本、收益以及可能出现的重大市场风险，在合同中约定成本补偿、风险分担等事项。

合同权利义务要围绕采购需求和合同履行设置。国务院有关部门依法制定了政府采购合同标准文本的，应当使用标准文本。属于本办法第十一条规定范围的采购项目，合同文本应当经过采购人聘请的法律顾问审定。

第二十四条　履约验收方案要明确履约验收的主体、时间、方式、程序、内容和验收标准等事项。采购人、采购代理机构可以邀请参加本项目的其他供应商或者第三方专业机构及专家参与验收，相关验收意见作为验收的参考资料。政府向社会公众提供的公共服务项目，验收时应当邀请服务对象参与并出具意见，验收结果应当向社会公告。

验收内容要包括每一项技术和商务要求的履约情况，验收标准要包括所有客观、量化指标。不能明确客观标准、涉及主观判断的，可以通过在采购人、使用人中开展问卷调查等方式，转化为客观、量化的验收标准。

分期实施的采购项目，应当结合分期考核的情况，明确分期验收要求。货物类项目可以根据需要设置出厂检验、到货检验、安装调试检验、配套服务检验等多重验收环节。工程类项目的验收方案应当符合行业管理部门规定的标准、方法和内容。

履约验收方案应当在合同中约定。

第二十五条　对于本办法第十一条规定的采购项目，要研究采购过程和合同履行过程中的风险，判断风险发生的环节、可能性、影响程度和管控责任，提出有针对性的处置措施和替代方案。

采购过程和合同履行过程中的风险包括国家政策变化、实施环境变化、重大技术变化、预算项目调整、因质疑投诉影响采购进度、采购失败、不按规定签订或者履行合同、出现损害国家利益和社会公共利益情形等。

第二十六条　各级财政部门应当按照简便、必要的原则，明确报财政部门备案的采购实施计划具体内容，包括采购项目的类别、名称、采购标的、采购预算、采购数量（规模）、组织形式、采购方式、落实政府采购政策有关内容等。

第四章　风险控制

第二十七条　采购人应当将采购需求管理作为政府采购内控管理的重要内容，建立健全采购需求管理制度，加强对采购需求的形成和实现过程的内部控制和风险管理。

第二十八条　采购人可以自行组织确定采购需求和编制采购实施计划，也可以委托采购代理机构或者其他第三方机构开展。

第二十九条　采购人应当建立审查工作机制，在采购活动开始前，针对采购需求管理中的重点风险事项，对采购需求和采购实施计划进行审查，审查分为一般性审查和重点审查。

对于审查不通过的，应当修改采购需求和采购实施计划的内容并重新进行审查。

第三十条　一般性审查主要审查是否按照本办法规定的程序和内容确定采购需求、编制采购实施计划。审查内容包括，采购需求是否符合预算、资产、财务等管理制度规定；对采购方式、评审规则、合同类型、定价方式的选择是否说明适用理由；属于按规定需要报相关监管部门批准、核准的事项，是否作出相关安排；采购实施计划是否完整。

第三十一条　重点审查是在一般性审查的基础上，进行以下审查：

（一）非歧视性审查。主要审查是否指向特定供应商或者特定产品，包括资格条件设置是否合理，要求供应商提供超过2个同类业务合同的，是否具有合理性；技术要求是否指向特定的专利、商标、品牌、技术路线等；评审因素设置是否具有倾向性，将有关履约能力作为评审因素是否适当。

（二）竞争性审查。主要审查是否确保充分竞争，包括应当以公开方式邀请供应商的，是否依法采用公开竞争方式；采用单一来源采购方式的，是否符合法定情形；采购需求的内容是否完整、明确，是否考虑后续采购竞争性；评审方法、评审因素、价格权重等评审规则是否适当。

（三）采购政策审查。主要审查进口产品的采购是否必要，是否落实支持创新、绿色发展、中小企业发展等政府采购政策要求。

（四）履约风险审查。主要审查合同文本是否按规定由法律顾问审定，合同文本运用是否适当，是否围绕采购需求和合同履行设置权利义务，是否明确知识产权等方面的要求，履约验收方案是否完整、标准是否明确，风险处置措施和替代方案是否可行。

（五）采购人或者主管预算单位认为应当审查的其他内容。

第三十二条　审查工作机制成员应当包括本部门、本单位的采购、财务、业务、监督等内部机构。采购人可以根据本单位实际情况，建立相关专家和第三方机构参与审查的工作机制。

参与确定采购需求和编制采购实施计划的专家和第三方机构不得参与审查。

第三十三条　一般性审查和重点审查的具体采购项目范围，由采购人根据实际情况确定。主管预算单位可以根据本部门实际情况，确定由主管预算单位统一组织重点审查的项目类别或者金额范围。

属于本办法第十一条规定范围的采购项目，应当开展重点审查。

第三十四条　采购需求和采购实施计划的调查、确定、编制、审查等工作应当形成书面记录并存档。

采购文件应当按照审核通过的采购需求和采购实施计划编制。

第五章　监督检查与法律责任

第三十五条　财政部门应当依法加强对政府采购需求管理的监督检查，将采购人需求管理作为政府采购活动监督检查的重要内容，不定期开展监督检查工作，采购人应当如实反映情况，提供有关材料。

第三十六条　在政府采购项目投诉、举报处理和监督检查过程中，发现采购人未按本办法规定建立采购需求管理内控制度、开展采购需求调查和审查工作的，由财政部门采取约谈、书面关注等方式责令采购人整改，并告知其主管预算单位。对情节严重或者拒不改正的，将有关线索移交纪检监察、审计部门处理。

第三十七条　在政府采购项目投诉、举报处理和监督检查过程中，发现采购方式、评审规则、供应商资格条件等存在歧视性、限制性、不符合政府采购政策等问题的，依照《中华人民共和国政府采购法》等国家有关规定处理。

第三十八条　在政府采购项目投诉、举报处理和监督检查过程中，发现采购人存在无预算或者超预算采购、超标准采购、铺张浪费、未按规定编制政府采购实施计划等问题的，依照《中华人民共和国政府采购法》、《中华人民共和国预算法》、《财政违法行为处罚处分条例》、《党政机关厉行节约反对浪费条例》等国家有关规定处理。

第六章　附则

第三十九条　采购项目涉及国家秘密的，按照涉密政府采购有关规定执行。

第四十条　因采购人不可预见的紧急情况实施采购的，可以适当简化相关管理要求。

第四十一条　由集中采购机构组织的批量集中采购和框架协议采购的需求管理，按照有关制度规定执行。

第四十二条　各省、自治区、直辖市财政部门可以根据本办法制定具体实施办法。

第四十三条　本办法所称主管预算单位是指负有编制部门预算职责，向本级财政部门申报预算的国家机关、事业单位和团体组织。

第四十四条　本办法自2021年7月1日起施行。

国务院办公厅关于政府向社会力量购买服务的指导意见

（国办发〔2013〕96号）

各省、自治区、直辖市人民政府，国务院各部委、各直属机构：

党的十八大强调，要加强和创新社会管理，改进政府提供公共服务方式。新一届国务院对进一步转变政府职能、改善公共服务作出重大部署，明确要求在公共服务领域更多利用社会力量，加大政府购买服务力度。经国务院同意，现就政府向社会力量购买服务提出以下指导意见。

一、充分认识政府向社会力量购买服务的重要性

改革开放以来，我国公共服务体系和制度建设不断推进，公共服务提供主体和提供方式逐步多样化，初步形成了政府主导、社会参与、公办民办并举的公共服务供给模式。同时，与人民群众日益增长的公共服务需求相比，不少领域的公共服务存在质量效率不高、规模不足和发展不平衡等突出问题，迫切需要政府进一步强化公共服务职能，创新公共服务供给模式，有效动员社会力量，构建多层次、多方式的公共服务供给体系，提供更加方便、快捷、优质、高效的公共服务。政府向社会力量购买服务，就是通过发挥市场机制作用，把政府直接向社会公众提供的一部分公共服务事项，按照一定的方式和程序，交由具备条件的社会力量承担，并由政府根据服务数量和质量向其支付费用。近年来，一些地方立足实际，积极开展向社会力量购买服务的探索，取得了良好效果，在政策指导、经费保障、工作机制等方面积累了不少好的做法和经验。

实践证明，推行政府向社会力量购买服务是创新公共服务提供方式、加快服务业发展、引导有效需求的重要途径，对于深化社会领域改革，推动政府职能转变，整合利用社会资源，增强公众参与意识，激发经济社会活力，增加公共服务供给，提高公共服务水平和效率，都具有重要意义。地方各级人民政府要结合当地经济社会发展状况和人民群众的实际需求，因地制宜、积极稳妥地推进政府向社会力量购买服务工作，不断创新和完善公共服务供给模式，加快建设服务型政府。

二、正确把握政府向社会力量购买服务的总体方向

（一）指导思想。以邓小平理论、“三个代表”重要思想、科学发展观为指导，深入贯彻落实党的十八大精神，牢牢把握加快转变政府职能、推进政事分开和政社分开、在改善民生和创新管理中加强社会建设的要求，进一步放开公共服务市场准入，改革创新公共服务提供机制和方式，推动中国特色公共服务体系建设和发展，努力为广大人民群众提供优质高效的公共服务。

（二）基本原则。

——积极稳妥，有序实施。立足社会主义初级阶段基本国情，从各地实际出发，准确把握社会公共服务需求，充分发挥政府主导作用，有序引导社会力量参与服务供给，形成改善公共服务的合力。

——科学安排，注重实效。坚持精打细算，明确权利义务，切实提高财政资金使用效率，

把有限的资金用在刀刃上，用到人民群众最需要的地方，确保取得实实在在的成效。

——公开择优，以事定费。按照公开、公平、公正原则，坚持费随事转，通过竞争择优的方式选择承接政府购买服务的社会力量，确保具备条件的社会力量平等参与竞争。加强监督检查和科学评估，建立优胜劣汰的动态调整机制。

——改革创新，完善机制。坚持与事业单位改革相衔接，推进政事分开、政社分开，放开市场准入，释放改革红利，凡社会能办好的，尽可能交给社会力量承担，有效解决一些领域公共服务产品短缺、质量和效率不高等问题。及时总结改革实践经验，借鉴国外有益成果，积极推动政府向社会力量购买服务的健康发展，加快形成公共服务提供新机制。

（三）目标任务。"十二五"时期，政府向社会力量购买服务工作在各地逐步推开，统一有效的购买服务平台和机制初步形成，相关制度法规建设取得明显进展。到 2020 年，在全国基本建立比较完善的政府向社会力量购买服务制度，形成与经济社会发展相适应、高效合理的公共服务资源配置体系和供给体系，公共服务水平和质量显著提高。

三、规范有序开展政府向社会力量购买服务工作

（一）购买主体。政府向社会力量购买服务的主体是各级行政机关和参照公务员法管理、具有行政管理职能的事业单位。纳入行政编制管理且经费由财政负担的群团组织，也可根据实际需要，通过购买服务方式提供公共服务。

（二）承接主体。承接政府购买服务的主体包括依法在民政部门登记成立或经国务院批准免予登记的社会组织，以及依法在工商管理或行业主管部门登记成立的企业、机构等社会力量。承接政府购买服务的主体应具有独立承担民事责任的能力，具备提供服务所必需的设施、人员和专业技术的能力，具有健全的内部治理结构、财务会计和资产管理制度，具有良好的社会和商业信誉，具有依法缴纳税收和社会保险的良好记录，并符合登记管理部门依法认定的其他条件。承接主体的具体条件由购买主体会同财政部门根据购买服务项目的性质和质量要求确定。

（三）购买内容。政府向社会力量购买服务的内容为适合采取市场化方式提供、社会力量能够承担的公共服务，突出公共性和公益性。教育、就业、社保、医疗卫生、住房保障、文化体育及残疾人服务等基本公共服务领域，要逐步加大政府向社会力量购买服务的力度。非基本公共服务领域，要更多更好地发挥社会力量的作用，凡适合社会力量承担的，都可以通过委托、承包、采购等方式交给社会力量承担。对应当由政府直接提供、不适合社会力量承担的公共服务，以及不属于政府职责范围的服务项目，政府不得向社会力量购买。各地区、各有关部门要按照有利于转变政府职能，有利于降低服务成本，有利于提升服务质量水平和资金效益的原则，在充分听取社会各界意见基础上，研究制定政府向社会力量购买服务的指导性目录，明确政府购买的服务种类、性质和内容，并在总结试点经验基础上，及时进行动态调整。

（四）购买机制。各地要按照公开、公平、公正原则，建立健全政府向社会力量购买服务机制，及时、充分向社会公布购买的服务项目、内容以及对承接主体的要求和绩效评价标准等信息，建立健全项目申报、预算编报、组织采购、项目监管、绩效评价的规范化流程。购买工作应按照政府采购法的有关规定，采用公开招标、邀请招标、竞争性谈判、单一来源、询价等方式确定承接主体，严禁转包行为。购买主体要按照合同管理要求，与承接主体签订合

同，明确所购买服务的范围、标的、数量、质量要求，以及服务期限、资金支付方式、权利义务和违约责任等，按照合同要求支付资金，并加强对服务提供全过程的跟踪监管和对服务成果的检查验收。承接主体要严格履行合同义务，按时完成服务项目任务，保证服务数量、质量和效果。

（五）资金管理。政府向社会力量购买服务所需资金在既有财政预算安排中统筹考虑。随着政府提供公共服务的发展所需增加的资金，应按照预算管理要求列入财政预算。要严格资金管理，确保公开、透明、规范、有效。

（六）绩效管理。加强政府向社会力量购买服务的绩效管理，严格绩效评价机制。建立健全由购买主体、服务对象及第三方组成的综合性评审机制，对购买服务项目数量、质量和资金使用绩效等进行考核评价。评价结果向社会公布，并作为以后年度编制政府向社会力量购买服务预算和选择政府购买服务承接主体的重要参考依据。

四、扎实推进政府向社会力量购买服务工作

（一）加强组织领导。推进政府向社会力量购买服务，事关人民群众切身利益，是保障和改善民生的一项重要工作。地方各级人民政府要把这项工作列入重要议事日程，加强统筹协调，立足当地实际认真制定并逐步完善政府向社会力量购买服务的政策措施和实施办法，并抄送上一级政府财政部门。财政部要会同有关部门加强对各地开展政府向社会力量购买服务工作的指导和监督，总结推广成功经验，积极推动相关制度法规建设。

（二）健全工作机制。政府向社会力量购买服务，要按照政府主导、部门负责、社会参与、共同监督的要求，确保工作规范有序开展。地方各级人民政府可根据本地区实际情况，建立"政府统一领导，财政部门牵头，民政、工商管理以及行业主管部门协同，职能部门履职，监督部门保障"的工作机制，拟定购买服务目录，确定购买服务计划，指导监督购买服务工作。相关职能部门要加强协调沟通，做到各负其责、齐抓共管。

（三）严格监督管理。各地区、各部门要严格遵守相关财政财务管理规定，确保政府向社会力量购买服务资金规范管理和使用，不得截留、挪用和滞留资金。购买主体应建立健全内部监督管理制度，按规定公开购买服务相关信息，自觉接受社会监督。承接主体应当健全财务报告制度，并由具有合法资质的注册会计师对财务报告进行审计。财政部门要加强对政府向社会力量购买服务实施工作的组织指导，严格资金监管，监察、审计等部门要加强监督，民政、工商管理以及行业主管部门要按照职能分工将承接政府购买服务行为纳入年检、评估、执法等监管体系。

（四）做好宣传引导。地方各级人民政府和国务院有关部门要广泛宣传政府向社会力量购买服务工作的目的、意义、目标任务和相关要求，做好政策解读，加强舆论引导，主动回应群众关切，充分调动社会参与的积极性。

国务院办公厅

2013 年 9 月 26 日

政府购买服务管理办法

（中华人民共和国财政部令第102号）

第一章　总则

第一条　为规范政府购买服务行为，促进转变政府职能，改善公共服务供给，根据《中华人民共和国预算法》《中华人民共和国政府采购法》《中华人民共和国合同法》等法律、行政法规的规定，制定本办法。

第二条　本办法所称政府购买服务，是指各级国家机关将属于自身职责范围且适合通过市场化方式提供的服务事项，按照政府采购方式和程序，交由符合条件的服务供应商承担，并根据服务数量和质量等因素向其支付费用的行为。

第三条　政府购买服务应当遵循预算约束、以事定费、公开择优、诚实信用、讲求绩效原则。

第四条　财政部负责制定全国性政府购买服务制度，指导和监督各地区、各部门政府购买服务工作。

县级以上地方人民政府财政部门负责本行政区域政府购买服务管理。

第二章　购买主体和承接主体

第五条　各级国家机关是政府购买服务的购买主体。

第六条　依法成立的企业、社会组织（不含由财政拨款保障的群团组织），公益二类和从事生产经营活动的事业单位，农村集体经济组织，基层群众性自治组织，以及具备条件的个人可以作为政府购买服务的承接主体。

第七条　政府购买服务的承接主体应当符合政府采购法律、行政法规规定的条件。

购买主体可以结合购买服务项目的特点规定承接主体的具体条件，但不得违反政府采购法律、行政法规，以不合理的条件对承接主体实行差别待遇或者歧视待遇。

第八条　公益一类事业单位、使用事业编制且由财政拨款保障的群团组织，不作为政府购买服务的购买主体和承接主体。

第三章　购买内容和目录

第九条　政府购买服务的内容包括政府向社会公众提供的公共服务，以及政府履职所需辅助性服务。

第十条　以下各项不得纳入政府购买服务范围：

（一）不属于政府职责范围的服务事项；

（二）应当由政府直接履职的事项；

（三）政府采购法律、行政法规规定的货物和工程，以及将工程和服务打包的项目；

（四）融资行为；

（五）购买主体的人员招、聘用，以劳务派遣方式用工，以及设置公益性岗位等事项；

（六）法律、行政法规以及国务院规定的其他不得作为政府购买服务内容的事项。

第十一条　政府购买服务的具体范围和内容实行指导性目录管理，指导性目录依法予以公开。

第十二条　政府购买服务指导性目录在中央和省两级实行分级管理，财政部和省级财政部门分别制定本级政府购买服务指导性目录，各部门在本级指导性目录范围内编制本部门政府购买服务指导性目录。

省级财政部门根据本地区情况确定省以下政府购买服务指导性目录的编制方式和程序。

第十三条　有关部门应当根据经济社会发展实际、政府职能转变和基本公共服务均等化、标准化的要求，编制、调整指导性目录。

编制、调整指导性目录应当充分征求相关部门意见，根据实际需要进行专家论证。

第十四条　纳入政府购买服务指导性目录的服务事项，已安排预算的，可以实施政府购买服务。

第四章　购买活动的实施

第十五条　政府购买服务应当突出公共性和公益性，重点考虑、优先安排与改善民生密切相关，有利于转变政府职能、提高财政资金绩效的项目。

政府购买的基本公共服务项目的服务内容、水平、流程等标准要素，应当符合国家基本公共服务标准相关要求。

第十六条　政府购买服务项目所需资金应当在相关部门预算中统筹安排，并与中期财政规划相衔接，未列入预算的项目不得实施。

购买主体在编报年度部门预算时，应当反映政府购买服务支出情况。政府购买服务支出应当符合预算管理有关规定。

第十七条　购买主体应当根据购买内容及市场状况、相关供应商服务能力和信用状况等因素，通过公平竞争择优确定承接主体。

第十八条　购买主体向个人购买服务，应当限于确实适宜实施政府购买服务并且由个人承接的情形，不得以政府购买服务名义变相用工。

第十九条　政府购买服务项目采购环节的执行和监督管理，包括集中采购目录及标准、采购政策、采购方式和程序、信息公开、质疑投诉、失信惩戒等，按照政府采购法律、行政法规和相关制度执行。

第二十条　购买主体实施政府购买服务项目绩效管理，应当开展事前绩效评估，定期对所购服务实施情况开展绩效评价，具备条件的项目可以运用第三方评价评估。

财政部门可以根据需要，对部门政府购买服务整体工作开展绩效评价，或者对部门实施的资金金额和社会影响大的政府购买服务项目开展重点绩效评价。

第二十一条　购买主体及财政部门应当将绩效评价结果作为承接主体选择、预算安排和政策调整的重要依据。

第五章　合同及履行

第二十二条　政府购买服务合同的签订、履行、变更，应当遵循《中华人民共和国合同法》的相关规定。

第二十三条　购买主体应当与确定的承接主体签订书面合同，合同约定的服务内容应当符合本办法第九条、第十条的规定。

政府购买服务合同应当明确服务的内容、期限、数量、质量、价格，资金结算方式，各方权利义务事项和违约责任等内容。

政府购买服务合同应当依法予以公告。

第二十四条　政府购买服务合同履行期限一般不超过1年；在预算保障的前提下，对于购买内容相对固定、连续性强、经费来源稳定、价格变化幅度小的政府购买服务项目，可以签订履行期限不超过3年的政府购买服务合同。

第二十五条　购买主体应当加强政府购买服务项目履约管理，开展绩效执行监控，及时掌握项目实施进度和绩效目标实现情况，督促承接主体严格履行合同，按照合同约定向承接主体支付款项。

第二十六条　承接主体应当按照合同约定提供服务，不得将服务项目转包给其他主体。

第二十七条　承接主体应当建立政府购买服务项目台账，依照有关规定或合同约定记录保存并向购买主体提供项目实施相关重要资料信息。

第二十八条　承接主体应当严格遵守相关财务规定，规范管理和使用政府购买服务项目资金。

承接主体应当配合相关部门对资金使用情况进行监督检查与绩效评价。

第二十九条　承接主体可以依法依规使用政府购买服务合同向金融机构融资。

购买主体不得以任何形式为承接主体的融资行为提供担保。

第六章　监督管理和法律责任

第三十条　有关部门应当建立健全政府购买服务监督管理机制。购买主体和承接主体应当自觉接受财政监督、审计监督、社会监督以及服务对象的监督。

第三十一条　购买主体、承接主体及其他政府购买服务参与方在政府购买服务活动中，存在违反政府采购法律法规行为的，依照政府采购法律法规予以处理处罚；存在截留、挪用和滞留资金等财政违法行为的，依照《中华人民共和国预算法》《财政违法行为处罚处分条例》等法律法规追究法律责任；涉嫌犯罪的，移送司法机关处理。

第三十二条　财政部门、购买主体及其工作人员，存在违反本办法规定的行为，以及滥用职权、玩忽职守、徇私舞弊等违法违纪行为的，按照《中华人民共和国预算法》《中华人民共和国公务员法》《中华人民共和国监察法》《财政违法行为处罚处分条例》等国家有关规定追究相应责任；涉嫌犯罪的，移送司法机关处理。

第七章　附则

第三十三条　党的机关、政协机关、民主党派机关、承担行政职能的事业单位和使用行政编制的群团组织机关使用财政性资金购买服务的，参照本办法执行。

第三十四条　涉密政府购买服务项目的实施，按照国家有关规定执行。

第三十五条　本办法自2020年3月1日起施行。财政部、民政部、工商总局2014年12月15日颁布的《政府购买服务管理办法（暂行）》（财综〔2014〕96号）同时废止。

司法部 财政部关于建立健全政府购买法律服务机制的意见

（司发通〔2020〕72号）

各省、自治区、直辖市司法厅（局）、财政厅（局），新疆生产建设兵团司法局、财政局，各计划单列市司法局、财政局：

为积极稳妥、依法规范有序推进政府购买法律服务工作，根据政府采购和购买服务等有关法律法规，结合法律服务工作实际，提出如下指导意见。

一、总体要求

以习近平新时代中国特色社会主义思想为指导，深入贯彻落实党的十九大和十九届二中、三中、四中全会精神，落实《关于深化律师制度改革的意见》《关于加快推进公共法律服务体系建设的意见》《关于政府向社会力量购买服务的指导意见》等部署要求，大力推进政府购买法律服务工作，完善政府购买法律服务机制，强化政府公共法律服务职能，提高政府依法行政能力和水平，加快建设覆盖城乡、便捷高效、均等普惠的现代公共法律服务体系，增强人民群众共享全面依法治国的获得感、幸福感、安全感，为统筹推进“五位一体”总体布局、协调推进“四个全面”战略布局提供优质法律服务和有力法治保障。

二、购买主体和承接主体

各级国家机关是政府购买法律服务的购买主体。党的机关、政协机关、民主党派机关、承担行政职能的事业单位和使用行政编制的群团组织机关使用财政性资金购买法律服务的，参照国家机关执行。

政府购买法律服务的承接主体应当具备法律服务能力，并符合有关法律、行政法规、规章规定的资格条件。

购买主体应当依法保障承接主体平等参与政府购买法律服务的权利，不得设置不合理的条件对承接主体实行差别待遇或者歧视待遇。

三、购买内容

政府购买法律服务的内容为属于政府职责范围且适合通过市场化方式提供的法律服务事项。政府购买法律服务的具体范围和内容实行指导性目录管理。下列法律服务事项可以依法纳入政府购买服务指导性目录：

（一）政府向社会公众提供的公共法律服务。主要是政府为保障和改善民生，促进基层依法治理，维护社会和谐稳定，委托律师、基层法律服务工作者等社会力量向公民、法人和其他组织提供的公共性、公益性、普惠性、兜底性的法律服务，包括：法律援助服务；值班律师法律帮助服务；村（居）法律顾问服务；法治宣传教育服务；人民调解服务；公共法律服务热线、网络、实体平台法律咨询服务；公益性律师调解、律师代理申诉、律师化解涉法涉诉信访案件服务；公益性公证、司法鉴定服务；仲裁委员会参与基层纠纷解决服务；等等。

（二）政府履职所需辅助性法律服务。主要是政府委托律师、基层法律服务工作者等社会力量提供的政府法律顾问服务及其他辅助性法律服务，包括：参与重大决策、重大执法决定合法性审查，为重大决策、重大行政行为提供法律意见；参与法律法规规章、党内法规和规范性文件的起草论证；参与合作项目的洽谈，起草、修改重要的法律文书或者合同；参与处理行政复议、诉讼、仲裁等法律事务；为处置涉法涉诉案件、信访案件和重大突发事件等提供法律服务；参与法治建设相关调研、培训、督察等工作；为行政活动办理合同证明、权利确认、保全证据、现场监督等公证；等等。

实施政府购买法律服务的部门负责将符合规定的法律服务事项纳入本部门政府购买服务指导性目录，根据经济社会发展变化、政府职能转变及公众需求等情况，按程序及时对目录进行动态调整。

四、购买活动实施

购买主体应当按照《政府采购法》和《政府购买服务管理办法》等法律法规规章和制度规定组织实施购买活动。

（一）预算管理。政府购买法律服务项目所需资金，应当在年度部门预算中统筹安排。

（二）采购管理。购买主体应当综合考虑购买内容的供求特点、市场发育程度等因素，按照方式灵活、程序简便、公开透明、竞争有序、公平择优的原则，采用适当采购方式确定承接主体，并参照所在区域同类法律服务的市场收费标准合理确定政府购买价格。

（三）合同管理。购买主体与承接主体应当签订政府购买法律服务书面合同，明确服务对象、服务内容、服务期限、服务数量和质量、双方权利义务、服务价格及资金结算方式、服务绩效目标、违约责任等内容。

（四）履约责任。购买主体应当加强对政府购买法律服务项目的履约管理，开展绩效执行监控和验收评估，按照合同约定向承接主体支付服务费用。承接主体应当认真履行合同，依法诚信规范执业，规范使用政府购买服务项目资金，按时保质保量提供法律服务。

五、指导监督

购买主体和承接主体应当自觉接受监察监督、财政监督、审计监督、社会监督以及服务对象的监督。

省级司法行政部门和财政部门可以结合本地实际制定政府购买法律服务的具体办法，进一步明确购买主体、承接主体、购买内容、购买程序等，推进本地区政府购买法律服务工作有序开展。

各级财政部门负责本级政府购买法律服务计划的审核和监督管理，可以根据需要对部门实施的资金金额和社会影响大的政府购买法律服务项目开展重点绩效评价，会同司法行政部门积极推动各相关部门将符合条件的法律服务事项纳入本部门政府购买服务指导性目录。

各级司法行政部门应当引导律师等社会力量有序参与政府购买法律服务供给，加强业务指导和监督，研究完善政府购买法律服务质量标准，促进提高法律服务水平。

司法部　财政部

2020年10月8日

国管局关于印发《中央国家机关购买后勤服务管理办法(试行)》的通知

国务院各部委、各直属机构,全国人大常委会办公厅,全国政协办公厅,最高人民法院,最高人民检察院,有关人民团体:

为贯彻落实党中央关于过“紧日子”要求,规范中央国家机关购买后勤服务工作,控制机关运行经费支出,我们制定了《中央国家机关购买后勤服务管理办法(试行)》。现印发给你们,请遵照执行。

国家机关事务管理局
2019年8月20日

中央国家机关购买后勤服务管理办法(试行)

第一章　总则

第一条　为贯彻落实党中央关于过“紧日子”要求,规范中央国家机关购买后勤服务工作,控制机关运行经费支出,降低机关运行成本,提高服务保障标准化、专业化和均衡化水平,根据《中华人民共和国政府采购法》、《机关事务管理条例》、《党政机关办公用房管理办法》以及《国务院办公厅关于政府向社会力量购买服务的指导意见》(国办发〔2013〕96号)、《关于进一步做好中央本级支出标准体系建设工作的通知》(财预〔2019〕112号)等规定,制定本办法。

第二条　中央国家机关及所属参照公务员法管理的事业单位使用财政资金购买后勤服务,适用本办法。

本办法所称中央国家机关,是指国务院各部委、各直属机构,全国人大常委会办公厅,全国政协办公厅,最高人民法院,最高人民检察院,有关人民团体(以下统称各部门)。

第三条　本办法所称后勤服务,主要包括会议服务、文印服务、餐饮服务、安全保卫服务和房屋养护维护、公用设施设备维护、保洁、绿化等物业服务,以及其他相关服务。

第四条　各部门向社会力量购买后勤服务,应当遵循厉行节约、保障基本、质优价廉、务实高效的原则,总体水平与北京市经济社会发展水平相适应。

第二章　购买内容

第五条　各部门购买的后勤服务,应当属于适合市场化方式提供、社会力量能够承担的服务事项。具有安全保密等特殊要求、不适合社会力量承担的服务事项,可以不向社会力量购买。

第六条　国家机关事务管理局会同有关部门负责制定购买后勤服务指导性目录,并根据经济社会发展变化、机关正常运行需要、办公楼(区)管理要求等情况,对指导性目录进行动态调整。

第七条 购买后勤服务指导性目录主要包括：物业服务（房屋养护维护、给排水设备运行维护、供电设备监控维护、弱电设备运行维护、锅炉设备/热力站运行维护、电梯运行维护、空调系统运行维护、消防系统维护、保洁服务、绿化服务）、办公家具维修服务、安全保卫服务、餐饮服务、传达收发服务、会议服务、文印服务等。

第八条 各部门应当严格依据指导性目录购买所需后勤服务，确因办公需要购买目录外服务事项的，应当按照内部规定程序报批。

第三章 购买主体和承接主体

第九条 各部门是中央国家机关购买后勤服务的主体（以下简称购买主体）。各部门机关服务中心可以受委托，代表机关向社会力量购买后勤服务。

机构改革中新组建部门以及实行集中保障部门的后勤服务由国家机关事务管理局统一组织购买。

第十条 承接中央国家机关后勤服务的主体（以下简称承接主体），包括具备提供后勤服务能力，依法在登记管理部门登记或者经国务院批准免予登记的社会组织、按照事业单位分类改革应当划入公益二类或者转为企业的事业单位，依法在工商管理或者行业主管部门登记成立的企业、机构等社会力量。

第十一条 承接主体应当具备以下基本条件：

（一）依法设立，具有独立承担民事责任的能力；

（二）治理结构健全，内部管理和监督制度完善；

（三）有健全的财务管理制度；

（四）具备提供服务所必需的设施、人员和专业技术能力；

（五）具有依法缴纳税收和社会保障资金的良好记录；

（六）未被列入经营异常名录、失信被执行人或重大税收违法案件当事人名单、政府采购严重违法失信行为记录名单；

（七）符合国家有关政事分开、政社分开、政企分开要求；

（八）法律、法规规定以及购买服务项目要求的其他条件。

第十二条 承接主体承接指定类型的后勤服务项目，应当具备该类服务所需的专业能力和资质条件，不得将承接的服务转包给其他法人单位。

承接主体的资质与具体条件，由购买主体根据第十条、第十一条规定，结合购买后勤服务内容具体需求确定。

第四章 购买费用

第十三条 后勤服务指导性目录内各类后勤服务购买费用实行定额管理。国家机关事务管理局会同有关部门，综合物价、人员工资、税费等因素，制定后勤服务指导性目录内服务费用定额标准，原则上三年调整一次。

各部门应在定额标准以内购买各项后勤服务。单个购买合同涉及目录内多个服务事项的，各项服务费用之间可以调剂使用。

第十四条　后勤服务所需设施设备和物料的供给主体由购买主体与承接主体协商确定。原则上后勤服务所需的基本设施设备和物料由承接主体负责提供，大中型设施设备和物料由购买主体负责提供。

第十五条　后勤服务项目涉及的房屋建筑物、各类设施设备、办公家具等，在质保期内需要维护的，应当根据质保约定，由生产单位或者施工单位承担相应费用，不计入购买服务费用范围。

第十六条　购买主体应当建立政府购买后勤服务台账，健全财务制度，规范资金管理和会计核算，开展绩效评价，合理高效使用财政资金。

第五章　购买程序

第十七条　购买主体应当按照政府采购有关规定组织实施购买服务、确定承接主体。纳入政府集中采购目录的后勤服务项目，应当委托集中采购机构采购。

第十八条　购买主体经批准购买指导性目录以外的后勤服务，应当依法通过招标采购或者其他方式以不高于同类服务市场平均价格确定承接主体。

第十九条　按照规定程序确定承接主体后，购买主体应当依据合同法有关规定，就购买的后勤服务与承接主体签订合同，明确以下具体事项：

（一）后勤服务的内容、期限、数量和质量标准；

（二）后勤服务的计价方式、价格和结算方式；

（三）双方的权利义务和违约责任；

（四）有关保密管理要求；

（五）其他需要明确的事项。

第二十条　合同中应当明确约定，承接主体有不依法或者不按照合同约定提供服务、擅自将服务事项转托转包以及经考评服务质量和水平达不到合同要求且没有及时改进等情形之一的，购买主体可以解除合同并由承接主体承担相应损失。

第二十一条　购买主体应当加强后勤服务购买和履约管理，建立质量考评和监督检查机制，实行后勤服务质量标准化管理，强化后勤服务全过程监管。

承接主体应当建立服务台账，主动接受购买主体的管理监督，认真组织实施服务项目，按时完成服务任务，保证服务的数量、质量和效果。

第二十二条　承接主体与购买主体中止或者终止合同后，应当协助购买主体完成与下一个合同期承接主体的工作交接。

承接主体因履约需要，确需购买主体在办公楼（区）提供必要的房屋（场所）、信息设备、人员基本生活保障等帮助的，购买主体根据实际予以支持。

第六章　监督检查

第二十三条　国家机关事务管理局应当建立健全各部门购买后勤服务统计报告和绩效考评制度，定期组织开展各部门购买后勤服务情况统计、分析、评价等工作。

第二十四条　国家机关事务管理局会同有关部门加强对购买后勤服务和资金使用情况的监督检查，对违反本办法规定的行为，依照有关规定追究责任。

第七章 附则

第二十五条 各部门后勤服务直接由机关服务中心承担的,不适用本办法。

第二十六条 本办法由国家机关事务管理局会同有关部门负责解释。

第二十七条 本办法自印发之日起施行。本办法施行前已签订的后勤服务合同继续有效,合同期满后,按照本办法执行。

附件:中央国家机关购买后勤服务指导性目录

附件：

中央国家机关购买后勤服务指导性目录

服务事项	服务内容	定额标准	备注
房屋养护维护	办公楼（区）房屋建筑物部件、附属构筑物的地面、墙面、台面对面及吊顶、门窗、楼梯、通风道等的日常养护维修。	0.88元/m^2/月	m^2指机关办公楼（区）内建筑面积。此费用包含由承接主体承担的500元以下的单个维修零配件材料费。
给排水设备运行维护	办公楼（区）房屋内外给排水系统的水质监测，及蓄水池、供水管路、排水管、消火栓、隔油池等设备设施的日常养护维修。	0.58元/m^2/月	m^2指机关办公楼（区）内建筑面积。此费用包含由承接主体承担的300元以下的单个维修零配件材料费。
供电设备监控维护	办公楼（区）供电系统、高低压电器设备、电线电缆、电器照明装置等的日常管理和养护维修及避雷检测工作。	1.05元/m^2/月	m^2指机关办公楼（区）内建筑面积。此费用包含由承接主体承担的300元以下的单个维修零配件材料费。
弱电设备运行维护	办公楼（区）楼宇自控设备、通讯设备、卫星电视接收设备、网络设备等智能化设施设备的维护维修。	0.65元/m^2/月	m^2指机关办公楼（区）内建筑面积。此费用包含由承接主体承担的300元以下的单个维修零配件材料费。
锅炉设备/热力站运行维护	办公楼（区）锅炉设备/热办站设备水质检测、各类设备、仪器仪表、水管线路的日常运行和检测维护。	0.93元/m^2/月	m^2指机关办公楼（区）内建筑面积。
电梯运行维护	办公楼（区）电梯年检等运行管理，及对机房设备、井道系统、轿厢设备等的日常养护维修。	860元/部/月	8层（含）以下860元/部/月，每增加1层，增加30元。此费用包含由承接主体承担的500元以下的单个维修零配件材料费。
空调系统运行维护	办公楼（区）空调系统运行及热泵、水泵、管道系统和各类风口、自控系统等设备的日常养护维修。	0.83元/m^2/月	m^2指机关办公楼（区）内建筑面积。
消防系统维护	办公楼（区）灭火器与自动报警系统、自动喷淋系统、安全疏散系统及红外线报警器等日常管理养护。	1.08元/m^2/月	m^2指机关办公楼（区）内建筑面积。
保洁服务	办公楼（区）内大厅、过道、楼梯、天台、电梯间、卫生间、茶水间、公共活动场所、楼宇外墙等所有公共部位，办公区域道路、停车场（库）等所有公共场地及“门前三包”区域的日常清洁，办公垃圾等废弃物分类、清理、化粪池清掏，灭虫除害等。	3.02元/m^2/月	m^2指机关办公楼（区）内的建筑物和庭院中发生保洁服务活动的区域面积，其中建筑物单层保洁服务面积按单层建筑面积计算。此费用包含由承接主体承担的清洁药剂、清洁工具、洗手液、卫生纸等低值易耗品费。

续表

服务事项	服务内容	定额标准	备注
绿化服务	办公楼(区)室外各类植株进行整形修剪、土壤、水肥管理和病虫害综合治理等日常养护,绿化带、盆株的日常清洁和绿化生产垃圾的清运,办公楼(区)门前规定区域绿地的养护管理等。	1.46 元/m^2/月	m^2 指机关办公楼(区)内绿化服务区域面积。此费用包含由承接主体承担的除草机、修剪机、杀虫药剂等材料费。
办公家具维修服务	办公楼(区)办公桌椅、沙发、文件柜、档案柜等通用办公家具的日常养护维修。	0.25 元/m^2/月	m^2 指机关办公楼(区)内建筑面积。
安全保卫服务	办公楼(区)门卫和日常巡逻、防盗等报警监控运行管理,车辆、道路及公共秩序维护,防汛、治安及其它突发事件处理等。	2.53 元/m^2/月	m^2 指机关办公楼(区)内建筑面积。此费用包含由承接主体承担的对讲机、安保服装、照明灯、应急包等材料费。
餐饮服务	为机关提供的早中晚餐、接待工作餐等的制作,餐饮设施设备的维护和餐具的清洁、保管等。	25 元/人/天	按机关实际就餐人数计算。此费用为人工费用。
传达收发服务	办公楼(区)来人来访的通报、证件检验、登记、证件退还等,报刊征订和邮件收发,代收代缴水电燃气费及供暖费。	0.80 元/m^2/月	m^2 指机关办公楼(区)内建筑面积。
会议服务	办公楼(区)内发生的会前的物品准备、会场清洁、会场布置、会议期间的茶水供应、设备调试和运行、应急疏散、会议用品保管等。	3.30 元/m^2/场次	m^2 指机关办公楼(区)内实际发生会议服务活动的区域面积;场次指按半天(4 个小时内)计为 1 个场次。此费用包含由承接主体承担的茶叶、纸杯、纸巾、清洁用品等材料费
文印服务	机关文件的制版、印刷、套章、装订、裁边、装袋等。	80 元/人/月	按机关编制人数计算。此费用为人工费用。

备注:以上项目的服务要求,根据《中央国家机关后勤服务指南》(国管办〔2018〕80 号)确定。

财政部关于印发《中央单位政府集中采购管理实施办法》的通知

（财库〔2007〕3号）

党中央有关部门，国务院各部委、各直属机构，全国人大常委会办公厅，全国政协办公厅，高法院，高检院，有关人民团体，各省、自治区、直辖市、计划单列市财政厅（局），新疆生产建设兵团财务局，中央国家机关政府采购中心，中共中央直属机关采购中心，全国人大机关采购中心：

为了加强中央单位政府集中采购管理，规范集中采购行为，完善和规范中央单位政府集中采购运行机制，财政部依据《中华人民共和国政府采购法》和有关制度规定，制定了《中央单位政府集中采购管理实施办法》，现印发给你们，请认真执行。

附件：中央单位政府集中采购管理实施办法

财政部

2007年1月10日

中央单位政府集中采购管理实施办法

第一章　总则

第一条　为了加强中央单位政府集中采购管理，完善和规范政府集中采购运行机制，根据《中华人民共和国政府采购法》（以下简称《政府采购法》）和有关制度规定，制定本办法。

第二条　中央单位实施纳入政府集中采购范围的采购活动，适用本办法。

政府集中采购范围，按照国务院公布的年度“中央预算单位政府集中采购目录及标准”（以下简称目录及标准）执行。

第三条　政府集中采购组织形式分为集中采购机构采购和部门集中采购。

集中采购机构采购，是指集中采购机构代理目录及标准规定的政府集中采购目录中项目的采购活动。

部门集中采购，是指主管预算单位（主管部门）组织本部门、本系统列入目录及标准的部门集中采购项目的采购活动。

第四条　政府集中采购实行监督管理职能与操作执行职能相分离的管理体制。

财政部是中央单位政府采购工作的监督管理部门，负责政府集中采购活动中的各项监督管理职责。

中央单位和集中采购机构履行操作执行职能，接受财政部的监督管理。其中，中央单位作为采购人，应当依法实施集中采购。集中采购机构，作为采购代理机构和非营利事业法人，应当依法接受中央单位的委托办理集中采购事宜。

第五条　主管部门应当明确内设机构牵头负责政府采购工作。属于政府集中采购目录的项目，应当按照规定委托集中采购机构代理采购。属于部门集中采购项目，已经设立部门集中采购机构的，应当由部门集中采购机构具体组织实施；未设立的，可以委托集中采购机构或经财政部门认定资格的政府采购代理机构（以下简称社会代理机构）具体组织实施。

第六条　集中采购项目达到国务院规定的公开招标数额标准的，应当采用公开招标方式。因特殊情况需要采用邀请招标、竞争性谈判、询价或单一来源等采购方式的，中央单位应当在采购活动开始前报经财政部批准。

因废标需要采取其他采购方式采购的，应当在做出废标处理决定后由中央单位或集中采购机构报财政部审批。

第七条　政府集中采购信息应当按照财政部《政府采购信息公告管理办法》的规定，在财政部指定的政府采购信息发布媒体（以下简称指定媒体）上公告。

第八条　政府集中采购活动中所需评审专家应当按照财政部、监察部《政府采购评审专家管理办法》的规定，从财政部建立的中央单位政府采购评审专家库中抽取。

经抽取，专家库不能满足需要的，可以另行选取专家，但应当在评审工作结束后10日内，将评审专家名单报财政部。

第九条　政府集中采购活动中签订的合同应当使用财政部监制的政府采购格式合同文本，具体办法和实施步骤另行规定。

按照政府采购格式合同文本签订的合同是政府集中采购活动合法有效的证明文件和采购资金支付报销的有效凭证。

第十条　中央单位应当依据采购文件和政府采购合同约定，组织对供应商履约的验收，不得另行增加或者改变验收内容和标准。凡符合采购文件和政府采购合同约定的，即为验收合格。

第十一条　财政部负责政府集中采购活动中相关备案和审批事宜，其中，备案事项不需要财政部回复意见，审批事项应当经财政部依法批准后才能组织实施。

需要财政部审批的事项，中央单位应当提出书面申请。财政部应当在收到申请后15个工作日内批复。

第二章　预算和计划管理

第十二条　中央单位在编制下一财政年度部门预算时，应当在部门预算中单独列出该财政年度政府采购的项目及资金预算，按照程序逐级上报，由主管部门审核汇总后报财政部。

年度政府采购项目，是指目录及标准规定的项目。

第十三条　财政部对部门预算中政府采购的项目及资金预算进行审核，并批复各主管部门。

第十四条　主管部门应当自财政部批复部门预算之日起40个工作日内，编制政府集中采购目录和部门集中采购项目的实施计划，报财政部备案，并将政府集中采购目录实施计划抄送集中采购机构。

政府集中采购目录实施计划，是指主管部门对部门预算中属于政府集中采购目录的项目，按照项目构成、使用单位、采购数量、技术规格、使用时间等内容编制的操作计划。

部门集中采购项目实施计划，是指主管部门对部门预算中属于部门集中采购项目和依本部门实际制定的部门集中采购项目编制的操作计划。

第十五条　在年度预算执行中，因未报、漏报和预算调整等增加政府采购项目预算的，中央单位应当在采购活动开始前报财政部备案。

第十六条　中央单位应当严格按照部门预算中编列的政府采购项目和资金预算开展政府集中采购活动。

第十七条　政府集中采购资金的支付按照财政国库管理制度相关规定执行。

第三章　目录及标准制定与执行

第十八条　目录及标准由财政部拟订，报国务院批准。

中央单位和集中采购机构应当按照目录及标准的规定执行。

第十九条　中央单位不得将集中采购机构代理的政府集中采购目录项目委托社会代理机构采购或者自行采购。

集中采购机构不得拒绝中央单位的委托，也不得将政府集中采购目录项目转委托或以其他方式转交给社会代理机构和人员采购。

第二十条　集中采购机构代理的政府集中采购目录项目，因特殊情况确需转为部门集中采购或分散采购的，中央单位或集中采购机构应当报经财政部批准。

第二十一条　中央单位和集中采购机构在执行目录及标准中遇到问题，应当及时向财政部反映，并由财政部按有关规定进行处理。

第二十二条　集中采购机构应当在目录及标准发布后20日内，按政府集中采购目录项目类别制定具体操作方案，并报财政部备案。

第四章　集中采购机构采购

第二十三条　集中采购机构采购活动应当包括以下基本工作程序：根据中央单位政府集中采购目录实施计划确定采购方式，办理委托代理事宜，制定采购文件，组织实施采购，提交中标或成交结果，确定中标或成交结果，签订政府采购合同，履约验收。

第二十四条　主管部门可以按照项目或者一个年度与集中采购机构签订委托代理协议。

主管部门所属各级预算单位就本单位政府集中采购项目与集中采购机构签订委托代理协议的，应当事先获得主管部门同意。

第二十五条　委托代理协议应当就下列事项明确中央单位与集中采购机构双方的权利和义务：

（一）采购需求和采购完成时间的确定；

（二）采购文件的编制与发售、采购信息的发布、评审标准的制定、评审专家的抽取、供应商资格的审查等；

（三）中标或成交供应商的确定和履约验收；

（四）询问或质疑的答复、申请审批或报送备案文件和双方违约责任及争议解决方式等；

（五）双方约定的其他事项。

因协议内容不清而无法确定权利和义务的，由中央单位承担责任。

第二十六条　中央单位在实施具体采购项目委托时，不得指定供应商或者品牌，不得在商务和技术等方面提出排他性要求。

第二十七条　集中采购机构应当坚持规范与效率相结合，做好代理采购项目的具体实施工作。

集中采购机构工作人员不得参与评审，不得干预或影响政府集中采购正常评审工作。

第二十八条　集中采购机构应当按照有关规定和委托代理协议的约定开展采购活动，并按照协议约定的时间发出中标或成交供应商通知书。中央单位应当在接到中标或成交供应商通知书后30日内，确定中标结果并与中标商或者成交商签订政府采购合同。

集中采购机构可以在不影响政府集中采购代理工作的前提下，接受中央单位委托，代理其他项目采购事宜。

第二十九条　集中采购机构应当在每个季度结束后10日内，向财政部报送政府集中采购项目季度执行情况。执行情况包括：目录及标准中各个项目执行的数量及规模，委托采购的单位及项目内容，采购计划完成情况，项目采购时间、采购方式和信息发布等执行情况，答复质疑情况等。

第三十条　在供应商签订政府采购合同并履约后，中央单位应当根据政府采购合同对供应商提供的产品及时组织验收，集中采购机构应当做好配合工作。

第三十一条　政府集中采购目录中规格及标准相对统一，品牌较多，日常采购频繁的通用类产品和通用的服务类项目，可以分别实行协议供货采购和定点采购。

第三十二条　在协议供货采购和定点采购工作中，财政部负责对协议供货或定点采购的管理、执行要求和处罚等做出规定。集中采购机构负责确定和公告协议供货和定点采购中标货物、服务项目目录和供应商名单。中央单位应当按照财政部规定和集中采购机构公告的协议供货和定点采购货物、服务项目目录和供应商名单实施采购。

第三十三条　集中采购机构应当在协议供货或定点采购活动开始前征求中央单位和供应商等方面的意见，制定采购方案。采购方案应当在确定货物、服务项目目录和供应商名单前报财政部备案。

采购方案包括：拟采用的采购方式、采购进度计划、供应商资格条件、评标或评审标准、中标或成交供应商数量或淘汰比例、服务承诺条件、协议有效期等内容。

第三十四条　中央单位执行协议供货或定点采购时，一次性采购金额达到公开招标限额标准的，可以单独委托集中采购机构另行组织公开招标采购。

第三十五条　协议供货或者定点采购的执行以财政部规定和指定媒体及相关媒体共同公告的货物、服务项目目录和供应商名单为准，媒体公告结果不一致时，以财政部指定媒体为准。中央单位因特殊原因确需采购协议供货或定点范围外产品或服务的，中央单位应当在采购前报财政部批准。

第三十六条　集中采购机构应当在投标截止日期后15个工作日内完成协议供货、定点采购的中标货物、服务项目目录和供应商名单公告工作，其中，应当在10个工作日内将中标货物、服务项目目录和供应商名单报财政部备案。

第三十七条　协议供货或定点采购实施中，集中采购机构应当根据协议约定对实施情况进行跟踪和市场调查，督促中标供应商按照协议规定履行价格和服务的承诺。

供应商违反协议或者不遵守中标承诺的，中央单位可以向集中采购机构反映，也可以向财政部反映。集中采购机构可以根据协议约定追究其违约责任。涉及对中标供应商处以罚款、禁止参加政府采购活动、列入不良行为记录名单等处罚的，应当由财政部依法做出决定。

第五章　部门集中采购

第三十八条　部门集中采购活动应当包括以下基本工作程序：根据部门预算编制部门集中采购实施计划、制定采购方案、选择采购代理机构、组织实施采购、确定中标或成交结果、签订政府采购合同、履约验收、支付采购资金。

第三十九条　列入目录及标准的部门集中采购项目的，主管部门应当编制集中采购实施计划，并报财政部备案。

主管部门可以根据本部门、本系统的实际情况，增加实施部门集中采购的项目范围，报财政部备案。

第四十条　中央单位应当按照财政部批准的采购方式和规定的程序开展采购活动。对符合《政府采购法》规定情形的采购项目，需要采用公开招标以外采购方式的，应当在采购活动开始前，向财政部提出采购方式变更申请。

第四十一条　部门集中采购项目的招投标事务，中央单位可以自行选择采购代理机构（集中采购机构或社会代理机构）代理，并签订委托代理协议。

社会代理机构必须是获得财政部门颁发代理资格证书的社会中介机构。

第四十二条　中央单位应当在中标或者成交通知书发出之日起30日内，与中标或成交供应商签订政府采购合同。任何一方无故拒绝签订政府采购合同的，应当承担相应的违约责任。

第四十三条　主管部门应当在每个季度结束后10日内，向财政部报送部门集中采购项目季度执行情况。执行情况包括：各个采购项目执行的数量及规模，执行的单位范围及项目内容，项目采购时间、采购方式和信息发布等执行情况，答复质疑情况等。

第四十四条　在实施部门集中采购中，本部门、本系统的政府采购工作人员以及其他工作人员不得以评审专家身份参加本部门政府采购项目的评标、谈判或询价工作。

第六章　监督检查

第四十五条　财政部应当依法对中央单位、集中采购机构、供应商执行政府采购法律、行政法规和规章制度情况进行监督检查。

第四十六条　财政部对中央单位监督检查的主要内容是：

（一）政府采购预算编制情况；

（二）政府集中采购项目委托集中采购机构采购情况；

（三）政府采购审批或备案事项的执行情况；

（四）政府采购信息公告情况；

（五）政府采购方式、采购程序和评审专家使用情况；

（六）政府采购合同的订立和资金支付情况；

（七）对供应商询问和质疑的处理情况；

（八）有关政府采购的法律、行政法规和规章制度的执行情况。

第四十七条　财政部对集中采购机构监督检查的主要内容是：

（一）内部制度建设和监督制约机制落实情况；

（二）政府集中采购项目以及集中采购规定政策的执行情况；

（三）集中采购委托代理协议的签订和履行情况；

（四）政府采购审批或备案事项执行情况；

（五）政府采购信息公告情况；

（六）政府采购方式、采购程序和评审专家使用的情况；

（七）采购效率、采购价格和资金节约率情况；

（八）工作作风、服务质量和信誉状况；

（九）对供应商询问和质疑处理情况；

（十）有关政府采购的法律、行政法规和规章制度的执行情况。

第四十八条　财政部对社会代理机构监督检查的主要内容是：

（一）有关政府采购的法律、行政法规和规章制度执行情况；

（二）对供应商询问和质疑处理情况；

（三）服务质量和信誉状况；

（四）被投诉情况。

第四十九条　财政部应当加强采购资金支付管理。有下列情况之一的，属于不符合采购资金申请条件，财政部或者中央单位不予支付资金：

（一）未按规定在财政部指定媒体公告信息的；

（二）采购方式和程序不符合规定的；

（三）未使用财政部监制的政府采购合同标准文本的。

第五十条　主管部门应当对本部门、本系统政府集中采购工作情况实施监督检查。

第五十一条　集中采购机构应当加强内部管理，建立内部监督制约机制，规范高效地为中央单位做好集中采购项目的代理采购活动。

第五十二条　中央单位或供应商有违反政府采购法律、行政法规或者规章制度规定行为的，集中采购机构应当及时向财政部报告，由财政部依法予以处理。

第五十三条　财政部依法加强对供应商参与政府采购活动情况的监督管理，建立投诉处理报告制度，定期在指定媒体上公告投诉处理情况。供应商因违反规定受到财政部行政处罚的，列入不良行为记录名单。

第五十四条　财政部做出的投诉处理决定、对中央单位和集中采购机构违法行为的处理决定，在财政部指定的政府采购信息发布媒体上公告。

第七章　附则

第五十五条　主管部门可以按照本规定制定具体实施办法。

第五十六条　本办法自发布之日起施行。

财政部关于印发《政务信息系统政府采购管理暂行办法》的通知

（财库〔2017〕210号）

党中央有关部门，国务院各部委、各直属机构，全国人大常委会办公厅，全国政协办公厅，高法院，高检院，各民主党派中央，有关人民团体，各省、自治区、直辖市、计划单列市财政厅（局），新疆生产建设兵团财政局，中共中央直属机关采购中心，中央国家机关政府采购中心，全国人大机关采购中心：

现将《政务信息系统政府采购管理暂行办法》印发给你们，请遵照执行。

附件：《政务信息系统政府采购管理暂行办法》

财政部

2017年12月26日

政务信息系统政府采购管理暂行办法

第一条　为了推进政务信息系统政府采购工作规范高效开展，根据国家电子政务总体部署和《国务院办公厅关于印发政务信息系统整合共享实施方案的通知》（国办发〔2017〕39号）有关要求，制定本办法。

第二条　本办法所称政务信息系统是指由政府投资建设、政府和社会企业联合建设、政府向社会购买服务或需要政府运行维护的，用于支撑政务部门履行管理和服务职能的各类信息系统，包括执行政务信息处理的计算机、软件和外围设备等货物和服务。

前款所称政务部门是指中共中央、全国人大、国务院、全国政协、最高法院、最高检察院及中央和国家机关各部门，各级地方党委、人大、政府、政协、法院、检察院及其直属各部门（单位）。

第三条　政务信息系统政府采购工作由各相关政务部门（以下简称采购人）负责统一规划和具体实施，各级财政部门依法履行政府采购监管职责。

第四条　采购人应当按照可行性研究报告、初步设计报告、预算审批时核准的内容和实际工作需要确定政务信息系统采购需求（以下简称采购需求）并组织采购。

采购需求应当科学合理、明确细化，包括项目名称、采购人、预算金额、经费渠道、运行维护要求、数据共享要求、安全审查和保密要求、等级保护要求、分级保护要求、需落实的政府采购政策和履约验收方案等内容。

第五条　采购需求应当符合法律法规，满足国家、行业相关标准的要求，鼓励使用市场自主制定的团体标准。

专业性强、技术要求较高的政务信息系统，可以邀请行业专家或者第三方专业机构参与需求制定工作。采购人和实际使用者或受益者分离的项目，在制定需求时，应当征求实际使用者或受益者的意见。

第六条 采购需求应当落实政务信息系统整合共享要求，符合政务信息共享标准体系，确保相关系统能够按照规定接入国家共享数据交换平台。采购需求要与现有系统功能协调一致，避免重复建设。

采购需求应当体现公共数据开放有关要求，推动原始性、可机器读取、可供社会化再利用的数据集向社会开放。

第七条 采购需求应当落实国家支持云计算的政策要求，推动政务服务平台集约化建设管理。不含国家秘密、面向社会主体提供服务的政务信息系统，原则上应当采用云计算模式进行建设。

采购需求应当包括相关设备、系统和服务支持互联网协议第六版(IPv6)的技术要求。

第八条 采购需求应当落实国家密码管理有关法律法规、政策和标准规范的要求，同步规划、同步建设、同步运行密码保障系统并定期进行评估。

第九条 政务信息系统采用招标方式采购的，应当采用综合评分法；采用非招标方式采购的，应当采用竞争性磋商或单一来源采购方式。

除单一来源采购方式外，政务信息系统采购货物的，价格分值占总分值比重应当为30%；采购服务的，价格分值占总分值比重应当为10%。无法确定项目属于货物或服务的，由采购人按照有利于采购项目实施的原则确定项目属性。

第十条 采购人应当指派熟悉情况的工作人员作为采购人代表参加评标委员会或者竞争性磋商小组，参与政务信息系统采购活动的评审。

第十一条 政务信息系统采购评审中，评标委员会或者竞争性磋商小组认为供应商报价明显低于其他合格供应商的报价，有可能影响产品质量或者不能诚信履约的，应当要求其在评审现场合理时间内提供书面说明，必要时提供相关证明材料；供应商不能证明其报价合理性的，评标委员会或竞争性磋商小组应当将其作为无效投标或者无效响应处理。

第十二条 采购人应当按照国家有关规定组织政务信息系统项目验收，根据项目特点制定完整的项目验收方案。验收方案应当包括项目所有功能的实现情况、密码应用和安全审查情况、信息系统共享情况、维保服务等采购文件和采购合同规定的内容，必要时可以邀请行业专家、第三方机构或相关主管部门参与验收。

第十三条 采购人可以聘请第三方专业机构制定针对政务信息系统的质量保障方案，对相关供应商的进度计划、阶段成果和服务质量进行监督，形成项目整改报告和绩效评估报告，必要时邀请行业专家或相关主管部门评审论证。质量保障相关情况应当作为项目验收的依据。

第十四条 具有多个服务期的政务信息系统，可以根据每期工作目标进行分期验收。为社会公众服务的政务信息系统，应当将公众意见或者使用反馈情况作为验收的重要参考依据。采购人和实际使用者或受益者分离的政务信息系统，履约验收时应当征求实际使用者或受益者的意见。

第十五条 政务信息系统的项目验收结果应当作为选择本项目后续运行维护供应商的重要参考。

第十六条 在年度预算能够保障的前提下，采购人可以与政务信息系统运行维护供应商签订不超过三年履行期限的政府采购合同。

第十七条 本办法从2018年1月1日起施行。

财政部　国家保密局关于印发《涉密政府采购管理暂行办法》的通知

（财库〔2019〕39 号）

各中央预算单位，各省、自治区、直辖市、计划单列市财政厅（局）、保密局，新疆生产建设兵团财政局、保密局：

为规范涉密政府采购活动，确保国家秘密安全，财政部、国家保密局制定了《涉密政府采购管理暂行办法》。现印发给你们，请遵照执行。

附件：涉密政府采购管理暂行办法

财政部　国家保密局
2019 年 7 月 26 日

涉密政府采购管理暂行办法

第一章　总则

第一条　为加强涉密政府采购管理，规范采购行为，确保国家秘密安全，依据《中华人民共和国保守国家秘密法》《中华人民共和国保守国家秘密法实施条例》，参照《中华人民共和国政府采购法》《中华人民共和国政府采购法实施条例》等法律法规，制定本办法。

第二条　本办法所称涉密政府采购，是指各级国家机关、事业单位和团体组织（以下简称采购人），使用财政性资金采购集中采购目录以内或者采购限额标准以上的货物、工程和服务，因采购对象、渠道、用途等涉及国家秘密，需要在采购过程中控制国家秘密的知悉范围，并采取保密措施的采购活动。

第三条　采购人、集中采购机构开展涉密政府采购活动，适用本办法。

第四条　涉密政府采购项目管理应当坚持谁采购谁负责、依法确定、公平竞争、全程监管、确保安全原则。

第五条　采购人应当在涉密政府采购活动中落实节约资源、保护环境、促进中小企业发展、支持创新等政府采购政策。

第六条　采购人应当加强涉密政府采购项目内部控制管理，建立健全涉密政府采购项目集体研究与内部会商相结合的议事决策机制，完善采购需求和采购方式确定、采购活动组织的内部审核制度，严格按规定组织采购。

第七条　财政部门、保密行政管理部门按照各自职责，对涉密政府采购项目实施情况进行监督检查。

第二章　涉密政府采购项目确定

第八条　涉及下列货物的采购项目，可以确定为涉密政府采购项目：

（一）属于国家秘密的产品或者设备；

（二）涉密专用信息设备；

（三）用于纪检监察、检察、公安、保密、机要等部门重要指挥、技术侦查、保密技术监管和秘密工作的专用产品或者设备；

（四）用于保密要害部门、部位保密防护的安全保密产品或者设备；

（五）用于网络保密防护和监管的安全保密产品或者设备；

（六）法律法规和保密事项范围规定的其他涉及国家秘密的货物。

第九条　涉及下列工程的采购项目，可以确定为涉密政府采购项目：

（一）国防战备建设工程和人民防空指挥工程；

（二）武器装备科研生产保密资格单位涉密工作场所建设工程；

（三）国家战略物资和特殊物资储备场所建设工程；

（四）纪检监察、检察、公安、保密、机要等部门重要指挥、技术侦查和特殊工作场所建设工程；

（五）中国人民银行总行、分行发行库建设工程；

（六）保密会议室、屏蔽室等需要按照国家保密标准建设的工程；

（七）法律法规和保密事项范围规定的其他涉及国家秘密的建设工程。

第十条　涉及下列服务的采购项目，可以确定为涉密政府采购项目：

（一）国家秘密载体的制作、复制、维修、维护、销毁；

（二）根据本办法第八条确定的涉密货物的维修、维护、销毁；

（三）涉密信息系统集成有关服务项目；

（四）涉及国家秘密的法律咨询、技术咨询、财务审计等；

（五）法律法规和保密事项范围规定的其他涉及国家秘密的服务。

第十一条　采购人确定涉密政府采购项目应当在定密权限内，由承办部门拟定以下意见报本单位保密委员会审核同意后，由本单位法定定密责任人或者保密委员会主要负责人确定：

（一）依据法律法规、保密事项范围规定，提出采购项目的保密要点及其密级、保密期限和知悉范围的意见；

（二）对保密要点与采购流程关联性作出论证，提出采购项目整体涉密或者部分涉密的意见；

（三）按照保密要点的最高密级提出确定涉密政府采购项目为秘密级、机密级或者绝密级的意见。

采购人没有定密权的，应当按照前款规定先行拟定意见并采取保密措施，及时报请有相应定密权限的上级机关、单位确定；没有上级机关、单位的，及时提请有相应定密权限的业务主管部门或者保密行政管理部门确定。

第十二条　涉密政府采购项目确定应当坚持最小化原则。采购项目的涉密部分与非涉密部分能够拆分的，只能将涉密部分确定为涉密政府采购项目。

在采购过程中对国家秘密信息作出隐蔽处理后，可以通过公开方式进行采购的项目，不得确定为涉密政府采购项目；涉及工作秘密或者其他敏感信息的，应当在采购过程中对相关信息进行隐蔽处理。

第十三条　对是否能够确定为涉密政府采购项目不明确或者有争议的，由主管预算单位根据密级和定密单位层级报国家保密行政管理部门或者省级保密行政管理部门确定。

提请保密行政管理部门确定不明确或者有争议涉密政府采购项目的主管预算单位，应当提交下列材料：

（一）申请确定的公文；

（二）项目的基本情况，包括采购内容、金额、用途等；

（三）项目涉密论证报告，包括项目的密级、保密要点、定密依据等；

（四）拟采取的保密管理或者技术措施；

（五）保密行政管理部门认为需要提供的其他材料。

第三章　采购管理

第十四条　绝密级政府采购项目，由采购人自行确定采购方案并组织实施。

秘密级或者机密级政府采购项目，以采购人自行组织采购为主，采购人不具备自行组织条件的，应当委托集中采购机构代理采购。

第十五条　秘密级或者机密级政府采购项目的采购活动参照政府采购法律法规和有关制度规定执行，本办法另有规定的除外。

第十六条　采购人在编报部门预算时，应当全面完整编制涉密政府采购项目采购预算。

第十七条　采购人应当根据涉密政府采购项目的具体情况，采用以下方式采购：

（一）邀请招标；

（二）竞争性谈判；

（三）竞争性磋商；

（四）单一来源采购；

（五）询价；

（六）国务院政府采购监督管理部门认定的其他采购方式。

第十八条　除单一来源采购方式外，采购人可以通过书面推荐或者在具备相应保密条件的供应商范围内征集等方式，邀请不少于3家供应商参与采购活动。

第十九条　参与涉密政府采购项目的国内供应商应当具备相应的保密资质或者符合保密法律法规规定的保密条件。

参与涉密政府采购项目的供应商须满足《中华人民共和国政府采购法》第二十二条规定有关条件，且三年内不得有涉密政府采购不良行为记录。

第二十条　采购限额标准以上的秘密级或者机密级政府采购项目，拟采用单一来源采购方式的，采购人应当在采购活动开始前，由主管预算单位向同级财政部门申请批准；拟采用本办法第十七条规定的除单一来源采购方式外的其他采购方式，由采购人自行确定。

申请采用单一来源采购方式的，应当提交下列材料：

（一）主管预算单位的申请公文，公文中应当载明以下内容：预算单位名称、联系人及联系电话、采购项目名称、项目概况、密级确定情况等项目基本情况说明，申请变更为单一来源采购方式的理由，拟定的唯一供应商名称、地址；

（二）项目预算金额、预算批复文件或者资金来源、证明；

（三）单位内部会商意见。由采购人内部采购管理部门（岗位）组织财务、业务等相关部门（岗位），根据采购需求，对采用单一来源的理由及必要性共同会商，并由相关部门（岗位）人员共同签字认可；

（四）财政部门认为需要提供的其他材料。

第二十一条　涉密政府采购项目原则上应当采购本国货物、工程和服务。确需采购外国供应商提供的货物、工程和服务的，采购人经主管预算单位同意后组织实施，主管预算单位应当结合保密管理要求和国内产业发展状况从严控制。

第二十二条　采购人或者集中采购机构可以根据保密工作需要和采购需求编制资格预审文件，对供应商进行资格预审。

第二十三条　采购人应当结合保密管理要求和项目实际情况，自行选定相应领域的专业人员、本单位相关人员，组成评审（谈判、磋商、询价）小组。评审（谈判、磋商、询价）小组原则上应当为3人（含3人）以上单数组成，本单位人员参与比例不作限制。

采购人、集中采购机构工作人员和参与评审人员与供应商存在利害关系的，应当严格执行有关回避规定。

采购人应当加强内部控制管理，严格确定评审（谈判、磋商、询价）小组组成人员条件和选择程序。

第二十四条　供应商认为涉密政府采购活动中，采购人或者集中采购机构存在不符合本办法政府采购管理有关规定行为或者损害自身权益的，可参照政府采购法律法规等有关规定提起质疑投诉。

第二十五条　涉密政府采购项目有关采购预算、采购文件以及中标、成交结果、采购合同、投诉处理结果等采购信息不对外公开；有关中标、成交结果应当以适当方式告知参与采购活动的供应商。

第二十六条　主管预算单位应当按规定向同级财政部门报送所属预算单位涉密政府采购项目信息统计情况。

第四章　保密管理

第二十七条　采购人应当对涉密政府采购项目保密管理工作负总责。集中采购机构、评审人员、供应商根据有关法律法规规定、保密协议以及采购合同约定，承担相应的保密管理责任。

第二十八条　采购人应当依照有关法律法规，选择具备相应保密资质或者符合保密条件的供应商承担涉密政府采购项目，并采取以下保密管理措施：

（一）成立或者指定专门工作机构，负责涉密政府采购项目保密管理工作；

（二）制定涉密政府采购项目保密管理方案，明确采购各环节保密要点及管理责任；

（三）委托集中采购机构采购的，与集中采购机构签订保密协议，明确保密管理要求；

（四）与参与涉密政府采购项目的供应商、有关评审人员签订保密协议，明确保密管理要求；

（五）与中标、成交供应商签订涉密采购合同，明确具体保密事项和保密管理要求；

（六）指导、监督、协调供应商做好涉密政府采购项目中的保密管理工作；

（七）法律法规和国家保密行政管理部门规定的其他保密措施。

第二十九条　集中采购机构应当依照有关法律法规，采取以下保密管理措施：

（一）成立或者指定专门工作机构，负责涉密政府采购项目保密管理工作；

（二）建立涉密文件资料、涉密信息系统和设备、涉密人员等相关保密管理制度，严格落实保密管理要求；

（三）制定涉密政府采购项目保密管理方案，明确采购各环节保密要点及管理责任；

（四）法律法规和国家保密行政管理部门规定的其他保密措施。

第三十条　参与涉密政府采购项目的供应商应当采取以下保密管理措施：

（一）成立或者指定专门工作机构、专门工作人员，负责涉密政府采购项目保密管理工作；

（二）制定保密管理工作方案，明确保密责任和人员分工；

（三）与从事涉密采购业务的人员签订保密协议，明确保密管理要求；

（四）用于涉密采购业务的场所、设施、设备符合国家保密规定和标准；

（五）法律法规和国家保密行政管理部门规定的其他保密措施，以及与采购人约定的其他保密管理措施。

第三十一条　涉密政府采购项目完成后，集中采购机构、供应商应当将所有项目资料及时整理移交采购人，并办理正式移交手续。

第三十二条　涉密政府采购项目原则上不允许采取分包方式履行合同。供应商根据采购文件的规定和涉密政府采购项目的实际情况，拟在中标、成交后将涉密政府采购项目的非主体、非关键性工作分包的，应当在投标、响应文件中载明分包承担主体，且分包承担主体应当具备相应的涉密资质或者保密条件。

第三十三条　主管预算单位应当向同级保密行政管理部门报送所属预算单位年度涉密政府采购项目基本情况和保密管理措施落实情况。

第五章　法律责任

第三十四条　采购人违反有关保密管理规定，对涉密政府采购项目定密不当，或者在涉密政府采购项目实施过程中，不依法履行保密管理责任，存在严重泄密隐患的，保密行政管理部门应当责令其限期改正；情节严重的，依法追究直接负责的主管人员和其他直接责任人员的责任。

第三十五条　采购人存在未按规定擅自采用单一来源采购方式、未按本办法规定程序组织采购、与供应商或者集中采购机构恶意串通、在采购过程中接受贿赂或者获取其他不正当利益等行为的，由财政部门责令限期改正；对直接负责的主管人员和其他直接责任人员，由其行政主管部门或者有关机关依照《中华人民共和国监察法》《中华人民共和国公务员法》进行处理处分；涉嫌犯罪的，移送司法机关处理。

第三十六条　供应商未依法履行保密管理责任，存在严重泄密隐患的，采购人应当及时中止采购合同，并督促供应商整改；供应商整改后仍无法达到保密要求的，采购人可以依法终止合同；造成泄密的，依法追究直接负责的主管人员和其他直接责任人员的责任。

第三十七条　供应商存在提供虚假材料谋取中标、成交，采取不正当手段诋毁、排挤其他供应商，与采购人、其他供应商或者集中采购机构恶意串通的，向采购人、集中采购机构行贿或者提供其他不正当利益，在邀请招标采购过程中与采购人进行协商谈判，拒不配合有关部门监督检查或者提供虚假情况等行为的，由财政部门责令限期改正，记入涉密政府采购不良行为记录名单；涉嫌犯罪的，移送司法机关处理。

第三十八条　集中采购机构、评审（谈判、磋商、询价）小组成员违反保密管理有关规定，造成泄密的，依法追究直接负责的主管人员和其他直接责任人员的责任。

第三十九条　集中采购机构及其工作人员存在与供应商或者采购人恶意串通、在采购过程中接受贿赂或者获取其他不正当利益等行为的，评审（谈判、磋商、询价）小组成员存在未按采购文件规定的评审程序、方法和标准进行独立评审或者泄露评审文件、评审情况，评审（谈判、磋商、询价）小组成员存在收受采购人、集中采购机构或者供应商贿赂或者获取其他不正当利益等行为的，由财政部门责令限期改正、记入涉密政府采购不良行为记录名单；涉嫌犯罪的，移送司法机关处理。

第四十条　各级财政、保密行政管理部门工作人员在涉密政府采购项目监督管理工作中存在滥用职权、玩忽职守、徇私舞弊等违法违纪行为的，依照《中华人民共和国监察法》《中华人民共和国公务员法》等国家有关法律追究相应责任；涉嫌犯罪的，移送司法机关处理。

第六章　附则

第四十一条　本办法由财政部、国家保密局负责解释。

第四十二条　其他涉密单位开展涉及国家秘密采购活动的保密管理工作，参照本办法执行。

第四十三条　各省级人民政府财政部门和保密行政管理部门可以根据本办法规定制定具体实施办法。

第四十四条　本办法自2019年9月1日起施行。

应急管理部消防救援局关于印发《消防救援队伍政府采购管理暂行办法》的通知

（应急消〔2021〕1号）

各省、自治区、直辖市消防救援总队，消防救援局天津、南京、昆明训练总队，各消防研究所、消防产品合格评定中心：

为切实加强消防救援队伍政府采购管理，进一步规范政府采购行为，强化政府采购廉政风险防控，消防救援局制定了《消防救援队伍政府采购管理暂行办法》（以下简称《办法》），已经局党委会议审议通过，现印发你们，并就有关要求通知如下：

一、提高思想认识，强化政治站位。制定出台《办法》是深入推动中央巡视问题整改的重要举措，是贯彻落实黄明书记和部党委、局党委决策部署的关键环节，为当前和今后一个时期消防救援队伍开展政府采购工作提供了根本遵循，对提高采购绩效具有十分重要的意义。各单位要站在维护队伍安全稳定，促进采购工作健康发展的政治高度，聚焦"两严两准"建队要求，强化组织领导，确保《办法》尽快落地见效。

二、抓好学习宣贯，提升业务能力。各单位要将学习宣贯《办法》作为近一阶段后勤建设的重点任务，认真领会精神实质，准确把握基本要求，组织相关人员通过集中培训、以会代训、岗位练兵等多种形式，积极开展学习宣贯，有针对性地研究制定本单位采购管理规定，系统提升各级采购人员的业务水平，切实把宣贯工作抓紧、抓实、抓出成效。消防救援局将适时以线上和线下的形式开展专题培训。

三、严格制度执行，确保规范有序。各单位要严格执行中央预算单位政府采购的相关制度规定，以《办法》为基本依据，有序开展采购工作，确保公开透明、公平公正。要加大对各级采购工作的审计和纪检监督，对存在的倾向性、苗头性和系统性问题，要紧抓不放、一抓到底。各单位在执行《办法》中遇到的问题，要及时向消防救援局反馈。

各单位制定的采购管理规定，请于2月28日前报消防救援局备案。

消防救援局

2021年1月6日

消防救援队伍政府采购管理暂行办法

第一章　总则

第一条　为加强消防救援队伍政府采购管理，规范政府采购行为、提高资金使用效益，促进廉政建设，根据《中华人民共和国政府采购法》和《中华人民共和国政府采购法实施条例》等法律法规，结合消防救援队伍工作实际，制定本办法。

第二条　本办法适用于消防救援队伍各级预算单位（以下简称各单位）。

第三条　本办法所称政府采购，是指各单位使用财政性资金采购依法制定的集中采购目录(包括政府集中采购目录和部门集中采购目录)以内的或者采购限额标准以上的货物、工程和服务的行为。

第四条　政府采购组织形式分为集中采购机构采购、部门集中采购和分散采购。

集中采购机构采购，是指各单位将列入政府集中采购目录中的项目委托集中采购机构代理采购的行为。

部门集中采购，是指消防救援局将列入部门集中采购目录中的项目自行采购或者委托采购代理机构(包括集中采购机构和社会代理机构)代理采购的行为。

分散采购，是指各单位将采购限额标准以上的未列入集中采购目录的项目自行采购或者委托采购代理机构代理采购的行为。

第五条　财政部是中央预算单位政府采购的监督管理部门，履行全面的监督管理职责。中央国家机关政府采购中心(以下简称国采中心)是中央国家机关政府集中采购的执行机构。各单位应当按照财政部对中央预算单位政府采购的管理要求，统一执行中央预算单位政府采购相关制度规定。

第六条　各单位政府采购以实现采购行为规范、廉洁和资金使用效益最大化为目标，遵循公开透明、公平公正、诚实信用和讲求绩效的原则。

第二章　政府采购管理职责

第七条　各级党委应当坚持“管采议采”工作制度，履行以下采购工作职责：

(一) 贯彻落实政府采购法律法规及有关规定；

(二) 建立完善政府采购内部控制管理制度；

(三) 定期听取政府采购工作汇报，研究政府采购重大事项；

(四) 抓好政府采购队伍建设和廉政建设；

(五) 监督指导本单位及所属预算单位政府采购活动；

(六) 研究解决政府采购管理中存在的问题。

第八条　各单位是政府采购的责任主体，应明确内部工作机制，在各级党委的统一领导下，由内设机构或相关岗位对采购需求、经费预算、审计监督、法律咨询、采购实施、履约验收、资产管理等政府采购环节实行归口管理。

第九条　各单位开展政府采购活动应按照“加强政府采购监督管理与操作执行相分离的体制建设”有关要求，内设专门的采购机构，在各级后勤装备部门的监督管理下，负责政府采购操作执行工作。其中：

(一) 消防救援局、各消防救援总队和一类支队内设采购办公室，并配备不少于5人的专职采购人员；

(二) 二类支队以下单位内设采购办公室，并配备不少于3人的专职采购人员；

(三) 各训练总队和各消防研究所、消防产品合格评定中心(以下简称“四所一中心”) 根据实际情况内设相应的采购机构，明确专职采购人员。

第十条　各单位应当按要求配齐配强专职采购人员，可通过申请事业编制、招聘专职人员等方式补充。

第十一条　消防救援局后勤装备处承担以下采购工作职责：

（一）根据政府采购法律法规及有关规定，制定消防救援队伍政府采购管理规章制度；

（二）制定消防救援队伍部门集中采购目录；

（三）指导各单位执行中央预算单位政府集中采购目录标准和消防救援队伍部门集中采购目录；

（四）配合消防救援局财务处审核编报政府采购预算；

（五）审核编报各单位政府采购计划、执行情况和统计信息；

（六）审核编报各单位政府采购备案和审批事项；

（七）指导各单位处理政府采购投诉事项。

第十二条　消防救援局采购办公室工作职责：

（一）指导各单位开展政府采购操作执行标准化建设工作；

（二）指导各单位实施消防救援队伍政府集中采购项目；

（三）组织实施部门集中采购项目和消防救援局机关本级采购项目；

（四）汇总各单位政府采购计划、执行情况和统计信息；

（五）汇总各单位政府采购备案和审批事项；

（六）指导各单位开展采购信息公开工作；

（七）协调处理本级采购机构承办项目质疑事项；

（八）开展消防救援队伍政府采购业务培训；

（九）指导各单位开展采购档案管理工作；

（十）指导各单位开展政府采购相关系统的操作应用。

第十三条　各总队后勤装备处承担以下采购工作职责：

（一）执行政府采购法律法规及规章制度，制定本总队政府采购管理规定，建立健全内部控制机制；

（二）执行中央预算单位政府集中采购目录标准和消防救援队伍部门集中采购目录；

（三）配合本总队财务处审核编报政府采购预算；

（四）审核编报本总队政府采购计划、执行情况和统计信息；

（五）审核编报本总队政府采购备案和审批事项；

（六）协调处理本总队政府采购投诉事项。

第十四条　各总队采购办公室工作职责：

（一）负责本总队政府采购操作执行标准化建设工作；

（二）组织实施总队统一配置的采购项目和总队机关本级采购项目；

（三）汇总本总队政府采购计划、执行情况和统计信息；

（四）汇总本总队政府采购备案和审批事项；

（五）指导开展本总队采购信息公开工作；

（六）协调处理本级采购机构承办项目质疑事项；

（七）开展本总队政府采购业务培训；

（八）指导开展本总队采购档案管理工作；

（九）指导开展本总队政府采购相关系统的操作应用。

第十五条 “四所一中心”和支队级以下单位内设采购机构的工作职责，由相关单位参照本办法研究确定。

第十六条 各单位采购机构应当按照“分事行权、分岗设权”的内控管理要求，设立综合管理、申报审核、项目操作、信息编报等工作岗位。

第十七条 各单位采购机构工作岗位职责：

综合管理岗位负责政府采购操作执行标准化建设，处理政府采购质疑事项，开展采购业务培训，管理采购档案等工作。

申报审核岗位负责办理政府采购备案和审批事项。

项目操作岗位负责界定政府采购组织形式，编审采购方案、采购文件和合同文件，组织采购项目委托和评审，开展采购信息公开等工作。

信息编报岗位负责编报政府采购计划、执行情况和统计信息等工作。

第三章 政府采购预算和计划

第十八条 各单位在编制年度部门预算时，应当按照财政部年度预算编制要求，准确编制货物、服务和工程类政府采购预算，并将政府采购预算同部门预算一并按照程序上报财政部审批。

第十九条 各单位应当严格按照财政部批复的政府采购预算开展政府采购活动，不得无预算或超预算采购。未列入政府采购预算、未办理预算调剂(包括追加、追减或调整结构)的政府采购项目，不得实施采购。

第二十条 各单位政府采购项目(涉密政府采购项目除外)均应根据部门预算批复或预算执行中调剂的政府采购预算，通过政府采购计划管理系统编报政府采购计划。

第二十一条 各单位在部门预算批复前需要进行的采购项目，可在政府采购计划管理系统中录入部门预算“二上数”，据此编报采购计划。部门预算批复后，根据部门预算批复对原录入“二上数”进行替换。

第二十二条 各单位在编制采购计划时，应结合实际采购需求，将预算项目细化为可执行的采购项目，但不得将同一预算年度内同一预算项目下的同一品目的项目，拆分为多个采购限额标准以下的项目，规避政府采购。

第二十三条 各单位应当依据政府采购合同填报采购计划执行情况，并按季度和年度生成信息统计报表。每季度结束后5日内逐级报送季度信息统计报表，每年度结束后10日内逐级报送本年度信息统计报表和分析报告，由消防救援局审核汇总后报财政部。

第四章 政府采购方式和程序

第二十四条 各单位应严格执行政府采购法律法规及有关规定，采用公开招标、邀请招标、竞争性谈判、竞争性磋商、单一来源采购、询价和国务院政府采购监督管理部门认定的其他采购方式及其法定程序，组织实施政府采购活动。

各单位不得将应当以公开招标方式采购的货物、工程和服务化整为零或者以其他任何方式规避公开招标采购。

第二十五条 国采中心实施政府集中采购的形式主要有批量集中采购、协议供货、定点采购、电子卖场和电子竞价等。

批量集中采购，是指将一些通用性强、技术规格统一、便于归集的政府采购品目，由采购人按规定的标准配置归集采购计划，经财政部汇总后，交由国采中心统一组织实施的采购形式。

协议供货，是指国采中心通过公开招标、竞争性谈判、竞争性磋商等方式，确定中标供应商及其所供产品、最高限价、订货方式、供货期限、售后服务条款等，由采购人在协议有效期内，自主选择网上公告的供应商及其中标产品的采购形式。

定点采购，是指国采中心通过招投标等方式，综合考虑产品质量、价格和售后服务等因素，择优确定一家或几家定点供应商根据协议在定点期限内提供有关产品的采购形式。

电子卖场，是指国采中心建设的供采购人、供应商以数据电文形式完成采购事项的执行操作平台。

电子竞价，是指采购人公开发布采购信息，在规定时间内，供应商在线报价，按照满足需求的最低报价者成交的电子化政府采购形式。

以上采购实施形式适用的品目范围、执行方式、采购流程和限额标准等按照财政部和国采中心公布的相关要求执行。

第二十六条　对实施批量集中采购的项目，各单位应当于每月月底前通过政府采购计划管理系统编报批量集中采购计划，逐级上报消防救援局汇总，经财政部审核后，交由国采中心组织实施。

第二十七条　不符合批量集中采购配置标准或因时间紧急、零星特殊采购不能通过批量集中采购的品目，各单位需报消防救援局同意后，按国采中心有关规定执行。其中，采购限额标准以上的作为单独项目委托国采中心按照法律法规规定的方式执行。采购限额标准以下的，可按照电子卖场采购要求执行。电子卖场无所需产品的，可选择电子竞价采购方式。

电子卖场(含电子竞价)的采购数量应当严格控制在同类品目上年度购买总数的30%以内。

第五章　政府采购备案和审批

第二十八条　政府采购备案和审批，是指各单位按照规定以文件形式将要备案或审批的政府采购文件或采购活动事项，提交消防救援局审核后报财政部依法予以备案或审批的管理过程。

第二十九条　除财政部另有规定外，备案事项不需要回复意见。下列事项由各单位通过政府采购计划管理系统逐级报财政部备案：

(一) 政府采购预算调剂；

(二) 政府采购计划；

(三) 经财政部批准，采用公开招标以外采购方式的执行情况；

(四) 法律、行政法规规定其他需要备案的事项。

第三十条　审批事项应当经财政部依法批准后方可组织实施。下列事项由各单位通过政府采购计划管理系统逐级报财政部审批：

（一）对达到公开招标数额标准的采购项目需要采用公开招标以外的采购方式的；

（二）采购进口产品的；

（三）法律、行政法规规定其他需要审批的事项。

第三十一条　各单位申请变更政府采购方式、采购进口产品，应当严格执行以下程序：

达到公开招标数额标准的货物、服务采购项目，需要采用公开招标以外采购方式的，应当在采购活动开始前，由各总队、“四所一中心”组织初审，集中于每月下旬报消防救援局审核后，报财政部审批。

（二）申请采购进口产品的，应当在采购活动开始前，由各总队、“四所一中心”统一组织专家论证，分别于每年4月30日、8月31日前报消防救援局评审后，报财政部审批。

第六章　集中采购机构采购

第三十二条　各单位不得将应由集中采购机构代理的政府集中采购项目委托社会代理机构采购或者自行采购。

第三十三条　除批量集中采购由消防救援局统一委托国采中心组织实施外，各单位应当就本单位列入政府集中采购目录内的项目自行委托国采中心组织实施。

第三十四条　集中采购机构采购应当遵循以下工作程序：

（一）编制采购计划。各单位根据政府采购预算编制集中采购机构采购项目的采购计划，通过政府采购计划管理系统逐级上报财政部备案。

（二）制定采购文件。国采中心根据各单位确认的采购需求，制定采购文件。

（三）组织采购活动。国采中心采用公开招标方式或财政部规定的其他采购方式，按照采购文件开展采购活动。

（四）确定中标或成交结果。评标、谈判或询价工作完成后，国采中心向委托单位发送评审报告。委托单位确定中标或成交供应商，国采中心组织发布中标或成交公告，同时发出中标或成交通知书。

（五）签订采购合同。委托单位在中标或成交通知书发出后，与中标或成交供应商签订框架协议，并组织所属预算单位签订采购合同。

第七章　部门集中采购

第三十五条　消防救援局根据实际工作需要制定消防救援队伍部门集中采购目录，报财政部备案后组织实施。

第三十六条　消防救援队伍部门集中采购目录由财政部导入政府采购计划管理系统，供各单位编报部门集中采购项目的采购计划。

第三十七条　部门集中采购应当遵循以下工作程序：

编制采购计划。各单位根据政府采购预算编制部门集中采购项目的采购计划，报消防救援局相关业务处室审核后，通过政府采购计划管理系统逐级上报至财政部备案。

（二）签订委托协议。消防救援局与采购代理机构签订委托代理协议，确定委托代理事项，约定双方的权利与义务。

（三）制定采购文件。消防救援局汇总各单位上报的部门集中采购计划，提交采购代理机构制定采购文件。

（四）实施采购活动。采购代理机构依法采用相应的采购方式组织开展采购活动。

（五）确定中标或成交结果。采购活动完成后，消防救援局确定中标或成交结果，并组织发布中标或成交公告，同时发出中标或成交通知书。

（六）签订采购合同。消防救援局在中标或成交通知书发出后，与中标或成交供应商签订框架协议，并组织所属预算单位签订采购合同。

第八章　分散采购

第三十八条　各单位应当依据法定的采购方式和程序开展分散采购活动。分散采购应当包括以下基本工作程序：根据采购计划确定采购方式，办理委托代理事宜，制定采购文件，组织实施采购，提交中标或成交结果，确定中标或成交结果，签订政府采购合同，履约验收和支付资金等。

第三十九条　各单位开展分散采购活动应当依法保障供应商平等参与政府采购活动的权利。不得以供应商的所有制形式、组织形式或者股权结构，对供应商实施差别待遇或者歧视待遇；除财政部另有规定外，不得通过入围方式设置备选库、名录库、资格库作为参与政府采购活动的资格条件。

第四十条　各单位开展分散采购活动应当优化办事程序。对于供应商法人代表已经出具委托书的，不得要求供应商法人代表亲自领购采购文件或者到场参加开标、谈判等。对于可以通过互联网或者相关信息系统查询的信息，不得要求供应商提供。对于供应商依照规定提交各类声明函、承诺函的，不得要求其再提供有关部门出具的相关证明文件。

第四十一条　各单位开展分散采购活动应当明确投标（响应）文件的格式、形式要求，不得因装订、纸张、文件排序等非实质性的格式、形式问题限制和影响供应商投标（响应）。

第四十二条　各单位开展分散采购活动应当允许供应商自主选择以支票、汇票、本票、保函等非现金形式缴纳或提交保证金，并在采购文件和采购合同中约定保证金退还的方式、时间、条件和不予退还的情形。不得收取没有法律法规依据的保证金。

第四十三条　各单位开展分散采购活动应当及时支付采购资金，不得以机构变动、人员更替、政策调整等为由延迟付款，不得将采购文件和采购合同中未规定的义务作为向供应商付款的条件。

第九章　政府采购质疑和投诉

第四十四条　各单位或者采购代理机构应当对投标人、潜在投标人和其他利害关系人依法提出的询问进行答复，询问答复的内容不得涉及商业秘密。

第四十五条　各单位负责对供应商认为采购文件、采购过程和中标或成交结果使自己的权益受到损害的质疑进行答复。委托采购代理机构采购的，采购代理机构在委托授权范围内作出答复。质疑答复的内容不得涉及商业秘密。不得拒收质疑供应商在法定质疑期内发出的质疑函。

第四十六条　各单位或者采购代理机构认为供应商质疑不成立，或者成立但未对中标或成交结果构成影响的，继续开展采购活动；认为供应商质疑成立且影响或者可能影响中标或成交结果的，按照下列情况处理：

（一）对采购文件提出的质疑，依法通过澄清或者修改可
以继续开展采购活动的，澄清或者修改采购文件后继续开展采
购活动，否则应当修改采购文件后重新开展采购活动；

（二）对采购过程、中标或成交结果提出的质疑，合格供应商符合法定数量时，可以从合格的中标或成交候选人中另行确定中标或成交供应商的，应当依法另行确定中标或成交供应商，否则应当重新开展采购活动。

第四十七条　被投诉人和其他与投诉事项有关的当事人应当在收到财政部发出的投诉答复通知书及投诉书副本后，按规定时间以书面形式向财政部作出说明，并提交相关证据、依据和其他有关材料，同时抄报消防救援局。

第四十八条　在处理投诉事项期间，各单位和采购代理机构收到财政部暂停采购活动通知后，应当立即中止采购活动。在法定的暂停期限结束前或者财政部发出恢复采购活动通知前，不得进行该项采购活动。

第十章　政府采购其他事项

第四十九条　各单位开展政府采购活动应当严格落实国家有关节能环保、支持中小企业（含监狱企业、残疾人福利性单位）、进口产品管理等政策功能。

第五十条　各单位应当根据项目特点，结合预算编制、需求调研等情况对采购需求进行论证。需求复杂的采购项目，可引入第三方专业机构和专家，吸纳社会力量参与采购需求编制及论证。

第五十一条　各单位应当根据项目特点、代理机构专业领域和综合信用评价结果，从财政部门建立的政府采购代理机构名录中自主择优选择社会代理机构。

任何单位和个人不得以摇号、抽签、遴选等方式干预采购人自行选择社会代理机构。

第五十二条　各单位应当严格按照财政部有关要求，在中国政府采购网上公开采购意向，发布招标公告、资格预审公告、单一来源采购公示、中标（成交）结果公告、政府采购合同公告等政府采购信息。

采购意向应当由各单位定期或者不定期公开，公开时间原则上不得晚于采购活动开始前30日。除以协议供货、定点采购方式实施的小额零星采购和由国采中心统一组织的批量集中采购外，按项目实施的集中采购目录以内或者采购限额标准以上的货物、工程和服务采购均应当公开采购意向。

政府采购合同应当由各单位自签订之日起2个工作日内公告，但政府采购合同中涉及国家秘密、商业秘密的内容除外。

第五十三条　各单位政府采购活动中所需评审专家应当从省级以上人民政府财政部门设立的评审专家库中随机抽取。

第五十四条　各单位应当根据采购项目的具体情况，自行组织项目验收或委托采购代理机构验收，并对验收结果进行书面确认。验收合格的项目，各单位应当根据采购合同的约定，及时向供应商支付采购资金。验收不合格的，应当依法及时处理。

第五十五条　各单位应当建立采购项目档案管理制度，依法做好政府采购项目档案管

理工作，确保政府采购项目档案存放有序、查阅方便，严防毁损、散失。采购项目档案应当同时留存纸质件和相应的扫描件。

第十一章　监督检查

第五十六条　消防救援局依据有关规定对各单位执行政府采购法律法规、规章制度及采购活动进行监督检查，监督检查的主要内容是：

（一）政府采购法律法规和规章制度的执行情况；

（二）政府采购预算和政府采购计划的编制、执行情况；

（三）政府集中采购目录和部门集中采购目录的执行情况；

（四）政府采购审批或备案事项的落实情况；

（五）政府采购信息在中国政府采购网的发布情况；

（六）政府采购合同的订立、履行、验收和资金支付情况。

第五十七条　各单位应当按照本办法实施政府采购，主动接受财政、审计、纪检监察等部门的监督检查，如实提供有关材料。

第十二章　附则

第五十八条　本办法未尽事宜，按照国家相关法律规定执行。各单位可依据本办法，结合实际制定本单位政府采购管理规定。

第五十九条　“四所一中心”采购科研仪器设备按照财政部相关规定执行。

第六十条　本办法由消防救援局后勤装备处负责解释。

第六十一条　本办法自印发之日起实施。

第二部分

政府集中采购目录

本部分主要介绍中央预算单位政府集中采购目录及标准、地方预算单位政府集中采购目录及标准指引、中央本级政府购买服务指导性目录、政府采购品目分类目录以及消防救援队伍部门集中采购目录等内容。

一、中央预算单位政府集中采购目录及标准

按照《中华人民共和国政府采购法》第七条、第八条之规定，属于中央预算的政府采购项目，其集中采购目录和采购限额标准由国务院确定并公布，一般每隔几年会进行修订调整，上一期采购目录及标准是2017—2018年版。现行的《中央预算单位政府集中采购目录及标准(2020年版)》(国办发〔2019〕55号，以下简称《中央目录及标准(2020年版)》)由国务院办公厅于2019年12月印发。

与上一期目录及标准相比，集中采购机构采购项目主要有两方面变化：一是新增互联网接入服务。互联网接入服务在政府部门中应用普遍，为发挥集中采购规模优势，2020年起将“互联网接入服务”列为集中采购机构采购项目，通过集中统一谈判等方式确定采购价格。二是进一步明确“办公家具”品目产品范围。铝制家具作为新材料家具，绿色环保、使用寿命长、回收利用率高，符合国家节能环保和循环经济的发展要求，且产业较为成熟，技术标准较为统一，2020年起在“办公家具”品目备注中增加关于“铝制或铝制为主家具”的表述，将铝制家具纳入集中采购范围。

为落实“放管服”改革精神，强化采购人主体责任，部门集中采购项目未列入《中央目录及标准(2020年版)》，由各中央部门自行确定，报财政部备案后实施。另外，因为《中央目录及标准(2020年版)》所含品目内容相对稳定，近年来调整幅度较小，按照“精文简会”要求，《中央目录及标准(2020年版)》不再设定具体执行期限，今后根据工作需要适时进行修订。

为贯彻落实深化政府采购制度改革方案精神，进一步做好中央国家机关政府集中采购工作，根据政府采购法律法规和《中央目录及标准(2020年版)》要求，中央国家机关政府采购中心于2020年3月制定了《中央国家机关政府集中采购目录实施方案(2020年版)》(国机采〔2020〕7号)，说明了目录的主要变化，明确了货物、工程和服务类采购的执行方式，提出了具体的执行要求。

二、地方预算单位政府集中采购目录及标准指引

为推进统一全国集中采购目录及标准相关工作，财政部于2019年12月制定了《地方预算单位政府集中采购目录及标准指引(2020年版)》(财库〔2019〕69号，以下简称《地方目录及标准指引(2020版)》)，自2021年1月1日起实施，要求逐步规范集中采购范围，取消市、

县级集中采购目录，实现集中采购目录省域范围相对统一，充分发挥集中采购制度优势，不断提升集中采购服务质量和专业水平。

《地方目录及标准指引(2020版)》规定，计算机设备及软件、办公设备、车辆、机械设备、电气设备、其他货物以及服务等7类30项货物和服务，应按规定委托集中采购机构代理采购。各地可结合本地区实际确定本地区货物、服务类集中采购机构采购项目，在《地方目录及标准指引(2020版)》基础上适当增加品目，原则上不超过10个。同时还规定了省级单位、市县级单位执行不同的分散采购限额标准和公开招标数额标准。

三、中央本级政府购买服务指导性目录

财政部在2020年12月印发了《中央本级政府购买服务指导性目录》(财综〔2020〕57号)，设置了公共服务、政府履职辅助性服务等2个一级目录，公共安全服务等30个二级目录，公共安全隐患排查治理服务等131个三级目录。

该目录规定了可以实行政府购买服务事项范围。对纳入该目录且已有预算安排的服务事项，可按规定逐步实施购买服务，同时要避免出现一方面部门花钱购买服务，另一方面部门及所属相关事业单位人员和设施闲置、经费不减。对于纳入该目录的服务事项，在采购环节应按照《政府采购品目分类目录》中的有关品目填报政府采购计划、选取评审专家和进行信息统计。

该目录要求坚持先有预算安排、后购买服务原则。不得将已纳入该目录的服务事项作为申请财政拨款预算的依据。已纳入该目录但没有安排预算的事项，不得实施政府购买服务。

四、政府采购品目分类目录

财政部在2022年9月修订印发《政府采购品目分类目录》(财库〔2022〕31号)，是为了便于各级财政部门、预算单位以及采购代理机构等单位，在制定集中采购目录、开展政府采购交易、制定节能环保产品采购清单、以及政府采购信息化建设等方面，予以推广运用。修订后的《政府采购品目分类目录》按货物、工程、服务3大类划分为43个门类，具有品目覆盖范围广、操作适应性强、分类属性统一且可扩展等特点。其中：

货物类品目共8个门类，包括房屋和构筑物、设备、文物和陈列品、图书和档案、家具和用具、特种动植物、物资、无形资产。

工程类品目共10个门类，包括房屋施工、构筑物施工、施工工程准备、预制构件组装和装配、专业施工、安装工程、装修工程、修缮工程、工程设备租赁(带操作员)、其他建筑工程。

服务类品目共25个门类，包括科学研究和试验开发、教育服务、医疗卫生服务、社会服务、生态环境保护和治理服务、公共设施管理服务、农林牧渔服务等。

五、消防救援队伍部门集中采购目录

应急部消防救援局于2022年2月印发了《消防救援队伍部门集中采购目录(2022年

版)》(应急消〔2022〕1 号),规定了消防救援队伍纳入部门集采目录的适用品目为:消防装备,包括灭火救援装备、信息通信装备、消防宣传装备、防火检查装备、火灾调查装备和文化教育装备;消防被服装具。共有 22 个政府采购品目,包括 40 类消防灭火救援专用车辆、10 类消防战勤保障专用车辆、1 类消防灭火救援专用摩托车、23 类消防基本防护装备、41 类消防特种防护装备、52 类消防救生器材、22 类消防侦检器材、20 类消防破拆器材、11 类消防堵漏器材、9 类消防输转器材、10 类消防洗消器材、6 类消防照明排烟器材、4 类消防战勤保障物资、2 类消防灭火药剂、26 类消防其他类器材、101 类被服装具等消防专用物品。

该目录还规定了具体的执行方式:一是消防救援局集中采购的品目有:消防水带、消防员抢险救援防护服、消防员抢险救援手套,以及消防救援人员、专职消防队员、消防文员的消防被服装具;二是总队级单位集中采购的品目有:总队本级、支队、大队的消防车辆,总队本级、支队、大队的其他消防装备(不包括消防救援局集中采购的消防装备);三是支队级单位确因工作需要,可采购《目录》内同一预算年度单项或批量金额不超过 100 万元的消防装备,但不包括消防车辆和消防救援局集中采购的消防装备,采购前须报总队审批;四是大队级以下(含)单位不得采购消防装备和消防被服装具。

确因特殊情况,采购人需与供应商签订补充合同增加采购数量的,须逐级报项目组织单位备案,取得《部门集中采购项目追加采购备案表》后,在不改变原合同其他条款的前提下,可与供应商签订追加采购合同,但追加采购合同金额不得超过原合同金额的 10%。

国务院办公厅关于印发中央预算单位政府集中采购目录及标准(2020年版)的通知

(国办发〔2019〕55号)

国务院各部委、各直属机构:

《中央预算单位政府集中采购目录及标准(2020年版)》已经国务院同意,现印发给你们,请遵照执行。

《中央预算单位政府集中采购目录及标准(2020年版)》自2020年1月1日起实施,2016年12月21日印发的《中央预算单位2017—2018年政府集中采购目录及标准》同时废止。

国务院办公厅

2019年12月26日

中央预算单位政府集中采购目录及标准(2020年版)

一、集中采购机构采购项目

以下项目必须按规定委托集中采购机构代理采购:

目录项目	适用范围	备注
一、货物类		
台式计算机		不包括图形工作站
便携式计算机		不包括移动工作站
计算机软件		指非定制的通用商业软件,不包括行业专用软件
服务器		10万元以下的系统集成项目除外
计算机网络设备		指单项或批量金额在1万元以上的网络交换机、网络路由器、网络存储设备、网络安全产品,10万元以下的系统集成项目除外
复印机		不包括印刷机
视频会议系统及会议室音频系统		指单项或批量金额在20万元以上的视频会议多点控制器(MCU)、视频会议终端、视频会议系统管理平台、录播服务器、中控系统、会议室音频设备、信号处理设备、会议室视频显示设备、图像采集系统

续表

目录项目	适用范围	备　注
多功能一体机		指单项或批量金额在5万元以上的多功能一体机
打印设备		指喷墨打印机、激光打印机、热式打印机，不包括针式打印机和条码专用打印机
扫描仪		指平板式扫描仪、高速文档扫描仪、书刊扫描仪和胶片扫描仪，不包括档案、工程专用的大幅面扫描仪
投影仪		指单项或批量金额在5万元以上的投影仪
复印纸	京内单位	不包括彩色复印纸
打印用通用耗材	京内单位	指非原厂生产的兼容耗材
乘用车		指轿车、越野车、商务车、皮卡，包含新能源汽车
客车		指小型客车、大中型客车，包含新能源汽车
电梯	京内单位	指单项或批量金额在100万元以上的电梯
空调机	京内单位	指除中央空调（包括冷水机组、溴化锂吸收式冷水机组、水源热泵机组等）、多联式空调（指由一台或多台室外机与多台室内机组成的空调机组）以外的空调
办公家具	京内单位	指单项或批量金额在20万元以上的木制或木制为主、钢制或钢制为主、铝制或铝制为主的家具
二、工程类		
限额内工程	京内单位	指投资预算在120万元以上的建设工程，适用招标投标法的建设工程项目除外
装修工程	京内单位	指投资预算在120万元以上，与建筑物、构筑物新建、改建、扩建无关的装修工程
拆除工程	京内单位	指投资预算在120万元以上，与建筑物、构筑物新建、改建、扩建无关的拆除工程
修缮工程	京内单位	指投资预算在120万元以上，与建筑物、构筑物新建、改建、扩建无关的修缮工程
三、服务类		
车辆维修保养及加油服务	京内单位	指在京内执行的车辆维修保养及加油服务
机动车保险服务	京内单位	
印刷服务	京内单位	指单项或批量金额在20万元以上的本单位文印部门（含本单位下设的出版部门）不能承担的票据、证书、期刊、文件、公文用纸、资料汇编、信封等印刷业务（不包括出版服务）
工程造价咨询服务	京内单位	指单项或批量金额在20万元以上的在京内执行的工程造价咨询服务

续表

目录项目	适用范围	备　注
工程监理服务	京内单位	指单项或批量金额在 20 万元以上的在京内执行的建设工程(包括建筑物和构筑物的新建、改建、扩建、装修、拆除、修缮)项目的监理服务,适用招标投标法的工程监理服务项目除外
物业管理服务	京内单位	指单项或批量金额在 100 万元以上的本单位物业管理服务部门不能承担的在京内执行的机关办公场所水电供应、设备运行、建筑物门窗保养维护、保洁、保安、绿化养护等项目,多单位共用物业的物业管理服务除外
云计算服务		指单项或批量金额在 100 万元以上的基础设施服务(Infrastructure as a Service,IaaS),包括云主机、块存储、对象存储等,系统集成项目除外
互联网接入服务	京内单位	指单项或批量金额在 20 万元以上的互联网接入服务

注:①表中“适用范围”栏中未注明的,均适用于所有中央预算单位。

②表中所列项目不包括部门集中采购项目和中央高校、科研院所采购的科研仪器设备。

二、部门集中采购项目

部门集中采购项目是指部门或系统有特殊要求,需要由部门或系统统一配置的货物、工程和服务类专用项目。各中央预算单位可按实际工作需要确定,报财政部备案后组织实施采购。

三、分散采购限额标准

除集中采购机构采购项目和部门集中采购项目外,各部门自行采购单项或批量金额达到 100 万元以上的货物和服务的项目、120 万元以上的工程项目应按《中华人民共和国政府采购法》和《中华人民共和国招标投标法》有关规定执行。

四、公开招标数额标准

政府采购货物或服务项目,单项采购金额达到 200 万元以上的,必须采用公开招标方式。政府采购工程以及与工程建设有关的货物、服务公开招标数额标准按照国务院有关规定执行。

中央国家机关政府采购中心
关于印发《中央国家机关政府集中采购目录实施方案（2020年版）》的通知

（国机采〔2020〕7号）

中央国家机关各部门、各单位办公厅（室）：

根据政府采购法律法规和《国务院办公厅关于印发中央预算单位政府集中采购目录及标准（2020年版）的通知》（国办发〔2019〕55号），结合中央国家机关政府集中采购工作实际，我们制定了《中央国家机关政府集中采购目录实施方案（2020年版）》。现印发你们，请按照执行。执行过程中遇到的问题，请及时反馈。

中央国家机关政府采购中心
2020年3月12日

中央国家机关政府集中采购目录实施方案（2020年版）

为贯彻落实深化政府采购制度改革方案精神，进一步做好中央国家机关政府集中采购工作，根据政府采购法律法规和《国务院办公厅关于印发中央预算单位政府集中采购目录及标准（2020年版）的通知》（国办发〔2019〕55号）（以下简称目录）要求，制定本实施方案。

一、目录主要变化

（一）为落实"放管服"改革精神，强化采购人主体责任，部门集中采购项目不再列入目录，由各中央部门自行确定，报财政部备案后实施。

（二）集中采购机构采购项目，新增"互联网接入服务"，在"办公家具"品目备注中增加"铝制或铝制为主家具"的表述。

（三）公开招标数额标准中，将原"政府采购工程公开招标数额标准按照国务院有关规定执行"，调整为"政府采购工程以及与工程建设有关的货物、服务公开招标数额标准按照国务院有关规定执行"。

二、执行方式

（一）货物类

1. 台式计算机、便携式计算机、复印机、打印设备、空调机（包括分体变频壁挂机、分体变频柜机、分体定速壁挂机、分体定速柜机）。符合批量集中采购配置标准的，应执行批量集中采购。各单位应按批量集中采购配置标准的要求编报采购计划，报送一级预算单位。一级预算单位每月10日前汇总本系统批量集中采购计划，通过"中央政府采购网"采购人平台报送中央国家机关政府采购中心（以下简称国采中心），国采中心统一组织采购。不符合批量集中采购配置标准或因时间紧急、零星特殊采购不能通过批量集中采购的品目，各单位报经主管预算单位同意后，单项或批量金额在100万元（含）以上的，作为单独项目委托国采中心按照法律法规规定的方式执行，其中，预算金额在200万元(含)以上的，采用公开招标方式。单项或批量金额在100万元以下的，可按照电子卖场采购通知执行。其中，预算金额在50万元以下的，可选择通过电子卖场直购、比价、反拍等方式执行，50万元(含)以上的，必须组织比价或反拍。电子卖场无所需产品的，可选择电子竞价采购方式。各部门电子卖场(含电子竞价)采购数量不得超过同类品目上年购买总数的30%。

2. 服务器、多功能一体机、扫描仪、投影仪、复印纸、打印用通用耗材。预算金额在100万元(含)以上的，作为单独项目委托国采中心按照法律法规规定的方式执行，其中，预算金额在200万元(含)以上的，采用公开招标方式。预算金额在100万元以下的，按照电子卖场采购通知执行。其中，预算金额在50万元以下的，可选择通过电子卖场直购、比价、反拍等方式执行；50万元(含)以上的，必须组织比价或反拍；电子卖场无所需产品的，可选择电子竞价采购方式。

3. 计算机软件、计算机网络设备、视频会议系统及会议室音频系统、空调机(指精密空调、机房空调等商用空调)。预算金额在100万元(含)以上的，作为单独项目委托国采中心按照法律法规规定的方式执行，其中，预算金额在200万元(含)以上的，采用公开招标方式。预算金额在100万元以下的，按照对应品目协议供货通知执行，协议供货无所需产品的，可选择电子竞价采购方式。

4. 乘用车、客车。预算金额在200万元(含)以上的，作为单独项目委托国采中心采用公开招标方式执行。预算金额在200万元以下的，按照该品目协议供货通知及有关规定执行。新车购置以及原有车辆的报废更新，应按相关主管部门规定执行。

5. 电梯。预算金额在200万元(含)以上的，作为单独项目委托国采中心采用公开招标、邀请招标等方式执行。预算金额在200万元以下的，按照该品目定点采购通知执行。

6. 办公家具。预算金额在100万元(含)以上的，作为单独项目委托国采中心按照法律法规规定的方式执行，其中，预算金额在200万元(含)以上的，采用公开招标方式。预算金额在100万元以下的，按照该品目定点采购通知执行。

(二) 工程类

1. 限额内工程。投资预算金额在120万元(含)以上的建设工程项目(适用招标投标法的建设工程项目除外)，委托国采中心按照法律法规规定的方式执行。其中，预算金额在定点采购标准范围内的，按照该品目定点采购通知执行。

2. 装修、拆除、修缮工程。投资预算金额在120万元(含)以上的，与建筑物、构筑物新建、改建、扩建无关的单独装修、拆除、修缮工程，委托国采中心按照法律法规规定的方式执行。其中，预算金额在定点采购标准范围内的，按照该品目定点采购通知执行。

(三) 服务类

1. 印刷服务。预算金额在100万元(含)以上的，作为单独项目委托国采中心按照法律法规规定的方式执行，其中，预算金额在200万元(含)以上的，采用公开招标方式。预算金额在100万元以下的，按照对应品目定点采购通知执行。

2. 车辆维修保养及加油、机动车保险。按照对应品目定点采购通知执行。

3. 物业管理服务。预算金额在200万元(含)以上的，作为单独项目委托国采中心采用公开招标方式执行。预算金额在200万元以下的，按照该品目政府集中采购有关通知执行。

4. 云计算服务。预算金额在100万元(含)以上的,作为单独项目委托国采中心按照法律法规规定的方式执行,其中,预算金额在200万元(含)以上的,采用公开招标方式。

5. 互联网接入服务。预算金额在200万元(含)以上的,作为单独项目委托国采中心采用公开招标方式执行。预算金额在200万元以下的,按照该品目定点采购通知执行。

6. 工程造价咨询服务。预算金额在100万元(含)以上的,作为单独项目委托国采中心采用公开招标、邀请招标等方式执行,预算金额在100万元以下的,按照该品目定点采购通知执行。

7. 工程监理服务。预算金额在100万元(含)以上的,作为单独项目委托国采中心采用公开招标、邀请招标等方式执行,预算金额在100万元以下的,按照该品目定点采购通知执行。

三、执行要求

(一) 履行采购人主体责任。各采购单位应当切实履行在采购活动中的主体责任,对采购需求和采购结果负责。在确定采购需求前,应当认真开展采购需求调查,根据国家经济和社会发展政策、部门预算及绩效目标、采购管理制度、市场情况编写采购需求;确定采购方式时,应当根据需求特点合理选择,依法依规采用邀请招标、竞争性谈判、竞争性磋商等非公开招标方式,避免因过度公开招标影响采购执行效率;项目完成后,应当严格按照采购合同开展履约验收工作,确保采购结果实现相关的绩效和政策目标。国采中心将继续加强各品目采购需求标准体系建设,为各单位编制采购需求提供参考;不断完善电子卖场、协议供货、定点采购等小额分散采购项目供应商履约管理机制,加强单独委托项目履约服务,协助各单位开展履约验收工作。

(二) 落实政策功能。各采购单位应当积极落实节约能源、保护环境、扶持不发达地区和少数民族地区、促进中小企业发展等政府采购政策。国采中心将不断完善采购文件范本,将政府采购相关政策要求嵌入采购需求,并要素化为各采购品目具体的技术、服务指标,优化评价权重设计,为各单位落实政策功能提供参考;加强政府采购政策实施的电子化工具运用,在电子卖场中积极探索特色场馆、加挂标识、搜索排序等技术手段,保障采购政策实施效果。

(三) 完善内控管理。各部门主管预算单位应当积极发挥本部门(本系统)政府采购监督管理职责,建立健全本部门(本系统)政府采购内控管理机制,各采购单位应当加强对采购各环节的内部控制和风险管理。国采中心将进一步优化升级电子交易系统,交易信息按照统一格式在网上公示,接受社会监督,同时,将系统发现的采购人规避公开招标和批量集中采购、采购价格畸高等异常情况及时推送至各部门主管预算单位,通过技术手段,帮助各单位加强内控管理。

(四) 其他有关事项。相关品目采购执行方式、限额标准等,将根据政策制度变化及时调整,具体执行通知详见中央政府采购网“通知公告”专栏。关于涉密政府采购项目、工程建设项目招投标等采购服务事宜,将另行通知。

各单位在执行过程中遇到的情况、问题以及意见建议,可通过国采中心微信公众号、国采监管服务微信群或联系电话等渠道反馈。

财政部关于印发《地方预算单位政府集中采购目录及标准指引(2020年版)》的通知

（财库〔2019〕69号）

各省、自治区、直辖市、计划单列市财政厅(局)，新疆生产建设兵团财政局：

为推进统一全国集中采购目录及标准相关工作，财政部制定了《地方预算单位政府集中采购目录及标准指引(2020年版)》(以下简称《地方目录及标准指引》)，现予印发，并就有关事项通知如下：

一、充分认识统一全国集中采购目录的重要意义。规范并逐步在全国统一集中采购目录是建立集中采购机构竞争机制的基础和保障。各地应逐步规范集中采购范围，取消市、县级集中采购目录，实现集中采购目录省域范围相对统一，充分发挥集中采购制度优势，不断提升集中采购服务质量和专业水平。

二、关于集中采购机构采购项目。各地应依据《地方目录及标准指引》，结合本地区实际确定本地区货物、服务类集中采购机构采购项目，可在《地方目录及标准指引》基础上适当增加品目，原则上不超过10个。各地可结合本地区实际自行确定各品目具体执行范围、采购限额等。政府采购工程纳入集中采购机构采购的项目，由各地结合本地区实际确定。集中采购目录原则上不包含部门集中采购项目，部门集中采购项目由各主管预算单位结合自身业务特点自行确定，报省级财政部门备案后实施。

三、关于分散采购限额标准和公开招标数额标准。为落实“放管服”改革精神，降低行政成本，提高采购效率，省级单位政府采购货物、服务项目分散采购限额标准不应低于50万元，市县级单位政府采购货物、服务项目分散采购限额标准不应低于30万元，政府采购工程项目分散采购限额标准不应低于60万元；政府采购货物、服务项目公开招标数额标准不应低于200万元，政府采购工程以及与工程建设有关的货物、服务公开招标数额标准按照国务院有关规定执行。

四、关于《地方目录及标准指引》执行要求。各地可依据《地方目录及标准指引》确定的品目范围、限额标准等，结合本地区实际，将本地区集中采购目录及标准逐步调整到位，确保2021年1月1日起按照本通知规定实施。

附件：地方预算单位政府集中采购目录及标准指引(2020年版)

财政部

2019年12月31日

地方预算单位政府集中采购目录及标准指引(2020 年版)

一、集中采购机构采购项目

以下项目必须按规定委托集中采购机构代理采购：

序号	品目	编码	备注
计算机设备及软件(A0201)			
计算机设备		A020101	
1	服务器	A02010103	
2	台式计算机	A02010104	
3	便携式计算机	A02010105	
输入输出设备		A020106	
打印设备		A02010601	
4	喷墨打印机	A0201060101	
5	激光打印机	A0201060102	
6	针式打印机	A0201060104	
显示设备		A02010604	
7	液晶显示器	A0201060401	
图形图像输入设备		A02010609	
8	扫描仪	A0201060901	
计算机软件		A020108	
9	基础软件	A02010801	
10	信息安全软件	A02010805	
办公设备(A0202)			
11	复印机	A020201	
12	投影仪	A020202	
13	多功能一体机	A020204	
14	LED 显示屏	A020207	
15	触控一体机	A020208	
销毁设备		A020211	
16	碎纸机	A02021101	
车辆(A0203)			
17	乘用车	A020305	
18	客车	A020306	

续表

序号	品目	编码	备注
机械设备(A0205)			
19	电梯	A02051228	
电气设备(A0206)			
20	不间断电源(UPS)	A02061504	
21	空调机	A0206180203	
其他货物			
22	家具用具	A06	
23	复印纸	A090101	
服务			
24	互联网接入服务	C030102	
25	车辆维修和保养服务	C050301	
26	车辆加油服务	C050302	
27	印刷服务	C081401	
28	物业管理服务	C1204	
29	机动车保险服务	C15040201	
30	云计算服务		

注:① 表中所列项目不包括高校、科研机构所采购的科研仪器设备。

二、分散采购限额标准

除集中采购机构采购项目外,各单位自行采购单项或批量金额达到分散采购限额标准的项目应按《中华人民共和国政府采购法》和《中华人民共和国招标投标法》有关规定执行。

省级单位货物、服务项目分散采购限额标准不应低于50万元,市县级单位货物、服务项目分散采购限额标准不应低于30万元,工程项目分散采购限额标准不应低于60万元。

三、公开招标数额标准

政府采购货物或服务项目,公开招标数额标准不应低于200万元。政府采购工程以及与工程建设有关的货物、服务公开招标数额标准按照国务院有关规定执行。

财政部关于印发中央本级政府购买服务指导性目录的通知

（财综〔2020〕57号）

国务院各部委、有关直属机构，全国人大常委会办公厅，国家监委，最高人民法院，最高人民检察院：

为进一步规范和推进政府购买服务工作，根据《国务院办公厅关于政府向社会力量购买服务的指导意见》（国办发〔2013〕96号）、《政府购买服务管理办法》（财政部令102号）有关要求，我们制定了《中央本级政府购买服务指导性目录》（以下简称《目录》），现印发你们，请认真贯彻执行。

一、《目录》规定了可以实行政府购买服务事项范围。对纳入《目录》且已有预算安排的服务事项，可按规定逐步实施购买服务，同时要避免出现一方面部门花钱购买服务，另一方面部门及所属相关事业单位人员和设施闲置、经费不减。

二、坚持先有预算安排、后购买服务原则。不得将已纳入《目录》的服务事项作为申请财政拨款预算的依据。已纳入《目录》但没有安排预算的事项，不得实施政府购买服务。

三、财政部已批复的部门政府购买服务指导性目录继续执行。财政部已反馈意见、但尚未批复的部门指导性目录建议，参照《目录》调整并报财政部备案后执行。

四、未向财政部报送部门政府购买服务指导性目录建议的部门，应当结合本部门具体情况，在《目录》范围内编制本部门政府购买服务指导性目录并报财政部备案，编制时可根据实际需要酌情增加第四级目录。

五、纳入《目录》的服务事项，在采购环节应按照《政府采购品目分类目录》中的有关品目填报政府采购计划、选取评审专家和进行信息统计。

附件：中央本级政府购买服务指导性目录

财政部

2020年12月22日

中央本级政府购买服务指导性目录

代码	一级目录	二级目录	三级目录
A	公共服务		
A01		公共安全服务	
A0101			公共安全隐患排查治理服务
A0102			公共安全情况监测服务
A0103			安全生产事故调查服务
A0104			安全生产应急救援服务
A02		教育公共服务	
A0201			课程研究与开发服务
A0202			学生体育活动组织实施服务
A0203			校园艺术活动组织实施服务
A0204			教学成果推广应用服务
A0205			国防教育服务
A03		就业公共服务	
A0301			就业指导服务
A0302			职业技能培训服务
A0303			创业指导服务
A0304			人才服务
A04		社会保障服务	
A0401			儿童福利服务
A0402			基本养老服务
A0403			社会救助服务
A0404			扶贫济困服务
A0405			优抚安置服务
A0406			残疾人服务
A0407			法律援助服务
A05		卫生健康公共服务	
A0501			传染病防控服务
A0502			地方病防控服务
A0503			应急救治服务
A0504			食品药品安全服务

续表

代码	一级目录	二级目录	三级目录
A0505			特殊群体卫生健康服务
A06		生态保护和环境治理服务	
A0601			生态资源调查与监测服务
A0602			野生动物疫源疫病监测服务
A0603			碳汇监测与评估服务
A0604			废弃物处理服务
A0605			环境保护舆情监控服务
A0606			环境保护成果交流与管理服务
A0607			农业农村环境治理服务
A07		科技公共服务	
A0701			科技研发与推广服务
A0702			科技成果转化与推广服务
A0703			科技交流、普及与推广服务
A0704			区域科技发展服务
A0705			技术创新服务
A08		文化公共服务	
A0801			文化艺术创作、表演及交流服务
A0802			群众文化活动服务
A0803			文物和文化保护服务
A09		体育公共服务	
A0901			体育组织服务
A0902			体育场馆服务
A10		社会治理服务	
A1001			社区治理服务
A1002			社会组织建设与管理服务
A1003			社会工作服务
A1004			人民调解服务
A1005			志愿服务活动管理服务
A11		城乡维护服务	
A1101			公共设施管理服务

续表

代码	一级目录	二级目录	三级目录
A12		农业、林业和水利公共服务	
A1201			农业绿色发展和可持续发展服务
A1202			农业资源与环境保护服务
A1203			农作物病虫害防治服务
A1204			外来入侵生物综合防治服务
A1205			动物疫病防治服务
A1206			品种保存和改良服务
A1207			公益性农机作业服务
A1208			农产品质量安全服务
A1209			渔业船舶检验监管服务
A1210			森林经营与管理服务
A1211			林区管理服务
A1212			水利设施养护服务
A13		交通运输公共服务	
A1301			水路运输保障服务
A1302			交通运输社会监督服务
A1303			轨道交通应急演练服务
A14		灾害防治及应急管理服务	
A1401			防灾减灾预警、预报服务
A1402			防灾救灾技术指导服务
A1403			防灾救灾物资储备、供应服务
A1404			灾害救援救助服务
A1405			灾后防疫服务
A1406			灾情调查评估服务
A1407			灾害风险普查服务
A15		公共信息与宣传服务	
A1501			公共信息服务
A1502			公共公益宣传服务
A1503			公共公益展览服务
A1504			公共信息系统开发与维护服务

续表

代码	一级目录	二级目录	三级目录
A16		行业管理服务	
A1601			行业规划服务
A1602			行业调查与处置服务
A1603			行为统计分析服务
A1604			行业职业资格准入和水平评价管理服务
A1605			行业规范服务
A1606			行业标准制修订服务
A1607			行业投诉处理服务
A1608			行业咨询服务
A1609			行业人才培养服务
A17		技术性公共服务	
A1701			技术评审鉴定评估服务
A1702			检验检疫检测及认证服务
A1703			监测服务
A1704			气象服务
A18		其他公共服务	
A1801			对外合作与交流服务
A1802			农村金融发展服务
B	政府履职辅助性服务		
B01		法律服务	
B0101			法律顾问服务
B0102			法律咨询服务
B0103			法律诉讼及其他争端解决服务
B0104			见证及公证服务
B02		课题研究和社会调查服务	
B0201			课题研究服务
B0202			社会调查服务
B03		会计审计服务	
B0301			会计服务
B0302			审计服务

续表

代码	一级目录	二级目录	三级目录
B04		会议服务	
B0401			会议服务
B05		监督检查辅助服务	
B0501			监督检查辅助服务
B06		工程服务	
B0601			工程造价咨询服务
B0602			工程监督服务
B0603			其他适合通过市场化方式提供的工程服务
B07		评审、评估和评价服务	
B0701			评审服务
B0702			评估和评价服务
B08		咨询服务	
B0801			咨询服务
B09		机关工作人员培训服务	
B0901			机关工作人员技术业务培训服务
B0902			其他适合通过市场化方式提供的机关工作人员培训服务
B10		信息化服务	
B1001			机关信息系统开发与维护服务
B1002			数据处理服务
B1003			网络接入服务
B1004			其他适合通过市场化方式提供的信息化服务
B11		后勤服务	
B1101			维修保养服务
B1102			物业管理服务
B1103			安全服务
B1104			印刷和出版服务
B1105			餐饮服务
B1106			租赁服务

续表

代码	一级目录	二级目录	三级目录
B1107			其他适合通过市场化方式提供的后勤服务
B12		其他辅助性服务	
B1201			翻译服务
B1202			档案管理服务
B1203			外事服务

财政部关于印发《政府采购品目分类目录》的通知

（财库〔2022〕31号）

党中央有关部门，国务院各部委、各直属机构，全国人大常委会办公厅，全国政协办公厅，最高人民法院，最高人民检察院，各民主党派中央，有关人民团体，新疆生产建设兵团，各省、自治区、直辖市、计划单列市财政厅（局）：

为适应深化政府采购制度改革和预算管理一体化工作需要，财政部对《政府采购品目分类目录》（财库〔2013〕189号）进行了修订。现将修订后的目录印发给你们，自印发之日起执行。

执行中的有关意见和建议，请及时向财政部国库司反馈，联系电话：010-68552389。《政府采购品目分类目录》修订情况对照表，请登录中国政府采购网（www.ccgp.gov.cn）下载。

附件：《政府采购品目分类目录（2022年印发）》（略）

财政部

2022年9月2日

应急管理部消防救援局关于下发《消防救援队伍部门集中采购目录(2022年版)》的通知

(应急消〔2022〕21号)

各省、自治区、直辖市消防救援总队,消防救援局天津、南京、昆明训练总队:

为全面推进部门集中采购,提高资金使用效益,防范采购廉洁风险,按照《国务院办公厅关于印发中央预算单位政府集中采购目录及标准(2020年版)的通知》(国办发〔2019〕55号)要求,消防救援局结合工作实际,研究制定了《消防救援队伍部门集中采购目录(2022年版)》(以下简称《目录》),已报经财政部备案。现下发你们,并就有关要求通知如下:

一、适用范围

(一)适用单位。消防救援队伍纳入中央预算单位政府采购管理范围的各级预算单位。

(二)适用品目。消防装备,包括灭火救援装备、信息通信装备、消防宣传装备、防火检查装备、火灾调查装备和文化教育装备;消防被服装具。

二、执行方式

(一)消防救援局集中采购《目录》内以下品目:

1. 消防救援局集中采购的消防装备。包括:消防水带(耐压等级为2.0 MPa和2.5 MPa、公称内径为65 mm和80 mm、接口类型为卡式和内扣式)、消防员抢险救援防护服、消防员抢险救援手套。

2. 消防救援人员、专职消防队员、消防文员的消防被服装具。

(二)总队级单位集中采购《目录》内以下品目:

1. 总队本级、支队、大队的消防车辆。

2. 总队本级、支队、大队的其他消防装备(不包括消防救援局集中采购的消防装备)。

(三)支队级单位确因工作需要,可采购《目录》内同一预算年度单项或批量金额不超过100万元的消防装备,但不包括消防车辆和消防救援局集中采购的消防装备,采购前须报总队审批。

(四)大队级以下(含)单位不得采购消防装备和消防被服装具。

三、有关要求

(一)提高思想认识,坚持应采尽采。各单位要高度重视,细化措施,切实担负起采购人主体责任,严格按此通知规定的适用范围和执行方式开展部门集中采购活动,充分发挥部门集中采购的规模优势和集中效益。部门集中采购任务主要集中在消防救援局和总队级单位,具备《目录》内品目集中采购权限的单位可结合实际情况增加部门集中采购品目,不得对所属预算单位上报的品目不整合、不归集,不得直接交由下级预算单位组织实施。不具备《目录》内品目集中采购权限的单位不得通过改变货物名称的方式跳出《目录》范围,规避部门集中采购;确因特殊情况,需与供应商签订补充合同增加采购数量的,须逐级报项目组织单位备案,取得《部门集中采购项目追加采购备案表》后,在不改变原合同其他条款的前提下,与供应商签订追加采购合同,追加采购合同金额不得超过原合同金额10%。

（二）优化采购流程，提高工作质效。各单位要坚持“无预算不采购、超预算不采购”的原则，提前部署开展部门集中采购项目预算评审工作，指导督促所属预算单位细化项目类别、品目和金额。要推进部门集中采购流程优化、执行顺畅，按照类别、国别、资金等要素和实际工作需要分批次组织采购，严格按要求在中国政府采购网发布采购意向、采购公告、合同公告等信息，并按时编报采购申请执行情况和统计报表，不得以部门集中采购为由影响队伍急需消防车辆和器材装备的采购配备。

（三）紧盯关键环节，强化监督制约。各单位要提升党委“管采议采”质量，建立健全工作机制，强化统筹指导和审核把关。要充分发挥纪检、审计部门的职能作用，强化过程监督、细化廉政要求、明确纪律规矩，加强对各级采购人员的纪律约束，坚决杜绝违规插手和干预采购工作。要通过日常核查和重点抽查相结合的方式，定期对部门集中采购制度落实情况进行检查，并督促整改发现的问题。部门集中采购制度执行情况将纳入年度工作目标考评范围，对未按要求履行采购程序、拖延采购进度的单位，消防救援局将严肃处理。

附件：1. 消防救援队伍部门集中采购目录（2022 年版）

2. 消防救援队伍部门集中采购项目追加采购备案表

消防救援局

2022 年 2 月 9 日

附件 1：

消防救援队伍部门集中采购目录（2022 年版）

政府采购品目编码	政府采购品目名称	消防专用名称	说明
A02030708	消防车		
		水罐消防车	消防灭火救援专用车辆
		供水消防车	消防灭火救援专用车辆
		泡沫消防车	消防灭火救援专用车辆
		干粉消防车	消防灭火救援专用车辆
		干粉泡沫联用消防车	消防灭火救援专用车辆
		干粉水联用消防车	消防灭火救援专用车辆
		气体消防车	消防灭火救援专用车辆
		压缩空气泡沫消防车	消防灭火救援专用车辆
		泵浦消防车	消防灭火救援专用车辆
		高倍数泡沫消防车	消防灭火救援专用车辆
		水雾消防车	消防灭火救援专用车辆
		高压射流消防车	消防灭火救援专用车辆
		机场消防车	消防灭火救援专用车辆

续表

政府采购品目编码	政府采购品目名称	消防专用名称	说明
		涡喷消防车	消防灭火救援专用车辆
		登高平台消防车	消防灭火救援专用车辆
		云梯消防车	消防灭火救援专用车辆
		举高喷射消防车	消防灭火救援专用车辆
		通信指挥消防车	消防灭火救援专用车辆
		抢险救援消防车	消防灭火救援专用车辆
		化学救援消防车	消防灭火救援专用车辆
		输转消防车	消防灭火救援专用车辆
		照明消防车	消防灭火救援专用车辆
		排烟消防车	消防灭火救援专用车辆
		洗消消防车	消防灭火救援专用车辆
		侦检消防车	消防灭火救援专用车辆
		隧道消防车	消防灭火救援专用车辆
		履带消防车	消防灭火救援专用车辆
		轨道消防车	消防灭火救援专用车辆
		水陆两用消防车	消防灭火救援专用车辆
		器材消防车	消防灭火救援专用车辆
		勘察消防车	消防灭火救援专用车辆
		宣传消防车	消防灭火救援专用车辆
		水带敷设消防车	消防灭火救援专用车辆
		供气消防车	消防灭火救援专用车辆
		供液消防车	消防灭火救援专用车辆
		自装卸式消防车	消防灭火救援专用车辆
		潜水救援车	消防灭火救援专用车辆
		水域救援模块化消防车	消防灭火救援专用车辆
		排涝车	消防灭火救援专用车辆
		远程供水系统	消防灭火救援专用车辆
		淋浴车	消防战勤保障专用车辆
		发电车	消防战勤保障专用车辆
		装备抢修车	消防战勤保障专用车辆

续表

政府采购品目编码	政府采购品目名称	消防专用名称	说明
		卫勤保障车	消防战勤保障专用车辆
		运兵车	消防战勤保障专用车辆
		宿营车	消防战勤保障专用车辆
		加油车	消防战勤保障专用车辆
		工程机械车辆(挖掘机、铲车等)	消防战勤保障专用车辆
		饮食保障车	消防战勤保障专用车辆
		救护车	消防战勤保障专用车辆
		消防摩托车	消防灭火救援专用摩托车
A032501	消防设备		
		消防头盔	消防基本防护装备
		消防腰斧	消防基本防护装备
		消防手套	消防基本防护装备
		消防护目镜	消防基本防护装备
		防静电内衣	消防基本防护装备
		消防安全腰带	消防基本防护装备
		手持电台	消防基本防护装备
		消防员呼救器	消防基本防护装备
		消防员方位灯	消防基本防护装备
		应急逃生自救安全绳	消防基本防护装备
		消防员灭火防护服	消防基本防护装备
		消防员灭火防护头套	消防基本防护装备
		消防员灭火防护靴	消防基本防护装备
		正压式消防空气呼吸器	消防基本防护装备
		消防员抢险救援头盔	消防基本防护装备
		消防员抢险救援手套	消防基本防护装备
		消防员抢险救援防护服	消防基本防护装备
		消防员护膝、护肘	消防基本防护装备
		消防员抢险救援靴	消防基本防护装备
		消防员呼救器后场接收装置	消防基本防护装备
		骨传导通话装置	消防基本防护装备

续表

政府采购品目编码	政府采购品目名称	消防专用名称	说明
		佩戴式防爆照明灯	消防基本防护装备
		消防员单兵定位装置	消防基本防护装备
		消防员隔热防护服	消防特种防护装备
		消防员避火防护服	消防特种防护装备
		二级化学防护服	消防特种防护装备
		一级化学防护服	消防特种防护装备
		特级化学防护服	消防特种防护装备
		核沾染防护服	消防特种防护装备
		化学防护手套	消防特种防护装备
		内置劳动保护手套	消防特种防护装备
		防高温手套	消防特种防护装备
		消防员防蜂服	消防特种防护装备
		电绝缘装具	消防特种防护装备
		防静电服	消防特种防护装备
		消防阻燃毛衣	消防特种防护装备
		消防员降温背心	消防特种防护装备
		移动供气源	消防特种防护装备
		正压式消防氧气呼吸器	消防特种防护装备
		强制送风呼吸器	消防特种防护装备
		消防过滤式综合防毒面具	消防特种防护装备
		激流救生衣	消防特种防护装备
		消防救生衣	消防特种防护装备
		消防坐式半身安全吊带	消防特种防护装备
		消防全身式安全吊带	消防特种防护装备
		消防轻型安全绳	消防特种防护装备
		消防通用安全绳	消防特种防护装备
		消防防坠落辅助部件	消防特种防护装备
		手提式强光照明灯	消防特种防护装备
		消防用荧光棒	消防特种防护装备
		水域救援漂浮救生绳	消防特种防护装备

续表

政府采购品目编码	政府采购品目名称	消防专用名称	说明
		消防员水域救援防护服	消防特种防护装备
		潜水装具	消防特种防护装备
		循环呼吸器	消防特种防护装备
		救生圈	消防特种防护装备
		干式水域救援服	消防特种防护装备
		水域救援服	消防特种防护装备
		湿式水域救援服	消防特种防护装备
		水面潜水训练套装	消防特种防护装备
		水下救生手环	消防特种防护装备
		水域救援个人携行包	消防特种防护装备
		水域救援手套	消防特种防护装备
		水域救援靴	消防特种防护装备
		消防员水域救援头盔	消防特种防护装备
		躯体固定气囊	消防救生器材
		肢体固定气囊	消防救生器材
		婴儿呼吸袋	消防救生器材
		消防过滤式自救呼吸器	消防救生器材
		救生照明线	消防救生器材
		折叠式担架	消防救生器材
		伤员固定抬板	消防救生器材
		多功能担架	消防救生器材
		消防救生气垫	消防救生器材
		救生缓降器	消防救生器材
		灭火毯	消防救生器材
		医药急救箱	消防救生器材
		医用简易呼吸器	消防救生器材
		气动起重气垫	消防救生器材
		救援支架	消防救生器材
		救生抛投器	消防救生器材
		机动橡皮舟	消防救生器材

续表

政府采购品目编码	政府采购品目名称	消防专用名称	说明
		敛尸袋	消防救生器材
		救生软梯	消防救生器材
		自喷荧光漆	消防救生器材
		电源逆变器	消防救生器材
		支撑保护套具	消防救生器材
		稳固保护附件	消防救生器材
		人员转移椅	消防救生器材
		自扶正救生艇	消防救生器材
		无人探测船	消防救生器材
		气垫船	消防救生器材
		消防船	消防救生器材
		趸船	消防救生器材
		消防艇	消防救生器材
		舟艇舷外机	消防救生器材
		水下破拆工具组	消防救生器材
		割绳刀	消防救生器材
		水下通信装置	消防救生器材
		滩涂固定器	消防救生器材
		冰面救援气垫	消防救生器材
		充气浮岛	消防救生器材
		打捞袋	消防救生器材
		打捞杆	消防救生器材
		浮力袋	消防救生器材
		脚踏绳	消防救生器材
		紧绳器	消防救生器材
		漂浮担架	消防救生器材
		锚点扁带	消防救生器材
		漂浮救援板	消防救生器材
		射绳枪	消防救生器材
		绳索保护垫	消防救生器材

续表

政府采购品目编码	政府采购品目名称	消防专用名称	说明
		绳索保护器滑轮组	消防救生器材
		水面救援救生浮桥	消防救生器材
		水域救援横渡套装	消防救生器材
		水域救援拦截网	消防救生器材
		水域抛绳包	消防救生器材
		有毒气体探测仪	消防侦检器材
		军事毒剂侦检仪	消防侦检器材
		可燃气体检测仪	消防侦检器材
		定位浮标	消防侦检器材
		电子气象仪	消防侦检器材
		无线复合气体探测仪	消防侦检器材
		生命探测仪	消防侦检器材
		消防用红外热像仪	消防侦检器材
		漏电探测仪	消防侦检器材
		核放射探测仪	消防侦检器材
		个人辐射剂量仪	消防侦检器材
		电子酸碱测试仪	消防侦检器材
		测温仪	消防侦检器材
		移动式生物快速侦检仪	消防侦检器材
		激光测距仪	消防侦检器材
		便携危险化学品检测片	消防侦检器材
		手持式声纳探测仪	消防侦检器材
		水下地形探测仪	消防侦检器材
		水流测速仪	消防侦检器材
		水深水温测量仪	消防侦检器材
		水下生命探测仪	消防侦检器材
		水质分析仪	消防侦检器材
		手动破拆工具组	消防破拆器材
		液压破拆工具组	消防破拆器材
		混凝土液压破拆工具组	消防破拆器材

续表

政府采购品目编码	政府采购品目名称	消防专用名称	说明
		机动链锯	消防破拆器材
		无齿锯	消防破拆器材
		双轮异向切割锯	消防破拆器材
		液压开门器	消防破拆器材
		应急救援金刚石串珠绳锯	消防破拆器材
		玻璃破碎器	消防破拆器材
		手持式钢筋速断器	消防破拆器材
		金属弧水陆切割器	消防破拆器材
		便携式汽油金属切割器	消防破拆器材
		液压千斤顶	消防破拆器材
		凿岩机	消防破拆器材
		冲击钻	消防破拆器材
		毁锁器	消防破拆器材
		多功能挠钩	消防破拆器材
		绝缘剪断钳	消防破拆器材
		气动切割刀	消防破拆器材
		多功能刀具	消防破拆器材
		外封式堵漏袋	消防堵漏器材
		捆绑式堵漏袋	消防堵漏器材
		下水道阻流袋	消防堵漏器材
		金属堵漏套管	消防堵漏器材
		无火花工具	消防堵漏器材
		阀门堵漏套具	消防堵漏器材
		注入式堵漏工具	消防堵漏器材
		磁压式堵漏工具	消防堵漏器材
		木制堵漏楔	消防堵漏器材
		气动吸盘式堵漏器	消防堵漏器材
		堵漏枪	消防堵漏器材
		手动隔膜抽吸泵	消防输转器材
		防爆输转泵	消防输转器材

续表

政府采购品目编码	政府采购品目名称	消防专用名称	说明
		粘稠液体抽吸泵	消防输转器材
		排污泵	消防输转器材
		有毒物质密封桶	消防输转器材
		围油栏	消防输转器材
		吸附垫	消防输转器材
		集污袋	消防输转器材
		消防水带	消防输转器材
		公众洗消站	消防洗消器材
		单人洗消帐篷	消防洗消器材
		简易洗消喷淋器	消防洗消器材
		强酸、碱洗消器	消防洗消器材
		强酸、碱清洗剂	消防洗消器材
		三合二洗消剂	消防洗消器材
		三合一强氧化洗消粉	消防洗消器材
		消毒粉	消防洗消器材
		有机磷降解酶	消防洗消器材
		生化洗消装置	消防洗消器材
		移动式排烟机	消防照明、排烟器材
		大型水力排烟机	消防照明、排烟器材
		移动照明灯组	消防照明、排烟器材
		移动发电机	消防照明、排烟器材
		消防排烟机器人	消防照明、排烟器材
		坑道小型空气输送机	消防照明、排烟器材
		物资运输箱(滚塑箱)	消防战勤保障物资
		灾害救援携行背囊	消防战勤保障物资
		应急指挥帐篷	消防战勤保障物资
		野外炊事单元	消防战勤保障物资
		泡沫灭火药剂	消防灭火药剂
		干粉灭火药剂	消防灭火药剂
		大流量移动消防炮	消防其他类器材

续表

政府采购品目编码	政府采购品目名称	消防专用名称	说明
		空气充填泵	消防其他类器材
		防化服清洗烘干器	消防其他类器材
		消防机动泵	消防其他类器材
		灭火救援指挥箱	消防其他类器材
		移车器	消防其他类器材
		异型异径接口	消防其他类器材
		高倍数泡沫发生器	消防其他类器材
		消防用小型飞行器	消防其他类器材
		消防面罩超声波清洗机	消防其他类器材
		消防灭火机器人	消防其他类器材
		排涝机器人	消防其他类器材
		水面遥控救援机器人	消防其他类器材
		水下搜救机器人	消防其他类器材
		单兵图像传输设备	消防其他类器材
		消防员单兵图侦系统	消防其他类器材
		消防用浅水域水下搜救机器人	消防其他类器材
		防爆型消防侦察机器人	消防其他类器材
		中压分水器	消防其他类器材
		移动式细水雾灭火装置	消防其他类器材
		消防水带带压堵漏装置	消防其他类器材
		消防移动储水装置	消防其他类器材
		多功能消防水枪	消防其他类器材
		直流水枪	消防其他类器材
		消防拉梯	消防其他类器材
		折叠式救援梯	消防其他类器材
A070101	棉、化纤纺织及印染原料		
		棉涤、涤棉等面料	消防救援人员、专职消防队员、消防文员所需的棉涤类被装的原料(需单独采购时)
A070102	毛纺织、染整加工原料		

续表

政府采购品目编码	政府采购品目名称	消防专用名称	说明
		毛(绒)涤等面料	消防救援人员、专职消防队员、消防文员所需的毛涤类被装的原料(需单独采购时)
A070104	丝绢纺织及精加工原料		
		特种丝织物、化纤长丝机织物等	消防救援人员、专职消防队员、消防文员所需的相应被装的原料(需单独采购时)
A070199	其他纺织用丝、线、布等		
		消防被装所需的其他丝、线、布等	消防救援人员、专职消防队员、消防文员所需的相应被装的原料(需单独采购时)
A07030101	制服		
		长袖夏常服上衣	适用人员:消防救援人员
		短袖夏常服上衣	适用人员:消防救援人员
		夏常服裤、夏常服裙	适用人员:消防救援人员
		冬常服	适用人员:消防救援人员
		衬衣	适用人员:消防救援人员
		夏备勤服	适用人员:消防救援人员
		春秋备勤服	适用人员:消防救援人员
		冬备勤服	适用人员:消防救援人员
		圆领作训衫	适用人员:消防救援人员
		长袖体能训练服	适用人员:消防救援人员
		短袖体能训练服	适用人员:消防救援人员
		常服大衣	适用人员:消防救援人员
		棉大衣	适用人员:消防救援人员
		备勤大衣	适用人员:消防救援人员
		皮大衣	适用人员:消防救援人员、专职消防队员、消防文员
		雨衣	适用人员:消防救援人员、专职消防队员、消防文员
		绒背心	适用人员:消防救援人员
		绒衣裤	适用人员:消防救援人员

续表

政府采购品目编码	政府采购品目名称	消防专用名称	说明
		无袖衫	适用人员：消防救援人员、专职消防队员、消防文员
		备勤无袖衫	适用人员：消防救援人员、专职消防队员、消防文员
		内衣裤	适用人员：消防救援人员、专职消防队员、消防文员
		保暖内衣裤	适用人员：消防救援人员、专职消防队员、消防文员
		毛衣裤	适用人员：消防救援人员、专职消防队员、消防文员
		温区棉衣裤、寒区棉衣裤	适用人员：消防救援人员、专职消防队员、消防文员
		裤衩	适用人员：消防救援人员、专职消防队员、消防文员
		夏袜	适用人员：消防救援人员、专职消防队员、消防文员
		冬袜	适用人员：消防救援人员、专职消防队员、消防文员
		防寒面罩	适用人员：消防救援人员、专职消防队员、消防文员
		专职消防员夏备勤服	适用人员：专职消防队员、消防文员
		专项消防员春秋备勤服	适用人员：专职消防队员、消防文员
		专职消防员冬备勤服	适用人员：专职消防队员、消防文员
		专职消防员圆领作训衫	适用人员：专职消防队员、消防文员
		专职消防员长袖体能训练服	适用人员：专职消防队员、消防文员
		专职消防员短袖体能训练服	适用人员：专职消防队员、消防文员
		专职消防员绒背心	适用人员：专职消防队员、消防文员

续表

政府采购品目编码	政府采购品目名称	消防专用名称	说明
		专职消防员绒衣裤	适用人员：专职消防队员、消防文员
		专职消防员棉大衣	适用人员：专职消防队员、消防文员
		专职消防员备勤大衣	适用人员：专职消防队员、消防文员
A0703010401	皮鞋或靴		
		常服皮鞋	适用人员：消防救援人员
		皮凉鞋	适用人员：消防救援人员
		绒皮鞋	适用人员：消防救援人员、专职消防队员、消防文员
		毛皮鞋	适用人员：消防救援人员、专职消防队员、消防文员
		备勤鞋	适用人员：消防救援人员、专职消防队员、消防文员
		体能训练鞋	适用人员：消防救援人员、专职消防队员、消防文员
		布鞋	适用人员：消防救援人员、专职消防队员、消防文员
		轻便防寒鞋	适用人员：消防救援人员、专职消防队员、消防文员
		防寒鞋	适用人员：消防救援人员、专职消防队员、消防文员
A0703010501	帽子		
		常服大檐帽	适用人员：消防救援人员
		卷檐帽	适用人员：消防救援人员
		夏常服帽	适用人员：消防救援人员
		备勤帽	适用人员：消防救援人员
		专职消防员备勤帽	适用人员：专职消防队员、消防文员
		棉帽	适用人员：消防救援人员、专职消防队员、消防文员
		皮帽等冬帽	适用人员：消防救援人员、专职消防队员、消防文员

续表

政府采购品目编码	政府采购品目名称	消防专用名称	说明
A0703010502	围巾		
		围巾	适用人员:消防救援人员
A0703010503	领带		
		领带	适用人员:消防救援人员
A0703010504	手套		
		内手套	适用人员:消防救援人员、专职消防队员、消防文员
		外手套	适用人员:消防救援人员、专职消防队员、消防文员
		常服手套	适用人员:消防救援人员、专职消防队员、消防文员
A0703010505	皮带		
		内腰带	适用人员:消防救援人员、专职消防队员、消防文员
		外腰带	适用人员:消防救援人员、专职消防队员、消防文员
		编织内腰带	适用人员:消防救援人员、专职消防队员、消防文员
		编织外腰带	适用人员:消防救援人员、专职消防队员、消防文员
A0703010599	其他被装附件		
		帽徽	适用人员:消防救援人员
		领花	适用人员:消防救援人员
		胸号牌	适用人员:消防救援人员
		软胸号牌	适用人员:消防救援人员
		胸徽	适用人员:消防救援人员
		软胸徽	适用人员:消防救援人员
		领带卡	适用人员:消防救援人员
		绶带	适用人员:消防救援人员
		硬肩章	适用人员:消防救援人员
		软肩章	适用人员:消防救援人员
		领章	适用人员:消防救援人员

续表

政府采购品目编码	政府采购品目名称	消防专用名称	说明
		队旗臂章等标志	适用人员：消防救援人员
		专职消防员胸徽等标志	适用人员：专职消防队员、消防文员
		专职消防员软胸徽等标志	适用人员：专职消防队员、消防文员
		专职消防员肩章	适用人员：专职消防队员、消防文员
		专职消防员领章	适用人员：专职消防队员、消防文员
A07030201	床褥单		
		床单	适用人员：消防救援人员、专职消防队员、消防文员
A07030206	毯子		
		毛毯	适用人员：消防救援人员、专职消防队员、消防文员
A07030207	寝具及相关用品		
		棉被	适用人员：消防救援人员、专职消防队员、消防文员
		棉褥	适用人员：消防救援人员、专职消防队员、消防文员
		枕头	适用人员：消防救援人员、专职消防队员、消防文员
		蚊帐	适用人员：消防救援人员、专职消防队员、消防文员
		竹凉席	适用人员：消防救援人员、专职消防队员、消防文员
A07030208	毛巾被		
		毛巾被	适用人员：消防救援人员、专职消防队员、消防文员
A07030501	衣箱、提箱及类似容器		
		拉杆式留守袋	适用人员：消防救援人员、专职消防队员、消防文员
A07030502	手提包、背包		

续表

政府采购品目编码	政府采购品目名称	消防专用名称	说明
		挎包	适用人员:消防救援人员、专职消防队员、消防文员
		前运携行包	适用人员:消防救援人员、专职消防队员、消防文员
A07030302	毛巾		
		毛巾	适用人员:消防救援人员、专职消防队员、消防文员
A070399	其他被服装具		
		背包绳带	适用人员:消防救援人员、专职消防队员、消防文员
		水壶	适用人员:消防救援人员、专职消防队员、消防文员
		口杯	适用人员:消防救援人员、专职消防队员、消防文员
		夏水杯、春秋水杯	适用人员:消防救援人员、专职消防队员、消防文员
		脸盆	适用人员:消防救援人员、专职消防队员、消防文员
		墨镜	适用人员:消防救援人员、专职消防队员、消防文员

注:1. 消防救援局、总队级单位和支队级单位按集中采购权限采购同一预算年度单项或批量金额不超过100万元的消防装备时,可按照本单位内控规定执行。

2. 实施目录内被装项目采购时,根据使用对象的衔级、性别等不同情况,对“消防专用名称”所列的同一品种,需区别不同品名后予以采购。

附件 2：

消防救援队伍部门集中采购项目追加采购备案表

<table>
<tr><td>申请追加采购的项目名称</td><td colspan="2"></td></tr>
<tr><td>申请追加采购的单位名称</td><td colspan="2"></td></tr>
<tr><td>申请追加采购的事项</td><td colspan="2"></td></tr>
<tr><td>批准追加采购的意见</td><td colspan="2"></td></tr>
<tr><td colspan="2">批准追加采购的数量：</td><td>批准追加采购的金额：</td></tr>
<tr><td colspan="3">批准追加采购的备案号：</td></tr>
<tr><td colspan="2">（业务用章）
年　月　日</td><td>（采购用章）
年　月　日</td></tr>
<tr><td colspan="2">经办人：　　　　联系电话：</td><td>经办人：　　　　联系电话：</td></tr>
</table>

第三部分

政府采购方式

本部分主要介绍政府采购的各种方式，如公开招标、邀请招标、竞争性谈判、单一来源采购、询价、竞争性磋商、框架协议采购、网上竞价、协议供货等，中央预算单位变更政府采购方式和采购进口产品的审批管理，未达到公开招标数额标准政府采购项目采购方式的适用、政府采购工程项目有关法律适用问题等内容。

一、工程建设项目招标投标

为了确定必须招标的工程项目，规范招标投标活动，国家发改委于2018年3月公布了《必须招标的工程项目规定》（第16号令），于2018年6月印发了《必须招标的基础设施和公用事业项目范围规定》（发改法规〔2018〕843号）。

为加强政策指导，国家发改委办公厅于2020年10月印发了《关于进一步做好〈必须招标的工程项目规定〉和〈必须招标的基础设施和公用事业项目范围规定〉实施工作的通知》（发改办法规〔2020〕770号），就有关事项作了进一步明确。

为了规范通信工程建设项目招标投标活动，工信部于2014年5月公布了《通信工程建设项目招标投标管理办法》（第27号令），共5章49条。该办法对在中华人民共和国境内进行通信工程建设项目的招标投标活动，作了具体明确规定。

为了规范房屋建筑和市政基础设施工程施工招标投标活动，维护招标投标当事人的合法权益，住建部于2018年9月修正发布《房屋建筑和市政基础设施工程施工招标投标管理办法》（第43号令），共6章59条。该办法对房屋建筑和市政基础设施工程施工的招标投标活动，作了明确规范。

二、政府采购货物和服务招标投标管理办法

为了贯彻《中华人民共和国政府采购法》及其实施条例，规范政府采购货物和服务招标投标行为，财政部对2004年颁布的《政府采购货物和服务招标投标管理办法》（第18号令）作了修订，于2017年公布了新的《政府采购货物和服务招标投标管理办法》（第87号令）。

87号令共7章88条，按照政府采购货物、服务操作流程，对招标、投标、开标评标、中标和合同以及法律责任等分章作了规定，重点强调了以下内容：

一是明确采购人主体责任，强化权责对等。政府采购活动中，采购人履行主体责任不严格与采购自主权发挥不充分问题并存。为此，87号令在明确采购人在落实采购政策、加强内部控制、编制采购需求、公开采购信息、开展履约验收等重点环节职责的同时，提高了采购人对采购活动的参与度，合理扩大了采购人的采购自主权，进一步强化了权责对等要求。

二是坚持问题导向，完善监管措施。针对社会各界反映较多的意见建议，特别是国务院

第五次廉政工作会议指出的价高质次、暗收回扣、效率低下等突出问题，87号令进一步完善制度设计、规范采购行为，并重点从加强采购需求、履约验收管理，加强评审行为监督，提高政府采购透明度，强化各方当事人的法律责任等方面提出了针对性的措施。

三是落实“放管服”改革要求，降低制度性交易成本。为推进政府采购“放管服”改革，落实“减税降费”、支持实体经济发展等政策要求，87号令提出了多项具体措施，进一步保障了供应商的合法权益，降低了供应商参与投标的经济成本和时间成本。

三、政府采购非招标采购方式管理办法

财政部于2013年12月发布了《政府采购非招标采购方式管理办法》(第74号令)，《办法》共7章62条，在政府采购法规定的原则和范围内，对三种非招标采购方式进行了全面、系统的规范。一是在一般规定中明确了达到公开招标数额标准的采购项目采用非招标采购方式的批准程序，谈判小组、询价小组的组成、职责和义务，保证金的交纳与退还，选择符合资格条件的供应商的方式，成交结果公告等内容。二是对三种非招标采购方式的整个流程进行了全面规范，包括竞争性谈判采购方式的适用情形、具体程序、谈判要求、谈判文件可实质性变动的内容、确定成交供应商的标准；单一来源采购的公示要求、协商程序和情况记录；询价采购方式的具体程序和要求、确定成交供应商的标准；等等。三是在政府采购法规定的法律责任的基础上，补充和明确了政府采购当事人和相关人员在非招标采购方式活动中的法律责任。

对于政府采购货物和服务，该办法根据政府采购法规定的政府采购范围和以公开招标方式为主的原则，明确三种具体适用情形：一是依法制定的集中采购目录以内，且未达到公开招标数额标准的；二是依法制定的集中采购目录以外、采购限额标准以上，且未达到公开招标数额标准的；三是公开招标数额标准以上、经批准采用非招标采购方式的。采购货物和服务的，可以采用竞争性谈判和单一来源采购方式；采购货物的，还可以采用询价采购方式。对于政府采购工程，该办法规定“按照招标投标法及其实施条例必须进行招标的工程建设项目以外的政府采购工程”适用办法。具体实践中可能包括两种情形：一是不属于招标投标法及其实施条例规定的必须进行招标的工程建设项目范围的政府采购工程；二是属于必须进行招标的工程建设项目范围，但依据招标投标法第六十六条和招标投标法实施条例第九条规定可以不进行招标的政府采购工程。不进行招标的政府采购工程，应当按照《政府采购法》及该办法的规定进行采购。

《政府采购法》规定，达到公开招标数额标准以上的货物、服务采购项目，因特殊情况需要采用公开招标以外的采购方式的，应当在采购活动开始前获得设区的市、自治州以上人民政府采购监督管理部门的批准。该办法对部分规定进行了细化：一是增加了报经主管预算单位同意的环节，并在附则中参照《行政单位财务规则》的规定，明确主管预算单位是指负有编制部门预算职责，向同级财政部门申报预算的国家机关、事业单位和团体组织，主要是为了加强主管预算单位对本部门政府采购工作的统筹管理。即，二级预算单位或者基层预算单位申请改变采购方式的，应当经主管的一级预算单位同意。二是明确了采购人申请批准改变采购方式时应当提交的材料，包括采购人名称、采购项目名称、项目概况等项目基本情

况说明，项目预算金额、预算批复文件或者资金来源证明，拟申请采用的采购方式和理由等，并对材料的真实性负责。因招标未能成立等情形申请采用竞争性谈判采购方式时，还需提交有关发布招标公告以及招标情况、招标文件没有不合理条款的论证意见等材料。

该办法还较为详细地规定了竞争性谈判程序的整个流程，重点明确了应当如何进行谈判。单一来源采购方式竞争性较低，只有在法定的特殊情况下才可以采用。为了避免采购人随意采取单一来源采购方式，违背政府采购公平竞争的原则，该办法对达到公开招标数额的货物、服务项目，因"只能从唯一供应商处采购"而拟采用单一来源采购方式的，规定了公示制度。询价采购程序与竞争性谈判程序相比较为简单，询价采购需求中的技术、服务等要求应当完整、明确，符合相关法律、行政法规和政府采购政策的规定。

四、竞争性磋商采购方式

财政部于2014年12月印发了《政府采购竞争性磋商采购方式管理暂行办法》(财库〔2014〕214号)，共3章38条。这是财政部首次依法创新采购方式，核心内容是"先明确采购需求、后竞争报价"的两阶段采购模式，倡导"物有所值"的价值目标。

竞争性磋商和竞争性谈判两种采购方式在流程设计和具体规则上既有联系又有区别：在"明确采购需求"阶段，二者关于采购程序、供应商来源方式、磋商或谈判公告要求、响应文件要求、磋商或谈判小组组成等方面的要求基本一致；在"竞争报价"阶段，竞争性磋商采用了类似公开招标的"综合评分法"，区别于竞争性谈判的"最低价成交"。之所以这样设计，就是为了在需求完整、明确的基础上实现合理报价和公平交易，并避免竞争性谈判最低价成交可能导致的恶性竞争，将政府采购制度功能聚焦到"物有所值"的价值目标上来，达到"质量、价格、效率"的统一。

该办法规定了五种适用情形：一是政府购买服务项目；二是技术复杂或者性质特殊，不能确定详细规格或者具体要求的；三是因艺术品采购、专利、专有技术或者服务的时间、数量事先不能确定等原因不能事先计算出价格总额的；四是市场竞争不充分的科研项目，以及需要扶持的科技成果转化项目；五是按照招标投标法及其实施条例必须进行招标的工程建设项目以外的工程建设项目。其中，前三种情形主要适用于采购人难以事先确定采购需求或者合同条款，需要和供应商进行沟通协商的项目；第四种情形主要适用于科研项目采购中有效供应商不足3家，以及需要对科技创新进行扶持的项目；第五种情形主要适用于政府采购工程类项目，并与招标投标法律制度和《政府采购非招标采购方式管理办法》(财政部令第74号)做了衔接。综合来看，竞争性磋商采购方式在政府购买服务、PPP、科技创新扶持、技术复杂的专用设备等项目采购中将具有较高的可操作性和适用性。

2015年6月，财政部发布了《政府采购竞争性磋商采购方式管理暂行办法有关问题的补充通知》(财库〔2015〕124号)，对参与竞争性磋商的供应商不足3家时作出补充规定。

五、框架协议采购方式

为贯彻落实中央全面深化改革委员会第五次会议审议通过的《深化政府采购制度改革

方案》要求,促进小额零星采购效率和规范的有机统一,财政部于 2022 年 1 月颁布了《政府采购框架协议采购方式管理暂行办法》(第 110 号令)。该办法共 6 章 52 条,自 2022 年 3 月 1 日起施行。2022 年 5 月,财政部还专门下发了《关于做好政府采购框架协议采购工作有关问题的通知》(财库〔2022〕17 号)。

长期以来,在政府采购实践中存在大量单次采购金额小、不同采购主体需要多次重复采购的情况,例如,采购计算机软件、汽车维修和加油等。这类采购不同于单一项目采购,难以适用现行政府采购法规定的公开招标、邀请招标、竞争性谈判(磋商)、询价和单一来源等采购方式,目前一般通过集中采购机构的协议供货和定点采购来实施。这种做法为小额零星采购活动提供了便利,但也因缺乏专门的制度规范暴露出一些问题。例如,有的以资格入围方式选定供应商,造成市场分割,影响公平竞争;有的搞政府采购专供产品,采购价格远超市场价;还有的在设备采购中以本机低价入围,后续提供的耗材价格却远超市场价格。因此,该办法借鉴国际经验,明确了框架协议采购方式的管理制度,以期从根本上系统解决相关问题,构筑长效机制。

框架协议采购方式与其他采购方式相比,主要有以下特点:一是适用范围不同。框架协议采购适用于多频次、小额度采购,不适用于单一项目采购。二是程序不同。框架协议采购具有明显的两阶段特征,第一阶段由集中采购机构或者主管预算单位通过公开征集程序,确定入围供应商并订立框架协议;第二阶段由采购人或者服务对象按照框架协议约定规则,在入围供应商范围内确定成交供应商并订立采购合同。三是供应商范围不同。采用其他采购方式的,一个采购包只能确定一名中标(成交)供应商,而框架协议采购可以产生一名或多名入围供应商。

该办法规定了框架协议采购的适用范围。一是集中采购目录以内品目,以及与之配套的必要耗材、配件等,采购人需要多频次采购,单笔采购金额没有达到政府采购限额标准的。既包括集中采购机构采购项目中的小额零星采购,也包括纳入部门集中采购范围的本部门、本系统有特殊要求的小额零星采购。例如,中央预算单位单笔采购金额小于 100 万元的计算机、复印机、扫描仪等。二是集中采购目录以外、采购限额标准以上,本部门、本系统所需的法律、评估、会计、审计等鉴证咨询服务,采购人需要多频次采购,单笔采购金额没有达到政府采购限额标准的。从 2021 年 1 月财政部清理违规设置备选库、名录库、资格库的情况看,采购人在法律、评估、会计、审计等鉴证咨询服务领域订立框架协议的需求比较强烈,因此该办法专门将这类服务中的小额零星采购纳入了适用范围。三是集中采购目录以外、采购限额标准以上,为本部门、本系统以外的服务对象提供服务的政府购买服务项目,为了方便服务对象选择,需要确定多家供应商的,如实践中的凭单制政府购买服务。该办法同时还设置了兜底条款,今后随着实践的发展,财政部还可以规定其他适用框架协议采购方式的情形。执行中需要注意:一是框架协议采购方式不能滥用,以免妨碍市场秩序,冲击项目采购。对前述第一种适用情形,按规定要实施批量集中采购的,不能实施框架协议采购。对前述第二种适用情形,主管预算单位能够归集需求形成单一项目采购,通过签订时间、地点、数量不确定的采购合同满足需求的,不能采用框架协议采购方式。二是框架协议采购为多频次、小额度采购提供了一种可供选择的采购方式。符合前述适用情形的,集中采购机构或者主管预算单位可以实施框架协议采购,也可以按项目采购来执行,并非强制其采用框架协议采购方式。但一旦选择框架协议采购方式,就应当执行该办法的规定。

针对以往协议供货、定点采购中存在的质次价高、“买得便宜用得贵”等问题,该办法要求落实好核心竞争机制,包括前面提到的加强需求管理、增强评审客观性、两阶段选择等。除此以外,该办法还规定了一些措施:一是集中采购机构、主管预算单位要尽可能确保采购需求标准与最高限制单价相匹配。二是对封闭式框架协议供应商入围设置不同的淘汰率,一般不得低于20%。但是对于采用质量优先法的仪器设备采购,由于没有政府定价、政府指导价,评审环节又未开展价格竞争,为更好地平衡质量与价格的关系,将最低淘汰率提高到40%。三是要求供应商响应的货物规格型号原则上是市场上已有销售的,不能采用专供政府采购的产品,避免同一货物因使用专供政府采购的型号导致价格不可比。同时,要求货物项目的每个采购包只能用一个产品响应,避免多产品响应形成报价组合,干扰价格竞争。四是对耗材使用量大的复印、打印等仪器设备,引入全生命周期成本理念,要求供应商同时对3年以上约定期限内的专用耗材进行报价,并在评审时考虑专用耗材使用成本。五是引入外部竞争机制,当采购人证明能够以更低价格向非入围供应商采购相同货物,而入围供应商又不同意将价格降至非入围供应商报价以下的,可将合同授予该非入围供应商。

六、网上竞价与协议供货

为进一步规范网上竞价采购行为,提高采购质量和效率,强化履约管理,中央国家机关政府采购中心于2017年12月修订印发了《中央国家机关政府采购中心网上竞价管理办法》(国机采〔2017〕16号),共5章33条。所指网上竞价是指采购人公开发布采购信息,在规定时间内,供应商在线报价,按照满足需求的最低报价者成交的电子化政府采购形式。网上竞价的实质是询价采购,适用于50万元以下,规格、标准统一的政府采购项目。

为进一步规范协议供货采购行为,中央国家机关政府采购中心于2017年12月修订印发了《中央国家机关政府集中采购信息类产品协议供货管理办法》(国机采〔2017〕17号),共4章27条。所指协议供货,是指中央国家机关政府采购中心通过公开招标、竞争性谈判、竞争性磋商等方式,确定中标供应商及其所供产品(型号、具体配置)、最高限价、订货方式、供货期限、售后服务条款等,由采购人在协议有效期内,自主选择网上公告的供货商及其中标产品的一种政府集中采购组织形式,适用于各级中央预算单位采购政府集中采购目录中实行协议供货的品目,目录外实行协议供货的品目可参照执行。

七、变更政府采购方式和采购进口产品审批

为了规范中央预算单位变更政府采购方式审批管理工作,财政部于2015年1月制定了《中央预算单位变更政府采购方式审批管理办法》(财库〔2015〕36号),要求“中央预算单位达到公开招标数额标准的货物、服务采购项目,需要采用公开招标以外采购方式的,应当在采购活动开始前,按照本办法规定申请变更政府采购方式”。中央预算单位申请采用公开招标以外采购方式的,应按规定提交相关材料,一般应通过“政府采购计划管理系统”报送采购方式变更申请,财政部审查后给出批复或不予批复的意见。其中,申请变更为单一来源采购

方式的，应在申请前进行不少于 5 个工作日的公示。中央预算单位应当按照财政部的批复文件，依法开展政府采购活动，未经批准，擅自采用公开招标以外采购方式的，财政部将依据政府采购法及有关法律法规予以处理。

为简化优化中央预算单位变更政府采购方式和采购进口产品审批审核程序，提高审批审核工作效率，财政部于 2016 年 11 月印发了《关于简化优化中央预算单位变更政府采购方式和采购进口产品审批审核有关事宜的通知》(财办库〔2016〕416 号)，推行变更政府采购方式一揽子申报和批复和采购进口产品集中论证和统一报批，提高申报和审批审核效率。

此前，财政部于 2007 年 12 月印发了《政府采购进口产品管理办法》(财库〔2007〕119 号)，就规范进口产品政府采购行为，作了相关规定。财政部办公厅于 2008 年 7 月印发了《关于政府采购进口产品管理有关问题的通知》(财办库〔2008〕248 号)，就进口产品采购中产品认定、行为主管部门意见、采购执行、资金支付等有关具体操作性问题作了进一步明确。

八、特殊政府采购项目的采购方式及法律适用问题

对于未达到公开招标数额标准的政府采购项目，具体采用何种采购方式，财政部办公厅于 2015 年 5 月印发了《关于未达到公开招标数额标准政府采购项目采购方式适用等问题的函》(财办库〔2015〕111 号)，专门予以明确。未达到公开招标数额标准符合政府采购法第三十一条第一项规定情形只能从唯一供应商处采购的政府采购项目，可以依法采用单一来源采购方式。此类项目在采购活动开始前，无需获得设区所在市、自治州以上人民政府采购监督管理部门的批准，也不用按照政府采购法实施条例第三十八条的规定在省级以上财政部门指定媒体上公示。对于此类采购项目，采购人、采购代理机构应当严格按照《政府采购非招标采购方式管理办法》(财政部令第 74 号)的有关规定，组织具有相关经验的专业人员与供应商商定合理的成交价格并保证采购项目质量，做好协商情况记录。同时，采购人要建立和完善内部管理制度，强化采购、财务和业务部门(岗位)责任，结合采购项目具体情况，依法选择适用的采购方式，防止随意采用和滥用采购方式。

对于政府采购工程项目有关法律适用问题，财政部国库司于 2020 年 6 月印发了《关于政府采购工程项目有关法律适用问题的复函》(财库便函〔2020〕385 号)，规定：工程招标限额标准以上，与建筑物和构筑物新建、改建、扩建项目无关的单独的装修、拆除、修缮项目，以及政府集中采购目录以内或者政府采购工程限额标准以上、工程招标限额标准以下的政府采购工程项目，不属于依法必须进行招标的项目，政府采购此类项目时，应当按照政府采购法实施条例第二十五条的规定，采用竞争性谈判、竞争性磋商或者单一来源方式进行采购。

必须招标的工程项目规定

（中华人民共和国国家发展和改革委员会令第16号）

第一条　为了确定必须招标的工程项目，规范招标投标活动，提高工作效率、降低企业成本、预防腐败，根据《中华人民共和国招标投标法》第三条的规定，制定本规定。

第二条　全部或者部分使用国有资金投资或者国家融资的项目包括：

（一）使用预算资金200万元人民币以上，并且该资金占投资额10%以上的项目；

（二）使用国有企业事业单位资金，并且该资金占控股或者主导地位的项目。

第三条　使用国际组织或者外国政府贷款、援助资金的项目包括：

（一）使用世界银行、亚洲开发银行等国际组织贷款、援助资金的项目；

（二）使用外国政府及其机构贷款、援助资金的项目。

第四条　不属于本规定第二条、第三条规定情形的大型基础设施、公用事业等关系社会公共利益、公众安全的项目，必须招标的具体范围由国务院发展改革部门会同国务院有关部门按照确有必要、严格限定的原则制订，报国务院批准。

第五条　本规定第二条至第四条规定范围内的项目，其勘察、设计、施工、监理以及与工程建设有关的重要设备、材料等的采购达到下列标准之一的，必须招标：

（一）施工单项合同估算价在400万元人民币以上；

（二）重要设备、材料等货物的采购，单项合同估算价在200万元人民币以上；

（三）勘察、设计、监理等服务的采购，单项合同估算价在100万元人民币以上。

同一项目中可以合并进行的勘察、设计、施工、监理以及与工程建设有关的重要设备、材料等的采购，合同估算价合计达到前款规定标准的，必须招标。

第六条　本规定自2018年6月1日起施行。

国家发展改革委关于印发《必须招标的基础设施和公用事业项目范围规定》的通知

（发改法规规〔2018〕843号）

各省、自治区、直辖市人民政府，国务院各部委、各直属机构：

《必须招标的基础设施和公用事业项目范围规定》已经国务院批准，现印发你们，请按照执行。

附件：必须招标的基础设施和公用事业项目范围规定

国家发展改革委
2018年6月6日

必须招标的基础设施和公用事业项目范围规定

第一条　为明确必须招标的大型基础设施和公用事业项目范围，根据《中华人民共和国招标投标法》和《必须招标的工程项目规定》，制定本规定。

第二条　不属于《必须招标的工程项目规定》第二条、第三条规定情形的大型基础设施、公用事业等关系社会公共利益、公众安全的项目，必须招标的具体范围包括：

（一）煤炭、石油、天然气、电力、新能源等能源基础设施项目；

（二）铁路、公路、管道、水运，以及公共航空和A1级通用机场等交通运输基础设施项目；

（三）电信枢纽、通信信息网络等通信基础设施项目；

（四）防洪、灌溉、排涝、引（供）水等水利基础设施项目；

（五）城市轨道交通等城建项目。

第三条　本规定自2018年6月6日起施行。

国家发展改革委办公厅关于进一步做好《必须招标的工程项目规定》和《必须招标的基础设施和公用事业项目范围规定》实施工作的通知

(发改办法规〔2020〕770 号)

各省、自治区、直辖市、新疆生产建设兵团发展改革委、公共资源交易平台整合牵头部门：

为加强政策指导，进一步做好《必须招标的工程项目规定》(国家发展改革委 2018 年第 16 号令，以下简称“16 号令”)和《必须招标的基础设施和公用事业项目范围规定》(发改法规规〔2018〕843 号，以下简称“843 号文”)实施工作，现就有关事项通知如下：

一、准确理解依法必须招标的工程建设项目范围

(一) 关于使用国有资金的项目。16 号令第二条第(一) 项中“预算资金”，是指《预算法》规定的预算资金，包括一般公共预算资金、政府性基金预算资金、国有资本经营预算资金、社会保险基金预算资金。第(二) 项中“占控股或者主导地位”，参照《公司法》第二百一十六条关于控股股东和实际控制人的理解执行，即“其出资额占有限责任公司资本总额百分之五十以上或者其持有的股份占股份有限公司股本总额百分之五十以上的股东；出资额或者持有股份的比例虽然不足百分之五十，但依其出资额或者持有的股份所享有的表决权已足以对股东会、股东大会的决议产生重大影响的股东”；国有企业事业单位通过投资关系、协议或者其他安排，能够实际支配项目建设的，也属于占控股或者主导地位。项目中国有资金的比例，应当按照项目资金来源中所有国有资金之和计算。

(二) 关于项目与单项采购的关系。16 号令第二条至第四条及 843 号文第二条规定范围的项目，其勘察、设计、施工、监理以及与工程建设有关的重要设备、材料等的单项采购分别达到 16 号令第五条规定的相应单项合同价估算标准的，该单项采购必须招标；该项目中未达到前述相应标准的单项采购，不属于 16 号令规定的必须招标范畴。

(三) 关于招标范围列举事项。依法必须招标的工程建设项目范围和规模标准，应当严格执行《招标投标法》第三条和 16 号令、843 号文规定；法律、行政法规或者国务院对必须进行招标的其他项目范围有规定的，依照其规定。没有法律、行政法规或者国务院规定依据的，对 16 号令第五条第一款第(三) 项中没有明确列举规定的服务事项、843 号文第二条中没有明确列举规定的项目，不得强制要求招标。

(四) 关于同一项目中的合并采购。16 号令第五条规定的“同一项目中可以合并进行的勘察、设计、施工、监理以及与工程建设有关的重要设备、材料等的采购，合同估算价合计达到前款规定标准的，必须招标”，目的是防止发包方通过化整为零方式规避招标。其中“同一项目中可以合并进行”，是指根据项目实际，以及行业标准或行业惯例，符合科学性、经济性、可操作性要求，同一项目中适宜放在一起进行采购的同类采购项目。

(五) 关于总承包招标的规模标准。对于 16 号令第二条至第四条规定范围内的项目，发包人依法对工程以及与工程建设有关的货物、服务全部或者部分实行总承包发包的，总承包中施工、货物、服务等各部分的估算价中，只要有一项达到 16 号令第五条规定相应标准，

即施工部分估算价达到 400 万元以上，或者货物部分达到 200 万元以上，或者服务部分达到 100 万元以上，则整个总承包发包应当招标。

二、规范规模标准以下工程建设项目的采购

16 号令第二条至第四条及 843 号文第二条规定范围的项目，其施工、货物、服务采购的单项合同估算价未达到 16 号令第五条规定规模标准的，该单项采购由采购人依法自主选择采购方式，任何单位和个人不得违法干涉；其中，涉及政府采购的，按照政府采购法律法规规定执行。国有企业可以结合实际，建立健全规模标准以下工程建设项目采购制度，推进采购活动公开透明。

三、严格执行依法必须招标制度

各地方应当严格执行 16 号令和 843 号文规定的范围和规模标准，不得另行制定必须进行招标的范围和规模标准，也不得作出与 16 号令、843 号文和本通知相抵触的规定，持续深化招标投标领域“放管服”改革，努力营造良好市场环境。

国家发展改革委办公厅

2020 年 10 月 19 日

通信工程建设项目招标投标管理办法

(中华人民共和国工业和信息化部令第27号)

第一章 总则

第一条 为了规范通信工程建设项目招标投标活动,根据《中华人民共和国招标投标法》(以下简称《招标投标法》)和《中华人民共和国招标投标法实施条例》(以下简称《实施条例》),制定本办法。

第二条 在中华人民共和国境内进行通信工程建设项目招标投标活动,适用本办法。

前款所称通信工程建设项目,是指通信工程以及与通信工程建设有关的货物、服务。其中,通信工程包括通信设施或者通信网络的新建、改建、扩建、拆除等施工;与通信工程建设有关的货物,是指构成通信工程不可分割的组成部分,且为实现通信工程基本功能所必需的设备、材料等;与通信工程建设有关的服务,是指为完成通信工程所需的勘察、设计、监理等服务。

依法必须进行招标的通信工程建设项目的具体范围和规模标准,依据国家有关规定确定。

第三条 工业和信息化部和各省、自治区、直辖市通信管理局(以下统称为"通信行政监督部门")依法对通信工程建设项目招标投标活动实施监督。

第四条 工业和信息化部鼓励按照《电子招标投标办法》进行通信工程建设项目电子招标投标。

第五条 工业和信息化部建立"通信工程建设项目招标投标管理信息平台"(以下简称"管理平台"),实行通信工程建设项目招标投标活动信息化管理。

第二章 招标和投标

第六条 国有资金占控股或者主导地位的依法必须进行招标的通信工程建设项目,应当公开招标;但有下列情形之一的,可以邀请招标:

(一) 技术复杂、有特殊要求或者受自然环境限制,只有少量潜在投标人可供选择;

(二) 采用公开招标方式的费用占项目合同金额的比例过大。

有前款第一项所列情形,招标人邀请招标的,应当向其知道或者应当知道的全部潜在投标人发出投标邀请书。

采用公开招标方式的费用占项目合同金额的比例超过1.5%,且采用邀请招标方式的费用明显低于公开招标方式的费用的,方可被认定为有本条第一款第二项所列情形。

第七条 除《招标投标法》第六十六条和《实施条例》第九条规定的可以不进行招标的情形外,潜在投标人少于3个的,可以不进行招标。

招标人为适用前款规定弄虚作假的,属于《招标投标法》第四条规定的规避招标。

第八条 依法必须进行招标的通信工程建设项目的招标人自行办理招标事宜的,应当自发布招标公告或者发出投标邀请书之日起2日内通过“管理平台”向通信行政监督部门提交《通信工程建设项目自行招标备案表》(见附录一)。

第九条　招标代理机构代理招标业务,适用《招标投标法》、《实施条例》和本办法关于招标人的规定。

第十条　公开招标的项目,招标人采用资格预审办法对潜在投标人进行资格审查的,应当发布资格预审公告、编制资格预审文件。招标人发布资格预审公告后,可不再发布招标公告。

依法必须进行招标的通信工程建设项目的资格预审公告和招标公告,除在国家发展和改革委员会依法指定的媒介发布外,还应当在“管理平台”发布。在不同媒介发布的同一招标项目的资格预审公告或者招标公告的内容应当一致。

第十一条　资格预审公告、招标公告或者投标邀请书应当载明下列内容:

(一)招标人的名称和地址;

(二)招标项目的性质、内容、规模、技术要求和资金来源;

(三)招标项目的实施或者交货时间和地点要求;

(四)获取招标文件或者资格预审文件的时间、地点和方法;

(五)对招标文件或者资格预审文件收取的费用;

(六)提交资格预审申请文件或者投标文件的地点和截止时间。

招标人对投标人的资格要求,应当在资格预审公告、招标公告或者投标邀请书中载明。

第十二条　资格预审文件一般包括下列内容:

(一)资格预审公告;

(二)申请人须知;

(三)资格要求;

(四)业绩要求;

(五)资格审查标准和方法;

(六)资格预审结果的通知方式;

(七)资格预审申请文件格式。

资格预审应当按照资格预审文件载明的标准和方法进行,资格预审文件没有规定的标准和方法不得作为资格预审的依据。

第十三条　招标人应当根据招标项目的特点和需要编制招标文件。招标文件一般包括下列内容:

(一)招标公告或者投标邀请书;

(二)投标人须知;

(三)投标文件格式;

(四)项目的技术要求;

(五)投标报价要求;

(六)评标标准、方法和条件;

(七)网络与信息安全有关要求;

(八)合同主要条款。

招标文件应当载明所有评标标准、方法和条件，并能够指导评标工作，在评标过程中不得作任何改变。

第十四条 招标人应当在招标文件中以显著的方式标明实质性要求、条件以及不满足实质性要求和条件的投标将被否决的提示；对于非实质性要求和条件，应当规定允许偏差的最大范围、最高项数和调整偏差的方法。

第十五条 编制依法必须进行招标的通信工程建设项目资格预审文件和招标文件，应当使用国家发展和改革委员会会同有关行政监督部门制定的标准文本及工业和信息化部制定的范本。

第十六条 勘察设计招标项目的评标标准一般包括下列内容：

（一）投标人的资质、业绩、财务状况和履约表现；

（二）项目负责人的资格和业绩；

（三）勘察设计团队人员；

（四）技术方案和技术创新；

（五）质量标准及质量管理措施；

（六）技术支持与保障；

（七）投标价格；

（八）组织实施方案及进度安排。

第十七条 监理招标项目的评标标准一般包括下列内容：

（一）投标人的资质、业绩、财务状况和履约表现；

（二）项目总监理工程师的资格和业绩；

（三）主要监理人员及安全监理人员；

（四）监理大纲；

（五）质量和安全管理措施；

（六）投标价格。

第十八条 施工招标项目的评标标准一般包括下列内容：

（一）投标人的资质、业绩、财务状况和履约表现；

（二）项目负责人的资格和业绩；

（三）专职安全生产管理人员；

（四）主要施工设备及施工安全防护设施；

（五）质量和安全管理措施；

（六）投标价格；

（七）施工组织设计及安全生产应急预案。

第十九条 与通信工程建设有关的货物招标项目的评标标准一般包括下列内容：

（一）投标人的资质、业绩、财务状况和履约表现；

（二）投标价格；

（三）技术标准及质量标准；

（四）组织供货计划；

（五）售后服务。

第二十条 评标方法包括综合评估法、经评审的最低投标价法或者法律、行政法规允许的其他评标方法。

鼓励通信工程建设项目使用综合评估法进行评标。

第二十一条 通信工程建设项目需要划分标段的，招标人应当在招标文件中载明允许投标人中标的最多标段数。

第二十二条 通信工程建设项目已确定投资计划并落实资金来源的，招标人可以将多个同类通信工程建设项目集中进行招标。

招标人进行集中招标的，应当遵守《招标投标法》、《实施条例》和本办法有关依法必须进行招标的项目的规定。

第二十三条 招标人进行集中招标的，应当在招标文件中载明工程或者有关货物、服务的类型、预估招标规模、中标人数量及每个中标人对应的中标份额等；对与工程或者有关服务进行集中招标的，还应当载明每个中标人对应的实施地域。

第二十四条 招标人可以对多个同类通信工程建设项目的潜在投标人进行集中资格预审。招标人进行集中资格预审的，应当发布资格预审公告，明确集中资格预审的适用范围和有效期限，并且应当预估项目规模，合理设定资格、技术和商务条件，不得限制、排斥潜在投标人。

招标人进行集中资格预审，应当遵守国家有关勘察、设计、施工、监理等资质管理的规定。

集中资格预审后，通信工程建设项目的招标人应当继续完成招标程序，不得直接发包工程；直接发包工程的，属于《招标投标法》第四条规定的规避招标。

第二十五条 招标人根据招标项目的具体情况，可以在发售招标文件截止之日后，组织潜在投标人踏勘项目现场和召开投标预备会。

招标人组织潜在投标人踏勘项目现场或者召开投标预备会的，应当向全部潜在投标人发出邀请。

第二十六条 投标人应当在招标文件要求提交投标文件的截止时间前，将投标文件送达投标地点。通信工程建设项目划分标段的，投标人应当在投标文件上标明相应的标段。

未通过资格预审的申请人提交的投标文件，以及逾期送达或者不按照招标文件要求密封的投标文件，招标人应当拒收。

招标人收到投标文件后，不得开启，并应当如实记载投标文件的送达时间和密封情况，存档备查。

第三章 开标、评标和中标

第二十七条 通信工程建设项目投标人少于3个的，不得开标，招标人在分析招标失败的原因并采取相应措施后，应当依法重新招标。划分标段的通信工程建设项目某一标段的投标人少于3个的，该标段不得开标，招标人在分析招标失败的原因并采取相应措施后，应当依法对该标段重新招标。

投标人认为存在低于成本价投标情形的，可以在开标现场提出异议，并在评标完成前向招标人提交书面材料。招标人应当及时将书面材料转交评标委员会。

第二十八条　招标人应当根据《招标投标法》和《实施条例》的规定开标，记录开标过程并存档备查。招标人应当记录下列内容：

（一）开标时间和地点；

（二）投标人名称、投标价格等唱标内容；

（三）开标过程是否经过公证；

（四）投标人提出的异议。

开标记录应当由投标人代表、唱标人、记录人和监督人签字。

因不可抗力或者其他特殊原因需要变更开标地点的，招标人应提前通知所有潜在投标人，确保其有足够的时间能够到达开标地点。

第二十九条　评标由招标人依法组建的评标委员会负责。

通信工程建设项目评标委员会的专家成员应当具备下列条件：

（一）从事通信相关领域工作满8年并具有高级职称或者同等专业水平。掌握通信新技术的特殊人才经工作单位推荐，可以视为具备本项规定的条件；

（二）熟悉国家和通信行业有关招标投标以及通信建设管理的法律、行政法规和规章，并具有与招标项目有关的实践经验；

（三）能够认真、公正、诚实、廉洁地履行职责；

（四）未因违法、违纪被取消评标资格或者未因在招标、评标以及其他与招标投标有关活动中从事违法行为而受过行政处罚或者刑事处罚；

（五）身体健康，能够承担评标工作。

工业和信息化部统一组建和管理通信工程建设项目评标专家库，各省、自治区、直辖市通信管理局负责本行政区域内评标专家的监督管理工作。

第三十条　依法必须进行招标的通信工程建设项目，评标委员会的专家应当从通信工程建设项目评标专家库内相关专业的专家名单中采取随机抽取方式确定；个别技术复杂、专业性强或者国家有特殊要求，采取随机抽取方式确定的专家难以保证胜任评标工作的招标项目，可以由招标人从通信工程建设项目评标专家库内相关专业的专家名单中直接确定。

依法必须进行招标的通信工程建设项目的招标人应当通过“管理平台”抽取评标委员会的专家成员，通信行政监督部门可以对抽取过程进行远程监督或者现场监督。

第三十一条　依法必须进行招标的通信工程建设项目技术复杂、评审工作量大，其评标委员会需要分组评审的，每组成员人数应为5人以上，且每组每个成员应对所有投标文件进行评审。评标委员会的分组方案应当经全体成员同意。

评标委员会设负责人的，其负责人由评标委员会成员推举产生或者由招标人确定。评标委员会其他成员与负责人享有同等的表决权。

第三十二条　评标委员会成员应当客观、公正地对投标文件提出评审意见，并对所提出的评审意见负责。

招标文件没有规定的评标标准和方法不得作为评标依据。

第三十三条　评标过程中，评标委员会收到低于成本价投标的书面质疑材料、发现投标人的综合报价明显低于其他投标报价或者设有标底时明显低于标底，认为投标报价可能低于成本的，应当书面要求该投标人作出书面说明并提供相关证明材料。招标人要求以某一单项报价核定是否低于成本的，应当在招标文件中载明。

投标人不能合理说明或者不能提供相关证明材料的，评标委员会应当否决其投标。

第三十四条　投标人以他人名义投标或者投标人经资格审查不合格的，评标委员会应当否决其投标。

部分投标人在开标后撤销投标文件或者部分投标人被否决投标后，有效投标不足3个且明显缺乏竞争的，评标委员会应当否决全部投标。有效投标不足3个，评标委员会未否决全部投标的，应当在评标报告中说明理由。

依法必须进行招标的通信工程建设项目，评标委员会否决全部投标的，招标人应当重新招标。

第三十五条　评标完成后，评标委员会应当根据《招标投标法》和《实施条例》的有关规定向招标人提交评标报告和中标候选人名单。

招标人进行集中招标的，评标委员会应当推荐不少于招标文件载明的中标人数量的中标候选人，并标明排序。

评标委员会分组的，应当形成统一、完整的评标报告。

第三十六条　评标报告应当包括下列内容：

（一）基本情况；

（二）开标记录和投标一览表；

（三）评标方法、评标标准或者评标因素一览表；

（四）评标专家评分原始记录表和否决投标的情况说明；

（五）经评审的价格或者评分比较一览表和投标人排序；

（六）推荐的中标候选人名单及其排序；

（七）签订合同前要处理的事宜；

（八）澄清、说明、补正事项纪要；

（九）评标委员会成员名单及本人签字、拒绝在评标报告上签字的评标委员会成员名单及其陈述的不同意见和理由。

第三十七条　依法必须进行招标的通信工程建设项目的招标人应当自收到评标报告之日起3日内通过“管理平台”公示中标候选人，公示期不得少于3日。

第三十八条　招标人应当根据《招标投标法》和《实施条例》的有关规定确定中标人。

招标人进行集中招标的，应当依次确定排名靠前的中标候选人为中标人，且中标人数量及每个中标人对应的中标份额等应当与招标文件载明的内容一致。招标人与中标人订立的合同中应当明确中标价格、预估合同份额等主要条款。

中标人不能履行合同的，招标人可以按照评标委员会提出的中标候选人名单排序依次确定其他中标候选人为中标人，也可以对中标人的中标份额进行调整，但应当在招标文件中载明调整规则。

第三十九条　在确定中标人之前，招标人不得与投标人就投标价格、投标方案等实质性内容进行谈判。

招标人不得向中标人提出压低报价、增加工作量、增加配件、增加售后服务量、缩短工期或其他违背中标人的投标文件实质性内容的要求。

第四十条　依法必须进行招标的通信工程建设项目的招标人应当自确定中标人之日起15日内，通过“管理平台”向通信行政监督部门提交《通信工程建设项目招标投标情况报告表》(见附录二)。

第四十一条　招标人应建立完整的招标档案，并按国家有关规定保存。招标档案应当包括下列内容：

(一) 招标文件；

(二) 中标人的投标文件；

(三) 评标报告；

(四) 中标通知书；

(五) 招标人与中标人签订的书面合同；

(六) 向通信行政监督部门提交的《通信工程建设项目自行招标备案表》、《通信工程建设项目招标投标情况报告表》；

(七) 其他需要存档的内容。

第四十二条　招标人进行集中招标的，应当在所有项目实施完成之日起30日内通过“管理平台”向通信行政监督部门报告项目实施情况。

第四十三条　通信行政监督部门对通信工程建设项目招标投标活动实施监督检查，可以查阅、复制招标投标活动中有关文件、资料，调查有关情况，相关单位和人员应当配合。必要时，通信行政监督部门可以责令暂停招标投标活动。

通信行政监督部门的工作人员对监督检查过程中知悉的国家秘密、商业秘密，应当依法予以保密。

第四章　法律责任

第四十四条　招标人在发布招标公告、发出投标邀请书或者售出招标文件或资格预审文件后无正当理由终止招标的，由通信行政监督部门处以警告，可以并处1万元以上3万元以下的罚款。

第四十五条　依法必须进行招标的通信工程建设项目的招标人或者招标代理机构有下列情形之一的，由通信行政监督部门责令改正，可以处3万元以下的罚款：

(一) 招标人自行招标，未按规定向通信行政监督部门备案；

(二) 未通过“管理平台”确定评标委员会的专家；

(三) 招标人未通过“管理平台”公示中标候选人；

(四) 确定中标人后，未按规定向通信行政监督部门提交招标投标情况报告。

第四十六条　招标人有下列情形之一的，由通信行政监督部门责令改正，可以处3万元以下的罚款，对单位直接负责的主管人员和其他直接责任人员依法给予处分；对中标结果造成实质性影响，且不能采取补救措施予以纠正的，招标人应当重新招标或者评标：

(一) 编制的资格预审文件、招标文件中未载明所有资格审查或者评标的标准和方法；

(二) 招标文件中含有要求投标人多轮次报价、投标人保证报价不高于历史价格等违法条款；

(三) 不按规定组建资格审查委员会；

（四）投标人数量不符合法定要求时未重新招标而直接发包；

（五）开标过程、开标记录不符合《招标投标法》、《实施条例》和本办法的规定；

（六）违反《实施条例》第三十二条的规定限制、排斥投标人；

（七）以任何方式要求评标委员会成员以其指定的投标人作为中标候选人、以招标文件未规定的评标标准和方法作为评标依据，或者以其他方式非法干涉评标活动，影响评标结果。

第四十七条　招标人进行集中招标或者集中资格预审，违反本办法第二十三条、第二十四条、第三十五条或者第三十八条规定的，由通信行政监督部门责令改正，可以处3万元以下的罚款。

第五章　附则

第四十八条　通信行政监督部门建立通信工程建设项目招标投标情况通报制度，定期通报通信工程建设项目招标投标总体情况、公开招标及招标备案情况、重大违法违约事件等信息。

第四十九条　本办法自2014年7月1日起施行。原中华人民共和国信息产业部2000年9月22日公布的《通信建设项目招标投标管理暂行规定》（中华人民共和国信息产业部令第2号）同时废止。

房屋建筑和市政基础设施工程施工招标投标管理办法

（中华人民共和国住房和城乡建设部令第89号
根据2018年9月28日住房和城乡建设部令第43号第一次修正
根据2019年3月13日中华人民共和国住房和城乡建设部令第47号第二次修正）

第一章　总则

第一条　为了规范房屋建筑和市政基础设施工程施工招标投标活动，维护招标投标当事人的合法权益，依据《中华人民共和国建筑法》、《中华人民共和国招标投标法》等法律、行政法规，制定本办法。

第二条　依法必须进行招标的房屋建筑和市政基础设施工程（以下简称工程），其施工招标投标活动，适用本办法。

本办法所称房屋建筑工程，是指各类房屋建筑及其附属设施和与其配套的线路、管道、设备安装工程及室内外装修工程。

本办法所称市政基础设施工程，是指城市道路、公共交通、供水、排水、燃气、热力、园林、环卫、污水处理、垃圾处理、防洪、地下公共设施及附属设施的土建、管道、设备安装工程。

第三条　国务院建设行政主管部门负责全国工程施工招标投标活动的监督管理。

县级以上地方人民政府建设行政主管部门负责本行政区域内工程施工招标投标活动的监督管理。具体的监督管理工作，可以委托工程招标投标监督管理机构负责实施。

第四条　任何单位和个人不得违反法律、行政法规规定，限制或者排斥本地区、本系统以外的法人或者其他组织参加投标，不得以任何方式非法干涉施工招标投标活动。

第五条　施工招标投标活动及其当事人应当依法接受监督。

建设行政主管部门依法对施工招标投标活动实施监督，查处施工招标投标活动中的违法行为。

第二章　招标

第六条　工程施工招标由招标人依法组织实施。招标人不得以不合理条件限制或者排斥潜在投标人，不得对潜在投标人实行歧视待遇，不得对潜在投标人提出与招标工程实际要求不符的过高的资质等级要求和其他要求。

第七条　工程施工招标应当具备下列条件：

（一）按照国家有关规定需要履行项目审批手续的，已经履行审批手续；

（二）工程资金或者资金来源已经落实；

（三）有满足施工招标需要的设计文件及其他技术资料；

（四）法律、法规、规章规定的其他条件。

第八条　工程施工招标分为公开招标和邀请招标。

依法必须进行施工招标的工程，全部使用国有资金投资或者国有资金投资占控股或者主导地位的，应当公开招标，但经国家计委或者省、自治区、直辖市人民政府依法批准可以进行邀请招标的重点建设项目除外；其他工程可以实行邀请招标。

第九条　工程有下列情形之一的，经县级以上地方人民政府建设行政主管部门批准，可以不进行施工招标：

（一）停建或者缓建后恢复建设的单位工程，且承包人未发生变更的；

（二）施工企业自建自用的工程，且该施工企业资质等级符合工程要求的；

（三）在建工程追加的附属小型工程或者主体加层工程，且承包人未发生变更的；

（四）法律、法规、规章规定的其他情形。

第十条　依法必须进行施工招标的工程，招标人自行办理施工招标事宜的，应当具有编制招标文件和组织评标的能力：

（一）有专门的施工招标组织机构；

（二）有与工程规模、复杂程度相适应并具有同类工程施工招标经验、熟悉有关工程施工招标法律法规的工程技术、概预算及工程管理的专业人员。

不具备上述条件的，招标人应当委托工程招标代理机构代理施工招标。

第十一条　招标人自行办理施工招标事宜的，应当在发布招标公告或者发出投标邀请书的5日前，向工程所在地县级以上地方人民政府建设行政主管部门备案，并报送下列材料：

（一）按照国家有关规定办理审批手续的各项批准文件；

（二）本办法第十条所列条件的证明材料，包括专业技术人员的名单、职称证书或者执业资格证书及其工作经历的证明材料；

（三）法律、法规、规章规定的其他材料。

招标人不具备自行办理施工招标事宜条件的，建设行政主管部门应当自收到备案材料之日起5日内责令招标人停止自行办理施工招标事宜。

第十二条　全部使用国有资金投资或者国有资金投资占控股或者主导地位，依法必须进行施工招标的工程项目，应当进入有形建筑市场进行招标投标活动。

政府有关管理机关可以在有形建筑市场集中办理有关手续，并依法实施监督。

第十三条　依法必须进行施工公开招标的工程项目，应当在国家或者地方指定的报刊、信息网络或者其他媒介上发布招标公告，并同时在中国工程建设和建筑业信息网上发布招标公告。

招标公告应当载明招标人的名称和地址，招标工程的性质、规模、地点以及获取招标文件的办法等事项。

第十四条　招标人采用邀请招标方式的，应当向3个以上符合资质条件的施工企业发出投标邀请书。

投标邀请书应当载明本办法第十三条第二款规定的事项。

第十五条　招标人可以根据招标工程的需要，对投标申请人进行资格预审，也可以委托工程招标代理机构对投标申请人进行资格预审。实行资格预审的招标工程，招标人应当在招标公告或者投标邀请书中载明资格预审的条件和获取资格预审文件的办法。

资格预审文件一般应当包括资格预审申请书格式、申请人须知，以及需要投标申请人提供的企业资质、业绩、技术装备、财务状况和拟派出的项目经理与主要技术人员的简历、业绩等证明材料。

第十六条　经资格预审后，招标人应当向资格预审合格的投标申请人发出资格预审合格通知书，告知获取招标文件的时间、地点和方法，并同时向资格预审不合格的投标申请人告知资格预审结果。

在资格预审合格的投标申请人过多时，可以由招标人从中选择不少于7家资格预审合格的投标申请人。

第十七条　招标人应当根据招标工程的特点和需要，自行或者委托工程招标代理机构编制招标文件。招标文件应当包括下列内容：

（一）投标须知，包括工程概况，招标范围，资格审查条件，工程资金来源或者落实情况，标段划分，工期要求，质量标准，现场踏勘和答疑安排，投标文件编制、提交、修改、撤回的要求，投标报价要求，投标有效期，开标的时间和地点，评标的方法和标准等；

（二）招标工程的技术要求和设计文件；

（三）采用工程量清单招标的，应当提供工程量清单；

（四）投标函的格式及附录；

（五）拟签订合同的主要条款；

（六）要求投标人提交的其他材料。

第十八条　依法必须进行施工招标的工程，招标人应当在招标文件发出的同时，将招标文件报工程所在地的县级以上地方人民政府建设行政主管部门备案。建设行政主管部门发现招标文件有违反法律、法规内容的，应当责令招标人改正。

第十九条　招标人对已发出的招标文件进行必要的澄清或者修改的，应当在招标文件要求提交投标文件截止时间至少15日前，以书面形式通知所有招标文件收受人，并同时报工程所在地的县级以上地方人民政府建设行政主管部门备案。该澄清或者修改的内容为招标文件的组成部分。

第二十条　招标人设有标底的，应当依据国家规定的工程量计算规则及招标文件规定的计价方法和要求编制标底，并在开标前保密。一个招标工程只能编制一个标底。

第二十一条　招标人对于发出的招标文件可以酌收工本费。其中的设计文件，招标人可以酌收押金。对于开标后将设计文件退还的，招标人应当退还押金。

第三章　投标

第二十二条　施工招标的投标人是响应施工招标、参与投标竞争的施工企业。

投标人应当具备相应的施工企业资质，并在工程业绩、技术能力、项目经理资格条件、财务状况等方面满足招标文件提出的要求。

第二十三条　投标人对招标文件有疑问需要澄清的，应当以书面形式向招标人提出。

第二十四条　投标人应当按照招标文件的要求编制投标文件，对招标文件提出的实质性要求和条件作出响应。

招标文件允许投标人提供备选标的，投标人可以按照招标文件的要求提交替代方案，并作出相应报价作备选标。

第二十五条 投标文件应当包括下列内容：

（一）投标函；

（二）施工组织设计或者施工方案；

（三）投标报价；

（四）招标文件要求提供的其他材料。

第二十六条 招标人可以在招标文件中要求投标人提交投标担保。投标担保可以采用投标保函或者投标保证金的方式。投标保证金可以使用支票、银行汇票等，一般不得超过投标总价的2%，最高不得超过50万元。

投标人应当按照招标文件要求的方式和金额，将投标保函或者投标保证金随投标文件提交招标人。

第二十七条 投标人应当在招标文件要求提交投标文件的截止时间前，将投标文件密封送达投标地点。招标人收到投标文件后，应当向投标人出具标明签收人和签收时间的凭证，并妥善保存投标文件。在开标前，任何单位和个人均不得开启投标文件。在招标文件要求提交投标文件的截止时间后送达的投标文件，为无效的投标文件，招标人应当拒收。

提交投标文件的投标人少于3个的，招标人应当依法重新招标。

第二十八条 投标人在招标文件要求提交投标文件的截止时间前，可以补充、修改或者撤回已提交的投标文件。补充、修改的内容为投标文件的组成部分，并应当按照本办法第二十七条第一款的规定送达、签收和保管。在招标文件要求提交投标文件的截止时间后送达的补充或者修改的内容无效。

第二十九条 两个以上施工企业可以组成一个联合体，签订共同投标协议，以一个投标人的身份共同投标。联合体各方均应当具备承担招标工程的相应资质条件。相同专业的施工企业组成的联合体，按照资质等级低的施工企业的业务许可范围承揽工程。

招标人不得强制投标人组成联合体共同投标，不得限制投标人之间的竞争。

第三十条 投标人不得相互串通投标，不得排挤其他投标人的公平竞争，损害招标人或者其他投标人的合法权益。

投标人不得与招标人串通投标，损害国家利益、社会公共利益或者他人的合法权益。

禁止投标人以向招标人或者评标委员会成员行贿的手段谋取中标。

第三十一条 投标人不得以低于其企业成本的报价竞标，不得以他人名义投标或者以其他方式弄虚作假，骗取中标。

第四章 开标、评标和中标

第三十二条 开标应当在招标文件确定的提交投标文件截止时间的同一时间公开进行；开标地点应当为招标文件中预先确定的地点。

第三十三条 开标由招标人主持，邀请所有投标人参加。开标应当按照下列规定进行：

由投标人或者其推选的代表检查投标文件的密封情况，也可以由招标人委托的公证机构进行检查并公证。经确认无误后，由有关工作人员当众拆封，宣读投标人名称、投标价格和投标文件的其他主要内容。

招标人在招标文件要求提交投标文件的截止时间前收到的所有投标文件，开标时都应当当众予以拆封、宣读。

开标过程应当记录，并存档备查。

第三十四条 在开标时，投标文件出现下列情形之一的，应当作为无效投标文件，不得进入评标：

（一）投标文件未按照招标文件的要求予以密封的；

（二）投标文件中的投标函未加盖投标人的企业及企业法定代表人印章的，或者企业法定代表人委托代理人没有合法、有效的委托书（原件）及委托代理人印章的；

（三）投标文件的关键内容字迹模糊、无法辨认的；

（四）投标人未按照招标文件的要求提供投标保函或者投标保证金的；

（五）组成联合体投标的，投标文件未附联合体各方共同投标协议的。

第三十五条 评标由招标人依法组建的评标委员会负责。

依法必须进行施工招标的工程，其评标委员会由招标人的代表和有关技术、经济等方面的专家组成，成员人数为5人以上单数，其中招标人、招标代理机构以外的技术、经济等方面专家不得少于成员总数的三分之二。评标委员会的专家成员，应当由招标人从建设行政主管部门及其他有关政府部门确定的专家名册或者工程招标代理机构的专家库内相关专业的专家名单中确定。确定专家成员一般应当采取随机抽取的方式。

与投标人有利害关系的人不得进入相关工程的评标委员会。评标委员会成员的名单在中标结果确定前应当保密。

第三十六条 建设行政主管部门的专家名册应当拥有一定数量规模并符合法定资格条件的专家。省、自治区、直辖市人民政府建设行政主管部门可以将专家数量少的地区的专家名册予以合并或者实行专家名册计算机联网。

建设行政主管部门应当对进入专家名册的专家组织有关法律和业务培训，对其评标能力、廉洁公正等进行综合评估，及时取消不称职或者违法违规人员的评标专家资格。被取消评标专家资格的人员，不得再参加任何评标活动。

第三十七条 评标委员会应当按照招标文件确定的评标标准和方法，对投标文件进行评审和比较，并对评标结果签字确认；设有标底的，应当参考标底。

第三十八条 评标委员会可以用书面形式要求投标人对投标文件中含义不明确的内容作必要的澄清或者说明。投标人应当采用书面形式进行澄清或者说明，其澄清或者说明不得超出投标文件的范围或者改变投标文件的实质性内容。

第三十九条 评标委员会经评审，认为所有投标文件都不符合招标文件要求的，可以否决所有投标。

依法必须进行施工招标工程的所有投标被否决的，招标人应当依法重新招标。

第四十条 评标可以采用综合评估法、经评审的最低投标标价法或者法律法规允许的其他评标方法。

采用综合评估法的，应当对投标文件提出的工程质量、施工工期、投标价格、施工组织设计或者施工方案、投标人及项目经理业绩等，能否最大限度地满足招标文件中规定的各项要求和评价标准进行评审和比较。以评分方式进行评估的，对于各种评比奖项不得额外计分。

采用经评审的最低投标价法的，应当在投标文件能够满足招标文件实质性要求的投标人中，评审出投标价格最低的投标人，但投标价格低于其企业成本的除外。

第四十一条　评标委员会完成评标后，应当向招标人提出书面评标报告，阐明评标委员会对各投标文件的评审和比较意见，并按照招标文件中规定的评标方法，推荐不超过3名有排序的合格的中标候选人。招标人根据评标委员会提出的书面评标报告和推荐的中标候选人确定中标人。

使用国有资金投资或者国家融资的工程项目，招标人应当按照中标候选人的排序确定中标人。当确定中标的中标候选人放弃中标或者因不可抗力提出不能履行合同的，招标人可以依序确定其他中标候选人为中标人。

招标人也可以授权评标委员会直接确定中标人。

第四十二条　有下列情形之一的，评标委员会可以要求投标人作出书面说明并提供相关材料：

（一）设有标底的，投标报价低于标底合理幅度的；

（二）不设标底的，投标报价明显低于其他投标报价，有可能低于其企业成本的。

经评标委员会论证，认定该投标人的报价低于其企业成本的，不能推荐为中标候选人或者中标人。

第四十三条　招标人应当在投标有效期截止时限30日前确定中标人。投标有效期应当在招标文件中载明。

第四十四条　依法必须进行施工招标的工程，招标人应当自确定中标人之日起15日内，向工程所在地的县级以上地方人民政府建设行政主管部门提交施工招标投标情况的书面报告。书面报告应当包括下列内容：

（一）施工招标投标的基本情况，包括施工招标范围、施工招标方式、资格审查、开评标过程和确定中标人的方式及理由等。

（二）相关的文件资料，包括招标公告或者投标邀请书、投标报名表、资格预审文件、招标文件、评标委员会的评标报告（设有标底的，应当附标底）、中标人的投标文件。委托工程招标代理的，还应当附工程施工招标代理委托合同。

前款第二项中已按照本办法的规定办理了备案的文件资料，不再重复提交。

第四十五条　建设行政主管部门自收到书面报告之日起5日内未通知招标人在招标投标活动中有违法行为的，招标人可以向中标人发出中标通知书，并将中标结果通知所有未中标的投标人。

第四十六条　招标人和中标人应当自中标通知书发出之日起30日内，按照招标文件和中标人的投标文件订立书面合同；招标人和中标人不得再行订立背离合同实质性内容的其他协议。

中标人不与招标人订立合同的，投标保证金不予退还并取消其中标资格，给招标人造成的损失超过投标保证金数额的，应当对超过部分予以赔偿；没有提交投标保证金的，应当对招标人的损失承担赔偿责任。

招标人无正当理由不与中标人签订合同，给中标人造成损失的，招标人应当给予赔偿。

第四十七条　招标文件要求中标人提交履约担保的，中标人应当提交。招标人应当同时向中标人提供工程款支付担保。

第五章　罚则

第四十八条　有违反《招标投标法》行为的，县级以上地方人民政府建设行政主管部门应当按照《招标投标法》的规定予以处罚。

第四十九条　招标投标活动中有《招标投标法》规定中标无效情形的，由县级以上地方人民政府建设行政主管部门宣布中标无效，责令重新组织招标，并依法追究有关责任人责任。

第五十条　应当招标未招标的，应当公开招标未公开招标的，县级以上地方人民政府建设行政主管部门应当责令改正，拒不改正的，不得颁发施工许可证。

第五十一条　招标人不具备自行办理施工招标事宜条件而自行招标的，县级以上地方人民政府建设行政主管部门应当责令改正，处1万元以下的罚款。

第五十二条　评标委员会的组成不符合法律、法规规定的，县级以上地方人民政府建设行政主管部门应当责令招标人重新组织评标委员会。

第五十三条　招标人未向建设行政主管部门提交施工招标投标情况书面报告的，县级以上地方人民政府建设行政主管部门应当责令改正。

第六章　附则

第五十四条　工程施工专业分包、劳务分包采用招标方式的，参照本办法执行。

第五十五条　招标文件或者投标文件使用两种以上语言文字的，必须有一种是中文；如对不同文本的解释发生异议的，以中文文本为准。用文字表示的金额与数字表示的金额不一致的，以文字表示的金额为准。

第五十六条　涉及国家安全、国家秘密、抢险救灾或者属于利用扶贫资金实行以工代赈、需要使用农民工等特殊情况，不适宜进行施工招标的工程，按照国家有关规定可以不进行施工招标。

第五十七条　使用国际组织或者外国政府贷款、援助资金的工程进行施工招标，贷款方、资金提供方对招标投标的具体条件和程序有不同规定的，可以适用其规定，但违背中华人民共和国的社会公共利益的除外。

第五十八条　本办法由国务院建设行政主管部门负责解释。

第五十九条　本办法自发布之日起施行。1992年12月30日建设部颁布的《工程建设施工招标投标管理办法》(建设部令第23号)同时废止。

政府采购货物和服务招标投标管理办法

（中华人民共和国财政部令第87号）

第一章 总则

第一条 为了规范政府采购当事人的采购行为，加强对政府采购货物和服务招标投标活动的监督管理，维护国家利益、社会公共利益和政府采购招标投标活动当事人的合法权益，依据《中华人民共和国政府采购法》（以下简称政府采购法）、《中华人民共和国政府采购法实施条例》（以下简称政府采购法实施条例）和其他有关法律法规规定，制定本办法。

第二条 本办法适用于在中华人民共和国境内开展政府采购货物和服务（以下简称货物服务）招标投标活动。

第三条 货物服务招标分为公开招标和邀请招标。

公开招标，是指采购人依法以招标公告的方式邀请非特定的供应商参加投标的采购方式。

邀请招标，是指采购人依法从符合相应资格条件的供应商中随机抽取3家以上供应商，并以投标邀请书的方式邀请其参加投标的采购方式。

第四条 属于地方预算的政府采购项目，省、自治区、直辖市人民政府根据实际情况，可以确定分别适用于本行政区域省级、设区的市级、县级公开招标数额标准。

第五条 采购人应当在货物服务招标投标活动中落实节约能源、保护环境、扶持不发达地区和少数民族地区、促进中小企业发展等政府采购政策。

第六条 采购人应当按照行政事业单位内部控制规范要求，建立健全本单位政府采购内部控制制度，在编制政府采购预算和实施计划、确定采购需求、组织采购活动、履约验收、答复询问质疑、配合投诉处理及监督检查等重点环节加强内部控制管理。

采购人不得向供应商索要或者接受其给予的赠品、回扣或者与采购无关的其他商品、服务。

第七条 采购人应当按照财政部制定的《政府采购品目分类目录》确定采购项目属性。按照《政府采购品目分类目录》无法确定的，按照有利于采购项目实施的原则确定。

第八条 采购人委托采购代理机构代理招标的，采购代理机构应当在采购人委托的范围内依法开展采购活动。

采购代理机构及其分支机构不得在所代理的采购项目中投标或者代理投标，不得为所代理的采购项目的投标人参加本项目提供投标咨询。

第二章 招标

第九条 未纳入集中采购目录的政府采购项目，采购人可以自行招标，也可以委托采购代理机构在委托的范围内代理招标。

采购人自行组织开展招标活动的，应当符合下列条件：

（一）有编制招标文件、组织招标的能力和条件；

（二）有与采购项目专业性相适应的专业人员。

第十条 采购人应当对采购标的的市场技术或者服务水平、供应、价格等情况进行市场调查，根据调查情况、资产配置标准等科学、合理地确定采购需求，进行价格测算。

第十一条 采购需求应当完整、明确，包括以下内容：

（一）采购标的需实现的功能或者目标，以及为落实政府采购政策需满足的要求；

（二）采购标的需执行的国家相关标准、行业标准、地方标准或者其他标准、规范；

（三）采购标的需满足的质量、安全、技术规格、物理特性等要求；

（四）采购标的的数量、采购项目交付或者实施的时间和地点；

（五）采购标的需满足的服务标准、期限、效率等要求；

（六）采购标的的验收标准；

（七）采购标的的其他技术、服务等要求。

第十二条 采购人根据价格测算情况，可以在采购预算额度内合理设定最高限价，但不得设定最低限价。

第十三条 公开招标公告应当包括以下主要内容：

（一）采购人及其委托的采购代理机构的名称、地址和联系方法；

（二）采购项目的名称、预算金额，设定最高限价的，还应当公开最高限价；

（三）采购人的采购需求；

（四）投标人的资格要求；

（五）获取招标文件的时间期限、地点、方式及招标文件售价；

（六）公告期限；

（七）投标截止时间、开标时间及地点；

（八）采购项目联系人姓名和电话。

第十四条 采用邀请招标方式的，采购人或者采购代理机构应当通过以下方式产生符合资格条件的供应商名单，并从中随机抽取3家以上供应商向其发出投标邀请书：

（一）发布资格预审公告征集；

（二）从省级以上人民政府财政部门（以下简称财政部门）建立的供应商库中选取；

（三）采购人书面推荐。

采用前款第一项方式产生符合资格条件供应商名单的，采购人或者采购代理机构应当按照资格预审文件载明的标准和方法，对潜在投标人进行资格预审。

采用第一款第二项或者第三项方式产生符合资格条件供应商名单的，备选的符合资格条件供应商总数不得少于拟随机抽取供应商总数的两倍。

随机抽取是指通过抽签等能够保证所有符合资格条件供应商机会均等的方式选定供应商。随机抽取供应商时，应当有不少于两名采购人工作人员在场监督，并形成书面记录，随采购文件一并存档。

投标邀请书应当同时向所有受邀请的供应商发出。

第十五条 资格预审公告应当包括以下主要内容：

（一）本办法第十三条第一至四项、第六项和第八项内容；

（二）获取资格预审文件的时间期限、地点、方式；

（三）提交资格预审申请文件的截止时间、地点及资格预审日期。

第十六条　招标公告、资格预审公告的公告期限为5个工作日。公告内容应当以省级以上财政部门指定媒体发布的公告为准。公告期限自省级以上财政部门指定媒体最先发布公告之日起算。

第十七条　采购人、采购代理机构不得将投标人的注册资本、资产总额、营业收入、从业人员、利润、纳税额等规模条件作为资格要求或者评审因素，也不得通过将除进口货物以外的生产厂家授权、承诺、证明、背书等作为资格要求，对投标人实行差别待遇或者歧视待遇。

第十八条　采购人或者采购代理机构应当按照招标公告、资格预审公告或者投标邀请书规定的时间、地点提供招标文件或者资格预审文件，提供期限自招标公告、资格预审公告发布之日起计算不得少于5个工作日。提供期限届满后，获取招标文件或者资格预审文件的潜在投标人不足3家的，可以顺延提供期限，并予公告。

公开招标进行资格预审的，招标公告和资格预审公告可以合并发布，招标文件应当向所有通过资格预审的供应商提供。

第十九条　采购人或者采购代理机构应当根据采购项目的实施要求，在招标公告、资格预审公告或者投标邀请书中载明是否接受联合体投标。如未载明，不得拒绝联合体投标。

第二十条　采购人或者采购代理机构应当根据采购项目的特点和采购需求编制招标文件。招标文件应当包括以下主要内容：

（一）投标邀请；

（二）投标人须知（包括投标文件的密封、签署、盖章要求等）；

（三）投标人应当提交的资格、资信证明文件；

（四）为落实政府采购政策，采购标的需满足的要求，以及投标人须提供的证明材料；

（五）投标文件编制要求、投标报价要求和投标保证金交纳、退还方式以及不予退还投标保证金的情形；

（六）采购项目预算金额，设定最高限价的，还应当公开最高限价；

（七）采购项目的技术规格、数量、服务标准、验收等要求，包括附件、图纸等；

（八）拟签订的合同文本；

（九）货物、服务提供的时间、地点、方式；

（十）采购资金的支付方式、时间、条件；

（十一）评标方法、评标标准和投标无效情形；

（十二）投标有效期；

（十三）投标截止时间、开标时间及地点；

（十四）采购代理机构代理费用的收取标准和方式；

（十五）投标人信用信息查询渠道及截止时点、信用信息查询记录和证据留存的具体方式、信用信息的使用规则等；

（十六）省级以上财政部门规定的其他事项。

对于不允许偏离的实质性要求和条件，采购人或者采购代理机构应当在招标文件中规定，并以醒目的方式标明。

第二十一条　采购人或者采购代理机构应当根据采购项目的特点和采购需求编制资格预审文件。资格预审文件应当包括以下主要内容：

（一）资格预审邀请；

（二）申请人须知；

（三）申请人的资格要求；

（四）资格审核标准和方法；

（五）申请人应当提供的资格预审申请文件的内容和格式；

（六）提交资格预审申请文件的方式、截止时间、地点及资格审核日期；

（七）申请人信用信息查询渠道及截止时点、信用信息查询记录和证据留存的具体方式、信用信息的使用规则等内容；

（八）省级以上财政部门规定的其他事项。

资格预审文件应当免费提供。

第二十二条　采购人、采购代理机构一般不得要求投标人提供样品，仅凭书面方式不能准确描述采购需求或者需要对样品进行主观判断以确认是否满足采购需求等特殊情况除外。

要求投标人提供样品的，应当在招标文件中明确规定样品制作的标准和要求、是否需要随样品提交相关检测报告、样品的评审方法以及评审标准。需要随样品提交检测报告的，还应当规定检测机构的要求、检测内容等。

采购活动结束后，对于未中标人提供的样品，应当及时退还或者经未中标人同意后自行处理；对于中标人提供的样品，应当按照招标文件的规定进行保管、封存，并作为履约验收的参考。

第二十三条　投标有效期从提交投标文件的截止之日起算。投标文件中承诺的投标有效期应当不少于招标文件中载明的投标有效期。投标有效期内投标人撤销投标文件的，采购人或者采购代理机构可以不退还投标保证金。

第二十四条　招标文件售价应当按照弥补制作、邮寄成本的原则确定，不得以营利为目的，不得以招标采购金额作为确定招标文件售价的依据。

第二十五条　招标文件、资格预审文件的内容不得违反法律、行政法规、强制性标准、政府采购政策，或者违反公开透明、公平竞争、公正和诚实信用原则。

有前款规定情形，影响潜在投标人投标或者资格预审结果的，采购人或者采购代理机构应当修改招标文件或者资格预审文件后重新招标。

第二十六条　采购人或者采购代理机构可以在招标文件提供期限截止后，组织已获取招标文件的潜在投标人现场考察或者召开开标前答疑会。

组织现场考察或者召开答疑会的，应当在招标文件中载明，或者在招标文件提供期限截止后以书面形式通知所有获取招标文件的潜在投标人。

第二十七条　采购人或者采购代理机构可以对已发出的招标文件、资格预审文件、投标邀请书进行必要的澄清或者修改，但不得改变采购标的和资格条件。澄清或者修改应当在原公告发布媒体上发布澄清公告。澄清或者修改的内容为招标文件、资格预审文件、投标邀请书的组成部分。

澄清或者修改的内容可能影响投标文件编制的，采购人或者采购代理机构应当在投标截止时间至少15日前，以书面形式通知所有获取招标文件的潜在投标人；不足15日的，采购人或者采购代理机构应当顺延提交投标文件的截止时间。

澄清或者修改的内容可能影响资格预审申请文件编制的，采购人或者采购代理机构应当在提交资格预审申请文件截止时间至少3日前，以书面形式通知所有获取资格预审文件的潜在投标人；不足3日的，采购人或者采购代理机构应当顺延提交资格预审申请文件的截止时间。

第二十八条　投标截止时间前，采购人、采购代理机构和有关人员不得向他人透露已获取招标文件的潜在投标人的名称、数量以及可能影响公平竞争的有关招标投标的其他情况。

第二十九条　采购人、采购代理机构在发布招标公告、资格预审公告或者发出投标邀请书后，除因重大变故采购任务取消情况外，不得擅自终止招标活动。

终止招标的，采购人或者采购代理机构应当及时在原公告发布媒体上发布终止公告，以书面形式通知已经获取招标文件、资格预审文件或者被邀请的潜在投标人，并将项目实施情况和采购任务取消原因报告本级财政部门。已经收取招标文件费用或者投标保证金的，采购人或者采购代理机构应当在终止采购活动后5个工作日内，退还所收取的招标文件费用和所收取的投标保证金及其在银行产生的孳息。

第三章　投标

第三十条　投标人，是指响应招标、参加投标竞争的法人、其他组织或者自然人。

第三十一条　采用最低评标价法的采购项目，提供相同品牌产品的不同投标人参加同一合同项下投标的，以其中通过资格审查、符合性审查且报价最低的参加评标；报价相同的，由采购人或者采购人委托评标委员会按照招标文件规定的方式确定一个参加评标的投标人，招标文件未规定的采取随机抽取方式确定，其他投标无效。

使用综合评分法的采购项目，提供相同品牌产品且通过资格审查、符合性审查的不同投标人参加同一合同项下投标的，按一家投标人计算，评审后得分最高的同品牌投标人获得中标人推荐资格；评审得分相同的，由采购人或者采购人委托评标委员会按照招标文件规定的方式确定一个投标人获得中标人推荐资格，招标文件未规定的采取随机抽取方式确定，其他同品牌投标人不作为中标候选人。

非单一产品采购项目，采购人应当根据采购项目技术构成、产品价格比重等合理确定核心产品，并在招标文件中载明。多家投标人提供的核心产品品牌相同的，按前两款规定处理。

第三十二条　投标人应当按照招标文件的要求编制投标文件。投标文件应当对招标文件提出的要求和条件作出明确响应。

第三十三条　投标人应当在招标文件要求提交投标文件的截止时间前，将投标文件密封送达投标地点。采购人或者采购代理机构收到投标文件后，应当如实记载投标文件的送达时间和密封情况，签收保存，并向投标人出具签收回执。任何单位和个人不得在开标前开启投标文件。

逾期送达或者未按照招标文件要求密封的投标文件，采购人、采购代理机构应当拒收。

第三十四条 投标人在投标截止时间前，可以对所递交的投标文件进行补充、修改或者撤回，并书面通知采购人或者采购代理机构。补充、修改的内容应当按照招标文件要求签署、盖章、密封后，作为投标文件的组成部分。

第三十五条 投标人根据招标文件的规定和采购项目的实际情况，拟在中标后将中标项目的非主体、非关键性工作分包的，应当在投标文件中载明分包承担主体，分包承担主体应当具备相应资质条件且不得再次分包。

第三十六条 投标人应当遵循公平竞争的原则，不得恶意串通，不得妨碍其他投标人的竞争行为，不得损害采购人或者其他投标人的合法权益。

在评标过程中发现投标人有上述情形的，评标委员会应当认定其投标无效，并书面报告本级财政部门。

第三十七条 有下列情形之一的，视为投标人串通投标，其投标无效：

（一）不同投标人的投标文件由同一单位或者个人编制；

（二）不同投标人委托同一单位或者个人办理投标事宜；

（三）不同投标人的投标文件载明的项目管理成员或者联系人员为同一人；

（四）不同投标人的投标文件异常一致或者投标报价呈规律性差异；

（五）不同投标人的投标文件相互混装；

（六）不同投标人的投标保证金从同一单位或者个人的账户转出。

第三十八条 投标人在投标截止时间前撤回已提交的投标文件的，采购人或者采购代理机构应当自收到投标人书面撤回通知之日起5个工作日内，退还已收取的投标保证金，但因投标人自身原因导致无法及时退还的除外。

采购人或者采购代理机构应当自中标通知书发出之日起5个工作日内退还未中标人的投标保证金，自采购合同签订之日起5个工作日内退还中标人的投标保证金或者转为中标人的履约保证金。

采购人或者采购代理机构逾期退还投标保证金的，除应当退还投标保证金本金外，还应当按中国人民银行同期贷款基准利率上浮20%后的利率支付超期资金占用费，但因投标人自身原因导致无法及时退还的除外。

第四章 开标、评标

第三十九条 开标应当在招标文件确定的提交投标文件截止时间的同一时间进行。开标地点应当为招标文件中预先确定的地点。

采购人或者采购代理机构应当对开标、评标现场活动进行全程录音录像。录音录像应当清晰可辨，音像资料作为采购文件一并存档。

第四十条 开标由采购人或者采购代理机构主持，邀请投标人参加。评标委员会成员不得参加开标活动。

第四十一条 开标时，应当由投标人或者其推选的代表检查投标文件的密封情况；经确认无误后，由采购人或者采购代理机构工作人员当众拆封，宣布投标人名称、投标价格和招标文件规定的需要宣布的其他内容。

投标人不足3家的，不得开标。

第四十二条　开标过程应当由采购人或者采购代理机构负责记录，由参加开标的各投标人代表和相关工作人员签字确认后随采购文件一并存档。

投标人代表对开标过程和开标记录有疑义，以及认为采购人、采购代理机构相关工作人员有需要回避的情形的，应当场提出询问或者回避申请。采购人、采购代理机构对投标人代表提出的询问或者回避申请应当及时处理。

投标人未参加开标的，视同认可开标结果。

第四十三条　公开招标数额标准以上的采购项目，投标截止后投标人不足3家或者通过资格审查或符合性审查的投标人不足3家的，除采购任务取消情形外，按照以下方式处理：

（一）招标文件存在不合理条款或者招标程序不符合规定的，采购人、采购代理机构改正后依法重新招标；

（二）招标文件没有不合理条款、招标程序符合规定，需要采用其他采购方式采购的，采购人应当依法报财政部门批准。

第四十四条　公开招标采购项目开标结束后，采购人或者采购代理机构应当依法对投标人的资格进行审查。

合格投标人不足3家的，不得评标。

第四十五条　采购人或者采购代理机构负责组织评标工作，并履行下列职责：

（一）核对评审专家身份和采购人代表授权函，对评审专家在政府采购活动中的职责履行情况予以记录，并及时将有关违法违规行为向财政部门报告；

（二）宣布评标纪律；

（三）公布投标人名单，告知评审专家应当回避的情形；

（四）组织评标委员会推选评标组长，采购人代表不得担任组长；

（五）在评标期间采取必要的通讯管理措施，保证评标活动不受外界干扰；

（六）根据评标委员会的要求介绍政府采购相关政策法规、招标文件；

（七）维护评标秩序，监督评标委员会依照招标文件规定的评标程序、方法和标准进行独立评审，及时制止和纠正采购人代表、评审专家的倾向性言论或者违法违规行为；

（八）核对评标结果，有本办法第六十四条规定情形的，要求评标委员会复核或者书面说明理由，评标委员会拒绝的，应予记录并向本级财政部门报告；

（九）评审工作完成后，按照规定向评审专家支付劳务报酬和异地评审差旅费，不得向评审专家以外的其他人员支付评审劳务报酬；

（十）处理与评标有关的其他事项。

采购人可以在评标前说明项目背景和采购需求，说明内容不得含有歧视性、倾向性意见，不得超出招标文件所述范围。说明应当提交书面材料，并随采购文件一并存档。

第四十六条　评标委员会负责具体评标事务，并独立履行下列职责：

（一）审查、评价投标文件是否符合招标文件的商务、技术等实质性要求；

（二）要求投标人对投标文件有关事项作出澄清或者说明；

（三）对投标文件进行比较和评价；

（四）确定中标候选人名单，以及根据采购人委托直接确定中标人；

（五）向采购人、采购代理机构或者有关部门报告评标中发现的违法行为。

第四十七条　评标委员会由采购人代表和评审专家组成，成员人数应当为5人以上单数，其中评审专家不得少于成员总数的三分之二。

采购项目符合下列情形之一的，评标委员会成员人数应当为7人以上单数：

（一）采购预算金额在1000万元以上；

（二）技术复杂；

（三）社会影响较大。

评审专家对本单位的采购项目只能作为采购人代表参与评标，本办法第四十八条第二款规定情形除外。采购代理机构工作人员不得参加由本机构代理的政府采购项目的评标。

评标委员会成员名单在评标结果公告前应当保密。

第四十八条　采购人或者采购代理机构应当从省级以上财政部门设立的政府采购评审专家库中，通过随机方式抽取评审专家。

对技术复杂、专业性强的采购项目，通过随机方式难以确定合适评审专家的，经主管预算单位同意，采购人可以自行选定相应专业领域的评审专家。

第四十九条　评标中因评标委员会成员缺席、回避或者健康等特殊原因导致评标委员会组成不符合本办法规定的，采购人或者采购代理机构应当依法补足后继续评标。被更换的评标委员会成员所作出的评标意见无效。

无法及时补足评标委员会成员的，采购人或者采购代理机构应当停止评标活动，封存所有投标文件和开标、评标资料，依法重新组建评标委员会进行评标。原评标委员会所作出的评标意见无效。

采购人或者采购代理机构应当将变更、重新组建评标委员会的情况予以记录，并随采购文件一并存档。

第五十条　评标委员会应当对符合资格的投标人的投标文件进行符合性审查，以确定其是否满足招标文件的实质性要求。

第五十一条　对于投标文件中含义不明确、同类问题表述不一致或者有明显文字和计算错误的内容，评标委员会应当以书面形式要求投标人作出必要的澄清、说明或者补正。

投标人的澄清、说明或者补正应当采用书面形式，并加盖公章，或者由法定代表人或其授权的代表签字。投标人的澄清、说明或者补正不得超出投标文件的范围或者改变投标文件的实质性内容。

第五十二条　评标委员会应当按照招标文件中规定的评标方法和标准，对符合性审查合格的投标文件进行商务和技术评估，综合比较与评价。

第五十三条　评标方法分为最低评标价法和综合评分法。

第五十四条　最低评标价法，是指投标文件满足招标文件全部实质性要求，且投标报价最低的投标人为中标候选人的评标方法。

技术、服务等标准统一的货物服务项目，应当采用最低评标价法。

采用最低评标价法评标时，除了算术修正和落实政府采购政策需进行的价格扣除外，不能对投标人的投标价格进行任何调整。

第五十五条　综合评分法，是指投标文件满足招标文件全部实质性要求，且按照评审因素的量化指标评审得分最高的投标人为中标候选人的评标方法。

评审因素的设定应当与投标人所提供货物服务的质量相关，包括投标报价、技术或者服务水平、履约能力、售后服务等。资格条件不得作为评审因素。评审因素应当在招标文件中规定。

评审因素应当细化和量化，且与相应的商务条件和采购需求对应。商务条件和采购需求指标有区间规定的，评审因素应当量化到相应区间，并设置各区间对应的不同分值。

评标时，评标委员会各成员应当独立对每个投标人的投标文件进行评价，并汇总每个投标人的得分。

货物项目的价格分值占总分值的比重不得低于30%；服务项目的价格分值占总分值的比重不得低于10%。执行国家统一定价标准和采用固定价格采购的项目，其价格不列为评审因素。

价格分应当采用低价优先法计算，即满足招标文件要求且投标价格最低的投标报价为评标基准价，其价格分为满分。其他投标人的价格分统一按照下列公式计算：

投标报价得分＝(评标基准价/投标报价)×100

评标总得分＝F1×A1＋F2×A2＋……＋Fn×An

F1、F2……Fn分别为各项评审因素的得分；

A1、A2……An分别为各项评审因素所占的权重(A1＋A2＋……＋An＝1)。

评标过程中，不得去掉报价中的最高报价和最低报价。

因落实政府采购政策进行价格调整的，以调整后的价格计算评标基准价和投标报价。

第五十六条　采用最低评标价法的，评标结果按投标报价由低到高顺序排列。投标报价相同的并列。投标文件满足招标文件全部实质性要求且投标报价最低的投标人为排名第一的中标候选人。

第五十七条　采用综合评分法的，评标结果按评审后得分由高到低顺序排列。得分相同的，按投标报价由低到高顺序排列。得分且投标报价相同的并列。投标文件满足招标文件全部实质性要求，且按照评审因素的量化指标评审得分最高的投标人为排名第一的中标候选人。

第五十八条　评标委员会根据全体评标成员签字的原始评标记录和评标结果编写评标报告。评标报告应当包括以下内容：

(一) 招标公告刊登的媒体名称、开标日期和地点；

(二) 投标人名单和评标委员会成员名单；

(三) 评标方法和标准；

(四) 开标记录和评标情况及说明，包括无效投标人名单及原因；

(五) 评标结果，确定的中标候选人名单或者经采购人委托直接确定的中标人；

(六) 其他需要说明的情况，包括评标过程中投标人根据评标委员会要求进行的澄清、说明或者补正，评标委员会成员的更换等。

第五十九条　投标文件报价出现前后不一致的，除招标文件另有规定外，按照下列规定修正：

(一) 投标文件中开标一览表(报价表)内容与投标文件中相应内容不一致的，以开标一

览表(报价表)为准;

(二) 大写金额和小写金额不一致的,以大写金额为准;

(三) 单价金额小数点或者百分比有明显错位的,以开标一览表的总价为准,并修改单价;

(四) 总价金额与按单价汇总金额不一致的,以单价金额计算结果为准。

同时出现两种以上不一致的,按照前款规定的顺序修正。修正后的报价按照本办法第五十一条第二款的规定经投标人确认后产生约束力,投标人不确认的,其投标无效。

第六十条 评标委员会认为投标人的报价明显低于其他通过符合性审查投标人的报价,有可能影响产品质量或者不能诚信履约的,应当要求其在评标现场合理的时间内提供书面说明,必要时提交相关证明材料;投标人不能证明其报价合理性的,评标委员会应当将其作为无效投标处理。

第六十一条 评标委员会成员对需要共同认定的事项存在争议的,应当按照少数服从多数的原则作出结论。持不同意见的评标委员会成员应当在评标报告上签署不同意见及理由,否则视为同意评标报告。

第六十二条 评标委员会及其成员不得有下列行为:

(一) 确定参与评标至评标结束前私自接触投标人;

(二) 接受投标人提出的与投标文件不一致的澄清或者说明,本办法第五十一条规定的情形除外;

(三) 违反评标纪律发表倾向性意见或者征询采购人的倾向性意见;

(四) 对需要专业判断的主观评审因素协商评分;

(五) 在评标过程中擅离职守,影响评标程序正常进行的;

(六) 记录、复制或者带走任何评标资料;

(七) 其他不遵守评标纪律的行为。

评标委员会成员有前款第一至五项行为之一的,其评审意见无效,并不得获取评审劳务报酬和报销异地评审差旅费。

第六十三条 投标人存在下列情况之一的,投标无效:

(一) 未按照招标文件的规定提交投标保证金的;

(二) 投标文件未按招标文件要求签署、盖章的;

(三) 不具备招标文件中规定的资格要求的;

(四) 报价超过招标文件中规定的预算金额或者最高限价的;

(五) 投标文件含有采购人不能接受的附加条件的;

(六) 法律、法规和招标文件规定的其他无效情形。

第六十四条 评标结果汇总完成后,除下列情形外,任何人不得修改评标结果:

(一) 分值汇总计算错误的;

(二) 分项评分超出评分标准范围的;

(三) 评标委员会成员对客观评审因素评分不一致的;

(四) 经评标委员会认定评分畸高、畸低的。

评标报告签署前,经复核发现存在以上情形之一的,评标委员会应当当场修改评标结果，并在评标报告中记载；评标报告签署后，采购人或者采购代理机构发现存在以上情形之一的，应当组织原评标委员会进行重新评审，重新评审改变评标结果的，书面报告本级财政部门。

投标人对本条第一款情形提出质疑的，采购人或者采购代理机构可以组织原评标委员会进行重新评审，重新评审改变评标结果的，应当书面报告本级财政部门。

第六十五条　评标委员会发现招标文件存在歧义、重大缺陷导致评标工作无法进行，或者招标文件内容违反国家有关强制性规定的，应当停止评标工作，与采购人或者采购代理机构沟通并作书面记录。采购人或者采购代理机构确认后，应当修改招标文件，重新组织采购活动。

第六十六条　采购人、采购代理机构应当采取必要措施，保证评标在严格保密的情况下进行。除采购人代表、评标现场组织人员外，采购人的其他工作人员以及与评标工作无关的人员不得进入评标现场。

有关人员对评标情况以及在评标过程中获悉的国家秘密、商业秘密负有保密责任。

第六十七条　评标委员会或者其成员存在下列情形导致评标结果无效的，采购人、采购代理机构可以重新组建评标委员会进行评标，并书面报告本级财政部门，但采购合同已经履行的除外：

（一）评标委员会组成不符合本办法规定的；

（二）有本办法第六十二条第一至五项情形的；

（三）评标委员会及其成员独立评标受到非法干预的；

（四）有政府采购法实施条例第七十五条规定的违法行为的。

有违法违规行为的原评标委员会成员不得参加重新组建的评标委员会。

第五章　中标和合同

第六十八条　采购代理机构应当在评标结束后2个工作日内将评标报告送采购人。

采购人应当自收到评标报告之日起5个工作日内，在评标报告确定的中标候选人名单中按顺序确定中标人。中标候选人并列的，由采购人或者采购人委托评标委员会按照招标文件规定的方式确定中标人；招标文件未规定的，采取随机抽取的方式确定。

采购人自行组织招标的，应当在评标结束后5个工作日内确定中标人。

采购人在收到评标报告5个工作日内未按评标报告推荐的中标候选人顺序确定中标人，又不能说明合法理由的，视同按评标报告推荐的顺序确定排名第一的中标候选人为中标人。

第六十九条　采购人或者采购代理机构应当自中标人确定之日起2个工作日内，在省级以上财政部门指定的媒体上公告中标结果，招标文件应当随中标结果同时公告。

中标结果公告内容应当包括采购人及其委托的采购代理机构的名称、地址、联系方式，项目名称和项目编号，中标人名称、地址和中标金额，主要中标标的的名称、规格型号、数量、单价、服务要求，中标公告期限以及评审专家名单。

中标公告期限为1个工作日。

邀请招标采购人采用书面推荐方式产生符合资格条件的潜在投标人的，还应当将所有被推荐供应商名单和推荐理由随中标结果同时公告。

在公告中标结果的同时，采购人或者采购代理机构应当向中标人发出中标通知书；对未通过资格审查的投标人，应当告知其未通过的原因；采用综合评分法评审的，还应当告知未中标人本人的评审得分与排序。

第七十条　中标通知书发出后，采购人不得违法改变中标结果，中标人无正当理由不得放弃中标。

第七十一条　采购人应当自中标通知书发出之日起30日内，按照招标文件和中标人投标文件的规定，与中标人签订书面合同。所签订的合同不得对招标文件确定的事项和中标人投标文件作实质性修改。

采购人不得向中标人提出任何不合理的要求作为签订合同的条件。

第七十二条　政府采购合同应当包括采购人与中标人的名称和住所、标的、数量、质量、价款或者报酬、履行期限及地点和方式、验收要求、违约责任、解决争议的方法等内容。

第七十三条　采购人与中标人应当根据合同的约定依法履行合同义务。

政府采购合同的履行、违约责任和解决争议的方法等适用《中华人民共和国合同法》。

第七十四条　采购人应当及时对采购项目进行验收。采购人可以邀请参加本项目的其他投标人或者第三方机构参与验收。参与验收的投标人或者第三方机构的意见作为验收书的参考资料一并存档。

第七十五条　采购人应当加强对中标人的履约管理，并按照采购合同约定，及时向中标人支付采购资金。对于中标人违反采购合同约定的行为，采购人应当及时处理，依法追究其违约责任。

第七十六条　采购人、采购代理机构应当建立真实完整的招标采购档案，妥善保存每项采购活动的采购文件。

第六章　法律责任

第七十七条　采购人有下列情形之一的，由财政部门责令限期改正；情节严重的，给予警告，对直接负责的主管人员和其他直接责任人员由其行政主管部门或者有关机关依法给予处分，并予以通报；涉嫌犯罪的，移送司法机关处理：

（一）未按照本办法的规定编制采购需求的；

（二）违反本办法第六条第二款规定的；

（三）未在规定时间内确定中标人的；

（四）向中标人提出不合理要求作为签订合同条件的。

第七十八条　采购人、采购代理机构有下列情形之一的，由财政部门责令限期改正，情节严重的，给予警告，对直接负责的主管人员和其他直接责任人员，由其行政主管部门或者有关机关给予处分，并予通报；采购代理机构有违法所得的，没收违法所得，并可以处以不超过违法所得3倍、最高不超过3万元的罚款，没有违法所得的，可以处以1万元以下的罚款：

（一）违反本办法第八条第二款规定的；

（二）设定最低限价的；

（三）未按照规定进行资格预审或者资格审查的；

（四）违反本办法规定确定招标文件售价的；

（五）未按规定对开标、评标活动进行全程录音录像的；

（六）擅自终止招标活动的；

（七）未按照规定进行开标和组织评标的；

（八）未按照规定退还投标保证金的；

（九）违反本办法规定进行重新评审或者重新组建评标委员会进行评标的；

（十）开标前泄露已获取招标文件的潜在投标人的名称、数量或者其他可能影响公平竞争的有关招标投标情况的；

（十一）未妥善保存采购文件的；

（十二）其他违反本办法规定的情形。

第七十九条　有本办法第七十七条、第七十八条规定的违法行为之一，经改正后仍然影响或者可能影响中标结果的，依照政府采购法实施条例第七十一条规定处理。

第八十条　政府采购当事人违反本办法规定，给他人造成损失的，依法承担民事责任。

第八十一条　评标委员会成员有本办法第六十二条所列行为之一的，由财政部门责令限期改正；情节严重的，给予警告，并对其不良行为予以记录。

第八十二条　财政部门应当依法履行政府采购监督管理职责。财政部门及其工作人员在履行监督管理职责中存在懒政怠政、滥用职权、玩忽职守、徇私舞弊等违法违纪行为的，依照政府采购法、《中华人民共和国公务员法》、《中华人民共和国行政监察法》、政府采购法实施条例等国家有关规定追究相应责任；涉嫌犯罪的，移送司法机关处理。

第七章　附则

第八十三条　政府采购货物服务电子招标投标、政府采购货物中的进口机电产品招标投标有关特殊事宜，由财政部另行规定。

第八十四条　本办法所称主管预算单位是指负有编制部门预算职责，向本级财政部门申报预算的国家机关、事业单位和团体组织。

第八十五条　本办法规定按日计算期间的，开始当天不计入，从次日开始计算。期限的最后一日是国家法定节假日的，顺延到节假日后的次日为期限的最后一日。

第八十六条　本办法所称的“以上”、“以下”、“内”、“以内”，包括本数；所称的“不足”，不包括本数。

第八十七条　各省、自治区、直辖市财政部门可以根据本办法制定具体实施办法。

第八十八条　本办法自2017年10月1日起施行。财政部2004年8月11日发布的《政府采购货物和服务招标投标管理办法》（财政部令第18号）同时废止。

政府采购非招标采购方式管理办法

（中华人民共和国财政部令第74号）

第一章　总则

第一条　为了规范政府采购行为，加强对采用非招标采购方式采购活动的监督管理，维护国家利益、社会公共利益和政府采购当事人的合法权益，依据《中华人民共和国政府采购法》（以下简称政府采购法）和其他法律、行政法规的有关规定，制定本办法。

第二条　采购人、采购代理机构采用非招标采购方式采购货物、工程和服务的，适用本办法。

本办法所称非招标采购方式，是指竞争性谈判、单一来源采购和询价采购方式。

竞争性谈判是指谈判小组与符合资格条件的供应商就采购货物、工程和服务事宜进行谈判，供应商按照谈判文件的要求提交响应文件和最后报价，采购人从谈判小组提出的成交候选人中确定成交供应商的采购方式。

单一来源采购是指采购人从某一特定供应商处采购货物、工程和服务的采购方式。

询价是指询价小组向符合资格条件的供应商发出采购货物询价通知书，要求供应商一次报出不得更改的价格，采购人从询价小组提出的成交候选人中确定成交供应商的采购方式。

第三条　采购人、采购代理机构采购以下货物、工程和服务之一的，可以采用竞争性谈判、单一来源采购方式采购；采购货物的，还可以采用询价采购方式：

（一）依法制定的集中采购目录以内，且未达到公开招标数额标准的货物、服务；

（二）依法制定的集中采购目录以外、采购限额标准以上，且未达到公开招标数额标准的货物、服务；

（三）达到公开招标数额标准、经批准采用非公开招标方式的货物、服务；

（四）按照招标投标法及其实施条例必须进行招标的工程建设项目以外的政府采购工程。

第二章　一般规定

第四条　达到公开招标数额标准的货物、服务采购项目，拟采用非招标采购方式的，采购人应当在采购活动开始前，报经主管预算单位同意后，向设区的市、自治州以上人民政府财政部门申请批准。

第五条　根据本办法第四条申请采用非招标采购方式采购的，采购人应当向财政部门提交以下材料并对材料的真实性负责：

（一）采购人名称、采购项目名称、项目概况等项目基本情况说明；

（二）项目预算金额、预算批复文件或者资金来源证明；

（三）拟申请采用的采购方式和理由。

第六条　采购人、采购代理机构应当按照政府采购法和本办法的规定组织开展非招标采购活动，并采取必要措施，保证评审在严格保密的情况下进行。

任何单位和个人不得非法干预、影响评审过程和结果。

第七条　竞争性谈判小组或者询价小组由采购人代表和评审专家共3人以上单数组成，其中评审专家人数不得少于竞争性谈判小组或者询价小组成员总数的2/3。采购人不得以评审专家身份参加本部门或本单位采购项目的评审。采购代理机构人员不得参加本机构代理的采购项目的评审。

达到公开招标数额标准的货物或者服务采购项目，或者达到招标规模标准的政府采购工程，竞争性谈判小组或者询价小组应当由5人以上单数组成。

采用竞争性谈判、询价方式采购的政府采购项目，评审专家应当从政府采购评审专家库内相关专业的专家名单中随机抽取。技术复杂、专业性强的竞争性谈判采购项目，通过随机方式难以确定合适的评审专家的，经主管预算单位同意，可以自行选定评审专家。技术复杂、专业性强的竞争性谈判采购项目，评审专家中应当包含1名法律专家。

第八条　竞争性谈判小组或者询价小组在采购活动过程中应当履行下列职责：

（一）确认或者制定谈判文件、询价通知书；

（二）从符合相应资格条件的供应商名单中确定不少于3家的供应商参加谈判或者询价；

（三）审查供应商的响应文件并作出评价；

（四）要求供应商解释或者澄清其响应文件；

（五）编写评审报告；

（六）告知采购人、采购代理机构在评审过程中发现的供应商的违法违规行为。

第九条　竞争性谈判小组或者询价小组成员应当履行下列义务：

（一）遵纪守法，客观、公正、廉洁地履行职责；

（二）根据采购文件的规定独立进行评审，对个人的评审意见承担法律责任；

（三）参与评审报告的起草；

（四）配合采购人、采购代理机构答复供应商提出的质疑；

（五）配合财政部门的投诉处理和监督检查工作。

第十条　谈判文件、询价通知书应当根据采购项目的特点和采购人的实际需求制定，并经采购人书面同意。采购人应当以满足实际需求为原则，不得擅自提高经费预算和资产配置等采购标准。

谈判文件、询价通知书不得要求或者标明供应商名称或者特定货物的品牌，不得含有指向特定供应商的技术、服务等条件。

第十一条　谈判文件、询价通知书应当包括供应商资格条件、采购邀请、采购方式、采购预算、采购需求、采购程序、价格构成或者报价要求、响应文件编制要求、提交响应文件截止时间及地点、保证金交纳数额和形式、评定成交的标准等。

谈判文件除本条第一款规定的内容外，还应当明确谈判小组根据与供应商谈判情况可能实质性变动的内容，包括采购需求中的技术、服务要求以及合同草案条款。

第十二条　采购人、采购代理机构应当通过发布公告、从省级以上财政部门建立的供应商库中随机抽取或者采购人和评审专家分别书面推荐的方式邀请不少于3家符合相应资格条件的供应商参与竞争性谈判或者询价采购活动。

符合政府采购法第二十二条第一款规定条件的供应商可以在采购活动开始前加入供应商库。财政部门不得对供应商申请入库收取任何费用,不得利用供应商库进行地区和行业封锁。

采取采购人和评审专家书面推荐方式选择供应商的,采购人和评审专家应当各自出具书面推荐意见。采购人推荐供应商的比例不得高于推荐供应商总数的50%。

第十三条 供应商应当按照谈判文件、询价通知书的要求编制响应文件,并对其提交的响应文件的真实性、合法性承担法律责任。

第十四条 采购人、采购代理机构可以要求供应商在提交响应文件截止时间之前交纳保证金。保证金应当采用支票、汇票、本票、网上银行支付或者金融机构、担保机构出具的保函等非现金形式交纳。保证金数额应当不超过采购项目预算的2%。

供应商为联合体的,可以由联合体中的一方或者多方共同交纳保证金,其交纳的保证金对联合体各方均具有约束力。

第十五条 供应商应当在谈判文件、询价通知书要求的截止时间前,将响应文件密封送达指定地点。在截止时间后送达的响应文件为无效文件,采购人、采购代理机构或者谈判小组、询价小组应当拒收。

供应商在提交询价响应文件截止时间前,可以对所提交的响应文件进行补充、修改或者撤回,并书面通知采购人、采购代理机构。补充、修改的内容作为响应文件的组成部分。补充、修改的内容与响应文件不一致的,以补充、修改的内容为准。

第十六条 谈判小组、询价小组在对响应文件的有效性、完整性和响应程度进行审查时,可以要求供应商对响应文件中含义不明确、同类问题表述不一致或者有明显文字和计算错误的内容等作出必要的澄清、说明或者更正。供应商的澄清、说明或者更正不得超出响应文件的范围或者改变响应文件的实质性内容。

谈判小组、询价小组要求供应商澄清、说明或者更正响应文件应当以书面形式作出。供应商的澄清、说明或者更正应当由法定代表人或其授权代表签字或者加盖公章。由授权代表签字的,应当附法定代表人授权书。供应商为自然人的,应当由本人签字并附身份证明。

第十七条 谈判小组、询价小组应当根据评审记录和评审结果编写评审报告,其主要内容包括:

(一)邀请供应商参加采购活动的具体方式和相关情况,以及参加采购活动的供应商名单;

(二)评审日期和地点,谈判小组、询价小组成员名单;

(三)评审情况记录和说明,包括对供应商的资格审查情况、供应商响应文件评审情况、谈判情况、报价情况等;

(四)提出的成交候选人的名单及理由。

评审报告应当由谈判小组、询价小组全体人员签字认可。谈判小组、询价小组成员对评审报告有异议的,谈判小组、询价小组按照少数服从多数的原则推荐成交候选人,采购程序继续进行。对评审报告有异议的谈判小组、询价小组成员,应当在报告上签署不同意见并说明理由,由谈判小组、询价小组书面记录相关情况。谈判小组、询价小组成员拒绝在报告上签字又不书面说明其不同意见和理由的,视为同意评审报告。

第十八条　采购人或者采购代理机构应当在成交供应商确定后2个工作日内,在省级以上财政部门指定的媒体上公告成交结果,同时向成交供应商发出成交通知书,并将竞争性谈判文件、询价通知书随成交结果同时公告。成交结果公告应当包括以下内容:

(一)采购人和采购代理机构的名称、地址和联系方式;

(二)项目名称和项目编号;

(三)成交供应商名称、地址和成交金额;

(四)主要成交标的的名称、规格型号、数量、单价、服务要求;

(五)谈判小组、询价小组成员名单及单一来源采购人员名单。

采用书面推荐供应商参加采购活动的,还应当公告采购人和评审专家的推荐意见。

第十九条　采购人与成交供应商应当在成交通知书发出之日起30日内,按照采购文件确定的合同文本以及采购标的、规格型号、采购金额、采购数量、技术和服务要求等事项签订政府采购合同。

采购人不得向成交供应商提出超出采购文件以外的任何要求作为签订合同的条件,不得与成交供应商订立背离采购文件确定的合同文本以及采购标的、规格型号、采购金额、采购数量、技术和服务要求等实质性内容的协议。

第二十条　采购人或者采购代理机构应当在采购活动结束后及时退还供应商的保证金,但因供应商自身原因导致无法及时退还的除外。未成交供应商的保证金应当在成交通知书发出后5个工作日内退还,成交供应商的保证金应当在采购合同签订后5个工作日内退还。

有下列情形之一的,保证金不予退还:

(一)供应商在提交响应文件截止时间后撤回响应文件的;

(二)供应商在响应文件中提供虚假材料的;

(三)除因不可抗力或谈判文件、询价通知书认可的情形以外,成交供应商不与采购人签订合同的;

(四)供应商与采购人、其他供应商或者采购代理机构恶意串通的;

(五)采购文件规定的其他情形。

第二十一条　除资格性审查认定错误和价格计算错误外,采购人或者采购代理机构不得以任何理由组织重新评审。采购人、采购代理机构发现谈判小组、询价小组未按照采购文件规定的评定成交的标准进行评审的,应当重新开展采购活动,并同时书面报告本级财政部门。

第二十二条　除不可抗力等因素外,成交通知书发出后,采购人改变成交结果,或者成交供应商拒绝签订政府采购合同的,应当承担相应的法律责任。

成交供应商拒绝签订政府采购合同的,采购人可以按照本办法第三十六条第二款、第四十九条第二款规定的原则确定其他供应商作为成交供应商并签订政府采购合同,也可以重新开展采购活动。拒绝签订政府采购合同的成交供应商不得参加对该项目重新开展的采购活动。

第二十三条　在采购活动中因重大变故，采购任务取消的，采购人或者采购代理机构应当终止采购活动，通知所有参加采购活动的供应商，并将项目实施情况和采购任务取消原因报送本级财政部门。

第二十四条　采购人或者采购代理机构应当按照采购合同规定的技术、服务等要求组织对供应商履约的验收，并出具验收书。验收书应当包括每一项技术、服务等要求的履约情况。大型或者复杂的项目，应当邀请国家认可的质量检测机构参加验收。验收方成员应当在验收书上签字，并承担相应的法律责任。

第二十五条　谈判小组、询价小组成员以及与评审工作有关的人员不得泄露评审情况以及评审过程中获悉的国家秘密、商业秘密。

第二十六条　采购人、采购代理机构应当妥善保管每项采购活动的采购文件。采购文件包括采购活动记录、采购预算、谈判文件、询价通知书、响应文件、推荐供应商的意见、评审报告、成交供应商确定文件、单一来源采购协商情况记录、合同文本、验收证明、质疑答复、投诉处理决定以及其他有关文件、资料。采购文件可以电子档案方式保存。

采购活动记录至少应当包括下列内容：

（一）采购项目类别、名称；

（二）采购项目预算、资金构成和合同价格；

（三）采购方式，采用该方式的原因及相关说明材料；

（四）选择参加采购活动的供应商的方式及原因；

（五）评定成交的标准及确定成交供应商的原因；

（六）终止采购活动的，终止的原因。

第三章　竞争性谈判

第二十七条　符合下列情形之一的采购项目，可以采用竞争性谈判方式采购：

（一）招标后没有供应商投标或者没有合格标的，或者重新招标未能成立的；

（二）技术复杂或者性质特殊，不能确定详细规格或者具体要求的；

（三）非采购人所能预见的原因或者非采购人拖延造成采用招标所需时间不能满足用户紧急需要的；

（四）因艺术品采购、专利、专有技术或者服务的时间、数量事先不能确定等原因不能事先计算出价格总额的。

公开招标的货物、服务采购项目，招标过程中提交投标文件或者经评审实质性响应招标文件要求的供应商只有两家时，采购人、采购代理机构按照本办法第四条经本级财政部门批准后可以与该两家供应商进行竞争性谈判采购，采购人、采购代理机构应当根据招标文件中的采购需求编制谈判文件，成立谈判小组，由谈判小组对谈判文件进行确认。符合本款情形的，本办法第三十三条、第三十五条中规定的供应商最低数量可以为两家。

第二十八条　符合本办法第二十七条第一款第一项情形和第二款情形，申请采用竞争性谈判采购方式时，除提交本办法第五条第一至三项规定的材料外，还应当提交下列申请材料：

（一）在省级以上财政部门指定的媒体上发布招标公告的证明材料；

（二）采购人、采购代理机构出具的对招标文件和招标过程是否有供应商质疑及质疑处理情况的说明；

（三）评标委员会或者3名以上评审专家出具的招标文件没有不合理条款的论证意见。

第二十九条　从谈判文件发出之日起至供应商提交首次响应文件截止之日止不得少于3个工作日。

提交首次响应文件截止之日前，采购人、采购代理机构或者谈判小组可以对已发出的谈判文件进行必要的澄清或者修改，澄清或者修改的内容作为谈判文件的组成部分。澄清或者修改的内容可能影响响应文件编制的，采购人、采购代理机构或者谈判小组应当在提交首次响应文件截止之日3个工作日前，以书面形式通知所有接收谈判文件的供应商，不足3个工作日的，应当顺延提交首次响应文件截止之日。

第三十条　谈判小组应当对响应文件进行评审，并根据谈判文件规定的程序、评定成交的标准等事项与实质性响应谈判文件要求的供应商进行谈判。未实质性响应谈判文件的响应文件按无效处理，谈判小组应当告知有关供应商。

第三十一条　谈判小组所有成员应当集中与单一供应商分别进行谈判，并给予所有参加谈判的供应商平等的谈判机会。

第三十二条　在谈判过程中，谈判小组可以根据谈判文件和谈判情况实质性变动采购需求中的技术、服务要求以及合同草案条款，但不得变动谈判文件中的其他内容。实质性变动的内容，须经采购人代表确认。

对谈判文件作出的实质性变动是谈判文件的有效组成部分，谈判小组应当及时以书面形式同时通知所有参加谈判的供应商。

供应商应当按照谈判文件的变动情况和谈判小组的要求重新提交响应文件，并由其法定代表人或授权代表签字或者加盖公章。由授权代表签字的，应当附法定代表人授权书。供应商为自然人的，应当由本人签字并附身份证明。

第三十三条　谈判文件能够详细列明采购标的的技术、服务要求的，谈判结束后，谈判小组应当要求所有继续参加谈判的供应商在规定时间内提交最后报价，提交最后报价的供应商不得少于3家。

谈判文件不能详细列明采购标的的技术、服务要求，需经谈判由供应商提供最终设计方案或解决方案的，谈判结束后，谈判小组应当按照少数服从多数的原则投票推荐3家以上供应商的设计方案或者解决方案，并要求其在规定时间内提交最后报价。

最后报价是供应商响应文件的有效组成部分。

第三十四条　已提交响应文件的供应商，在提交最后报价之前，可以根据谈判情况退出谈判。采购人、采购代理机构应当退还退出谈判的供应商的保证金。

第三十五条　谈判小组应当从质量和服务均能满足采购文件实质性响应要求的供应商中，按照最后报价由低到高的顺序提出3名以上成交候选人，并编写评审报告。

第三十六条　采购代理机构应当在评审结束后2个工作日内将评审报告送采购人确认。

采购人应当在收到评审报告后5个工作日内，从评审报告提出的成交候选人中，根据质量和服务均能满足采购文件实质性响应要求且最后报价最低的原则确定成交供应商，也可以书面授权谈判小组直接确定成交供应商。采购人逾期未确定成交供应商且不提出异议的，视为确定评审报告提出的最后报价最低的供应商为成交供应商。

第三十七条 出现下列情形之一的，采购人或者采购代理机构应当终止竞争性谈判采购活动，发布项目终止公告并说明原因，重新开展采购活动：

（一）因情况变化，不再符合规定的竞争性谈判采购方式适用情形的；

（二）出现影响采购公正的违法、违规行为的；

（三）在采购过程中符合竞争要求的供应商或者报价未超过采购预算的供应商不足3家的，但本办法第二十七条第二款规定的情形除外。

第四章 单一来源采购

第三十八条 属于政府采购法第三十一条第一项情形，且达到公开招标数额的货物、服务项目，拟采用单一来源采购方式的，采购人、采购代理机构在按照本办法第四条报财政部门批准之前，应当在省级以上财政部门指定媒体上公示，并将公示情况一并报财政部门。公示期不得少于5个工作日，公示内容应当包括：

（一）采购人、采购项目名称和内容；

（二）拟采购的货物或者服务的说明；

（三）采用单一来源采购方式的原因及相关说明；

（四）拟定的唯一供应商名称、地址；

（五）专业人员对相关供应商因专利、专有技术等原因具有唯一性的具体论证意见，以及专业人员的姓名、工作单位和职称；

（六）公示的期限；

（七）采购人、采购代理机构、财政部门的联系地址、联系人和联系电话。

第三十九条 任何供应商、单位或者个人对采用单一来源采购方式公示有异议的，可以在公示期内将书面意见反馈给采购人、采购代理机构，并同时抄送相关财政部门。

第四十条 采购人、采购代理机构收到对采用单一来源采购方式公示的异议后，应当在公示期满后5个工作日内，组织补充论证，论证后认为异议成立的，应当依法采取其他采购方式；论证后认为异议不成立的，应当将异议意见、论证意见与公示情况一并报相关财政部门。

采购人、采购代理机构应当将补充论证的结论告知提出异议的供应商、单位或者个人。

第四十一条 采用单一来源采购方式采购的，采购人、采购代理机构应当组织具有相关经验的专业人员与供应商商定合理的成交价格并保证采购项目质量。

第四十二条 单一来源采购人员应当编写协商情况记录，主要内容包括：

（一）依据本办法第三十八条进行公示的，公示情况说明；

（二）协商日期和地点，采购人员名单；

（三）供应商提供的采购标的成本、同类项目合同价格以及相关专利、专有技术等情况说明；

（四）合同主要条款及价格商定情况。

协商情况记录应当由采购全体人员签字认可。对记录有异议的采购人员，应当签署不同意见并说明理由。采购人员拒绝在记录上签字又不书面说明其不同意见和理由的，视为同意。

第四十三条　出现下列情形之一的，采购人或者采购代理机构应当终止采购活动，发布项目终止公告并说明原因，重新开展采购活动：

（一）因情况变化，不再符合规定的单一来源采购方式适用情形的；

（二）出现影响采购公正的违法、违规行为的；

（三）报价超过采购预算的。

第五章　询价

第四十四条　询价采购需求中的技术、服务等要求应当完整、明确，符合相关法律、行政法规和政府采购政策的规定。

第四十五条　从询价通知书发出之日起至供应商提交响应文件截止之日止不得少于3个工作日。

提交响应文件截止之日前，采购人、采购代理机构或者询价小组可以对已发出的询价通知书进行必要的澄清或者修改，澄清或者修改的内容作为询价通知书的组成部分。澄清或者修改的内容可能影响响应文件编制的，采购人、采购代理机构或者询价小组应当在提交响应文件截止之日3个工作日前，以书面形式通知所有接收询价通知书的供应商，不足3个工作日的，应当顺延提交响应文件截止之日。

第四十六条　询价小组在询价过程中，不得改变询价通知书所确定的技术和服务等要求、评审程序、评定成交的标准和合同文本等事项。

第四十七条　参加询价采购活动的供应商，应当按照询价通知书的规定一次报出不得更改的价格。

第四十八条　询价小组应当从质量和服务均能满足采购文件实质性响应要求的供应商中，按照报价由低到高的顺序提出3名以上成交候选人，并编写评审报告。

第四十九条　采购代理机构应当在评审结束后2个工作日内将评审报告送采购人确认。

采购人应当在收到评审报告后5个工作日内，从评审报告提出的成交候选人中，根据质量和服务均能满足采购文件实质性响应要求且报价最低的原则确定成交供应商，也可以书面授权询价小组直接确定成交供应商。采购人逾期未确定成交供应商且不提出异议的，视为确定评审报告提出的最后报价最低的供应商为成交供应商。

第五十条　出现下列情形之一的，采购人或者采购代理机构应当终止询价采购活动，发布项目终止公告并说明原因，重新开展采购活动：

（一）因情况变化，不再符合规定的询价采购方式适用情形的；

（二）出现影响采购公正的违法、违规行为的；

（三）在采购过程中符合竞争要求的供应商或者报价未超过采购预算的供应商不足3家的。

第六章　法律责任

第五十一条　采购人、采购代理机构有下列情形之一的，责令限期改正，给予警告；有关法律、行政法规规定处以罚款的，并处罚款；涉嫌犯罪的，依法移送司法机关处理：

（一）未按照本办法规定在指定媒体上发布政府采购信息的；

（二）未按照本办法规定组成谈判小组、询价小组的；

（三）在询价采购过程中与供应商进行协商谈判的；

（四）未按照政府采购法和本办法规定的程序和要求确定成交候选人的；

（五）泄露评审情况以及评审过程中获悉的国家秘密、商业秘密的。

采购代理机构有前款情形之一，情节严重的，暂停其政府采购代理机构资格3至6个月；情节特别严重或者逾期不改正的，取消其政府采购代理机构资格。

第五十二条　采购人有下列情形之一的，责令限期改正，给予警告；有关法律、行政法规规定处以罚款的，并处罚款：

（一）未按照政府采购法和本办法的规定采用非招标采购方式的；

（二）未按照政府采购法和本办法的规定确定成交供应商的；

（三）未按照采购文件确定的事项签订政府采购合同，或者与成交供应商另行订立背离合同实质性内容的协议的；

（四）未按规定将政府采购合同副本报本级财政部门备案的。

第五十三条　采购人、采购代理机构有本办法第五十一条、第五十二条规定情形之一，且情节严重或者拒不改正的，其直接负责的主管人员和其他直接责任人员属于国家机关工作人员的，由任免机关或者监察机关依法给予处分，并予通报。

第五十四条　成交供应商有下列情形之一的，责令限期改正，情节严重的，列入不良行为记录名单，在1至3年内禁止参加政府采购活动，并予以通报：

（一）未按照采购文件确定的事项签订政府采购合同，或者与采购人另行订立背离合同实质性内容的协议的；

（二）成交后无正当理由不与采购人签订合同的；

（三）拒绝履行合同义务的。

第五十五条　谈判小组、询价小组成员有下列行为之一的，责令改正，给予警告；有关法律、行政法规规定处以罚款的，并处罚款；涉嫌犯罪的，依法移送司法机关处理：

（一）收受采购人、采购代理机构、供应商、其他利害关系人的财物或者其他不正当利益的；

（二）泄露评审情况以及评审过程中获悉的国家秘密、商业秘密的；

（三）明知与供应商有利害关系而不依法回避的；

（四）在评审过程中擅离职守，影响评审程序正常进行的；

（五）在评审过程中有明显不合理或者不正当倾向性的；

（六）未按照采购文件规定的评定成交的标准进行评审的。

评审专家有前款情形之一，情节严重的，取消其政府采购评审专家资格，不得再参加任何政府采购项目的评审，并在财政部门指定的政府采购信息发布媒体上予以公告。

第五十六条　有本办法第五十一条、第五十二条、第五十五条违法行为之一，并且影响或者可能影响成交结果的，应当按照下列情形分别处理：

（一）未确定成交供应商的，终止本次采购活动，依法重新开展采购活动；

（二）已确定成交供应商但采购合同尚未履行的，撤销合同，从合格的成交候选人中另行确定成交供应商，没有合格的成交候选人的，重新开展采购活动；

（三）采购合同已经履行的，给采购人、供应商造成损失的，由责任人依法承担赔偿责任。

第五十七条　政府采购当事人违反政府采购法和本办法规定，给他人造成损失的，应当依照有关民事法律规定承担民事责任。

第五十八条　任何单位或者个人非法干预、影响评审过程或者结果的，责令改正；该单位责任人或者个人属于国家机关工作人员的，由任免机关或者监察机关依法给予处分。

第五十九条　财政部门工作人员在实施监督管理过程中违法干预采购活动或者滥用职权、玩忽职守、徇私舞弊的，依法给予处分；涉嫌犯罪的，依法移送司法机关处理。

第七章　附则

第六十条　本办法所称主管预算单位是指负有编制部门预算职责，向同级财政部门申报预算的国家机关、事业单位和团体组织。

第六十一条　各省、自治区、直辖市人民政府财政部门可以根据本办法制定具体实施办法。

第六十二条　本办法自2014年2月1日起施行。

财政部关于印发《政府采购竞争性磋商采购方式管理暂行办法》的通知

（财库〔2014〕214 号）

党中央有关部门，国务院各部委、各直属机构，全国人大常委会办公厅，全国政协办公厅，高法院，高检院，有关人民团体，各省、自治区、直辖市、计划单列市财政厅（局），新疆生产建设兵团财务局，各集中采购机构：

为了深化政府采购制度改革，适应推进政府购买服务、推广政府和社会资本合作（PPP）模式等工作需要，根据《中华人民共和国政府采购法》和有关法律法规，财政部制定了《政府采购竞争性磋商采购方式管理暂行办法》。现印发给你们，请遵照执行。

附件：政府采购竞争性磋商采购方式管理暂行办法

财政部

2014 年 12 月 31 日

政府采购竞争性磋商采购方式管理暂行办法

第一章　总则

第一条　为了规范政府采购行为，维护国家利益、社会公共利益和政府采购当事人的合法权益，依据《中华人民共和国政府采购法》（以下简称政府采购法）第二十六条第一款第六项规定，制定本办法。

第二条　本办法所称竞争性磋商采购方式，是指采购人、政府采购代理机构通过组建竞争性磋商小组（以下简称磋商小组）与符合条件的供应商就采购货物、工程和服务事宜进行磋商，供应商按照磋商文件的要求提交响应文件和报价，采购人从磋商小组评审后提出的候选供应商名单中确定成交供应商的采购方式。

第三条　符合下列情形的项目，可以采用竞争性磋商方式开展采购：

（一）政府购买服务项目；

（二）技术复杂或者性质特殊，不能确定详细规格或者具体要求的；

（三）因艺术品采购、专利、专有技术或者服务的时间、数量事先不能确定等原因不能事先计算出价格总额的；

（四）市场竞争不充分的科研项目，以及需要扶持的科技成果转化项目；

（五）按照招标投标法及其实施条例必须进行招标的工程建设项目以外的工程建设项目。

第二章　磋商程序

第四条　达到公开招标数额标准的货物、服务采购项目，拟采用竞争性磋商采购方式的，采购人应当在采购活动开始前，报经主管预算单位同意后，依法向设区的市、自治州以上人民政府财政部门申请批准。

第五条　采购人、采购代理机构应当按照政府采购法和本办法的规定组织开展竞争性磋商，并采取必要措施，保证磋商在严格保密的情况下进行。

任何单位和个人不得非法干预、影响磋商过程和结果。

第六条　采购人、采购代理机构应当通过发布公告、从省级以上财政部门建立的供应商库中随机抽取或者采购人和评审专家分别书面推荐的方式邀请不少于3家符合相应资格条件的供应商参与竞争性磋商采购活动。

符合政府采购法第二十二条第一款规定条件的供应商可以在采购活动开始前加入供应商库。财政部门不得对供应商申请入库收取任何费用，不得利用供应商库进行地区和行业封锁。

采取采购人和评审专家书面推荐方式选择供应商的，采购人和评审专家应当各自出具书面推荐意见。采购人推荐供应商的比例不得高于推荐供应商总数的50%。

第七条　采用公告方式邀请供应商的，采购人、采购代理机构应当在省级以上人民政府财政部门指定的政府采购信息发布媒体发布竞争性磋商公告。竞争性磋商公告应当包括以下主要内容：

（一）采购人、采购代理机构的名称、地点和联系方法；

（二）采购项目的名称、数量、简要规格描述或项目基本概况介绍；

（三）采购项目的预算；

（四）供应商资格条件；

（五）获取磋商文件的时间、地点、方式及磋商文件售价；

（六）响应文件提交的截止时间、开启时间及地点；

（七）采购项目联系人姓名和电话。

第八条　竞争性磋商文件（以下简称磋商文件）应当根据采购项目的特点和采购人的实际需求制定，并经采购人书面同意。采购人应当以满足实际需求为原则，不得擅自提高经费预算和资产配置等采购标准。

磋商文件不得要求或者标明供应商名称或者特定货物的品牌，不得含有指向特定供应商的技术、服务等条件。

第九条　磋商文件应当包括供应商资格条件、采购邀请、采购方式、采购预算、采购需求、政府采购政策要求、评审程序、评审方法、评审标准、价格构成或者报价要求、响应文件编制要求、保证金交纳数额和形式以及不予退还保证金的情形、磋商过程中可能实质性变动的内容、响应文件提交的截止时间、开启时间及地点以及合同草案条款等。

第十条　从磋商文件发出之日起至供应商提交首次响应文件截止之日止不得少于10日。

磋商文件售价应当按照弥补磋商文件制作成本费用的原则确定，不得以营利为目的，不得以项目预算金额作为确定磋商文件售价依据。磋商文件的发售期限自开始之日起不得少于5个工作日。

提交首次响应文件截止之日前，采购人、采购代理机构或者磋商小组可以对已发出的磋商文件进行必要的澄清或者修改，澄清或者修改的内容作为磋商文件的组成部分。澄清或者修改的内容可能影响响应文件编制的，采购人、采购代理机构应当在提交首次响应文件截止时间至少5日前，以书面形式通知所有获取磋商文件的供应商；不足5日的，采购人、采购代理机构应当顺延提交首次响应文件截止时间。

第十一条 供应商应当按照磋商文件的要求编制响应文件，并对其提交的响应文件的真实性、合法性承担法律责任。

第十二条 采购人、采购代理机构可以要求供应商在提交响应文件截止时间之前交纳磋商保证金。磋商保证金应当采用支票、汇票、本票或者金融机构、担保机构出具的保函等非现金形式交纳。磋商保证金数额应当不超过采购项目预算的2%。供应商未按照磋商文件要求提交磋商保证金的，响应无效。

供应商为联合体的，可以由联合体中的一方或者多方共同交纳磋商保证金，其交纳的保证金对联合体各方均具有约束力。

第十三条 供应商应当在磋商文件要求的截止时间前，将响应文件密封送达指定地点。在截止时间后送达的响应文件为无效文件，采购人、采购代理机构或者磋商小组应当拒收。

供应商在提交响应文件截止时间前，可以对所提交的响应文件进行补充、修改或者撤回，并书面通知采购人、采购代理机构。补充、修改的内容作为响应文件的组成部分。补充、修改的内容与响应文件不一致的，以补充、修改的内容为准。

第十四条 磋商小组由采购人代表和评审专家共3人以上单数组成，其中评审专家人数不得少于磋商小组成员总数的2/3。采购人代表不得以评审专家身份参加本部门或本单位采购项目的评审。采购代理机构人员不得参加本机构代理的采购项目的评审。

采用竞争性磋商方式的政府采购项目，评审专家应当从政府采购评审专家库内相关专业的专家名单中随机抽取。符合本办法第三条第四项规定情形的项目，以及情况特殊、通过随机方式难以确定合适的评审专家的项目，经主管预算单位同意，可以自行选定评审专家。技术复杂、专业性强的采购项目，评审专家中应当包含1名法律专家。

第十五条 评审专家应当遵守评审工作纪律，不得泄露评审情况和评审中获悉的商业秘密。

磋商小组在评审过程中发现供应商有行贿、提供虚假材料或者串通等违法行为的，应当及时向财政部门报告。

评审专家在评审过程中受到非法干涉的，应当及时向财政、监察等部门举报。

第十六条 磋商小组成员应当按照客观、公正、审慎的原则，根据磋商文件规定的评审程序、评审方法和评审标准进行独立评审。未实质性响应磋商文件的响应文件按无效响应处理，磋商小组应当告知提交响应文件的供应商。

磋商文件内容违反国家有关强制性规定的，磋商小组应当停止评审并向采购人或者采购代理机构说明情况。

第十七条 采购人、采购代理机构不得向磋商小组中的评审专家作倾向性、误导性的解释或者说明。

采购人、采购代理机构可以视采购项目的具体情况，组织供应商进行现场考察或召开磋商前答疑会，但不得单独或分别组织只有一个供应商参加的现场考察和答疑会。

第十八条 磋商小组在对响应文件的有效性、完整性和响应程度进行审查时，可以要求供应商对响应文件中含义不明确、同类问题表述不一致或者有明显文字和计算错误的内容等做出必要的澄清、说明或者更正。供应商的澄清、说明或者更正不得超出响应文件的范围或者改变响应文件的实质性内容。

磋商小组要求供应商澄清、说明或者更正响应文件应当以书面形式作出。供应商的澄清、说明或者更正应当由法定代表人或其授权代表签字或者加盖公章。由授权代表签字的，应当附法定代表人授权书。供应商为自然人的，应当由本人签字并附身份证明。

第十九条 磋商小组所有成员应当集中与单一供应商分别进行磋商，并给予所有参加磋商的供应商平等的磋商机会。

第二十条 在磋商过程中，磋商小组可以根据磋商文件和磋商情况实质性变动采购需求中的技术、服务要求以及合同草案条款，但不得变动磋商文件中的其他内容。实质性变动的内容，须经采购人代表确认。

对磋商文件作出的实质性变动是磋商文件的有效组成部分，磋商小组应当及时以书面形式同时通知所有参加磋商的供应商。

供应商应当按照磋商文件的变动情况和磋商小组的要求重新提交响应文件，并由其法定代表人或授权代表签字或者加盖公章。由授权代表签字的，应当附法定代表人授权书。供应商为自然人的，应当由本人签字并附身份证明。

第二十一条 磋商文件能够详细列明采购标的的技术、服务要求的，磋商结束后，磋商小组应当要求所有实质性响应的供应商在规定时间内提交最后报价，提交最后报价的供应商不得少于3家。

磋商文件不能详细列明采购标的的技术、服务要求，需经磋商由供应商提供最终设计方案或解决方案的，磋商结束后，磋商小组应当按照少数服从多数的原则投票推荐3家以上供应商的设计方案或者解决方案，并要求其在规定时间内提交最后报价。

最后报价是供应商响应文件的有效组成部分。符合本办法第三条第四项情形的，提交最后报价的供应商可以为2家。

第二十二条 已提交响应文件的供应商，在提交最后报价之前，可以根据磋商情况退出磋商。采购人、采购代理机构应当退还退出磋商的供应商的磋商保证金。

第二十三条 经磋商确定最终采购需求和提交最后报价的供应商后，由磋商小组采用综合评分法对提交最后报价的供应商的响应文件和最后报价进行综合评分。

综合评分法，是指响应文件满足磋商文件全部实质性要求且按评审因素的量化指标评审得分最高的供应商为成交候选供应商的评审方法。

第二十四条 综合评分法评审标准中的分值设置应当与评审因素的量化指标相对应。磋商文件中没有规定的评审标准不得作为评审依据。

评审时，磋商小组各成员应当独立对每个有效响应的文件进行评价、打分，然后汇总每个供应商每项评分因素的得分。

综合评分法货物项目的价格分值占总分值的比重(即权值)为30%至60%，服务项目的价格分值占总分值的比重(即权值)为10%至30%。采购项目中含不同采购对象的，以占项目资金比例最高的采购对象确定其项目属性。符合本办法第三条第三项的规定和执行统一价格标准的项目,其价格不列为评分因素。有特殊情况需要在上述规定范围外设定价格分权重的,应当经本级人民政府财政部门审核同意。

综合评分法中的价格分统一采用低价优先法计算,即满足磋商文件要求且最后报价最低的供应商的价格为磋商基准价,其价格分为满分。其他供应商的价格分统一按照下列公式计算:

磋商报价得分=(磋商基准价/最后磋商报价)×价格权值×100

项目评审过程中,不得去掉最后报价中的最高报价和最低报价。

第二十五条 磋商小组应当根据综合评分情况,按照评审得分由高到低顺序推荐3名以上成交候选供应商,并编写评审报告。符合本办法第二十一条第三款情形的,可以推荐2家成交候选供应商。评审得分相同的,按照最后报价由低到高的顺序推荐。评审得分且最后报价相同的,按照技术指标优劣顺序推荐。

第二十六条 评审报告应当包括以下主要内容:

(一)邀请供应商参加采购活动的具体方式和相关情况;

(二)响应文件开启日期和地点;

(三)获取磋商文件的供应商名单和磋商小组成员名单;

(四)评审情况记录和说明,包括对供应商的资格审查情况、供应商响应文件评审情况、磋商情况、报价情况等;

(五)提出的成交候选供应商的排序名单及理由。

第二十七条 评审报告应当由磋商小组全体人员签字认可。磋商小组成员对评审报告有异议的,磋商小组按照少数服从多数的原则推荐成交候选供应商,采购程序继续进行。对评审报告有异议的磋商小组成员,应当在报告上签署不同意见并说明理由,由磋商小组书面记录相关情况。磋商小组成员拒绝在报告上签字又不书面说明其不同意见和理由的,视为同意评审报告。

第二十八条 采购代理机构应当在评审结束后2个工作日内将评审报告送采购人确认。

采购人应当在收到评审报告后5个工作日内,从评审报告提出的成交候选供应商中,按照排序由高到低的原则确定成交供应商,也可以书面授权磋商小组直接确定成交供应商。采购人逾期未确定成交供应商且不提出异议的,视为确定评审报告提出的排序第一的供应商为成交供应商。

第二十九条 采购人或者采购代理机构应当在成交供应商确定后2个工作日内,在省级以上财政部门指定的政府采购信息发布媒体上公告成交结果,同时向成交供应商发出成交通知书,并将磋商文件随成交结果同时公告。成交结果公告应当包括以下内容:

(一)采购人和采购代理机构的名称、地址和联系方式;

(二)项目名称和项目编号;

(三)成交供应商名称、地址和成交金额;

(四)主要成交标的的名称、规格型号、数量、单价、服务要求;

(五)磋商小组成员名单。

采用书面推荐供应商参加采购活动的，还应当公告采购人和评审专家的推荐意见。

第三十条　采购人与成交供应商应当在成交通知书发出之日起30日内，按照磋商文件确定的合同文本以及采购标的、规格型号、采购金额、采购数量、技术和服务要求等事项签订政府采购合同。

采购人不得向成交供应商提出超出磋商文件以外的任何要求作为签订合同的条件，不得与成交供应商订立背离磋商文件确定的合同文本以及采购标的、规格型号、采购金额、采购数量、技术和服务要求等实质性内容的协议。

第三十一条　采购人或者采购代理机构应当在采购活动结束后及时退还供应商的磋商保证金，但因供应商自身原因导致无法及时退还的除外。未成交供应商的磋商保证金应当在成交通知书发出后5个工作日内退还，成交供应商的磋商保证金应当在采购合同签订后5个工作日内退还。

有下列情形之一的，磋商保证金不予退还：

（一）供应商在提交响应文件截止时间后撤回响应文件的；

（二）供应商在响应文件中提供虚假材料的；

（三）除因不可抗力或磋商文件认可的情形以外，成交供应商不与采购人签订合同的；

（四）供应商与采购人、其他供应商或者采购代理机构恶意串通的；

（五）磋商文件规定的其他情形。

第三十二条　除资格性检查认定错误、分值汇总计算错误、分项评分超出评分标准范围、客观分评分不一致、经磋商小组一致认定评分畸高、畸低的情形外，采购人或者采购代理机构不得以任何理由组织重新评审。采购人、采购代理机构发现磋商小组未按照磋商文件规定的评审标准进行评审的，应当重新开展采购活动，并同时书面报告本级财政部门。

采购人或者采购代理机构不得通过对样品进行检测、对供应商进行考察等方式改变评审结果。

第三十三条　成交供应商拒绝签订政府采购合同的，采购人可以按照本办法第二十八条第二款规定的原则确定其他供应商作为成交供应商并签订政府采购合同，也可以重新开展采购活动。拒绝签订政府采购合同的成交供应商不得参加对该项目重新开展的采购活动。

第三十四条　出现下列情形之一的，采购人或者采购代理机构应当终止竞争性磋商采购活动，发布项目终止公告并说明原因，重新开展采购活动：

（一）因情况变化，不再符合规定的竞争性磋商采购方式适用情形的；

（二）出现影响采购公正的违法、违规行为的；

（三）除本办法第二十一条第三款规定的情形外，在采购过程中符合要求的供应商或者报价未超过采购预算的供应商不足3家的。

第三十五条　在采购活动中因重大变故，采购任务取消的，采购人或者采购代理机构应当终止采购活动，通知所有参加采购活动的供应商，并将项目实施情况和采购任务取消原因报送本级财政部门。

第三章　附则

第三十六条　相关法律制度对政府和社会资本合作项目采用竞争性磋商采购方式另有规定的，从其规定。

第三十七条　本办法所称主管预算单位是指负有编制部门预算职责，向同级财政部门申报预算的国家机关、事业单位和团体组织。

第三十八条　本办法自发布之日起施行。

财政部关于政府采购竞争性磋商采购方式管理暂行办法有关问题的补充通知

（财库〔2015〕124 号）

党中央有关部门，国务院各部委、各直属机构，全国人大常委会办公厅，全国政协办公厅，高法院，高检院，各民主党派中央，有关人民团体，各省、自治区、直辖市、计划单列市财政厅（局），新疆生产建设兵团财务局，各集中采购机构：

为了深入推进政府采购制度改革和政府购买服务工作，促进实现“物有所值”价值目标，提高政府采购效率，现就《财政部关于印发〈政府采购竞争性磋商采购方式管理暂行办法〉的通知》（财库〔2014〕214 号）有关问题补充通知如下：

采用竞争性磋商采购方式采购的政府购买服务项目（含政府和社会资本合作项目），在采购过程中符合要求的供应商（社会资本）只有 2 家的，竞争性磋商采购活动可以继续进行。采购过程中符合要求的供应商（社会资本）只有 1 家的，采购人（项目实施机构）或者采购代理机构应当终止竞争性磋商采购活动，发布项目终止公告并说明原因，重新开展采购活动。

请遵照执行。

中华人民共和国财政部
2015 年 6 月 30 日

政府采购框架协议采购方式管理暂行办法

（中华人民共和国财政部令第110号）

第一章 总则

第一条 为了规范多频次、小额度采购活动，提高政府采购项目绩效，根据《中华人民共和国政府采购法》、《中华人民共和国政府采购法实施条例》等法律法规规定，制定本办法。

第二条 本办法所称框架协议采购，是指集中采购机构或者主管预算单位对技术、服务等标准明确、统一，需要多次重复采购的货物和服务，通过公开征集程序，确定第一阶段入围供应商并订立框架协议，采购人或者服务对象按照框架协议约定规则，在入围供应商范围内确定第二阶段成交供应商并订立采购合同的采购方式。

前款所称主管预算单位是指负有编制部门预算职责，向本级财政部门申报预算的国家机关、事业单位和团体组织。

第三条 符合下列情形之一的，可以采用框架协议采购方式采购：

（一）集中采购目录以内品目，以及与之配套的必要耗材、配件等，属于小额零星采购的；

（二）集中采购目录以外，采购限额标准以上，本部门、本系统行政管理所需的法律、评估、会计、审计等鉴证咨询服务，属于小额零星采购的；

（三）集中采购目录以外，采购限额标准以上，为本部门、本系统以外的服务对象提供服务的政府购买服务项目，需要确定2家以上供应商由服务对象自主选择的；

（四）国务院财政部门规定的其他情形。

前款所称采购限额标准以上，是指同一品目或者同一类别的货物、服务年度采购预算达到采购限额标准以上。

属于本条第一款第二项情形，主管预算单位能够归集需求形成单一项目进行采购，通过签订时间、地点、数量不确定的采购合同满足需求的，不得采用框架协议采购方式。

第四条 框架协议采购包括封闭式框架协议采购和开放式框架协议采购。

封闭式框架协议采购是框架协议采购的主要形式。除法律、行政法规或者本办法另有规定外，框架协议采购应当采用封闭式框架协议采购。

第五条 集中采购目录以内品目以及与之配套的必要耗材、配件等，采用框架协议采购的，由集中采购机构负责征集程序和订立框架协议。

集中采购目录以外品目采用框架协议采购的，由主管预算单位负责征集程序和订立框架协议。其他预算单位确有需要的，经其主管预算单位批准，可以采用框架协议采购方式采购。其他预算单位采用框架协议采购方式采购的，应当遵守本办法关于主管预算单位的规定。

主管预算单位可以委托采购代理机构代理框架协议采购，采购代理机构应当在委托的范围内依法开展采购活动。

集中采购机构、主管预算单位及其委托的采购代理机构，本办法统称征集人。

第六条　框架协议采购遵循竞争择优、讲求绩效的原则，应当有明确的采购标的和定价机制，不得采用供应商符合资格条件即入围的方法。

第七条　框架协议采购应当实行电子化采购。

第八条　集中采购机构采用框架协议采购的，应当拟定采购方案，报本级财政部门审核后实施。主管预算单位采用框架协议采购的，应当在采购活动开始前将采购方案报本级财政部门备案。

第二章　一般规定

第九条　封闭式框架协议采购是指符合本办法第三条规定情形，通过公开竞争订立框架协议后，除经过框架协议约定的补充征集程序外，不得增加协议供应商的框架协议采购。

封闭式框架协议的公开征集程序，按照政府采购公开招标的规定执行，本办法另有规定的，从其规定。

第十条　开放式框架协议采购是指符合本条第二款规定情形，明确采购需求和付费标准等框架协议条件，愿意接受协议条件的供应商可以随时申请加入的框架协议采购。开放式框架协议的公开征集程序，按照本办法规定执行。

符合下列情形之一的，可以采用开放式框架协议采购：

（一）本办法第三条第一款第一项规定的情形，因执行政府采购政策不宜淘汰供应商的，或者受基础设施、行政许可、知识产权等限制，供应商数量在 3 家以下且不宜淘汰供应商的；

（二）本办法第三条第一款第三项规定的情形，能够确定统一付费标准，因地域等服务便利性要求，需要接纳所有愿意接受协议条件的供应商加入框架协议，以供服务对象自主选择的。

第十一条　集中采购机构或者主管预算单位应当确定框架协议采购需求。框架协议采购需求在框架协议有效期内不得变动。

确定框架协议采购需求应当开展需求调查，听取采购人、供应商和专家等意见。面向采购人和供应商开展需求调查时，应当选择具有代表性的调查对象，调查对象一般各不少于 3 个。

第十二条　框架协议采购需求应当符合以下规定：

（一）满足采购人和服务对象实际需要，符合市场供应状况和市场公允标准，在确保功能、性能和必要采购要求的情况下促进竞争；

（二）符合预算标准、资产配置标准等有关规定，厉行节约，不得超标准采购；

（三）按照《政府采购品目分类目录》，将采购标的细化到底级品目，并细分不同等次、规格或者标准的采购需求，合理设置采购包；

（四）货物项目应当明确货物的技术和商务要求，包括功能、性能、材料、结构、外观、安全、包装、交货期限、交货的地域范围、售后服务等；

（五）服务项目应当明确服务内容、服务标准、技术保障、服务人员组成、服务交付或者实施的地域范围，以及所涉及的货物的质量标准、服务工作量的计量方式等。

第十三条　集中采购机构或者主管预算单位应当在征集公告和征集文件中确定框架协议采购的最高限制单价。征集文件中可以明确量价关系折扣，即达到一定采购数量，价格应当按照征集文件中明确的折扣降低。在开放式框架协议中，付费标准即为最高限制单价。

最高限制单价是供应商第一阶段响应报价的最高限价。入围供应商第一阶段响应报价（有量价关系折扣的，包括量价关系折扣，以下统称协议价格）是采购人或者服务对象确定第二阶段成交供应商的最高限价。

确定最高限制单价时，有政府定价的，执行政府定价；没有政府定价的，应当通过需求调查，并根据需求标准科学确定，属于本办法第十条第二款第一项规定情形的采购项目，需要订立开放式框架协议的，与供应商协商确定。

货物项目单价按照台（套）等计量单位确定，其中包含售后服务等相关服务费用。服务项目单价按照单位采购标的价格或者人工单价等确定。服务项目所涉及的货物的费用，能够折算入服务项目单价的应当折入，需要按实结算的应当明确结算规则。

第十四条　框架协议应当包括以下内容：

（一）集中采购机构或者主管预算单位以及入围供应商的名称、地址和联系方式；

（二）采购项目名称、编号；

（三）采购需求以及最高限制单价；

（四）封闭式框架协议第一阶段的入围产品详细技术规格或者服务内容、服务标准，协议价格；

（五）入围产品升级换代规则；

（六）确定第二阶段成交供应商的方式；

（七）适用框架协议的采购人或者服务对象范围，以及履行合同的地域范围；

（八）资金支付方式、时间和条件；

（九）采购合同文本，包括根据需要约定适用的简式合同或者具有合同性质的凭单、订单；

（十）框架协议期限；

（十一）入围供应商清退和补充规则；

（十二）协议方的权利和义务；

（十三）需要约定的其他事项。

第十五条　集中采购机构或者主管预算单位应当根据工作需要和采购标的市场供应及价格变化情况，科学合理确定框架协议期限。货物项目框架协议有效期一般不超过1年，服务项目框架协议有效期一般不超过2年。

第十六条　集中采购机构或者主管预算单位应当根据框架协议约定，组织落实框架协议的履行，并履行下列职责：

（一）为第二阶段合同授予提供工作便利；

（二）对第二阶段最高限价和需求标准执行情况进行管理；

（三）对第二阶段确定成交供应商情况进行管理；

（四）根据框架协议约定，在质量不降低、价格不提高的前提下，对入围供应商因产品升级换代、用新产品替代原入围产品的情形进行审核；

（五）建立用户反馈和评价机制，接受采购人和服务对象对入围供应商履行框架协议和采购合同情况的反馈与评价，并将用户反馈和评价情况向采购人和服务对象公开，作为第二阶段直接选定成交供应商的参考；

（六）公开封闭式框架协议的第二阶段成交结果；

（七）办理入围供应商清退和补充相关事宜。

第十七条 采购人或者服务对象采购框架协议约定的货物、服务，应当将第二阶段的采购合同授予入围供应商，但是本办法第三十七条另有规定的除外。

同一框架协议采购应当使用统一的采购合同文本，采购人、服务对象和供应商不得擅自改变框架协议约定的合同实质性条款。

第十八条 货物项目框架协议的入围供应商应当为入围产品生产厂家或者生产厂家唯一授权供应商。入围供应商可以委托一家或者多家代理商，按照框架协议约定接受采购人合同授予，并履行采购合同。入围供应商应当在框架协议中提供委托协议和委托的代理商名单。

第十九 条入围供应商有下列情形之一，尚未签订框架协议的，取消其入围资格；已经签订框架协议的，解除与其签订的框架协议：

（一）恶意串通谋取入围或者合同成交的；

（二）提供虚假材料谋取入围或者合同成交的；

（三）无正当理由拒不接受合同授予的；

（四）不履行合同义务或者履行合同义务不符合约定，经采购人请求履行后仍不履行或者仍未按约定履行的；

（五）框架协议有效期内，因违法行为被禁止或限制参加政府采购活动的；

（六）框架协议约定的其他情形。

被取消入围资格或者被解除框架协议的供应商不得参加同一封闭式框架协议补充征集，或者重新申请加入同一开放式框架协议。

第二十条 封闭式框架协议入围供应商无正当理由，不得主动放弃入围资格或者退出框架协议。

开放式框架协议入围供应商可以随时申请退出框架协议。集中采购机构或者主管预算单位应当在收到退出申请2个工作日内，发布入围供应商退出公告。

第二十一条 征集人应当建立真实完整的框架协议采购档案，妥善保存每项采购活动的采购文件资料。除征集人和采购人另有约定外，合同授予的采购文件资料由采购人负责保存。

采购档案可以采用电子形式保存，电子档案和纸质档案具有同等效力。

第三章 封闭式框架协议采购

第一节 封闭式框架协议的订立

第二十二条 征集人应当发布征集公告。征集公告应当包括以下主要内容：

（一）征集人的名称、地址、联系人和联系方式；

（二）采购项目名称、编号，采购需求以及最高限制单价，适用框架协议的采购人或者服务对象范围，能预估采购数量的，还应当明确预估采购数量；

（三）供应商的资格条件；

（四）框架协议的期限；

（五）获取征集文件的时间、地点和方式；

（六）响应文件的提交方式、提交截止时间和地点，开启方式、时间和地点；

（七）公告期限；

（八）省级以上财政部门规定的其他事项。

第二十三条　征集人应当编制征集文件。征集文件应当包括以下主要内容：

（一）参加征集活动的邀请；

（二）供应商应当提交的资格材料；

（三）资格审查方法和标准；

（四）采购需求以及最高限制单价；

（五）政府采购政策要求以及政策执行措施；

（六）框架协议的期限；

（七）报价要求；

（八）确定第一阶段入围供应商的评审方法、评审标准、确定入围供应商的淘汰率或者入围供应商数量上限和响应文件无效情形；

（九）响应文件的编制要求，提交方式、提交截止时间和地点，开启方式、时间和地点，以及响应文件有效期；

（十）拟签订的框架协议文本和采购合同文本；

（十一）确定第二阶段成交供应商的方式；

（十二）采购资金的支付方式、时间和条件；

（十三）入围产品升级换代规则；

（十四）用户反馈和评价机制；

（十五）入围供应商的清退和补充规则；

（十六）供应商信用信息查询渠道及截止时点、信用信息查询记录和证据留存的具体方式、信用信息的使用规则等；

（十七）采购代理机构代理费用的收取标准和方式；

（十八）省级以上财政部门规定的其他事项。

第二十四条　供应商应当按照征集文件要求编制响应文件，对响应文件的真实性和合法性承担法律责任。

供应商响应的货物和服务的技术、商务等条件不得低于采购需求，货物原则上应当是市场上已有销售的规格型号，不得是专供政府采购的产品。对货物项目每个采购包只能用一个产品进行响应，征集文件有要求的，应当同时对产品的选配件、耗材进行报价。服务项目包含货物的，响应文件中应当列明货物清单及质量标准。

第二十五条　确定第一阶段入围供应商的评审方法包括价格优先法和质量优先法。

价格优先法是指对满足采购需求且响应报价不超过最高限制单价的货物、服务，按照响应报价从低到高排序，根据征集文件规定的淘汰率或者入围供应商数量上限，确定入围供应商的评审方法。

质量优先法是指对满足采购需求且响应报价不超过最高限制单价的货物、服务进行质量综合评分，按照质量评分从高到低排序，根据征集文件规定的淘汰率或者入围供应商数量上限，确定入围供应商的评审方法。货物项目质量因素包括采购标的的技术水平、产品配置、售后服务等，服务项目质量因素包括服务内容、服务水平、供应商的履约能力、服务经验等。质量因素中的可量化指标应当划分等次，作为评分项；质量因素中的其他指标可以作为实质性要求，不得作为评分项。

有政府定价、政府指导价的项目，以及对质量有特别要求的检测、实验等仪器设备，可以采用质量优先法，其他项目应当采用价格优先法。

第二十六条　对耗材使用量大的复印、打印、实验、医疗等仪器设备进行框架协议采购的，应当要求供应商同时对3年以上约定期限内的专用耗材进行报价。评审时应当考虑约定期限的专用耗材使用成本，修正仪器设备的响应报价或者质量评分。

征集人应当在征集文件、框架协议和采购合同中规定，入围供应商在约定期限内，应当以不高于其报价的价格向适用框架协议的采购人供应专用耗材。

第二十七条　确定第一阶段入围供应商时，提交响应文件和符合资格条件、实质性要求的供应商应当均不少于2家，淘汰比例一般不得低于20%，且至少淘汰一家供应商。

采用质量优先法的检测、实验等仪器设备采购，淘汰比例不得低于40%，且至少淘汰一家供应商。

第二十八条　入围结果公告应当包括以下主要内容：

（一）采购项目名称、编号；

（二）征集人的名称、地址、联系人和联系方式；

（三）入围供应商名称、地址及排序；

（四）最高入围价格或者最低入围分值；

（五）入围产品名称、规格型号或者主要服务内容及服务标准，入围单价；

（六）评审小组成员名单；

（七）采购代理服务收费标准及金额；

（八）公告期限；

（九）省级以上财政部门规定的其他事项。

第二十九条　集中采购机构或者主管预算单位应当在入围通知书发出之日起30日内和入围供应商签订框架协议，并在框架协议签订后7个工作日内，将框架协议副本报本级财政部门备案。

框架协议不得对征集文件确定的事项以及入围供应商的响应文件作实质性修改。

第三十条　征集人应当在框架协议签订后3个工作日内通过电子化采购系统将入围信息告知适用框架协议的所有采购人或者服务对象。

入围信息应当包括所有入围供应商的名称、地址、联系方式、入围产品信息和协议价格等内容。入围产品信息应当详细列明技术规格或者服务内容、服务标准等能反映产品质量特点的内容。

征集人应当确保征集文件和入围信息在整个框架协议有效期内随时可供公众查阅。

第三十一条　除剩余入围供应商不足入围供应商总数70%且影响框架协议执行的情形外，框架协议有效期内，征集人不得补充征集供应商。

征集人补充征集供应商的，补充征集规则应当在框架协议中约定，补充征集的条件、程序、评审方法和淘汰比例应当与初次征集相同。补充征集应当遵守原框架协议的有效期。补充征集期间，原框架协议继续履行。

第二节　采购合同的授予

第三十二条　确定第二阶段成交供应商的方式包括直接选定、二次竞价和顺序轮候。

直接选定方式是确定第二阶段成交供应商的主要方式。除征集人根据采购项目特点和提高绩效等要求，在征集文件中载明采用二次竞价或者顺序轮候方式外，确定第二阶段成交供应商应当由采购人或者服务对象依据入围产品价格、质量以及服务便利性、用户评价等因素，从第一阶段入围供应商中直接选定。

第三十三条　二次竞价方式是指以框架协议约定的入围产品、采购合同文本等为依据，以协议价格为最高限价，采购人明确第二阶段竞价需求，从入围供应商中选择所有符合竞价需求的供应商参与二次竞价，确定报价最低的为成交供应商的方式。

进行二次竞价应当给予供应商必要的响应时间。

二次竞价一般适用于采用价格优先法的采购项目。

第三十四条　顺序轮候方式是指根据征集文件中确定的轮候顺序规则，对所有入围供应商依次授予采购合同的方式。

每个入围供应商在一个顺序轮候期内，只有一次获得合同授予的机会。合同授予顺序确定后，应当书面告知所有入围供应商。除清退入围供应商和补充征集外，框架协议有效期内不得调整合同授予顺序。

顺序轮候一般适用于服务项目。

第三十五条　以二次竞价或者顺序轮候方式确定成交供应商的，征集人应当在确定成交供应商后2个工作日内逐笔发布成交结果公告。

成交结果单笔公告可以在省级以上财政部门指定的媒体上发布，也可以在开展框架协议采购的电子化采购系统发布，发布成交结果公告的渠道应当在征集文件或者框架协议中告知供应商。单笔公告应当包括以下主要内容：

（一）采购人的名称、地址和联系方式；

（二）框架协议采购项目名称、编号；

（三）成交供应商名称、地址和成交金额；

（四）成交标的名称、规格型号或者主要服务内容及服务标准、数量、单价；

（五）公告期限。

征集人应当在框架协议有效期满后10个工作日内发布成交结果汇总公告。汇总公告应当包括前款第一项、第二项内容和所有成交供应商的名称、地址及其成交合同总数和总金额。

第三十六条　框架协议采购应当订立固定价格合同。

根据实际采购数量和协议价格确定合同总价的，合同中应当列明实际采购数量或者计量方式，包括服务项目用于计算合同价的工日数、服务工作量等详细工作量清单。采购人应当要求供应商提供能证明其按照合同约定数量或者工作量清单履约的相关记录或者凭证，作为验收资料一并存档。

第三十七条　采购人证明能够以更低价格向非入围供应商采购相同货物，且入围供应商不同意将价格降至非入围供应商以下的，可以将合同授予非入围供应商。

采购项目适用前款规定的，征集人应当在征集文件中载明并在框架协议中约定。

采购人将合同授予非入围供应商的，应当在确定成交供应商后1个工作日内，将成交结果抄送征集人，由征集人按照单笔公告要求发布成交结果公告。采购人应当将相关证明材料和采购合同一并存档备查。

第四章　开放式框架协议采购

第三十八条　订立开放式框架协议的，征集人应当发布征集公告，邀请供应商加入框架协议。征集公告应当包括以下主要内容：

（一）本办法第二十二条第一项至四项和第二十三条第二项至三项、第十三项至十六项内容；

（二）订立开放式框架协议的邀请；

（三）供应商提交加入框架协议申请的方式、地点，以及对申请文件的要求；

（四）履行合同的地域范围、协议方的权利和义务、入围供应商的清退机制等框架协议内容；

（五）采购合同文本；

（六）付费标准，费用结算及支付方式；

（七）省级以上财政部门规定的其他事项。

第三十九条　征集公告发布后至框架协议期满前，供应商可以按照征集公告要求，随时提交加入框架协议的申请。征集人应当在收到供应商申请后7个工作日内完成审核，并将审核结果书面通知申请供应商。

第四十条　征集人应当在审核通过后2个工作日内，发布入围结果公告，公告入围供应商名称、地址、联系方式及付费标准，并动态更新入围供应商信息。

征集人应当确保征集公告和入围结果公告在整个框架协议有效期内随时可供公众查阅。

第四十一条　征集人可以根据采购项目特点，在征集公告中申明是否与供应商另行签订书面框架协议。申明不再签订书面框架协议的，发布入围结果公告，视为签订框架协议。

第四十二条　第二阶段成交供应商由采购人或者服务对象从第一阶段入围供应商中直接选定。

供应商履行合同后，依据框架协议约定的凭单、订单以及结算方式，与采购人进行费用结算。

第五章　法律责任

第四十三条　主管预算单位、采购人、采购代理机构违反本办法规定的，由财政部门责令限期改正；情节严重的，给予警告，对直接负责的主管人员和其他责任人员，由其行政主管部门或者有关机关依法给予处分，并予以通报。

第四十四条 违反本办法规定，经责令改正后仍然影响或者可能影响入围结果或者成交结果的，依照政府采购法等有关法律、行政法规处理。

第四十五条 供应商有本办法第十九条第一款第一项至三项情形之一，以及无正当理由放弃封闭式框架协议入围资格或者退出封闭式框架协议的，依照政府采购法等有关法律、行政法规追究法律责任。

第四十六条 政府采购当事人违反本办法规定，给他人造成损失的，依法承担民事责任。

第四十七条 财政部门及其工作人员在履行监督管理职责中存在滥用职权、玩忽职守、徇私舞弊等违法违纪行为的，依法追究相应责任。

第六章 附则

第四十八条 除本办法第三十五条规定外，本办法规定的公告信息，应当在省级以上财政部门指定的媒体上发布。

第四十九条 本办法规定按日计算期间的，开始当天不计入，从次日开始计算。期限的最后一日是国家法定节假日的，顺延到节假日后的次日为期限的最后一日。

第五十条 本办法所称的“以上”、“以下”、“内”、“以内”、“不少于”、“不超过”，包括本数；所称的“不足”、“低于”，不包括本数。

第五十一条 各省、自治区、直辖市财政部门可以根据本办法制定具体实施办法。

第五十二条 本办法自2022年3月1日起施行。

财政部关于做好政府采购框架协议采购工作有关问题的通知

（财库〔2022〕17号）

各中央预算单位，各省、自治区、直辖市、计划单列市财政厅（局），新疆生产建设兵团财政局，有关集中采购机构：

《政府采购框架协议采购方式管理暂行办法》（财政部令第110号，以下简称《办法》）已于2022年3月1日开始施行。为进一步做好政府采购框架协议采购工作，提升《办法》实施效果，现就有关问题通知如下：

一、加强框架协议采购组织协调。《办法》对多频次、小额度采购活动进行了规范，是落实《深化政府采购制度改革方案》的重要内容，也是对政府采购管理制度的一次重要完善与创新。各级集中采购机构、主管预算单位要充分理解把握《办法》对框架协议采购的规范性要求，切实做好需求标准确定、采购方案拟定、供应商入围征集和合同履约管理等工作。各级财政部门要认真做好组织协调，进一步清理违规设置的供应商备选库、名录库、资格库，加强对框架协议采购方案的审核备案管理，切实抓好《办法》确定的公平竞争机制建设，平稳有序推进框架协议采购的实施。

二、处理好集中采购相关问题的衔接。《办法》施行后，财政部关于协议供货、定点采购的规定不再执行，地方各级财政部门要对涉及协议供货、定点采购的制度规定进行清理规范。《办法》施行前订立的协议供货、定点采购协议，可以继续执行至期限届满。已实施批量集中采购的品目，按现有规定继续推进和完善批量集中采购工作。

对一些地方或者部门缺乏专业实施力量的问题，省级财政部门可以结合本地实际，通过修订集中采购目录或者制定专门办法，适当调整相关品目实施的组织形式。有条件的地方，还可以通过跨级次、跨地区统筹确定征集主体推进实施，并同步开展集中采购机构竞争试点。

三、推动采购需求标准的制定。各级财政部门要指导集中采购机构、主管预算单位结合业务特点合理确定各类产品的需求标准，逐步提高标准的科学性和完整程度，做到客观、细化、可评判、可验证，无明确需求标准的不得开展框架协议采购。要合理确定不同等次、规格产品的最高限制单价，综合考虑采购历史成交价格与市场调查情况，平衡采购需求标准与成本价格的关系，做到最高限制单价与采购需求标准相匹配。

集中采购机构、主管预算单位应当高度重视服务项目需求标准的制定工作。对实施开放式框架协议的服务类采购，特别是向社会提供公共服务的项目，各级财政部门要对主管预算单位的市场调查情况及成本构成重点把关，严禁服务内容及最高限制单价突破预算和其他购买公共服务的政策要求。条件成熟时，省级财政部门可以会同相关部门制定发布统一的服务需求标准。对新开展的公共服务类框架协议采购项目，财政部门可以指导相关部门先以封闭式框架协议采购开展试点，时机成熟后再按规定实施开放式框架协议采购。

四、加强采购方案审核备案管理。集中采购机构、主管预算单位应当按照不同品目分类拟定采购方案，报本级财政部门审核或者备案。各级财政部门要按照公平公正、促进竞争、讲求绩效的原则，加强对集中采购机构框架协议采购方案的审核。重点包括：一是实施范围审核。要认真落实“适用于小额零星采购”以及“以封闭式框架协议为主”的基本原则，严格把控相应实施范围。其中，小额零星采购严格限定在采购人需要多频次采购，且单笔采购金额未达到政府采购限额标准的范围内。严禁出现《办法》对政府限价服务、专用设备、公共服务等采购的一些特殊规定在适用范围上的扩大。二是竞争机制审核。要严格执行“需求明确、竞争价格”的评审要求，同时把握对各品目分级、分类、分包的合理性，防止品目拆分过细带来的竞争不充分等问题。对专用设备采购，要严格控制质量优先法的适用，加强对需求标准、最高限制单价以及竞争淘汰率的匹配性审核。三是其他重要问题审核。包括落实政府采购政策，以及防止政府采购“专供”、高价专用耗材捆绑问题的措施等。

主管预算单位的框架协议采购方案实行备案管理。财政部门在备案中发现存在擅自扩大适用范围、需求标准不合理不明确、开放式框架协议采购缺乏供应商申请办法、公共服务标准及最高限制单价不符合相关规定等问题的，可以要求相关单位改正后实施，也可以通过监督检查或者投诉处理进行监管。

五、落实政府采购政策。框架协议采购要落实政府采购政策，细化政策执行措施。政府绿色采购、促进中小企业发展等采购政策原则上在框架协议采购的第一阶段落实，第二阶段交易不再作要求；政府采购进口产品管理要求在第二阶段落实。在落实绿色采购政策方面，对实施强制采购或者执行强制性绿色采购标准的品目，应当将符合绿色采购政策作为实质性要求，对实施优先采购或者执行推荐性绿色采购标准的品目，应当在评审时给予相关供应商评审优惠；在支持中小企业政策方面，对符合条件的小微企业，应当按照《政府采购促进中小企业发展管理办法》的规定给予价格扣除优惠政策；在进口产品管理方面，对检测、实验、医疗等专用仪器设备，确有采购进口产品需求的，采购方案中可以就相应的进口产品设置采购包，但第二阶段采购人在采购入围进口产品前，需按规定履行相关核准程序。

省级财政部门可以探索选择特定货物、服务品目，专门面向残疾人福利性单位、基层群众性自治组织等特殊主体设置采购包，要求采购人在采购相关货物、服务时，将合同授予该采购包的入围供应商。

六、推进框架协议电子化采购系统建设。省级财政部门应当按照《办法》确定的业务规则、预算管理一体化规范和技术标准，统筹协调电子化采购系统的建设和拓展完善，实现互联互通和业务协同。集中采购目录以外、未达到采购限额标准的采购活动，可以继续通过电子卖场开展，但不得强制采购人通过电子卖场交易。

在框架协议采购全流程电子系统建设完成之前，框架协议采购可以在已有电子采购系统上分阶段实施，第一阶段入围征集活动可以依托项目采购的相关系统，第二阶段确定成交供应商可以依托电子卖场等系统，按照《办法》确定的规则开展。

七、维护供应商合法权益。货物采购中，入围供应商可以委托代理商接受采购人合同授予并履行采购合同，代理商根据与入围供应商签订的委托协议开展活动，其行为的法律后果由入围供应商承担。框架协议有效期内，入围供应商可以根据征集文件的规定调整代理商名单，征集人应当提供便利。对于代理商拒不履行合同义务的，征集人应当依法追究入围供应商责任，并按协议约定解除代理商在该框架协议中接受合同授予的资格。征集人不得未经入围供应商同意，擅自增减变动代理商。

各地区、各部门要加强统筹协调，认真安排部署，全面总结框架协议采购中好的经验和做法，对于执行中发现的问题，要研究完善办法措施，并及时向财政部反映。

财政部

2022年5月16日

中央国家机关政府采购中心关于印发《中央国家机关政府采购中心网上竞价管理办法》(修订版)的通知

(国机采〔2017〕16号)

中央国家机关各部门、各单位办公厅(室):

为进一步规范网上竞价采购行为,提高采购质量和效率,强化履约管理,依据《中华人民共和国政府采购法》、《中华人民共和国政府采购法实施条例》和有关行政法规的规定,中央国家机关政府采购中心修订了《中央国家机关政府采购中心网上竞价管理办法》,现予公布。

附件:中央国家机关政府采购中心网上竞价管理办法

中央国家机关政府采购中心

2017年12月25日

中央国家机关政府采购中心网上竞价管理办法(修订版)

第一章　总则

第一条　为进一步规范网上竞价操作行为,为采购人和供应商提供便捷高效的服务,依据《中华人民共和国政府采购法》、《中华人民共和国政府采购法实施条例》及相关法律法规,制定本办法。

第二条　本办法所称网上竞价是指采购人公开发布采购信息,在规定时间内,供应商在线报价,按照满足需求的最低报价者成交的电子化政府采购形式。

第三条　网上竞价的实质是询价采购,适用于50万元以下,规格、标准统一的政府采购项目。

第二章　采购人职责

第四条　采购人进行网上竞价,应当通过中央国家机关政府采购中心(以下简称国采中心)网站注册,获取用户名和密码,登录网上竞价系统,在线发起竞价项目。采购人对外公开发布信息,包括:采购需求、成交结果、项目废标等。

第五条　采购人在采购进口产品时,应当严格按照《财政部关于印发〈政府采购进口产品管理办法〉的通知》(财库〔2007〕119号)及《财政部关于政府采购进口产品管理有关问题的通知》(财办库〔2008〕248号)等有关规定执行。

第六条　网上竞价应当遵守并积极落实国家有关节能环保、自主创新、扶持中小企业、知识产权保护、国家信息安全等政策规定。采购人采购列入节能产品政府采购强制执行范围的产品,应当在当期《节能产品政府采购清单》范围内进行采购。当出现报价相同的供应商时,应当优先选择列入当期《环境标志产品政府采购清单》的产品。供应商及所投报产品厂商均为中小企业的，按照报价扣除6%后的价格进行排序，供应商最终成交价格以实际报价为准。

第七条　采购人须按网上竞价系统要求，准确填写并提交竞价需求。需求应当完整、明确、合规，不得包含歧视性、排他性内容，技术需求中不得包含商务条款。采购人填写品牌和型号时，必需填写三个(含)以上品牌和型号。

第八条　竞价需求公告发布后，采购人无正当理由不得调整、变更或取消采购需求。

第九条　网上竞价按照符合采购需求且报价最低的原则确定成交供应商。报价时间截止后，网上竞价系统按报价由低到高顺序排序，列出成交供应商候选人名单；报价相同时，按报价时间先后顺序排序。采购人在满足竞价需求的供应商中，选择排名第一的供应商为成交供应商。

第十条　采购预算少于5万元(不含)的网上竞价项目，采购公告时间不得少于1个工作日；采购预算不少于5万元(含)的网上竞价项目，采购公告时间不得少于3个工作日。采购人应当在竞价截止时间后5个工作日内，选择确认成交供应商；逾期不确认的，系统自动确认排名第一的供应商为成交供应商。

第十一条　采购人确需取消采购任务的，应当在成交公告发布3个工作日内提交书面说明。

第十二条　成交公告发布后，成交供应商除不可抗力外的原因不得放弃成交；确需放弃的，应当向采购人提交书面说明。采购人收到成交供应商书面说明后，向国采中心提交书面材料，经核定后，递延选择成交供应商，或由采购人重新发起竞价项目。

第十三条　出现下列情形之一的，采购项目应当废标：

(一) 符合采购需求条件的供应商不足三家的；

(二) 符合采购需求条件的供应商报价均超过采购预算，采购人不能支付的；

(三) 采购人因故取消采购任务的。

第十四条　采购人应当在成交公告发布后七个工作日内与成交供应商签订合同，并按合同约定付款。

第十五条　网上竞价系统自动生成《电子验收单》，作为政府采购凭证。供货合同由采购人与成交供应商依据网上竞价成交公告另行协商签订，合同实质内容应与网上竞价成交公告一致。

第十六条　网上竞价的付款方式为先供货，后付款。货物验收由采购人负责组织，验收合格后双方签字盖章，凭《电子验收单》及双方签订的供货合同支付。

第三章　供应商操作

第十七条　本办法所称供应商是指符合《中华人民共和国政府采购法》第二十二条规定的供应商。供应商应当通过国采中心网站注册，获得安全认证，登录网上竞价系统，参与竞价。

第十八条　供应商应当遵循诚实守信原则，供应商参与竞价应当响应采购人提出的所有需求，竞价时间截止后不得对报价及相关内容做任何更改或退出，应当按竞价需求和成交公告签订合同并提供相关服务。

第十九条　供应商不得通过虚假应答、串通等行为谋取不正当利益。供应商应当认真阅读理解公告要求，合理报价，超预算的报价将被拒绝。供应商应对报价负责，自行承担相关责任。

第二十条　成交公告发布后3个工作日内，供应商应主动与采购人联系，商定供货、合同签订等事宜。

第二十一条　成交供应商不履行合同约定，采购人有权按有关法律法规终止采购项目，并追究成交供应商的违约责任。

第二十二条　供应商对网上竞价需求提出询问或质疑的，应当在报价截止前，以书面形式（法人代表签字，单位盖章）向采购人和国采中心提出。供应商对网上竞价结果提出质疑的，应当在竞价成交公告发布之日起7个工作日之内，以书面形式（法人代表签字，单位盖章）向采购人和国采中心提出。质疑处理期间，为进行调查了解，国采中心有权暂停质疑人、被质疑人网上竞价资格，并冻结该竞价项目。

第四章　国采中心职责

第二十三条　国采中心负责网上竞价网络系统的设计、建设、和运维工作。

第二十四条　国采中心负责网上竞价操作规程、实施细则及相关制度的制定，并依据规程对违规行为进行处理。

第二十五条　国采中心根据中央预算单位政府集中采购目录和采购人需求较集中的品目制定网上竞价采购目录。

第二十六条　国采中心应按照相关当事人反映的违反本办法的情况，对当事人进行处理。

第二十七条　采购人逾期不签订合同或不付款的，国采中心将视情节轻重予以公示或暂停网上竞价资格；情节严重的，将报请财政主管部门进一步处理。

第二十八条　供应商出现下列情形之一的，国采中心将冻结其法定代表人注册的供应商在中央政府采购网注册的所有网上竞价账号半年并予以公示，且半年内不得在中央政府采购网注册新账号：

（一）报价供应商在竞价截止时间后退出报价的；

（二）报价供应商未能在竞价平台提供有效联系方式，导致竞价截止时间后2个工作日内采购人或国采中心无法取得联系，且经中央政府采购网公示3个工作日后，仍未主动联系采购人或国采中心的。

第二十九条　供应商出现下列情形之一的，国采中心将冻结其法定代表人注册的供应商在中央政府采购网注册的所有网上竞价账号一年并予以公示，且一年内不得在中央政府采购网注册新账号：

（一）成交公告发布后，成交供应商不履行承诺的；

（二）成交后，因产品质量或违约等行为被采购人书面投诉，经查属实的。

第三十条　供应商出现下列情形之一的，国采中心将冻结其法定代表人注册的所有供应商在中央政府采购网的账号三年并予以公示，且三年内不得在中央政府采购网注册新账号，情节严重的，国采中心将报请财政主管部门进一步处理：

（一）供应商提供来源不明、假冒伪劣等不合格产品的；

（二）供应商提供虚假材料或虚假证明的；

（三）与其它供应商串通，谋取成交的；

（四）在处罚暂停期间以任何形式重复注册和参与网上竞价的。

第三十一条　暂停资格时间到期后，被暂停网上竞价资格的供应商应当向国采中心提交书面整改材料，申请恢复网上竞价资格。国采中心在收到恢复网上竞价资格材料后进行审核，符合条件的在10个工作日内恢复其竞价资格。

第五章　附则

第三十二条　本办法由中央国家机关政府采购中心负责解释。

第三十三条　本办法自发布之日起执行。《中央国家机关政府集中采购网上竞价管理办法》（国机采字〔2016〕13号）同时废止。

中央国家机关政府采购中心关于印发《中央国家机关政府集中采购信息类产品协议供货管理办法》的通知

（国机采〔2017〕17号）

中央国家机关各部门、各单位办公厅(室)：

为进一步规范协议供货采购行为，提高采购质量和效率，强化履约管理，依据《中华人民共和国政府采购法》、《中华人民共和国政府采购法实施条例》和有关行政法规的规定，中央国家机关政府采购中心修订了《中央国家机关政府集中采购信息类产品协议供货管理办法》，现予公布。

附件：中央国家机关政府集中采购信息类产品协议供货管理办法

中央国家机关政府采购中心
2017年12月25日

中央国家机关政府集中采购信息类产品协议供货管理办法

第一章　总则

第一条　为规范采购行为，提高采购效率，节约采购成本，方便采购人，根据《中华人民共和国政府采购法》(以下简称政府采购法)、《中华人民共和国政府采购法实施条例》(以下简称实施条例)等法律法规，结合采购中心工作实际制定本办法。

第二条　各级中央预算单位(以下简称采购人)采购政府集中采购目录中实行协议供货的品目适用本办法。采购人采购政府集中采购目录外实行协议供货的品目参照本办法执行。

第三条　本办法所称协议供货，是指中央国家机关政府采购中心(以下简称采购中心)通过公开招标、竞争性谈判、竞争性磋商等方式，确定中标供应商及其所供产品(型号、具体配置)、最高限价、订货方式、供货期限、售后服务条款等，由采购人在协议有效期内，自主选择网上公告的供货商及其中标产品的一种政府集中采购组织形式。

第四条　采购中心作为中央国家机关政府集中采购的执行机构，负责中央国家机关政府集中采购协议供货工作的组织实施。

第二章　执行程序

第五条　采购中心定期在中央政府采购网协议供货专栏中公告协议供货的具体执行程序、品目、中标产品(品牌、型号和配置)及其最高限价、中标供应商及协议供货商名单、订货及售后服务联系方式、供货期限、售后服务条款等信息。

第六条　采购人应在网上公告的中标供应商及其推荐的供货代理商(以下统称为协议

供货商）的范围内对中标产品进行议价和比价，择优选择最终供货单位，采购价格不得高于最高限价。

第七条　协议供货中标产品不能满足采购需求的，采购人可按照网上竞价等其他法定程序另行组织采购，网上竞价的具体办法和程序参照《中央国家机关网上竞价管理办法》执行。

第八条　在偏远地方确无协议供货商时，采购人经与中标供应商总协调人联系仍无法解决供货问题的，若采购人承诺对货物及服务质量自行承担责任，则可以从网上公布的协议供货商以外的其它供应商处进行采购。

第九条　协议供货合同和货物验收单

（一）协议供货商应与采购人签订采购合同，并出具《中央国家机关政府采购货物验收单》（以下简称货物验收单）。

（二）协议供货合同应明确约定供需双方的权利和义务。采购人要充分利用协议供货制度的价格优惠和服务条件，监督协议供货商履行采购合同约定的各项应尽义务，出现合同纠纷或协议供货商违约时，应按照合同约定的方式进行处理并追究协议供货商的违约责任。

（三）货物验收单是实施政府集中采购的有效凭证，是财务付款（包括财政直接支付和授权支付）、国有资产登记入帐的凭证以及审计检查的依据。

（四）采购中心统一制定了货物验收单格式，由采购中心协议供货管理系统自动生成，经双方签字盖章后生效。

（五）货物验收单编号在系统中是唯一且相互对应的，审计、财务人员可登录中央政府采购网核查其真实性。

第十条　中央政府采购网上公布的协议供货产品价格为采购最高限价，采购人可选择多家协议供货商进行议价、比价，以争取获得更优惠的价格。中标价格中包含的上门安装、调试和质保等基本配套服务的费用，采购人无需另外付费。

第十一条　采购人应按照合同约定的条款负责验收，在交货时当场进行清点，现场参加安装和调试，在验收合格后向协议供货商收取发票并签署货物验收单。为杜绝假冒伪劣产品，保护采购人权益，在验收时，应当场抄录设备及其所有可拆卸部件的编号或序列号，形成书面记录，并经双方签字确认，作为合同附件妥善保存，以备维修及产生合同纠纷时使用。

第十二条　采购人要按照合同约定及时向协议供货商支付货款。

第十三条　协议供货厂商负责对其代理商进行管理，及时更新代理商信息，确保代理商按合同履约，确保服务标准一致。协议供货代理商出现违约问题时，厂商承担连带责任。

第十四条　协议供货期内若出现产品退市或下架，协议供货厂商应及时以书面方式报采购中心，申请停止原协议供货产品销售；原协议供货产品推出升级换代产品时，出具新产品在质量、性能等方面的说明和书面替换申请，采购中心定期归集替换申请后，统一组织专家进行评审，并进行网上公示，产品替换价格原则上不能超过原协议供货产品价格。

第十五条　列入节能产品政府采购清单（以下简称“清单”）强制采购的品目，清单内产品更新时，协议供货产品按照配置不降低、价格不升高的基本原则由厂商提出更替申请，采购中心对应清单及时审查调整。

第三章 履约管理

第十六条 采购中心将建立协议供货最高限价与市场价格的联动机制，开展市场价格行情监测，对协议供货最高限价实行动态管理。

第十七条 采购中心对供应商履约情况进行跟踪调查和监督，建立协议供货供应商履约考核机制和诚信管理档案。

第十八条 协议供货商应按照框架协议的要求定期进行价格调整，采购中心将按照产品降幅情况、框架协议约定和实际采购需求确定各期协议供货的淘汰和递补原则。

第十九条 在产品和服务完全可比的条件下，当采购人或相关单位和人员发现协议供货价格高于市场平均价格时，应及时向采购中心反映。发生上述情况时，若采购人承诺对货物及服务质量自行承担责任，则可以从网上公布的协议供货商以外的其它供应商处进行采购。但采购人应当在签订采购合同前将有关情况的书面说明加盖本单位公章后传真至采购中心备案，并附录有关供应商的报价文件及产品型号、配置清单。采购中心将同时依据上述文件对协议供货商价格进行调查，并要求其进行价格调整。价格调整通知发出后三个工作日内拒不降价的，将暂停协议供货产品销售资格。

第二十条 采购人应当在协议供货商履行合同义务结束后15个工作日内，在协议供货商评价管理系统中，对协议供货商的合同履约、产品质量、配送安装、服务品质等职责履行情况做出评价，并按“优、良、中、差”评定等级。

第二十一条 协议供货商在当期协议供货期内，严格按照招标文件执行价格协议，及时更新产品价格，无采购人在产品质量、售后服务等方面投诉，配合采购中心做好协议供货管理工作，主动维护中央政府集中采购的声誉，且销售金额在同类产品中排名靠前的，采购中心将参考采购人的评价，在后续协议供货采购中适当延长该产品协议供货周期。

第二十二条 协议供货商出现下列情形之一的，采购人应及时将有关情况向采购中心反映。采购中心将对违法违规供应商予以通报批评；情节严重的，将暂停或取消其协议供货中标资格，直至报请财政部处理：

（一）提供来源不明、假冒伪劣等不合格产品的；

（二）产品质量、配置或提供的售后服务不符合国家有关规定和投标文件承诺的标准的；

（三）没有在投标承诺的供货期限内及时供货或提供售后服务的；

（四）没有按照承诺的供货价格或折扣签订采购合同并供货的；

（五）协议供货最高限价高于市场平均价的；

（六）中标产品的媒体广告价或市场统一零售价降低时，未及时书面告知采购中心进行相应价格调整的；

（七）违反招标文件约定的价格协议，在采购中心通知后拒不进行价格调整的；

（八）当采购中心发起针对该产品的价格调查时，未能主动提供包括但不限于销售记录、成交合同等价格证明材料的；

（九）接到采购人三次以上对供应商在产品质量、服务等方面投诉的；

（十）因生产制造厂家原因导致代理商服务不到位或不能按约定供货的；

（十一）借机型更换之名，以低配机型、减配机型顶替高配机型、满配机型的；

（十二）借调换机型、配置之名乱加价的；

（十三）协议供货投标时，供应商提供虚假材料或虚假证明谋取中标已经核实的；

（十四）协议供货履约中，与其它供应商串通，谋取成交的；

（十五）违反法律法规、本办法规定和合同约定的其他情形的，严重影响采购中心声誉或政府采购形象的。

第二十三条　协议供货商应诚信履行框架协议约定，及时更新产品价格，确保入围产品全周期内低于市场平均价，同时严格管控产品质量，不得以任何理由降低产品质量标准和指标要求，严把产品的流通各个环节，确保原装正品。

第二十四条　采购人要严格遵循政府采购法及相关法律法规的规定，规范自身行为，主动维护协议供货商的合法权益，不得向协议供货商提出超出协议供货合同范围的其他要求，否则由此引起的经济和法律责任由违规单位自负。

第二十五条　采购中心在中央政府采购网设立主任信箱，听取各单位的意见和建议，并及时改进。

第四章　附则

第二十六条　本办法由采购中心负责解释。

第二十七条　本办法自发布之日起施行，原《中央国家机关政府集中采购信息类产品协议供货实施办法》废止。

财政部关于印发《中央预算单位变更政府采购方式审批管理办法》的通知

（财库〔2015〕36 号）

党中央有关部门，国务院各部委、各直属机构，全国人大常委会办公厅，全国政协办公厅，高法院，高检院，中共中央直属机关采购中心，中央国家机关政府采购中心，人大机关采购中心，有关人民团体，新疆生产建设兵团财务局：

为进一步加强中央预算单位政府采购管理，规范中央预算单位变更政府采购方式审批管理工作，根据《中华人民共和国政府采购法》、《政府采购非招标采购方式管理办法》及政府采购相关制度规定，我们制定了《中央预算单位变更政府采购方式审批管理办法》，现印发给你们，请遵照执行。

附件：中央预算单位变更政府采购方式审批管理办法

财政部

2015 年 1 月 15 日

中央预算单位变更政府采购方式审批管理办法

第一章　总则

第一条　为了加强中央预算单位政府采购管理，规范中央预算单位变更政府采购方式审批管理工作，根据《中华人民共和国政府采购法》、《政府采购非招标采购方式管理办法》及政府采购相关制度规定，制定本办法。

第二条　中央预算单位达到公开招标数额标准的货物、服务采购项目，需要采用公开招标以外采购方式的，应当在采购活动开始前，按照本办法规定申请变更政府采购方式。

本办法所称公开招标以外的采购方式，是指邀请招标、竞争性谈判、竞争性磋商、单一来源采购、询价以及财政部认定的其他采购方式。

第三条　变更政府采购方式申请应当由中央主管预算单位向财政部提出。财政部应当按照政府采购法和本办法规定进行审批。

第四条　中央主管预算单位应当加强对本部门所属预算单位变更政府采购方式工作的指导和监督。中央预算单位应当提交完整、明确、合规的申请材料，并对申请材料的真实性负责。

第二章　变更方式申请

第五条　中央预算单位应当建立和完善采购方式变更内部管理制度，明确采购、财务、业务相关部门（岗位）责任。业务部门应当结合工作实际，根据经费预算和资产配置等采购标准,提出合理采购需求。采购部门(岗位)应当组织财务、业务等相关部门(岗位),根据采购需求和相关行业、产业发展状况,对拟申请采用采购方式的理由及必要性进行内部会商。会商意见应当由相关部门(岗位)人员共同签字认可。

第六条　中央预算单位申请单一来源采购方式,符合政府采购法第三十一条第一项情形的,在进行单位内部会商前,应先组织3名以上专业人员对只能从唯一供应商处采购的理由进行论证。专业人员论证意见应当完整、清晰和明确,意见不明确或者含混不清的,属于无效意见,不作为审核依据。专业人员论证意见中应当载明专业人员姓名、工作单位、职称、联系电话和身份证号码。专业人员不能与论证项目有直接利害关系,不能是本单位或者潜在供应商及其关联单位的工作人员。

第七条　中央预算单位申请采用公开招标以外采购方式的,应当提交以下材料:

(一) 中央主管预算单位出具的变更采购方式申请公文,公文中应当载明以下内容:中央预算单位名称、采购项目名称、项目概况等项目基本情况说明,拟申请采用的采购方式和理由,联系人及联系电话等。申请变更为单一来源采购方式的,还需提供拟定的唯一供应商名称、地址;

(二) 项目预算金额、预算批复文件或者资金来源证明;

(三) 单位内部会商意见。申请变更为单一来源采购方式的,如符合政府采购法第三十一条第一项情形,还需提供专业人员论证意见。

第八条　非中央预算单位所能预见的原因或者非中央预算单位拖延造成采用招标所需时间不能满足需要而申请变更采购方式的,中央预算单位应当提供项目紧急原因的说明材料。

第九条　中央预算单位因采购任务涉及国家秘密需要变更采购方式的,应当提供由国家保密机关出具的本项目为涉密采购项目的证明文件。

第十条　中央预算单位符合《政府采购非招标采购方式管理办法》第二十七条第一款第一项情形和第二款情形,申请采用竞争性谈判采购方式的;公开招标过程中提交投标文件或者经评审实质性响应招标文件要求的供应商只有一家时,申请单一来源采购方式的,除按照本办法第七条第一项和第二项要求提供有关申请材料外,还应当提供以下材料:

(一) 在中国政府采购网发布招标公告的证明材料;

(二) 中央预算单位、采购代理机构出具的对招标文件和招标过程没有供应商质疑的说明材料;

(三) 评标委员会或3名以上评审专家出具的招标文件没有不合理条款的论证意见。

第十一条　中央主管预算单位在同一预算年度内,对所属多个预算单位因相同采购需求和原因采购同一品目的货物或者服务,拟申请采用同一种采购方式的,可统一组织一次内部会商后,向财政部报送一揽子方式变更申请。

第十二条　中央预算单位一般应通过“政府采购计划管理系统”报送采购方式变更申请,对系统中已导入政府采购预算的,不再提供部门预算批复文件复印件。因采购任务涉及国家秘密需要变更采购方式的,应当通过纸质文件报送。

第十三条　中央预算单位申请采用单一来源采购方式,符合政府采购法第三十一条第一项情形的,在向财政部提出变更申请前,经中央主管预算单位同意后,在中国政府采购网上进行公示，并将公示情况一并报财政部。

因采购任务涉及国家秘密需要变更为单一来源采购方式的，可不进行公示。

第十四条 中央预算单位申请变更为单一来源采购方式的申请前公示，公示期不得少于5个工作日，公示材料为单一来源采购征求意见公示文书和专业人员论证意见。因公开招标过程中提交投标文件或者经评审实质性响应招标文件要求的供应商只有一家时，申请采用单一来源采购方式的，公示材料还包括评审专家和代理机构分别出具的招标文件无歧视性条款、招标过程未受质疑相关意见材料。

单一来源采购征求意见公示文书内容应包括：中央预算单位、采购项目名称和内容；公示的期限；拟采购的唯一供应商名称；中央主管预算单位、财政部政府采购监管部门的联系地址、联系人和联系电话。

第十五条 任何供应商、单位或者个人对采用单一来源采购方式公示有异议的，可以在公示期内将书面意见反馈给中央预算单位，并同时抄送中央主管预算单位和财政部。

第十六条 中央预算单位收到对采用单一来源采购方式公示的异议后，应当在公示期满5个工作日内，组织补充论证，论证后认为异议成立的，应当依法采取其他采购方式；论证后认为异议不成立的，应当将异议意见、论证意见与公示情况一并报财政部。

第三章 审批管理

第十七条 财政部收到变更采购方式申请后应当及时审查，并按下列情形限时办结：

（一）变更政府采购方式申请的理由和申请材料符合政府采购法和本办法规定的，财政部应当在收到材料之日起，7个工作日内予以批复。

（二）申请材料不符合本办法规定的，财政部应当在3个工作日内通知中央主管预算单位修改补充。办结日期以财政部重新收到申报材料时算起。

（三）变更政府采购方式申请的理由不符合政府采购法规定的，财政部应当在收到材料之日起，3个工作日内予以答复，并将不予批复的理由告知中央主管预算单位。

第十八条 中央预算单位应当按照财政部的批复文件，依法开展政府采购活动，未经批准，擅自采用公开招标以外采购方式的，财政部将依据政府采购法及有关法律法规予以处理。

第四章 附则

第十九条 中央预算单位采购限额标准以上公开招标数额标准以下的货物、工程和服务，以及达到招标规模标准依法可不进行招标的政府采购工程建设项目，需要采用公开招标以外采购方式的，由单位根据《政府采购非招标采购方式管理办法》及有关制度规定，自主选择相应采购方式。

第二十条 本办法自2015年3月1日起实施。原《中央单位变更政府采购方式审批管理暂行办法》（财库〔2009〕48号）、《财政部关于对中央单位申请单一来源采购实行审核前公示相关问题的通知》（财库〔2011〕130号）停止执行。

财政部办公厅关于简化优化中央预算单位变更政府采购方式和采购进口产品审批审核有关事宜的通知

（财办库〔2016〕416号）

党中央有关部门办公厅（室），国务院各部委、各直属机构办公厅（室），全国人大常委会办公厅秘书局，全国政协办公厅秘书局，高法院办公厅，高检院办公厅，各民主党派中央办公厅（室），有关人民团体办公厅（室）：

为简化优化中央预算单位变更政府采购方式和采购进口产品审批审核程序，提高审批审核工作效率，保障中央预算单位政府采购活动的顺利开展，现将有关事宜通知如下：

一、推行变更政府采购方式一揽子申报和批复

主管预算单位应加强本部门变更政府采购方式申报管理，定期归集所属预算单位申请项目，向财政部（国库司）一揽子申报，财政部（国库司）一揽子批复。归集的周期和频次由主管预算单位结合实际自行确定。时间紧急或临时增加的采购项目可单独申报和批复。

二、推行采购进口产品集中论证和统一报批

主管预算单位应按年度汇总所属预算单位的采购进口产品申请，组织专家集中论证后向财政部（国库司）申报，财政部（国库司）统一批复。时间紧急或临时增加的采购项目可单独申报和批复。

三、提高申报和审批审核效率

主管预算单位应完善内部管理规定和流程，明确时间节点和工作要求，及时做好所属预算单位变更政府采购方式和采购进口产品申报工作。对于中央预算单位变更政府采购方式和采购进口产品申请，财政部（国库司）实行限时办结制。对于申请理由不符合规定的项目，财政部（国库司）及时退回并告知原因；对于申请材料不完善和不符合规定的，财政部（国库司）一次性告知主管预算单位修改补充事项；对于符合规定的申请项目，财政部（国库司）自收到申请材料起5个工作日内完成批复。

中央预算单位变更政府采购方式和采购进口产品的其他事宜，按照《财政部关于印发〈中央预算单位变更政府采购方式审批管理办法〉的通知》（财库〔2015〕36号）、《财政部关于印发〈政府采购进口产品管理办法〉的通知》（财库〔2007〕119号）和《财政部关于完善中央单位政府采购预算管理和中央高校、科研院所科研仪器设备采购管理有关事项的通知》（财库〔2016〕194号）的有关规定执行。

本通知自2017年1月1日起执行。

财政部办公厅
2016年11月18日

财政部关于印发《政府采购进口产品管理办法》的通知

（财库〔2007〕119 号）

党中央有关部门，国务院各部委、各直属机构，全国人大常委会办公厅，全国政协办公厅，高法院，高检院，有关人民团体，各省、自治区、直辖市、计划单列市财政厅（局），新疆生产建设兵团财务局，各集中采购机构：

为了贯彻落实《国务院关于实施〈国家中长期科学和技术发展规划纲要（2006—2020年）〉若干配套政策的通知》（国发〔2006〕6 号），推动和促进自主创新政府采购政策的实施，规范进口产品政府采购行为，根据《中华人民共和国政府采购法》和有关法律法规，财政部制定了《政府采购进口产品管理办法》。现印发给你们，请遵照执行。

附件：政府采购进口产品管理办法

2007 年 12 月 27 日

政府采购进口产品管理办法

第一章　总则

第一条　为了贯彻落实《国务院关于实施〈国家中长期科学和技术发展规划纲要（2006—2020 年）〉若干配套政策的通知》（国发〔2006〕6 号），推动和促进自主创新政府采购政策的实施，规范进口产品政府采购行为，根据《中华人民共和国政府采购法》等法律法规规定，制定本办法。

第二条　国家机关、事业单位和团体组织（以下统称采购人）使用财政性资金以直接进口或委托方式采购进口产品（包括已进入中国境内的进口产品）的活动，适用本办法。

第三条　本办法所称进口产品是指通过中国海关报关验放进入中国境内且产自关境外的产品。

第四条　政府采购应当采购本国产品，确需采购进口产品的，实行审核管理。

第五条　采购人采购进口产品时，应当坚持有利于本国企业自主创新或消化吸收核心技术的原则，优先购买向我方转让技术、提供培训服务及其他补偿贸易措施的产品。

第六条　设区的市、自治州以上人民政府财政部门（以下简称为财政部门）应当依法开展政府采购进口产品审核活动，并实施监督管理。

第二章　审核管理

第七条　采购人需要采购的产品在中国境内无法获取或者无法以合理的商业条件获取，以及法律法规另有规定确需采购进口产品的，应当在获得财政部门核准后，依法开展政府采购活动。

第八条　采购人报财政部门审核时，应当出具以下材料：

（一）《政府采购进口产品申请表》（详见附1）；

（二）关于鼓励进口产品的国家法律法规政策文件复印件；

（三）进口产品所属行业的设区的市、自治州以上主管部门出具的《政府采购进口产品所属行业主管部门意见》（详见附2）；

（四）专家组出具的《政府采购进口产品专家论证意见》（详见附3）。

第九条　采购人拟采购的进口产品属于国家法律法规政策明确规定鼓励进口产品的，在报财政部门审核时，应当出具第八条第（一）款、第（二）款材料。

第十条　采购人拟采购的进口产品属于国家法律法规政策明确规定限制进口产品的，在报财政部门审核时，应当出具第八条第（一）款、第（三）款和第（四）款材料。

采购人拟采购国家限制进口的重大技术装备和重大产业技术的，应当出具发展改革委的意见。采购人拟采购国家限制进口的重大科学仪器和装备的，应当出具科技部的意见。

第十一条　采购人拟采购其他进口产品的，在报财政部门审核时，应当出具第八条第（一）款材料，并同时出具第（三）款或者第（四）款材料。

第十二条　本办法所称专家组应当由五人以上的单数组成，其中，必须包括一名法律专家，产品技术专家应当为非本单位并熟悉该产品的专家。

采购人代表不得作为专家组成员参与论证。

第十三条　参与论证的专家不得作为采购评审专家参与同一项目的采购评审工作。

第三章　采购管理

第十四条　政府采购进口产品应当以公开招标为主要方式。因特殊情况需要采用公开招标以外的采购方式的，按照政府采购有关规定执行。

第十五条　采购人及其委托的采购代理机构在采购进口产品的采购文件中应当载明优先采购向我国企业转让技术、与我国企业签订消化吸收再创新方案的供应商的进口产品。

第十六条　采购人因产品的一致性或者服务配套要求，需要继续从原供应商处添购原有采购项目的，不需要重新审核，但添购资金总额不超过原合同采购金额的10%。

第十七条　政府采购进口产品合同履行中，采购人确需追加与合同标的相同的产品，在不改变合同其他条款的前提下，且所有补充合同的采购金额不超过原合同采购金额的10%的，可以与供应商协商签订补充合同，不需要重新审核。

第十八条　政府采购进口产品合同应当将维护国家利益和社会公共利益作为必备条款。合同履行过程中出现危害国家利益和社会公共利益问题的，采购人应当立即终止合同。

第十九条　采购人或者其委托的采购代理机构应当依法加强对进口产品的验收工作，防止假冒伪劣产品。

第二十条　采购人申请支付进口产品采购资金时，应当出具政府采购进口产品相关材料和财政部门的审核文件。否则不予支付资金。

第四章　监督检查

第二十一条　采购人未获得财政部门采购进口产品核准，有下列情形之一的，责令限期改正，并给予警告，对直接负责的主管人员和其他直接责任人员，由其行政主管部门或者有关机关给予处分，并予通报：

（一）擅自采购进口产品的；

（二）出具不实申请材料的；

（三）违反本办法规定的其他情形。

第二十二条　采购代理机构在代理政府采购进口产品业务中有违法行为的，给予警告，可以按照有关法律规定并处罚款；情节严重的，可以依法取消其进行相关业务的资格；构成犯罪的，依法追究刑事责任。

第二十三条　供应商有下列情形之一的，处以采购金额5‰以上10‰以下的罚款，列入不良行为记录名单，在1—3年内禁止参加政府采购活动，有违法所得的，并处没收违法所得，情节严重的，由工商行政管理机关吊销营业执照；涉嫌犯罪的，移送司法机关处理：

（一）提供虚假材料谋取中标、成交的；

（二）采取不正当手段诋毁、排挤其他供应商的；

（三）与采购人、其他供应商或者采购代理机构恶意串通的；

（四）向采购人、采购代理机构行贿或者提供其他不正当利益的；

（五）在招标采购过程中与采购人进行协商谈判的；

（六）拒绝有关部门监督检查或者提供虚假情况的。

供应商有前款第（一）至（五）项情形之一的，中标、成交无效。

第二十四条　专家出具不实论证意见的，按照有关法律规定追究法律责任。

第五章　附则

第二十五条　采购人采购进口产品的，应当同时遵守国家其他有关法律法规的规定。涉及进口机电产品招标投标的，应当按照国际招标有关办法执行。

第二十六条　本办法未作出规定的，按照政府采购有关规定执行。

第二十七条　涉及国家安全和秘密的项目不适用本办法。

第二十八条　本办法自印发之日起施行。

附：1. 政府采购进口产品申请表

2. 政府采购进口产品所属行业主管部门意见

3. 政府采购进口产品专家论证意见

表 1：

政府采购进口产品申请表

申请单位	
申请文件名称	
申请文号	
采购项目名称	
采购项目金额	
采购项目所属项目名称	
采购项目所属项目金额	
项目使用单位	
项目组织单位	
申请理由	
	盖章
	年　月　日

表 2：

政府采购进口产品所属行业主管部门意见

一、基本情况

申请单位	
拟采购产品名称	
拟采购产品金额	
采购项目所属项目名称	
采购项目所属项目金额	

二、申请理由

□1. 中国境内无法获取：

□2. 无法以合理的商业条件获取：

□3. 其他。

原因阐述：

三、进口产品所属行业主管部门意见

盖章

年　　月　　日

表 3：

政府采购进口产品专家论证意见

一、基本情况

申请单位	
拟采购产品名称	
拟采购产品金额	
采购项目所属项目名称	
采购项目所属项目金额	

二、申请理由

□1. 中国境内无法获取：

□2. 无法以合理的商业条件获取：

□3. 其他。

原因阐述：

三、专家论证意见

专家签字

年　　月　　日

财政部办公厅关于政府采购进口产品管理有关问题的通知

（财办库〔2008〕248号）

各省、自治区、直辖市、计划单列市财政厅（局）、新疆生产建设兵团财务局，党中央有关部门办公厅（室），国务院各部委、各直属机构办公厅（室），全国人大常委会办公厅秘书局，全国政协办公厅机关事务管理局，高法院办公厅，高检院办公厅，有关人民团体办公厅（室）：

财政部于2007年12月印发了《政府采购进口产品管理办法》（财库〔2007〕119号）。该办法印发后，各地采取措施贯彻落实，对规范政府部门采购进口产品行为发挥了积极作用。但在实际工作中，也反映了一些具体操作性问题，经与海关总署研究，现就进口产品采购中有关问题规定如下：

一、关于办法适用范围

根据《中华人民共和国政府采购法》的规定，财库〔2007〕119号文件的适用范围为，各级国家机关、事业单位和团体组织使用财政性资金采购省级以上人民政府公布的政府集中采购目录以内或者采购限额标准以上的进口产品。

二、关于关境和海关特殊监管区域产品认定

根据《中华人民共和国海关法》（以下简称海关法）的规定，我国现行关境是指适用海关法的中华人民共和国行政管辖区域，不包括香港、澳门和台湾金马等单独关境地区。

保税区、出口加工区、保税港区、珠澳跨境工业区珠海园区、中哈霍尔果斯国际边境合作中心中方配套区、综合保税区等区域，为海关特殊监管区域，这些区域仅在关税待遇及贸易管制方面实施不同于我国关境内其他地区的特殊政策，但仍属于中华人民共和国关境内区域，由海关按照海关法实施监管。因此，凡在海关特殊监管区域内企业生产或加工（包括从境外进口料件）销往境内其他地区的产品，不作为政府采购项下进口产品。对从境外进入海关特殊监管区域，再经办理报关手续后从海关特殊监管区进入境内其他地区的产品，应当认定为进口产品。

三、关于已在境内多次流转进口产品认定

对经过多次流转、无法提供报关单证的产品，应按照以下方法进行查证：

（一）通过正常渠道进口的产品，无论在境内流转多少次，尽管中间商业环节没有保留进口报关单证，但通过层层倒推，最终可以找到进口代理商或者进口收货人，从而可以向海关查询进口报关记录。这种方法一般适用于生产设备、机械、汽车等大宗商品。

（二）通过走私违法方式进口的产品，由于未进行进口申报，不存在进口报关记录，因此，应当通过商品或者其包装上的原产地标识等其他证据来间接证明其为境外生产的产品。

四、关于行业主管部门意见

财库〔2007〕119号文件规定的国家限制进口产品，是指商务部、发展改革委、科技部等部门制订的相关目录。采购人采购产品属于国家限制进口产品时，除需要向设区的市、自治州以上人民政府财政部门（以下简称财政部门）出具专家论证意见外，还要同时出具产品所属行业主管部门的意见，其中，产品属于国家限制进口的重大技术装备和重大产业技术的，应当出具发展改革委的意见；属于国家限制进口的重大科学仪器和装备的，应当出具科技部的意见。当采购人的行政主管部门也是采购产品所属行业主管部门时，以产品所属行业主管部门出具意见。当采购人的行政主管部门与采购产品所属行业主管部门不一致时，仍以产品所属行业主管部门出具的意见为有效意见。

五、关于采购执行问题

采购人采购进口产品时，必须在采购活动开始前向财政部门提出申请并获得财政部门审核同意后，才能开展采购活动。在采购活动开始前没有获得财政部门同意而开展采购活动的，视同为拒绝采购进口产品，应当在采购文件中明确作出不允许进口产品参加的规定。未在采购文件中明确规定不允许进口产品参加的，也视为拒绝进口产品参加。采购活动组织开始后才报经财政部门审核同意的采购活动，属于违规行为。

财政部门审核同意购买进口产品的，应当在采购文件中明确规定可以采购进口产品，但如果因信息不对称等原因，仍有满足需求的国内产品要求参与采购竞争的，采购人及其委托的采购代理机构不得对其加以限制，应当按照公平竞争原则实施采购。

六、关于政府集中采购执行

对于实行协议供货的政府集中采购目录产品，集中采购机构在组织采购时，可以不限制进口产品入围，但采购人在采购入围进口产品前，需要报经财政部门审核同意。对于非协议供货的政府集中采购目录产品，采购人没有出具财政部门同意采购进口产品审核意见的，集中采购机构一律不得为其组织采购进口产品。

对于政府集中采购目录内的、采购量小且采购次数多的经常性产品，可以实行批量审核，即采购人向财政部门提出一揽子采购进口产品清单的申请、所需证明材料和采购计划，经财政部门审核同意后，在本年内随时按规定组织购买，无需再逐一申请报批。

七、关于论证专家问题

进口产品专家论证意见原则上由采购人自行组织，其论证专家应当是熟悉该产品，并且与采购人或采购代理机构没有经济和行政隶属等关系。因进口产品论证与采购文件评审不同，进口产品论证专家可以不从财政部门建立的专家库中抽取专家作为进口产品论证专家，凡从财政部门专家库中抽取的专家，应当告知被抽取专家其论证内容和相应的责任。财政部门应当制定相应的论证专家考核标准和监督办法，加强对论证专家的管理，确保论证意见科学准确，原则上不得承担或组织其专家论证工作。

八、关于资金支付问题

采购人向财政部门申请支付政府采购进口产品资金时，应当提供财政部门审核同意文件、采购合同和产品报关单等材料，以确保所采购的产品规格、数量金额等与审批或采购文件规定的一致，否则不予支付。

九、关于文件执行时间衔接

财库〔2007〕119 号文件规定，自 2007 年 12 月 27 日印发之日起施行。对于在该日期前已经通过公开招标等方式确定采购货物涉及进口产品的，在该日期前采购程序已经启动或启动后采购项目经财政部门批准需重新招标或采用其他采购方式的，不需要办理进口产品审核手续。

财政部办公厅

2008 年 7 月 9 日

财政部办公厅关于未达到公开招标数额标准政府采购项目采购方式适用等问题的函

（财办库〔2015〕111号）

山西财政厅：

《山西省财政厅关于未达到公开招标数额标准符合政府采购法第三十一条第一项规定情形的政府采购项目可否采用单一来源方式采购的请示》（晋财购〔2015〕16号）收悉。经研究，现答复如下：

根据《中华人民共和国政府采购法》第二十七条规定，未达到公开招标数额标准符合政府采购法第三十一条第一项规定情形只能从唯一供应商处采购的政府采购项目，可以依法采用单一来源采购方式。此类项目在采购活动开始前，无需获得设区的市、自治州以上人民政府采购监督管理部门的批准，也不用按照政府采购法实施条例第三十八条的规定在省级以上财政部门指定媒体上公示。对于此类采购项目，采购人、采购代理机构应当严格按照《政府采购非招标采购方式管理办法》（财政部令第74号）的有关规定，组织具有相关经验的专业人员与供应商商定合理的成交价格并保证采购项目质量，做好协商情况记录。

对于未达到公开招标数额标准的政府采购项目，采购人要建立和完善内部管理制度，强化采购、财务和业务部门（岗位）责任，结合采购项目具体情况，依法选择适用的采购方式，防止随意采用和滥用采购方式。

财政部办公厅

2015年5月28日

财政部国库司关于政府采购工程项目有关法律适用问题的复函

（财库便函〔2020〕385 号）

四川省财政厅：

你单位《关于政府投资工程项目采购有关法律适用问题的请示》收悉。经研究，现函复如下：

根据《中华人民共和国政府采购法》及其实施条例有关规定，工程招标限额标准以上，与建筑物和构筑物新建、改建、扩建项目无关的单独的装修、拆除、修缮项目，以及政府集中采购目录以内或者政府采购工程限额标准以上、工程招标限额标准以下的政府采购工程项目，不属于依法必须进行招标的项目，政府采购此类项目时，应当按照政府采购法实施条例第二十五条的规定，采用竞争性谈判、竞争性磋商或者单一来源方式进行采购。

抄送：各省、自治区、直辖市、计划单列市财政厅（局）

财政部国库司

2020 年 6 月 16 日

第四部分

政府采购信息发布与格式规范

本部分主要介绍按规定应公开公示的政府采购信息的发布范围、发布主体、发布渠道、主要内容、规范要求的参考格式文本等。

一、政府采购信息发布管理办法

为了规范政府采购信息公开行为，提高政府采购活动透明度，财政部于2019年11月修订印发了《政府采购信息发布管理办法》(第101号令)，共21条。主要特点有三：一是聚焦信息发布管理。为保持信息发布制度的稳定性，避免因相关法律、行政法规和部门规章的调整导致频繁修订，101号令重点对政府采购信息发布行为进行规范。二是明确财政部门的信息发布责任。规定除政府采购项目信息外，监督检查处理结果、集中采购机构考核结果等监管信息也应在指定媒体上公告。三是突出网络公开主渠道作用。101号令将中国政府采购网及其省级分网明确为政府采购信息的汇总平台，要求政府采购信息应当在中国政府采购网或其省级分网发布。

在政府采购实践中，市场主体多有反映采购人发布的政府采购信息内容不全、不在指定渠道发布或对不同渠道差别提供信息等问题，101号令针对这些问题从制度设计和执行机制上规定了相关解决措施。一是明确要求政府采购信息应当按照财政部规定的格式编制。二是完善了发布主体在不同媒体发布的同一政府采购信息的内容不一致时的处理原则。三是强化了指定媒体的相关责任，规定指定媒体应当及时发布信息，不得擅自改变信息提供者提供的信息内容，应当免费提供信息公开和查阅服务，等等。

为进一步提高政府采购透明度，优化政府采购营商环境，财政部于2020年3月印发了《关于开展政府采购意向公开工作的通知》(财库〔2020〕10号)，要求对2020年7月1日起实施的采购项目，中央预算单位和北京市、上海市、深圳市市本级预算单位应当按规定公开采购意向。省级预算单位2021年1月1日起实施的采购项目，省级以下各级预算单位2022年1月1日起实施的采购项目，应当按规定公开采购意向。

采购意向由预算单位按采购项目负责公开。采购意向公开的内容应当包括采购项目名称、采购需求概况、预算金额、预计采购时间等，政府采购意向公开参考文本见附件。中央预算单位的采购意向在中国政府采购网(www.ccgp.gov.cn)中央主网公开，地方预算单位的采购意向在中国政府采购网地方分网公开，采购意向也可在省级以上财政部门指定的其他媒体同步公开。采购意向公开时间应当尽量提前，原则上不得晚于采购活动开始前30日公开采购意向。因预算单位不可预见的原因急需开展的采购项目，可不公开采购意向。

二、政府采购公告和公示信息格式规范

为规范政府采购公告和公示信息发布行为，财政部于2020年3月研究制定了《政府采购公告和公示信息格式规范(2020年版)》(财办库〔2020〕50号)，要求采购单位和采购代理机构自2020年7月1日起按照本格式规范编制发布政府采购信息。统一格式规范的公示公告包括政府采购意向公告、资格预审公告、招标公告、竞争性谈判(竞争性磋商、询价)公告、中标(成交)结果公告、更正公告、终止公告、合同公告、公共服务项目验收结果公告、单一来源采购公示、投诉处理结果公告、监督检查处理结果公告、集中采购机构考核结果公告等13类公示公告。

政府采购信息发布管理办法

（中华人民共和国财政部令第101号）

第一条　为了规范政府采购信息发布行为，提高政府采购透明度，根据《中华人民共和国政府采购法》《中华人民共和国政府采购法实施条例》等有关法律、行政法规，制定本办法。

第二条　政府采购信息发布，适用本办法。

第三条　本办法所称政府采购信息，是指依照政府采购有关法律制度规定应予公开的公开招标公告、资格预审公告、单一来源采购公示、中标（成交）结果公告、政府采购合同公告等政府采购项目信息，以及投诉处理结果、监督检查处理结果、集中采购机构考核结果等政府采购监管信息。

第四条　政府采购信息发布应当遵循格式规范统一、渠道相对集中、便于查找获得的原则。

第五条　财政部指导和协调全国政府采购信息发布工作，并依照政府采购法律、行政法规有关规定，对中央预算单位的政府采购信息发布活动进行监督管理。

地方各级人民政府财政部门（以下简称财政部门）对本级预算单位的政府采购信息发布活动进行监督管理。

第六条　财政部对中国政府采购网进行监督管理。省级（自治区、直辖市、计划单列市）财政部门对中国政府采购网省级分网进行监督管理。

第七条　政府采购信息应当按照财政部规定的格式编制。

第八条　中央预算单位政府采购信息应当在中国政府采购网发布，地方预算单位政府采购信息应当在所在行政区域的中国政府采购网省级分网发布。

除中国政府采购网及其省级分网以外，政府采购信息可以在省级以上财政部门指定的其他媒体同步发布。

第九条　财政部门、采购人和其委托的采购代理机构（以下统称发布主体）应当对其提供的政府采购信息的真实性、准确性、合法性负责。

中国政府采购网及其省级分网和省级以上财政部门指定的其他媒体（以下统称指定媒体）应当对其收到的政府采购信息发布的及时性、完整性负责。

第十条　发布主体发布政府采购信息不得有虚假和误导性陈述，不得遗漏依法必须公开的事项。

第十一条　发布主体应当确保其在不同媒体发布的同一政府采购信息内容一致。

在不同媒体发布的同一政府采购信息内容、时间不一致的，以在中国政府采购网或者其省级分网发布的信息为准。同时在中国政府采购网和省级分网发布的，以在中国政府采购网上发布的信息为准。

第十二条　指定媒体应当采取必要措施,对政府采购信息发布主体的身份进行核验。

第十三条　指定媒体应当及时发布收到的政府采购信息。

中国政府采购网或者其省级分网应当自收到政府采购信息起1个工作日内发布。

第十四条　指定媒体应当加强安全防护,确保发布的政府采购信息不被篡改、不遗漏,不得擅自删除或者修改信息内容。

第十五条　指定媒体应当向发布主体免费提供信息发布服务,不得向市场主体和社会公众收取信息查阅费用。

第十六条　采购人或者其委托的采购代理机构未依法在指定媒体上发布政府采购项目信息的,依照政府采购法实施条例第六十八条追究法律责任。

采购人或者其委托的采购代理机构存在其他违反本办法规定行为的,由县级以上财政部门依法责令限期改正,给予警告,对直接负责的主管人员和其他直接责任人员,建议其行政主管部门或者有关机关依法依规处理,并予通报。

第十七条　指定媒体违反本办法规定的,由实施指定行为的省级以上财政部门依法责令限期改正,对直接负责的主管人员和其他直接责任人员,建议其行政主管部门或者有关机关依法依规处理,并予通报。

第十八条　财政部门及其工作人员在政府采购信息发布活动中存在懒政怠政、滥用职权、玩忽职守、徇私舞弊等违法违纪行为的,依照《中华人民共和国政府采购法》《中华人民共和国公务员法》《中华人民共和国监察法》《中华人民共和国政府采购法实施条例》等国家有关规定追究相应责任;涉嫌犯罪的,依法移送有关国家机关处理。

第十九条　涉密政府采购项目信息发布,依照国家有关规定执行。

第二十条　省级财政部门可以根据本办法制定具体实施办法。

第二十一条　本办法自2020年3月1日起施行。财政部2004年9月11日颁布实施的《政府采购信息公告管理办法》(财政部令第19号)同时废止。

财政部关于开展政府采购意向公开工作的通知

（财库〔2020〕10 号）

各中央预算单位，各省、自治区、直辖市、计划单列市财政厅（局），新疆生产建设兵团财政局：

为进一步提高政府采购透明度，优化政府采购营商环境，根据《深化政府采购制度改革方案》和《财政部关于促进政府采购公平竞争优化营商环境的通知》（财库〔2019〕38 号）有关要求，现就政府采购意向公开有关工作安排通知如下：

一、高度重视采购意向公开工作

推进采购意向公开是优化政府采购营商环境的重要举措。做好采购意向公开工作有助于提高政府采购透明度，方便供应商提前了解政府采购信息，对于保障各类市场主体平等参与政府采购活动，提升采购绩效，防范抑制腐败具有重要作用。各地区、各部门要充分认识此项工作的重要意义，高度重视、精心组织，认真做好采购意向公开工作。

二、关于采购意向公开工作推进步骤

采购意向公开工作遵循“试点先行，分步实施”的原则。2020 年在中央预算单位和北京市、上海市、深圳市市本级预算单位开展试点。对 2020 年 7 月 1 日起实施的采购项目，中央预算单位和北京市、上海市、深圳市市本级预算单位应当按规定公开采购意向。各试点地区应根据地方实际尽快推进其他各级预算单位采购意向公开。其他地区可根据地方实际确定采购意向公开时间，原则上省级预算单位 2021 年 1 月 1 日起实施的采购项目，省级以下各级预算单位 2022 年 1 月 1 日起实施的采购项目，应当按规定公开采购意向；具备条件的地区可适当提前开展采购意向公开工作。

三、关于采购意向公开的主体和渠道

采购意向由预算单位负责公开。中央预算单位的采购意向在中国政府采购网（www.ccgp.gov.cn）中央主网公开，地方预算单位的采购意向在中国政府采购网地方分网公开，采购意向也可在省级以上财政部门指定的其他媒体同步公开。主管预算单位可汇总本部门、本系统所属预算单位的采购意向集中公开，有条件的部门可在其部门门户网站同步公开本部门、本系统的采购意向。

四、关于采购意向公开的内容

采购意向按采购项目公开。除以协议供货、定点采购方式实施的小额零星采购和由集中采购机构统一组织的批量集中采购外，按项目实施的集中采购目录以内或者采购限额标准以上的货物、工程、服务采购均应当公开采购意向。

采购意向公开的内容应当包括采购项目名称、采购需求概况、预算金额、预计采购时间等，政府采购意向公开参考文本见附件。其中，采购需求概况应当包括采购标的名称，采购标的需实现的主要功能或者目标，采购标的数量，以及采购标的需满足的质量、服务、安全、时限等要求。采购意向应当尽可能清晰完整，便于供应商提前做好参与采购活动的准备。采购意向仅作为供应商了解各单位初步采购安排的参考，采购项目实际采购需求、预算金额和执行时间以预算单位最终发布的采购公告和采购文件为准。

五、关于采购意向公开的依据和时间

采购意向由预算单位定期或者不定期公开。部门预算批复前公开的采购意向，以部门预算“二上”内容为依据；部门预算批复后公开的采购意向，以部门预算为依据。预算执行中新增采购项目应当及时公开采购意向。采购意向公开时间应当尽量提前，原则上不得晚于采购活动开始前30日公开采购意向。因预算单位不可预见的原因急需开展的采购项目，可不公开采购意向。

六、工作要求

各中央预算单位要加强采购活动的计划性，按照本通知要求及时、全面公开采购意向。各中央主管预算单位应当做好统筹协调工作，及时安排部署，加强对本部门所属预算单位的督促和指导，确保所属预算单位严格按规定公开采购意向，做到不遗漏、不延误。

各省级财政部门要根据本通知要求抓紧制定具体工作方案，对本地区采购意向公开工作进行布置，着重加强对市县级预算单位政府采购意向公开工作的指导，并在中国政府采购网地方分网设置相关专栏，确保本地区各级预算单位按要求完成采购意向公开工作。

各地区、各部门要认真总结采购意向公开工作中好的做法和经验，对推进过程中遇到的新情况、新问题，要研究完善有关举措，并及时向财政部反映。财政部将结合政府采购透明度评估工作，对采购意向公开情况进行检查并对检查结果予以通报。

特此通知。

附件：政府采购意向公开参考文本

(单位名称)____年____(至)____月

政府采购意向

为便于供应商及时了解政府采购信息，根据《财政部关于开展政府采购意向公开工作的通知》(财库〔2020〕10号)等有关规定，现将(单位名称) ____年____(至)____月采购意向公开如下：

序号	采购项目名称	采购需求概况	预算金额(万元)	预计采购时间(填写到月)	备注
	填写具体采购项目的名称	填写采购标的名称，采购标的需实现的主要功能或者目标，采购标的数量，以及采购标的需满足的质量、服务、安全、时限等要求	精确到万元	填写到月	其他需要说明的情况
	……				
	……				
	……				

本次公开的采购意向是本单位政府采购工作的初步安排，具体采购项目情况以相关采购公告和采购文件为准。

××(单位名称)

年 月 日

财政部办公厅关于印发《政府采购公告和公示信息格式规范(2020年版)》的通知

(财办库〔2020〕50号)

各中央预算单位办公厅(室),各省、自治区、直辖市、计划单列市财政厅(局),新疆生产建设兵团财政局:

为规范政府采购公告和公示信息发布行为,提高政府采购活动透明度,财政部研究制定了《政府采购公告和公示信息格式规范(2020年版)》,现印发给你们,请遵照执行。

各部门、各地区要高度重视政府采购信息公开工作,督促指导采购单位和采购代理机构自2020年7月1日起按照本格式规范编制发布政府采购信息。执行中如遇政策问题,请及时向财政部国库司反馈。

附件:政府采购公告和公示信息格式规范(2020年版)

财政部办公厅
2020年3月18日

政府采购公告和公示信息格式规范(2020年版)

目　录

政府采购意向公告

(单位名称)____年____月(至)____月 政府采购意向

为便于供应商及时了解政府采购信息,根据《财政部关于开展政府采购意向公开工作的通知》(财库〔2020〕10号)等有关规定,现将(单位名称)____年____(至)____月采购意向公开如下:

序号	采购项目名称	采购需求概况	预算金额(万元)	预计采购时间(填写到月)	备注
	(填写具体采购项目的名称)	(填写采购标的名称,采购标的需实现的主要功能或者目标,采购标的数量,以及采购标的需满足的质量、服务、安全、时限等要求)	(精确到万元)	(填写到月)	(其他需要说明的情况)
	……				
	……				
	……				

本次公开的采购意向是本单位政府采购工作的初步安排,具体采购项目情况以相关采购公告和采购文件为准。

(单位名称)

年 月 日

资格预审公告

项目概况

(采购标的)招标项目的潜在资格预审申请人应在(地址)领取资格预审文件,并于____年 月 日 点 分(北京时间)前提交申请文件。

一、项目基本情况

项目编号(或招标编号、政府采购计划编号、采购计划备案文号等,如有):

项目名称:

采购方式:□公开招标 □邀请招标

预算金额:

最高限价(如有):

采购需求:(包括但不限于标的的名称、数量、简要技术需求或服务要求等)

合同履行期限：

本项目*(是/否)*接受联合体投标。

二、申请人的资格要求

1. 满足《中华人民共和国政府采购法》第二十二条规定；

2. 落实政府采购政策需满足的资格要求：*(如属于专门面向中小企业采购的项目，供应商应为中小微企业、监狱企业、残疾人福利性单位)*

3. 本项目的特定资格要求：*(如项目接受联合体投标，对联合体应提出相关资格要求；如属于特定行业项目，供应商应当具备特定行业法定准入要求。)*

三、领取资格预审文件

时间：____年____月____日至____年____月____日*(提供期限自本公告发布之日起不得少于5个工作日)*，每天上午____至____，下午____至____(北京时间，法定节假日除外)

地点：

方式：

四、资格预审申请文件的组成及格式

(可详见附件)

五、资格预审的审查标准及方法

六、拟邀请参加投标的供应商数量

□采用随机抽取的方式邀请__家供应商参加投标。如通过资格预审供应商数量少于拟邀请供应商数量，采用下列方式(□1或□2)。*(适用于邀请招标)*

1. 如通过资格预审供应商数量少于拟邀请供应商数量，但不少于三家则邀请全部通过资格预审供应商参加投标。

2. 如通过资格预审供应商数量少于拟邀请供应商数量，则重新组织招标活动。

□邀请全部通过资格预审供应商参加投标。*(适用于公开招标)*

七、申请文件提交

应在____年____月____日____点____分(北京时间)前，将申请文件提交至________。

八、资格预审日期

资格预审日期为申请文件提交截止时间至____年____月____日前

九、公告期限

自本公告发布之日起5个工作日。

十、其他补充事宜

十一、凡对本次资格预审提出询问，请按以下方式联系

1. 采购人信息

名称：____________________

地址：____________________

联系方式：____________________

2. 采购代理机构信息(如有)

名称：____________________

地址：____________________

联系方式：________________

3. 项目联系方式

项目联系人：*(组织本项目采购活动的具体工作人员姓名)*

电话：________________

(说明：1.采用竞争性谈判、竞争性磋商、询价等非招标方式采购过程中，如需要使用资格预审的，可参照上述格式发布公告。2.格式规范文本中标注斜体的部分是对文件相关内容提示或说明，下同。)

招标公告

项目概况 *(采购标的)* 招标项目的潜在投标人应在*(地址)*领取招标文件，并于____年____月____日____点____分(北京时间)前递交投标文件。

一、项目基本情况

项目编号(或招标编号、政府采购计划编号、采购计划备案文号等，如有)：

项目名称：

预算金额：

最高限价(如有)：

采购需求：*(包括但不限于标的的名称、数量、简要技术需求或服务要求等)*

合同履行期限：

本项目(*是/否*)接受联合体投标。

二、申请人的资格要求：

1. 满足《中华人民共和国政府采购法》第二十二条规定；

2. 落实政府采购政策需满足的资格要求：*(如属于专门面向中小企业采购的项目，供应商应为中小微企业、监狱企业、残疾人福利性单位)*

3. 本项目的特定资格要求：*(如项目接受联合体投标，对联合体应提出相关资格要求；如属于特定行业项目，供应商应当具备特定行业法定准入要求。)*

三、获取招标文件

时间：____年____月____日至____年____月____日*(提供期限自本公告发布之日起不得少于5个工作日)*，每天上午____至____，下午____至____(北京时间，法定节假日除外)

地点：

方式：

售价：

四、提交投标文件截止时间、开标时间和地点

____年____月____日____点____分（北京时间）*（自招标文件开始发出之日起至投标人提交投标文件截止之日止，不得少于 20 日）*

地点：

五、公告期限

自本公告发布之日起 5 个工作日。

六、其他补充事宜

七、对本次招标提出询问，请按以下方式联系。

1．采购人信息

名称：________________________

地址：________________________

联系方式：________________________

2．采购代理机构信息（如有）

名称：________________________

地址：________________________

联系方式：________________________

3．项目联系方式

项目联系人：*（组织本项目采购活动的具体工作人员姓名）*

电　话：________________________

竞争性谈判（竞争性磋商、询价）公告

项目概况 *（采购标的）*招标项目的潜在供应商应在*（地址）*领取采购文件，并于____年____月____日____点____分（北京时间）前提交响应文件。

一、项目基本情况

项目编号（或招标编号、政府采购计划编号、采购计划备案文号等，如有）：

项目名称：

采购方式：□竞争性谈判 □竞争性磋商 □询价

预算金额：

最高限价（如有）：

采购需求：*（包括但不限于标的的名称、数量、简要技术需求或服务要求等）*

合同履行期限：

本项目*（是/否）*接受联合体。

二、申请人的资格要求

1．满足《中华人民共和国政府采购法》第二十二条规定；

2. 落实政府采购政策需满足的资格要求：*（如属于专门面向中小企业采购的项目，供应商应为中小微企业、监狱企业、残疾人福利性单位）*

3. 本项目的特定资格要求：*（如项目接受联合体投标，对联合体应提出相关资格要求；如属于特定行业项目，供应商应当具备特定行业法定准入要求）*。

三、获取采购文件

时间：____年____月____日至____年____月____日*（磋商文件的发售期限自开始之日起不得少于5个工作日）*，每天上午____至____，下午____至____（北京时间，法定节假日除外）

地点：

方式：

售价：

四、响应文件提交

截止时间：____年____月____日____点____分（北京时间）*（从磋商文件开始发出之日起至供应商提交首次响应文件截止之日止不得少于10日；从谈判文件开始发出之日起至供应商提交首次响应文件截止之日止不得少于3个工作日；从询价通知书开始发出之日起至供应商提交响应文件截止之日止不得少于3个工作日）*

地点：

五、开启（竞争性磋商方式必须填写）

时间：____年____月____日____点____分（北京时间）

地点：

六、公告期限

自本公告发布之日起3个工作日。

七、其他补充事宜

八、凡对本次采购提出询问，请按以下方式联系。

1. 采购人信息

名称：________________

地址：________________

联系方式：________________

2. 采购代理机构信息（如有）

名称：________________

地址：________________

联系方式：________________

3. 项目联系方式

项目联系人：*（组织本项目采购活动的具体工作人员姓名）*

电话：________________

中标(成交)结果公告

一、项目编号(或招标编号、政府采购计划编号、采购计划备案文号等,如有):

二、项目名称:

三、中标(成交)信息

供应商名称:

供应商地址:

中标(成交)金额:<u>*(可填写下浮率、折扣率或费率)*</u>

四、主要标的信息

货物类	服务类	工程类
名称: 品牌(如有): 规格型号: 数量: 单价:	名称: 服务范围: 服务要求: 服务时间: 服务标准:	名称: 施工范围: 施工工期: 项目经理: 执业证书信息:

五、评审专家(单一来源采购人员)名单:

六、代理服务收费标准及金额:

七、公告期限

自本公告发布之日起1个工作日。

八、其他补充事宜

九、凡对本次公告内容提出询问,请按以下方式联系。

1. 采购人信息

名称:____________________

地址:____________________

联系方式:____________________

2. 采购代理机构信息(如有)

名称:____________________

地址:____________________

联系方式:____________________

3. 项目联系方式

项目联系人:<u>*(组织本项目采购活动的具体工作人员姓名)*</u>

电话:____________________

十、附件

1. 采购文件(已公告的可不重复公告)

2. 被推荐供应商名单和推荐理由(适用于邀请招标、竞争性谈判、询价、竞争性磋商采用书面推荐方式产生符合资格条件的潜在供应商的)

3．中标、成交供应商为中小企业的，应公告其《中小企业声明函》

4．中标、成交供应商为残疾人福利性单位的，应公告其《残疾人福利性单位声明函》

5．中标、成交供应商为注册地在国家级贫困县域内物业公司的，应公告注册所在县扶贫部门出具的聘用建档立卡贫困人员具体数量的证明。

更正公告

一、项目基本情况

原公告的采购项目编号(或招标编号、政府采购计划编号、采购计划备案文号等，如有)：

原公告的采购项目名称：____________________________

首次公告日期：____________________________

二、更正信息

更正事项：□采购公告 □采购文件 □采购结果

更正内容：*(采购结果更正，还需同时在附件中公告变更后的中标(成交)供应商的相关信息)*

更正日期：__________________________

三、其他补充事宜

四、凡对本次公告内容提出询问，请按以下方式联系。

1．采购人信息

名称：______________________________

地址：______________________________

联系方式：__________________________

2．采购代理机构信息(如有)

名称：______________________________

地址：______________________________

联系方式：__________________________

3．项目联系方式

项目联系人：*(组织本项目采购活动的具体工作人员姓名)*

电话：______________________________

五、附件(适用于更正中标、成交供应商)

1．中标、成交供应商为中小企业的，应公告其《中小企业声明函》

2．中标、成交供应商为残疾人福利性单位的，应公告其《残疾人福利性单位声明函》

3．中标、成交供应商为注册地在国家级贫困县域内物业公司的，应公告注册所在县扶贫部门出具的聘用建档立卡贫困人员具体数量的证明。

终止公告

一、项目基本情况

采购项目编号(或招标编号、政府采购计划编号、采购计划备案文号等,如有):

采购项目名称:________________

二、项目终止的原因

三、其他补充事宜

四、凡对本次公告内容提出询问,请按以下方式联系。

1. 采购人信息

名称:________________

地址:________________

联系方式:________________

2. 采购代理机构信息(如有)

名称:________________

地址:________________

联系方式:________________

3. 项目联系方式

项目联系人:*(组织本项目采购活动的具体工作人员姓名)*

电话:________________

合同公告

一、合同编号:________________

二、合同名称:________________

三、项目编号(或招标编号、政府采购计划编号、采购计划备案文号等,如有):

四、项目名称:________________

五、合同主体

采购人(甲方):________________

地址:________________

联系方式:________________

供应商(乙方):________________

地址:________________

联系方式:________________

六、合同主要信息

主要标的名称:________________

规格型号(或服务要求)：______________________

主要标的数量：________________

主要标的单价：________________

合同金额：________________

履约期限、地点等简要信息：________________

采购方式：*(如公开招标、竞争性磋商、单一来源采购等)*

七、合同签订日期：______________

八、合同公告日期：______________

九、其他补充事宜：______________

附件：上传合同(采购人应当按照《政府采购法实施条例》有关要求，将政府采购合同中涉及国家秘密、商业秘密的内容删除后予以公开)

公共服务项目验收结果公告

一、合同编号：________________

二、合同名称：________________

三、项目编号(或招标编号、政府采购计划编号、采购计划备案文号等，如有)：

四、项目名称：________________

五、合同主体

采购人(甲方)：________________

地址：________________

联系方式：________________

供应商(乙方)：________________

地址：________________

联系方式：________________

六、合同主要信息

服务内容：________________

服务要求：________________

服务期限：________________

服务地点：________________

七、验收日期：________________

八、验收组成员(应当邀请服务对象参与)：________________

九、验收意见：________________

十、其他补充事宜：______________

单一来源采购公示

一、项目信息

采购人：________________

项目名称：________________

拟采购的货物或服务的说明：________________

拟采购的货物或服务的预算金额：________________

采用单一来源采购方式的原因及说明：________________

二、拟定供应商信息

名称：________________

地址：________________

三、公示期限

____年____月____日至____年____月____日(*公示期限不得少于5个工作日*)

四、其他补充事宜：

五、联系方式

1. 采购人

联系人：________________

联系地址：________________

联系电话：________________

2. 财政部门

联系人：________________

联系地址：________________

联系电话：________________

3. 采购代理机构(如有)

联系人：________________

联系地址：________________

联系电话：________________

六、附件

专业人员论证意见(格式见附件)

附件

单一来源采购方式专业人员论证意见

<table>
<tr><td rowspan="3">专业人员信息</td><td colspan="2">姓名：</td></tr>
<tr><td colspan="2">职称：</td></tr>
<tr><td colspan="2">工作单位：</td></tr>
<tr><td rowspan="2">项目信息</td><td colspan="2">项目名称：</td></tr>
<tr><td colspan="2">供应商名称：</td></tr>
<tr><td>专业人员论证意见</td><td colspan="2">（专业人员论证意见应当完整、清晰和明确的表达从唯一供应商处采购的理由）</td></tr>
<tr><td>专业人员签字</td><td></td><td>日期＿＿年＿＿月＿＿日</td></tr>
</table>

注：本表格中专业人员论证意见由专业人员手工填写。

投诉处理结果公告

一、项目编号（或招标编号、政府采购计划编号、采购计划备案文号等，如有）：

二、项目名称：＿＿＿＿＿＿＿＿＿＿＿＿＿＿＿＿＿＿＿＿＿＿＿＿

三、相关当事人

投诉人：＿＿＿＿＿＿＿＿＿＿＿＿＿＿＿＿

地址：＿＿＿＿＿＿＿＿＿＿＿＿＿＿＿＿

被投诉人：＿＿＿＿＿＿＿＿＿＿＿＿＿＿

地址：＿＿＿＿＿＿＿＿＿＿＿＿＿＿＿＿

相关供应商：＿＿＿＿＿＿＿＿＿＿＿＿＿

地址：＿＿＿＿＿＿＿＿＿＿＿＿＿＿＿＿

当事人：＿＿＿＿＿＿＿＿＿＿＿＿＿＿＿

地址：＿＿＿＿＿＿＿＿＿＿＿＿＿＿＿＿

四、基本情况

五、处理依据及结果

六、其他补充事宜

（执法机关名称）

年　　月　　日

监督检查处理结果公告

一、项目编号(或招标编号、政府采购计划编号、采购计划备案文号等,如有):

二、项目名称:______

三、相关当事人

当事人1:______

地址:______

当事人2:______

地址:______

……

四、基本情况

五、处理依据及结果

六、其他补充事宜

(执法机关名称)

年 月 日

集中采购机构考核结果公告

一、考核单位名称:______

二、被考核单位名称:______

三、考核内容

四、考核方法

五、工作成效及存在问题

六、考核结果

七、其他补充事宜

年 月 日

第五部分

政府采购代理机构与采购评审

本部分主要介绍除政府集中采购机构以外的采购代理机构的管理办法，以及采购评标委员会、评标方法、评审专家管理等采购评审工作相关内容。

一、政府采购代理机构管理办法

为加强政府采购代理机构监督管理，促进政府采购代理机构规范发展，财政部于2018年1月印发了《政府采购代理机构管理暂行办法》（财库〔2018〕2号），共5章27条，自2018年3月1日起施行。该办法主要对集中采购机构以外、受采购人委托从事政府采购代理业务的社会中介机构从事政府采购代理业务予以规范。对采购代理机构的名录登记、从业管理提出要求，就财政部门对采购代理机构的信用评价、监督检查作出规定。

二、采购评审有关事项

为加强政府采购评审工作管理，明确评审工作相关各方的职责，提高评审工作质量，财政部于2012年6月印发了《关于进一步规范政府采购评审工作有关问题的通知》（财库〔2012〕69号），要求相关各方要在严格保密的情况下进行评审，要依法独立评审、相互监督制约，要严肃评审工作纪律，妥善处理评审中的特殊情形。

为了规范评标委员会的组成和评标活动，国家发改委等9部委于2013年3月修订发布《评标委员会和评标方法暂行规定》（第23号令），此规定于2001年7月由国家计委等7部委首次发布（第12号令）。对必须招标项目的评标活动进行规范，在评标委员会的构成、评标专家的条件、评标准备、初步评审、详细评审、中标确定等方面作出具体规定。

财政部于2016年11月印发了《政府采购评审专家管理办法》（财库〔2016〕198号），按照“统一标准、管用分离、随机抽取”的管理原则，对评审专家的选聘、解聘、抽取、使用、监督管理等作出规定。

财政部关于印发《政府采购代理机构管理暂行办法》的通知

(财库〔2018〕2号)

党中央有关部门,国务院各部委、各直属机构,全国人大常委会办公厅,全国政协办公厅,高法院,高检院,各民主党派中央,有关人民团体,各省、自治区、直辖市、计划单列市财政厅(局),新疆生产建设兵团财政局:

现将《政府采购代理机构管理暂行办法》印发给你们,请遵照执行。

附件:政府采购代理机构管理暂行办法

财政部

2018年1月4日

政府采购代理机构管理暂行办法

第一章 总则

第一条 为加强政府采购代理机构监督管理,促进政府采购代理机构规范发展,根据《中华人民共和国政府采购法》《中华人民共和国政府采购法实施条例》等法律法规,制定本办法。

第二条 本办法所称政府采购代理机构(以下简称代理机构)是指集中采购机构以外、受采购人委托从事政府采购代理业务的社会中介机构。

第三条 代理机构的名录登记、从业管理、信用评价及监督检查适用本办法。

第四条 各级人民政府财政部门(以下简称财政部门)依法对代理机构从事政府采购代理业务进行监督管理。

第五条 财政部门应当加强对代理机构的政府采购业务培训,不断提高代理机构专业化水平。鼓励社会力量开展培训,增强代理机构业务能力。

第二章 名录登记

第六条 代理机构实行名录登记管理。省级财政部门依托中国政府采购网省级分网(以下简称省级分网)建立政府采购代理机构名录(以下简称名录)。名录信息全国共享并向社会公开。

第七条 代理机构应当通过工商登记注册地(以下简称注册地)省级分网填报以下信息

申请进入名录，并承诺对信息真实性负责：

（一）代理机构名称、统一社会信用代码、办公场所地址、联系电话等机构信息；

（二）法定代表人及专职从业人员有效身份证明等个人信息；

（三）内部监督管理制度；

（四）在自有场所组织评审工作的，应当提供评审场所地址、监控设备设施情况；

（五）省级财政部门要求提供的其他材料。

登记信息发生变更的，代理机构应当在信息变更之日起10个工作日内自行更新。

第八条　代理机构登记信息不完整的，财政部门应当及时告知其完善登记资料；代理机构登记信息完整清晰的，财政部门应当及时为其开通相关政府采购管理交易系统信息发布、专家抽取等操作权限。

第九条　代理机构在其注册地省级行政区划以外从业的，应当向从业地财政部门申请开通政府采购管理交易系统相关操作权限，从业地财政部门不得要求其重复提交登记材料，不得强制要求其在从业地设立分支机构。

第十条　代理机构注销时，应当向相关采购人移交档案，并及时向注册地所在省级财政部门办理名录注销手续。

第三章　从业管理

第十一条　代理机构代理政府采购业务应当具备以下条件：

（一）具有独立承担民事责任的能力；

（二）建立完善的政府采购内部监督管理制度；

（三）拥有不少于5名熟悉政府采购法律法规、具备编制采购文件和组织采购活动等相应能力的专职从业人员；

（四）具备独立办公场所和代理政府采购业务所必需的办公条件；

（五）在自有场所组织评审工作的，应当具备必要的评审场地和录音录像等监控设备设施并符合省级人民政府规定的标准。

第十二条　采购人应当根据项目特点、代理机构专业领域和综合信用评价结果，从名录中自主择优选择代理机构。

任何单位和个人不得以摇号、抽签、遴选等方式干预采购人自行选择代理机构。

第十三条　代理机构受采购人委托办理采购事宜，应当与采购人签订委托代理协议，明确采购代理范围、权限、期限、档案保存、代理费用收取方式及标准、协议解除及终止、违约责任等具体事项，约定双方权利义务。

第十四条　代理机构应当严格按照委托代理协议的约定依法依规开展政府采购代理业务，相关开标及评审活动应当全程录音录像，录音录像应当清晰可辨，音像资料作为采购文件一并存档。

第十五条　代理费用可以由中标、成交供应商支付，也可由采购人支付。由中标、成交供应商支付的，供应商报价应当包含代理费用。代理费用超过分散采购限额标准的，原则上由中标、成交供应商支付。

代理机构应当在采购文件中明示代理费用收取方式及标准，随中标、成交结果一并公开本项目收费情况，包括具体收费标准及收费金额等。

第十六条　采购人和代理机构在委托代理协议中约定由代理机构负责保存采购文件的，代理机构应当妥善保存采购文件，不得伪造、变造、隐匿或者销毁采购文件。采购文件的保存期限为从采购结束之日起至少十五年。

采购文件可以采用电子档案方式保存。采用电子档案方式保存采购文件的，相关电子档案应当符合《中华人民共和国档案法》《中华人民共和国电子签名法》等法律法规的要求。

第四章　信用评价及监督检查

第十七条　财政部门负责组织开展代理机构综合信用评价工作。采购人、供应商和评审专家根据代理机构的从业情况对代理机构的代理活动进行综合信用评价。综合信用评价结果应当全国共享。

第十八条　采购人、评审专家应当在采购活动或评审活动结束后5个工作日内，在政府采购信用评价系统中记录代理机构的职责履行情况。

供应商可以在采购活动结束后5个工作日内，在政府采购信用评价系统中记录代理机构的职责履行情况。

代理机构可以在政府采购信用评价系统中查询本机构的职责履行情况，并就有关情况作出说明。

第十九条　财政部门应当建立健全定向抽查和不定向抽查相结合的随机抽查机制。对存在违法违规线索的政府采购项目开展定向检查；对日常监管事项，通过随机抽取检查对象、随机选派执法检查人员等方式开展不定向检查。

财政部门可以根据综合信用评价结果合理优化对代理机构的监督检查频次。

第二十条　财政部门应当依法加强对代理机构的监督检查，监督检查包括以下内容：

（一）代理机构名录信息的真实性；

（二）委托代理协议的签订和执行情况；

（三）采购文件编制与发售、评审组织、信息公告发布、评审专家抽取及评价情况；

（四）保证金收取及退还情况，中标或者成交供应商的通知情况；

（五）受托签订政府采购合同、协助采购人组织验收情况；

（六）答复供应商质疑、配合财政部门处理投诉情况；

（七）档案管理情况；

（八）其他政府采购从业情况。

第二十一条　对代理机构的监督检查结果应当在省级以上财政部门指定的政府采购信息发布媒体向社会公开。

第二十二条　受到财政部门禁止代理政府采购业务处罚的代理机构，应当及时停止代理业务，已经签订委托代理协议的项目，按下列情况分别处理：

（一）尚未开始执行的项目，应当及时终止委托代理协议；

（二）已经开始执行的项目，可以终止的应当及时终止，确因客观原因无法终止的应当妥善做好善后工作。

第二十三条　代理机构及其工作人员违反政府采购法律法规的行为，依照政府采购法律法规进行处理；涉嫌犯罪的，依法移送司法机关处理。

代理机构的违法行为给他人造成损失的，依法承担民事责任。

第二十四条　财政部门工作人员在代理机构管理中存在滥用职权、玩忽职守、徇私舞弊等违法违纪行为的，依照《中华人民共和国政府采购法》《中华人民共和国公务员法》《中华人民共和国行政监察法》《中华人民共和国政府采购法实施条例》等国家有关规定追究相关责任；涉嫌犯罪的，依法移送司法机关处理。

第五章　附则

第二十五条　政府采购行业协会按照依法制定的章程开展活动，加强代理机构行业自律。

第二十六条　省级财政部门可根据本办法规定制定具体实施办法。

第二十七条　本办法自 2018 年 3 月 1 日施行。

财政部关于进一步规范政府采购评审工作有关问题的通知

（财库〔2012〕69号）

党中央有关部门，国务院各部委、各直属机构，全国人大常委会办公厅，全国政协办公厅，高法院，高检院，有关人民团体，各省、自治区、直辖市、计划单列市财政厅（局），新疆生产建设兵团财务局，中央国家机关政府采购中心，中共中央直属机关采购中心，全国人大机关采购中心，国家税务总局集中采购中心、海关总署物资装备采购中心，中国人民银行集中采购中心：

近年来，各地区、各部门认真落实《政府采购法》等法律法规，政府采购评审工作的规范化水平逐步提高，但也还存在着评审程序不够完善、工作职责不够明晰、权利义务不对称等问题，亟需进一步明确和规范。为加强评审工作管理，明确评审工作相关各方的职责，提高评审工作质量，现将有关事项通知如下：

一、依法组织政府采购评审工作

采购人和采购代理机构，评标委员会、竞争性谈判小组和询价小组（以下简称评审委员会）成员要严格遵守政府采购相关法律制度，依法履行各自职责，公正、客观、审慎地组织和参与评审工作。

评审委员会成员要依法独立评审，并对评审意见承担个人责任。评审委员会成员对需要共同认定的事项存在争议的，按照少数服从多数的原则做出结论。持不同意见的评审委员会成员应当在评审报告上签署不同意见并说明理由，否则视为同意。

采购人、采购代理机构要确保评审活动在严格保密的情况下进行。在采购结果确定前，采购人、采购代理机构对评审委员会名单负有保密责任。评审委员会成员、采购人和采购代理机构工作人员、相关监督人员等与评审工作有关的人员，对评审情况以及在评审过程中获悉的国家秘密、商业秘密负有保密责任。

采购人、采购代理机构和评审委员会在评审工作中，要依法相互监督和制约，并自觉接受各级财政部门的监督。对非法干预评审工作等违法违规行为，应当及时向财政部门报告。

二、切实履行政府采购评审职责

采购人、采购代理机构要依法细化评审工作程序，组建评审委员会，并按规定程序组织评审。要核实评审委员会成员身份，告知回避要求，宣布评审工作纪律和程序，介绍政府采购相关政策法规；要根据评审委员会的要求解释采购文件，组织供应商澄清；要对评审数据进行校对、核对，对畸高、畸低的重大差异评分可以提示评审委员会复核或书面说明理由；要对评审专家的专业技术水平、职业道德素质和评审工作等情况进行评价，并向财政部门反馈。省级以上政府集中采购机构和政府采购甲级代理机构，应当对评审工作现场进行全过程录音录像，录音录像资料作为采购项目文件随其他文件一并存档。

评审委员会成员要根据政府采购法律法规和采购文件所载明的评审方法、标准进行评审。要熟悉和理解采购文件，认真阅读所有供应商的投标或响应文件，对所有投标或响应文件逐一进行资格性、符合性检查，按采购文件规定的评审方法和标准，进行比较和评价；对供应商的价格分等客观评分项的评分应当一致，对其他需要借助专业知识评判的主观评分项，应当严格按照评分细则公正评分。

评审委员会如需要供应商对投标或响应文件有关事项作出澄清的，应当给予供应商必要的反馈时间，但澄清事项不得超出投标或响应文件的范围，不得实质性改变投标或响应文件的内容，不得通过澄清等方式对供应商实行差别对待。评审委员会要对评分汇总情况进行复核，特别是对排名第一的、报价最低的、投标或相应文件被认定为无效的情形进行重点复核，并根据评审结果推荐中标或成交候选供应商，或者根据采购人委托协议规定直接确定中标或成交供应商，起草并签署评审报告。评审委员会要在采购项目招标失败时，出具招标文件是否存在不合理条款的论证意见，要协助采购人、采购代理机构、财政部门答复质疑或处理投诉事项。

三、严肃政府采购评审工作纪律

采购人委派代表参加评审委员会的，要向采购代理机构出具授权函。除授权代表外，采购人可以委派纪检监察等相关人员进入评审现场，对评审工作实施监督，但不得超过 2 人。采购人需要在评审前介绍项目背景和技术需求的，应当事先提交书面介绍材料，介绍内容不得存在歧视性、倾向性意见，不得超出采购文件所述范围，书面介绍材料作为采购项目文件随其他文件一并存档。评审委员会应当推选组长，但采购人代表不得担任组长。

评审委员会成员要严格遵守评审时间，主动出具身份证明，遵守评审工作纪律和评审回避的相关规定。在评审工作开始前，将手机等通讯工具或相关电子设备交由采购人或采购代理机构统一保管，拒不上交的，采购人或采购代理机构可以拒绝其参加评审工作并向财政部门报告。

评审委员会成员和评审工作有关人员不得干预或者影响正常评审工作，不得明示或者暗示其倾向性、引导性意见，不得修改或细化采购文件确定的评审程序、评审方法、评审因素和评审标准，不得接受供应商主动提出的澄清和解释，不得征询采购人代表的倾向性意见，不得协商评分，不得记录、复制或带走任何评审资料。评审结果汇总完成后，采购人、采购代理机构和评审委员会均不得修改评审结果或者要求重新评审，但资格性检查认定错误、分值汇总计算错误、分项评分超出评分标准范围、客观分评分不一致、经评审委员会一致认定评分畸高、畸低的情形除外。出现上述除外情形的，评审委员会应当现场修改评审结果，并在评审报告中明确记载。

采购人、采购代理机构要加强评审现场管理，与评审工作无关的人员不得进入评审现场。各级财政部门对评审活动相关各方违反评审工作纪律及要求的行为，要依法严肃处理。

四、妥善处理评审中的特殊情形

财政部门要建立政府采购评审专家库资源共享机制，采购项目有特殊需要的，采购人或采购代理机构可以在异地财政部门专家库抽取专家，但应事前向本级财政部门备案。中央驻京外单位可以从所在地市级或其上一级财政部门专家库中抽取评审专家，所在地市级或其上一级财政部门应当予以配合。

评审专家库中相应专业类型专家不足的，采购人或采购代理机构应当按照不低于 1∶3 的比例向财政部门提供专家名单，经审核入库后随机抽取使用。出现评审专家临时缺席、回避等情形导致评审现场专家数量不符合法定标准的，采购人或采购代理机构要按照有关程序及时补抽专家，继续组织评审。如无法及时补齐专家，则要立即停止评审工作，封存采购文件和所有投标或响应文件，择期重新组建评审委员会进行评审。采购人或采购代理机构要将补抽专家或重新组建评审委员会的情况进行书面记录，随其他文件一并存档。

评审委员会发现采购文件存在歧义、重大缺陷导致评审工作无法进行，或者采购文件内容违反国家有关规定的，要停止评审工作并向采购人或采购代理机构书面说明情况，采购人或采购代理机构应当修改采购文件后重新组织采购活动；发现供应商提供虚假材料、串通等违法违规行为的，要及时向采购人或采购代理机构报告。

参与政府采购活动的供应商对评审过程或者结果提出质疑的，采购人或采购代理机构可以组织原评审委员会协助处理质疑事项，并依据评审委员会出具的意见进行答复。质疑答复导致中标或成交结果改变的，采购人或采购代理机构应当将相关情况报财政部门备案。

中华人民共和国财政部

2016年6月11日

评标委员会和评标方法暂行规定

（2001 年 7 月 5 日国家计委、国家经贸委、建设部、铁道部、交通部、
信息产业部、水利部令第 12 号公布
根据 2013 年 3 月 11 日国家发展改革委、工业和信息化部、财政部、住房城乡建设部、
交通运输部、铁道部、水利部、广电总局、民航局令第 23 号修正）

第一章　总则

第一条　为了规范评标活动，保证评标的公平、公正，维护招标投标活动当事人的合法权益，依照《中华人民共和国招标投标法》、《中华人民共和国招标投标法实施条例》，制定本规定。

第二条　本规定适用于依法必须招标项目的评标活动。

第三条　评标活动遵循公平、公正、科学、择优的原则。

第四条　评标活动依法进行，任何单位和个人不得非法干预或者影响评标过程和结果。

第五条　招标人应当采取必要措施，保证评标活动在严格保密的情况下进行。

第六条　评标活动及其当事人应当接受依法实施的监督。

有关行政监督部门依照国务院或者地方政府的职责分工，对评标活动实施监督，依法查处评标活动中的违法行为。

第二章　评标委员会

第七条　评标委员会依法组建，负责评标活动，向招标人推荐中标候选人或者根据招标人的授权直接确定中标人。

第八条　评标委员会由招标人负责组建。

评标委员会成员名单一般应于开标前确定。评标委员会成员名单在中标结果确定前应当保密。

第九条　评标委员会由招标人或其委托的招标代理机构熟悉相关业务的代表，以及有关技术、经济等方面的专家组成，成员人数为五人以上单数，其中技术、经济等方面的专家不得少于成员总数的三分之二。

评标委员会设负责人的，评标委员会负责人由评标委员会成员推举产生或者由招标人确定。评标委员会负责人与评标委员会的其他成员有同等的表决权。

第十条　评标委员会的专家成员应当从依法组建的专家库内的相关专家名单中确定。

按前款规定确定评标专家，可以采取随机抽取或者直接确定的方式。一般项目，可以采取随机抽取的方式；技术复杂、专业性强或者国家有特殊要求的招标项目，采取随机抽取方式确定的专家难以保证胜任的，可以由招标人直接确定。

第十一条　评标专家应符合下列条件：

（一）从事相关专业领域工作满八年并具有高级职称或者同等专业水平；

（二）熟悉有关招标投标的法律法规，并具有与招标项目相关的实践经验；

（三）能够认真、公正、诚实、廉洁地履行职责。

第十二条　有下列情形之一的，不得担任评标委员会成员：

（一）投标人或者投标人主要负责人的近亲属；

（二）项目主管部门或者行政监督部门的人员；

（三）与投标人有经济利益关系，可能影响对投标公正评审的；

（四）曾因在招标、评标以及其他与招标投标有关活动中从事违法行为而受过行政处罚或刑事处罚的。

评标委员会成员有前款规定情形之一的，应当主动提出回避。

第十三条　评标委员会成员应当客观、公正地履行职责，遵守职业道德，对所提出的评审意见承担个人责任。

评标委员会成员不得与任何投标人或者与招标结果有利害关系的人进行私下接触，不得收受投标人、中介人、其他利害关系人的财物或者其他好处，不得向招标人征询其确定中标人的意向，不得接受任何单位或者个人明示或者暗示提出的倾向或者排斥特定投标人的要求，不得有其他不客观、不公正履行职务的行为。

第十四条　评标委员会成员和与评标活动有关的工作人员不得透露对投标文件的评审和比较、中标候选人的推荐情况以及与评标有关的其他情况。

前款所称与评标活动有关的工作人员，是指评标委员会成员以外的因参与评标监督工作或者事务性工作而知悉有关评标情况的所有人员。

第三章　评标的准备与初步评审

第十五条　评标委员会成员应当编制供评标使用的相应表格，认真研究招标文件，至少应了解和熟悉以下内容：

（一）招标的目标；

（二）招标项目的范围和性质；

（三）招标文件中规定的主要技术要求、标准和商务条款；

（四）招标文件规定的评标标准、评标方法和在评标过程中考虑的相关因素。

第十六条　招标人或者其委托的招标代理机构应当向评标委员会提供评标所需的重要信息和数据，但不得带有明示或者暗示倾向或者排斥特定投标人的信息。

招标人设有标底的，标底在开标前应当保密，并在评标时作为参考。

第十七条　评标委员会应当根据招标文件规定的评标标准和方法，对投标文件进行系统地评审和比较。招标文件中没有规定的标准和方法不得作为评标的依据。

招标文件中规定的评标标准和评标方法应当合理，不得含有倾向或者排斥潜在投标人的内容，不得妨碍或者限制投标人之间的竞争。

第十八条　评标委员会应当按照投标报价的高低或者招标文件规定的其他方法对投标文件排序。以多种货币报价的，应当按照中国银行在开标日公布的汇率中间价换算成人民币。

招标文件应当对汇率标准和汇率风险作出规定。未作规定的，汇率风险由投标人承担。

第十九条　评标委员会可以书面方式要求投标人对投标文件中含义不明确、对同类问题表述不一致或者有明显文字和计算错误的内容作必要的澄清、说明或者补正。澄清、说明或者补正应以书面方式进行并不得超出投标文件的范围或者改变投标文件的实质性内容。

投标文件中的大写金额和小写金额不一致的，以大写金额为准；总价金额与单价金额不一致的，以单价金额为准，但单价金额小数点有明显错误的除外；对不同文字文本投标文件的解释发生异议的，以中文文本为准。

第二十条　在评标过程中，评标委员会发现投标人以他人的名义投标、串通投标、以行贿手段谋取中标或者以其他弄虚作假方式投标的，应当否决该投标人的投标。

第二十一条　在评标过程中，评标委员会发现投标人的报价明显低于其他投标报价或者在设有标底时明显低于标底，使得其投标报价可能低于其个别成本的，应当要求该投标人作出书面说明并提供相关证明材料。投标人不能合理说明或者不能提供相关证明材料的，由评标委员会认定该投标人以低于成本报价竞标，应当否决其投标。

第二十二条　投标人资格条件不符合国家有关规定和招标文件要求的，或者拒不按照要求对投标文件进行澄清、说明或者补正的，评标委员会可以否决其投标。

第二十三条　评标委员会应当审查每一投标文件是否对招标文件提出的所有实质性要求和条件作出响应。未能在实质上响应的投标，应当予以否决。

第二十四条　评标委员会应当根据招标文件，审查并逐项列出投标文件的全部投标偏差。

投标偏差分为重大偏差和细微偏差。

第二十五条　下列情况属于重大偏差：

（一）没有按照招标文件要求提供投标担保或者所提供的投标担保有瑕疵；

（二）投标文件没有投标人授权代表签字和加盖公章；

（三）投标文件载明的招标项目完成期限超过招标文件规定的期限；

（四）明显不符合技术规格、技术标准的要求；

（五）投标文件载明的货物包装方式、检验标准和方法等不符合招标文件的要求；

（六）投标文件附有招标人不能接受的条件；

（七）不符合招标文件中规定的其他实质性要求。

投标文件有上述情形之一的，为未能对招标文件作出实质性响应，并按本规定第二十三条规定作否决投标处理。招标文件对重大偏差另有规定的，从其规定。

第二十六条　细微偏差是指投标文件在实质上响应招标文件要求，但在个别地方存在漏项或者提供了不完整的技术信息和数据等情况，并且补正这些遗漏或者不完整不会对其他投标人造成不公平的结果。细微偏差不影响投标文件的有效性。

评标委员会应当书面要求存在细微偏差的投标人在评标结束前予以补正。拒不补正的，在详细评审时可以对细微偏差作不利于该投标人的量化，量化标准应当在招标文件中规定。

第二十七条　评标委员会根据本规定第二十条、第二十一条、第二十二条、第二十三条、第二十五条的规定否决不合格投标后，因有效投标不足三个使得投标明显缺乏竞争的，评标委员会可以否决全部投标。

投标人少于三个或者所有投标被否决的，招标人在分析招标失败的原因并采取相应措施后，应当依法重新招标。

第四章 详细评审

第二十八条 经初步评审合格的投标文件，评标委员会应当根据招标文件确定的评标标准和方法，对其技术部分和商务部分作进一步评审、比较。

第二十九条 评标方法包括经评审的最低投标价法、综合评估法或者法律、行政法规允许的其他评标方法。

第三十条 经评审的最低投标价法一般适用于具有通用技术、性能标准或者招标人对其技术、性能没有特殊要求的招标项目。

第三十一条 根据经评审的最低投标价法，能够满足招标文件的实质性要求，并且经评审的最低投标价的投标，应当推荐为中标候选人。

第三十二条 采用经评审的最低投标价法的，评标委员会应当根据招标文件中规定的评标价格调整方法，对所有投标人的投标报价以及投标文件的商务部分作必要的价格调整。

采用经评审的最低投标价法的，中标人的投标应当符合招标文件规定的技术要求和标准，但评标委员会无需对投标文件的技术部分进行价格折算。

第三十三条 根据经评审的最低投标价法完成详细评审后，评标委员会应当拟定一份“标价比较表”，连同书面评标报告提交招标人。“标价比较表”应当载明投标人的投标报价、对商务偏差的价格调整和说明以及经评审的最终投标价。

第三十四条 不宜采用经评审的最低投标价法的招标项目，一般应当采取综合评估法进行评审。

第三十五条 根据综合评估法，最大限度地满足招标文件中规定的各项综合评价标准的投标，应当推荐为中标候选人。

衡量投标文件是否最大限度地满足招标文件中规定的各项评价标准，可以采取折算为货币的方法、打分的方法或者其他方法。需量化的因素及其权重应当在招标文件中明确规定。

第三十六条 评标委员会对各个评审因素进行量化时，应当将量化指标建立在同一基础或者同一标准上，使各投标文件具有可比性。

对技术部分和商务部分进行量化后，评标委员会应当对这两部分的量化结果进行加权，计算出每一投标的综合评估价或者综合评估分。

第三十七条 根据综合评估法完成评标后，评标委员会应当拟定一份“综合评估比较表”，连同书面评标报告提交招标人。“综合评估比较表”应当载明投标人的投标报价、所作的任何修正、对商务偏差的调整、对技术偏差的调整、对各评审因素的评估以及对每一投标的最终评审结果。

第三十八条 根据招标文件的规定，允许投标人投备选标的，评标委员会可以对中标人所投的备选标进行评审，以决定是否采纳备选标。不符合中标条件的投标人的备选标不予考虑。

第三十九条 对于划分有多个单项合同的招标项目，招标文件允许投标人为获得整个项目合同而提出优惠的，评标委员会可以对投标人提出的优惠进行审查，以决定是否将招标项目作为一个整体合同授予中标人。将招标项目作为一个整体合同授予的，整体合同中标人的投标应当最有利于招标人。

第四十条　评标和定标应当在投标有效期内完成。不能在投标有效期内完成评标和定标的，招标人应当通知所有投标人延长投标有效期。拒绝延长投标有效期的投标人有权收回投标保证金。同意延长投标有效期的投标人应当相应延长其投标担保的有效期，但不得修改投标文件的实质性内容。因延长投标有效期造成投标人损失的，招标人应当给予补偿，但因不可抗力需延长投标有效期的除外。

招标文件应当载明投标有效期。投标有效期从提交投标文件截止日起计算。

第五章　推荐中标候选人与定标

第四十一条　评标委员会在评标过程中发现的问题，应当及时作出处理或者向招标人提出处理建议，并作书面记录。

第四十二条　评标委员会完成评标后，应当向招标人提出书面评标报告，并抄送有关行政监督部门。评标报告应当如实记载以下内容：

（一）基本情况和数据表；

（二）评标委员会成员名单；

（三）开标记录；

（四）符合要求的投标一览表；

（五）否决投标的情况说明；

（六）评标标准、评标方法或者评标因素一览表；

（七）经评审的价格或者评分比较一览表；

（八）经评审的投标人排序；

（九）推荐的中标候选人名单与签订合同前要处理的事宜；

（十）澄清、说明、补正事项纪要。

第四十三条　评标报告由评标委员会全体成员签字。对评标结论持有异议的评标委员会成员可以书面方式阐述其不同意见和理由。评标委员会成员拒绝在评标报告上签字且不陈述其不同意见和理由的，视为同意评标结论。评标委员会应当对此作出书面说明并记录在案。

第四十四条　向招标人提交书面评标报告后，评标委员会应将评标过程中使用的文件、表格以及其他资料应当即时归还招标人。

第四十五条　评标委员会推荐的中标候选人应当限定在一至三人，并标明排列顺序。

第四十六条　中标人的投标应当符合下列条件之一：

（一）能够最大限度满足招标文件中规定的各项综合评价标准；

（二）能够满足招标文件的实质性要求，并且经评审的投标价格最低；但是投标价格低于成本的除外。

第四十七条　招标人不得与投标人就投标价格、投标方案等实质性内容进行谈判。

第四十八条　国有资金占控股或者主导地位的项目，招标人应当确定排名第一的中标候选人为中标人。排名第一的中标候选人放弃中标、因不可抗力提出不能履行合同，或者招标文件规定应当提交履约保证金而在规定的期限内未能提交，或者被查实存在影响中标结果的违法行为等情形，不符合中标条件的，招标人可以按照评标委员会提出的中标候选人名单排序依次确定其他中标候选人为中标人。依次确定其他中标候选人与招标人预期差距较大，或者对招标人明显不利的，招标人可以重新招标。

招标人可以授权评标委员会直接确定中标人。

国务院对中标人的确定另有规定的，从其规定。

第四十九条　中标人确定后，招标人应当向中标人发出中标通知书，同时通知未中标人，并与中标人在投标有效期内以及中标通知书发出之日起30日之内签订合同。

第五十条　中标通知书对招标人和中标人具有法律约束力。中标通知书发出后，招标人改变中标结果或者中标人放弃中标的，应当承担法律责任。

第五十一条　招标人应当与中标人按照招标文件和中标人的投标文件订立书面合同。招标人与中标人不得再行订立背离合同实质性内容的其他协议。

第五十二条　招标人与中标人签订合同后5日内，应当向中标人和未中标的投标人退还投标保证金。

第六章　罚则

第五十三条　评标委员会成员有下列行为之一的，由有关行政监督部门责令改正；情节严重的，禁止其在一定期限内参加依法必须进行招标的项目的评标；情节特别严重的，取消其担任评标委员会成员的资格：

（一）应当回避而不回避；

（二）擅离职守；

（三）不按照招标文件规定的评标标准和方法评标；

（四）私下接触投标人；

（五）向招标人征询确定中标人的意向或者接受任何单位或者个人明示或者暗示提出的倾向或者排斥特定投标人的要求；

（六）对依法应当否决的投标不提出否决意见；

（七）暗示或者诱导投标人作出澄清、说明或者接受投标人主动提出的澄清、说明；

（八）其他不客观、不公正履行职务的行为。

第五十四条　评标委员会成员收受投标人的财物或者其他好处的，评标委员会成员或者与评标活动有关的工作人员向他人透露对投标文件的评审和比较、中标候选人的推荐以及与评标有关的其他情况的，给予警告，没收收受的财物，可以并处三千元以上五万元以下的罚款；对有所列违法行为的评标委员会成员取消担任评标委员会成员的资格，不得再参加任何依法必须进行招标项目的评标；构成犯罪的，依法追究刑事责任。

第五十五条　招标人有下列情形之一的，责令改正，可以处中标项目金额千分之十以下的罚款；给他人造成损失的，依法承担赔偿责任；对单位直接负责的主管人员和其他直接责任人员依法给予处分：

（一）无正当理由不发出中标通知书；

（二）不按照规定确定中标人；

（三）中标通知书发出后无正当理由改变中标结果；

（四）无正当理由不与中标人订立合同；

（五）在订立合同时向中标人提出附加条件。

第五十六条　招标人与中标人不按照招标文件和中标人的投标文件订立合同的，合同的主要条款与招标文件、中标人的投标文件的内容不一致，或者招标人、中标人订立背离合同实质性内容的协议的，由有关行政监督部门责令改正，可以处中标项目金额千分之五以上千分之十以下的罚款。

第五十七条　中标人无正当理由不与招标人订立合同，在签订合同时向招标人提出附加条件，或者不按照招标文件要求提交履约保证金的，取消其中标资格，投标保证金不予退还。对依法必须进行招标的项目的中标人，由有关行政监督部门责令改正，可以处中标项目金额10‰以下的罚款。

第七章　附则

第五十八条　依法必须招标项目以外的评标活动，参照本规定执行。

第五十九条　使用国际组织或者外国政府贷款、援助资金的招标项目的评标活动，贷款方、资金提供方对评标委员会与评标方法另有规定的，适用其规定，但违背中华人民共和国的社会公共利益的除外。

第六十条　本规定颁布前有关评标机构和评标方法的规定与本规定不一致的，以本规定为准。法律或者行政法规另有规定的，从其规定。

第六十一条　本规定由国家发展改革委会同有关部门负责解释。

第六十二条　本规定自发布之日起施行。

财政部关于印发《政府采购评审专家管理办法》的通知

（财库〔2016〕198号）

党中央有关部门，国务院各部委、各直属机构，全国人大常委会办公厅，全国政协办公厅，高法院，高检院，有关人民团体，各省、自治区、直辖市、计划单列市财政厅（局），中共中央直属机关采购中心、中央国家机关政府采购中心、全国人大机关采购中心、国家税务总局集中采购中心、海关总署物资装备采购中心、中国人民银行集中采购中心、公安部警用装备采购中心：

现将财政部制定的《政府采购评审专家管理办法》印发给你们，请遵照执行。

附件：政府采购评审专家管理办法

财政部

2016年11月18日

政府采购评审专家管理办法

第一章　总则

第一条　为加强政府采购评审活动管理，规范政府采购评审专家（以下简称评审专家）评审行为，根据《中华人民共和国政府采购法》（以下简称《政府采购法》）、《中华人民共和国政府采购法实施条例》（以下简称《政府采购法实施条例》）等法律法规及有关规定，制定本办法。

第二条　本办法所称评审专家，是指经省级以上人民政府财政部门选聘，以独立身份参加政府采购评审，纳入评审专家库管理的人员。评审专家选聘、解聘、抽取、使用、监督管理适用本办法。

第三条　评审专家实行统一标准、管用分离、随机抽取的管理原则。

第四条　财政部负责制定全国统一的评审专家专业分类标准和评审专家库建设标准，建设管理国家评审专家库。

省级人民政府财政部门负责建设本地区评审专家库并实行动态管理，与国家评审专家库互联互通、资源共享。

各级人民政府财政部门依法履行对评审专家的监督管理职责。

第二章　评审专家选聘与解聘

第五条　省级以上人民政府财政部门通过公开征集、单位推荐和自我推荐相结合的方式选聘评审专家。

第六条　评审专家应当具备以下条件：

（一）具有良好的职业道德，廉洁自律，遵纪守法，无行贿、受贿、欺诈等不良信用记录；

（二）具有中级专业技术职称或同等专业水平且从事相关领域工作满8年，或者具有高级专业技术职称或同等专业水平；

（三）熟悉政府采购相关政策法规；

（四）承诺以独立身份参加评审工作，依法履行评审专家工作职责并承担相应法律责任的中国公民；

（五）不满70周岁，身体健康，能够承担评审工作；

（六）申请成为评审专家前三年内，无本办法第二十九条规定的不良行为记录。

对评审专家数量较少的专业，前款第（二）项、第（五）项所列条件可以适当放宽。

第七条　符合本办法第六条规定条件，自愿申请成为评审专家的人员（以下简称申请人），应当提供以下申请材料：

（一）个人简历、本人签署的申请书和承诺书；

（二）学历学位证书、专业技术职称证书或者具有同等专业水平的证明材料；

（三）证明本人身份的有效证件；

（四）本人认为需要申请回避的信息；

（五）省级以上人民政府财政部门规定的其他材料。

第八条　申请人应当根据本人专业或专长申报评审专业。

第九条　省级以上人民政府财政部门对申请人提交的申请材料、申报的评审专业和信用信息进行审核，符合条件的选聘为评审专家，纳入评审专家库管理。

第十条　评审专家工作单位、联系方式、专业技术职称、需要回避的信息等发生变化的，应当及时向相关省级以上人民政府财政部门申请变更相关信息。

第十一条　评审专家存在以下情形之一的，省级以上人民政府财政部门应当将其解聘：

（一）不符合本办法第六条规定条件；

（二）本人申请不再担任评审专家；

（三）存在本办法第二十九条规定的不良行为记录；

（四）受到刑事处罚。

第三章　评审专家抽取与使用

第十二条　采购人或者采购代理机构应当从省级以上人民政府财政部门设立的评审专家库中随机抽取评审专家。

评审专家库中相关专家数量不能保证随机抽取需要的，采购人或者采购代理机构可以推荐符合条件的人员，经审核选聘入库后再随机抽取使用。

第十三条　技术复杂、专业性强的采购项目，通过随机方式难以确定合适评审专家的，经主管预算单位同意，采购人可以自行选定相应专业领域的评审专家。

自行选定评审专家的，应当优先选择本单位以外的评审专家。

第十四条　除采用竞争性谈判、竞争性磋商方式采购，以及异地评审的项目外，采购人或者采购代理机构抽取评审专家的开始时间原则上不得早于评审活动开始前2个工作日。

第十五条　采购人或者采购代理机构应当在评审活动开始前宣布评审工作纪律，并将记载评审工作纪律的书面文件作为采购文件一并存档。

第十六条　评审专家与参加采购活动的供应商存在下列利害关系之一的，应当回避：

（一）参加采购活动前三年内，与供应商存在劳动关系，或者担任过供应商的董事、监事，或者是供应商的控股股东或实际控制人；

（二）与供应商的法定代表人或者负责人有夫妻、直系血亲、三代以内旁系血亲或者近姻亲关系；

（三）与供应商有其他可能影响政府采购活动公平、公正进行的关系。

评审专家发现本人与参加采购活动的供应商有利害关系的，应当主动提出回避。采购人或者采购代理机构发现评审专家与参加采购活动的供应商有利害关系的，应当要求其回避。

除本办法第十三条规定的情形外，评审专家对本单位的政府采购项目只能作为采购人代表参与评审活动。

各级财政部门政府采购监督管理工作人员，不得作为评审专家参与政府采购项目的评审活动。

第十七条　出现评审专家缺席、回避等情形导致评审现场专家数量不符合规定的，采购人或者采购代理机构应当及时补抽评审专家，或者经采购人主管预算单位同意自行选定补足评审专家。无法及时补足评审专家的，采购人或者采购代理机构应当立即停止评审工作，妥善保存采购文件，依法重新组建评标委员会、谈判小组、询价小组、磋商小组进行评审。

第十八条　评审专家应当严格遵守评审工作纪律，按照客观、公正、审慎的原则，根据采购文件规定的评审程序、评审方法和评审标准进行独立评审。

评审专家发现采购文件内容违反国家有关强制性规定或者采购文件存在歧义、重大缺陷导致评审工作无法进行时，应当停止评审并向采购人或者采购代理机构书面说明情况。

评审专家应当配合答复供应商的询问、质疑和投诉等事项，不得泄露评审文件、评审情况和在评审过程中获悉的商业秘密。

评审专家发现供应商具有行贿、提供虚假材料或者串通等违法行为的，应当及时向财政部门报告。

评审专家在评审过程中受到非法干预的，应当及时向财政、监察等部门举报。

第十九条　评审专家应当在评审报告上签字，对自己的评审意见承担法律责任。对需要共同认定的事项存在争议的，按照少数服从多数的原则做出结论。对评审报告有异议的，应当在评审报告上签署不同意见并说明理由，否则视为同意评审报告。

第二十条　评审专家名单在评审结果公告前应当保密。评审活动完成后，采购人或者采购代理机构应当随中标、成交结果一并公告评审专家名单，并对自行选定的评审专家做出标注。

各级财政部门、采购人和采购代理机构有关工作人员不得泄露评审专家的个人情况。

第二十一条　采购人或者采购代理机构应当于评审活动结束后5个工作日内，在政府采购信用评价系统中记录评审专家的职责履行情况。

评审专家可以在政府采购信用评价系统中查询本人职责履行情况记录，并就有关情况作出说明。

省级以上人民政府财政部门可根据评审专家履职情况等因素设置阶梯抽取概率。

第二十二条　评审专家应当于评审活动结束后5个工作日内，在政府采购信用评价系统中记录采购人或者采购代理机构的职责履行情况。

第二十三条　集中采购目录内的项目，由集中采购机构支付评审专家劳务报酬；集中采购目录外的项目，由采购人支付评审专家劳务报酬。

第二十四条　省级人民政府财政部门应当根据实际情况，制定本地区评审专家劳务报酬标准。中央预算单位参照本单位所在地或评审活动所在地标准支付评审专家劳务报酬。

第二十五条　评审专家参加异地评审的，其往返的城市间交通费、住宿费等实际发生的费用，可参照采购人执行的差旅费管理办法相应标准向采购人或集中采购机构凭据报销。

第二十六条　评审专家未完成评审工作擅自离开评审现场，或者在评审活动中有违法违规行为的，不得获取劳务报酬和报销异地评审差旅费。评审专家以外的其他人员不得获取评审劳务报酬。

第四章　评审专家监督管理

第二十七条　评审专家未按照采购文件规定的评审程序、评审方法和评审标准进行独立评审或者泄露评审文件、评审情况的，由财政部门给予警告，并处2000元以上2万元以下的罚款；影响中标、成交结果的，处2万元以上5万元以下的罚款，禁止其参加政府采购评审活动。

评审专家与供应商存在利害关系未回避的，处2万元以上5万元以下的罚款，禁止其参加政府采购评审活动。

评审专家收受采购人、采购代理机构、供应商贿赂或者获取其他不正当利益，构成犯罪的，依法追究刑事责任；尚不构成犯罪的，处2万元以上5万元以下的罚款，禁止其参加政府采购评审活动。

评审专家有上述违法行为的，其评审意见无效；有违法所得的，没收违法所得；给他人造成损失的，依法承担民事责任。

第二十八条　采购人、采购代理机构发现评审专家有违法违规行为的，应当及时向采购人本级财政部门报告。

第二十九条　申请人或评审专家有下列情形的，列入不良行为记录：

（一）未按照采购文件规定的评审程序、评审方法和评审标准进行独立评审；

（二）泄露评审文件、评审情况；

（三）与供应商存在利害关系未回避；

（四）收受采购人、采购代理机构、供应商贿赂或者获取其他不正当利益；

（五）提供虚假申请材料；

（六）拒不履行配合答复供应商询问、质疑、投诉等法定义务；

（七）以评审专家身份从事有损政府采购公信力的活动。

第三十条　采购人或者采购代理机构未按照本办法规定抽取和使用评审专家的，依照《政府采购法》及有关法律法规追究法律责任。

第三十一条　财政部门工作人员在评审专家管理工作中存在滥用职权、玩忽职守、徇私舞弊等违法违纪行为的，依照《政府采购法》《公务员法》《行政监察法》《政府采购法实施条例》等国家有关规定追究相应责任；涉嫌犯罪的，移送司法机关处理。

第五章　附则

第三十二条　参加评审活动的采购人代表、采购人依法自行选定的评审专家管理参照本办法执行。

第三十三条　国家对评审专家抽取、选定另有规定的，从其规定。

第三十四条　各省级人民政府财政部门，可以根据本办法规定，制定具体实施办法。

第三十五条　本办法由财政部负责解释。

第三十六条　本办法自2017年1月1日起施行。财政部、监察部2003年11月17日发布的《政府采购评审专家管理办法》（财库〔2003〕119号）同时废止。

第六部分

政府采购政策扶持与公平竞争

本部分主要介绍运用政府采购政策支持脱贫攻坚，支持中小企业发展，以及清理备选库、名目录、资格库，规范招标投标资格审查，促进公平竞争优化营商环境等内容。

一、运用政府采购政策支持脱贫攻坚

财政部、国务院扶贫办于2019年5月印发了《关于运用政府采购政策支持脱贫攻坚的通知》(财库〔2019〕27号)，于2019年8月印发了《政府采购贫困地区农副产品实施方案》(财库〔2019〕41号)，要求各级预算单位进一步运用好政府采购政策，鼓励采用优先采购、预留采购份额方式采购贫困地区农副产品，优先采购聘用建档立卡贫困人员物业公司提供的物业服务。鼓励各级预算单位工会组织通过网络销售平台采购工会福利、慰问品等。有关单位工会采购金额纳入本单位扶贫统计范围。鼓励承担定点帮扶任务的中央企业和地方国有企业预留一定采购比例，通过网络销售平台采购贫困地区农副产品。

为进一步做好运用政府采购政策支持乡村产业振兴工作，财政部、农业农村部、国家乡村振兴局于2021年4月印发了《关于运用政府采购政策支持乡村产业振兴的通知》(财库〔2021〕19号)，同时还印发了《关于深入开展政府采购脱贫地区农副产品工作推进乡村产业振兴的实施意见》(财库〔2021〕20号)，力争用3—5年时间，依托脱贫地区农副产品网络销售平台(即“832平台”)，实现预算单位食堂食材采购与脱贫地区农副产品供给有效对接，培育壮大乡村特色产业，探索形成适应不同区域特点、组织形式和发展阶段的脱贫地区农副产品产销模式，推动脱贫地区农副产品进一步融入全国大市场，为巩固拓展脱贫攻坚成果同乡村振兴有效衔接提供有力支撑。

二、加大政府采购支持中小企业发展

为贯彻落实《关于促进中小企业健康发展的指导意见》，发挥政府采购政策功能，促进中小企业发展，财政部、工业和信息化部于2020年12月印发了《政府采购促进中小企业发展管理办法》(财库〔2020〕46号)，明确和细化以下支持中小企业的措施：一是细化预留份额的规定，主管预算单位要组织评估本部门及所属单位政府采购项目，对适宜由中小企业提供的，预留采购份额专门面向中小企业采购。二是完善政府采购项目价格评审优惠方法，采购人、采购代理机构对未预留份额的采购项目或者采购包评审时给予小微企业报价6%—10%(工程项目为3%—5%)的价格扣除。三是多措并举支持中小企业发展，在资金支付、信用担保等方面对支持中小企业也作出了规定。四是增强可操作性，细化了预留份额四种具体方式，包括采购项目整体预留、设置专门采购包、采购人要求联合体参加或者要求供应商分包等；明确了不适宜由中小企业提供、可以不预留给中小企业的五种具体情形，便于采购人科学合理地预留采购项目。

2022 年 5 月，财政部印发了《关于进一步加大政府采购支持中小企业力度的通知》(财库〔2022〕19 号)，就做好财政政策支持中小企业纾困解难工作，再次提出要求：严格落实支持中小企业政府采购政策，调整对小微企业的价格评审优惠幅度，提高政府采购工程面向中小企业预留份额。

三、政策采购支持监狱企业发展与促进残疾人就业

为贯彻国务院有关文件精神，发挥政府采购支持监狱企业发展的作用，财政部、司法部于 2014 年 6 月印发了《关于政府采购支持监狱企业发展有关问题的通知》(财库〔2014〕68 号)，将监狱企业视同小型、微型企业，享受预留份额、评审中价格扣除等政府采购促进中小企业发展的政府采购政策，在制服采购、公务员考试等试卷印刷项目、免费教科书政府采购等项目，以及监狱企业生产的办公用品、家具用具、车辆维修和提供的保养服务等方面，通过预留采购份额支持监狱企业。

为了发挥政府采购促进残疾人就业的作用，进一步保障残疾人权益，财政部、民政部、中国残疾人联合会于 2017 年 8 月印发了《关于促进残疾人就业政府采购政策的通知》(财库〔2017〕141 号)，将残疾人福利性单位视同小型、微型企业，享受预留份额、评审中价格扣除等促进中小企业发展的政府采购政策。采购人采购公开招标数额标准以上的货物或者服务，因落实促进残疾人就业政策的需要，依法履行有关报批程序后，可采用公开招标以外的采购方式。

四、环境标志产品和节能产品政府采购品目清单

为落实“放管服”改革要求，完善政府绿色采购政策，简化节能(节水)产品、环境标志产品政府采购执行机制，优化供应商参与政府采购活动的市场环境，财政部、发展改革委、生态环境部、市场监管总局于 2019 年 2 月印发了《关于调整优化节能产品、环境标志产品政府采购执行机制的通知》(财库〔2019〕9 号)，要求对政府采购节能产品、环境标志产品实施品目清单管理，依据品目清单和认证证书实施政府优先采购和强制采购，逐步扩大节能产品、环境标志产品认证机构范围，加大政府绿色采购力度。

财政部、生态环境部于 2019 年 3 月印发了《环境标志产品政府采购品目清单》(财库〔2019〕18 号)，列示了计算机设备、输入输出设备等 50 类环境标志产品政府采购品目清单。

财政部、发展改革委于 2019 年 4 月印发了《节能产品政府采购品目清单》(财库〔2019〕19 号)，列示了计算机设备、输入输出设备等 18 类节能产品政府采购品目清单，其中包括部分政府强制采购产品。

五、促进采购公平竞争优化营商环境

为构建统一开放、竞争有序的政府采购市场体系，促进政府采购领域公平竞争、优化营

商环境，财政部于 2019 年 7 月印发了《关于促进政府采购公平竞争优化营商环境的通知》(财库〔2019〕38 号)，要求全面清理政府采购领域妨碍公平竞争的规定和做法，严格执行公平竞争审查制度，加强政府采购执行管理，加快推进电子化政府采购，进一步提升政府采购透明度，完善政府采购质疑投诉和行政裁决机制。

国家发改委办公厅等部门于 2019 年 8 月印发了《工程项目招投标领域营商环境专项整治工作方案》(发改办法规〔2019〕862 号)，在全国开展工程项目招投标领域营商环境专项整治工作，清理、排查、纠正在招投标法规政策文件、招标公告、投标邀请书、资格预审公告、资格预审文件、招标文件以及招投标实践操作中，对不同所有制企业设置的各类不合理限制和壁垒。

财政部办公厅于 2021 年 1 月印发了《关于开展政府采购备选库、名录库、资格库专项清理的通知》(财办库〔2021〕14 号)，采取采购单位自查、财政部门重点核查的方式，对于政府采购限额标准以上或集中采购目录以内的采购项目，通过入围等方式设置的、作为参加政府采购活动资格条件的各类备选库、名录库、资格库等供应商库，开展专项清理取缔，切实维护采购市场秩序。

为贯彻落实《优化营商环境条例》要求，依法保障企业经营自主权，破除招标投标领域各种隐性壁垒和不合理门槛，维护公平竞争的招标投标营商环境，国家发改委办公厅、市场监管总局办公厅于 2020 年 9 月联合印发《关于进一步规范招标投标过程中企业经营资质资格审查工作的通知》(发改办法规〔2020〕727 号)，进一步明确招标投标过程中对企业经营资质资格的审查标准，持续深化招标投标领域“放管服”改革，落实“证照分离”改革要求做好企业登记工作，形成各部门共同维护招标投标市场公平竞争的工作合力。

就在政府采购活动中平等对待在中国境内设立的内外资企业问题，财政部于 2021 年 10 月印发了《关于在政府采购活动中落实平等对待内外资企业有关政策的通知》(财库〔2021〕35 号)，要求在政府采购活动中，除涉及国家安全和国家秘密的采购项目外，不得区别对待内外资企业在中国境内生产的产品，不得在政府采购信息发布、供应商资格条件确定和资格审查、评审标准等方面，对内资企业或外商投资企业实行差别待遇或者歧视待遇，不得以所有制形式、组织形式、股权结构、投资者国别、产品品牌以及其他不合理的条件对供应商予以限定，切实保障内外资企业公平竞争。

财政部　国务院扶贫办关于运用政府采购政策支持脱贫攻坚的通知

（财库〔2019〕27 号）

各中央预算单位，各省、自治区、直辖市、计划单列市财政厅（局）、扶贫办（局），新疆生产建设兵团财政局、扶贫办：

为深入贯彻党的十九大精神和习近平总书记关于扶贫工作的重要论述，认真落实党中央、国务院关于打赢脱贫攻坚战的各项决策部署，进一步做好运用政府采购政策支持脱贫攻坚工作，现就有关事项通知如下：

一、充分认识运用好政府采购政策支持打赢脱贫攻坚战的重要性

党的十八大以来，以习近平同志为核心的党中央作出坚决打赢脱贫攻坚战的决定，推动脱贫攻坚战取得决定性进展。党的十九大提出将精准脱贫作为全面建成小康社会的三大攻坚战之一。打赢打好脱贫攻坚战，对如期全面建成小康社会，实现第一个一百年奋斗目标具有十分重要的意义。运用好政府采购这一财政调控手段支持打赢脱贫攻坚战，优先采购贫困地区农副产品和物业服务，是贯彻习近平总书记关于脱贫攻坚的新理念新思想新战略，落实《国务院办公厅关于深入开展消费扶贫助力打赢脱贫攻坚战的指导意见》（国办发〔2018〕129 号）的具体措施，有助于帮助贫困人口增收脱贫，调动贫困人口依靠自身努力实现脱贫致富的积极性，促进贫困人口稳定脱贫和贫困地区产业持续发展。各级财政部门、扶贫办及各级预算单位要切实提高政治站位，充分认识运用政府采购政策支持脱贫攻坚的重要意义，增强执行政策的自觉性和紧迫性，确保取得政策实效。

二、鼓励采用优先采购、预留采购份额方式采购贫困地区农副产品

各级预算单位采购农副产品的，同等条件下应优先采购贫困地区农副产品。各主管预算单位要做好统筹协调，确定并预留本部门各预算单位食堂采购农副产品总额的一定比例定向采购贫困地区农副产品。各级预算单位要按照积极稳妥的原则确定预留比例，购买贫困地区农副产品时要遵循就近、经济的原则，在确保完成既定预留比例的基础上，鼓励更多采购贫困地区农副产品，注重扶贫实际效果。

贫困地区农副产品是指 832 个国家级贫困县域内注册的企业、农民专业合作社、家庭农场等出产的农副产品。

三、鼓励优先采购聘用建档立卡贫困人员物业公司提供的物业服务

各级预算单位使用财政性资金采购物业服务的，有条件的应当优先采购注册地在 832 个国家级贫困县域内，且聘用建档立卡贫困人员物业公司提供的物业服务。对注册地在 832 个国家级贫困县域内，且聘用建档立卡贫困人员达到公司员工（含服务外包用工）30%以上

的物业公司，各级预算单位可根据符合条件的物业公司数量等具体情况，按规定履行有关变更采购方式报批程序后，采用竞争性谈判、竞争性磋商、单一来源等非公开招标采购方式，采购有关物业公司提供的物业服务。

各级预算单位要按照注重实效、切实可行的原则确定采购贫困地区物业服务的需求。按上述政策优先采购有关物业公司物业服务的，除按规定在政府采购指定媒体公开项目采购信息外，还应公开物业公司注册所在县扶贫部门出具的聘用建档立卡贫困人员具体数量的证明，确保支持政策落到实处，接受社会监督。

四、建立健全保障措施

财政部、国务院扶贫办会同有关部门制定优先采购贫困地区农副产品的实施方案，搭建贫困地区农副产品网络销售平台，提供高效便捷的贫困地区农副产品产销渠道，有序开展相关工作。各级扶贫办（局）要会同本级有关部门加强贫困地区农副产品货源组织，建立长期稳定的供给体系。

各主管预算单位应于2019年底前将本部门各预算单位预留采购贫困地区农副产品的具体比例情况（详见附件），报同级财政部门和扶贫部门备案。2020年起，各级财政部门和扶贫部门将定期统计和通报采购贫困地区农副产品情况，将采购贫困地区物业服务情况作为政府采购政策执行情况专项统计纳入政府采购信息统计范围，加强对各单位政策执行情况的督导。

附件：预算单位采购贫困地区农副产品预留份额情况表（略）

财政部

国务院扶贫办

2019年5月27日

财政部　国务院扶贫办　供销合作总社关于印发《政府采购贫困地区农副产品实施方案》的通知

（财库〔2019〕41 号）

各中央预算单位，各省、自治区、直辖市、计划单列市财政厅（局）、扶贫办（局）、供销合作社，新疆生产建设兵团财政局、扶贫办、供销合作社：

为贯彻《国务院办公厅关于深入开展消费扶贫助力打赢脱贫攻坚战的指导意见》（国办发〔2018〕129 号），根据《财政部 国务院扶贫办关于运用政府采购政策支持脱贫攻坚的通知》（财库〔2019〕27 号）有关规定，我们制定了《政府采购贫困地区农副产品实施方案》。现将方案印发给你们，请结合本地区、本单位实际情况，认真贯彻执行。

附件：政府采购贫困地区农副产品实施方案

财政部
国务院扶贫办
供销合作总社
2019 年 8 月 5 日

政府采购贫困地区农副产品实施方案

为贯彻《国务院办公厅关于深入开展消费扶贫助力打赢脱贫攻坚战的指导意见》（国办发〔2018〕129 号）要求，根据《财政部 国务院扶贫办关于运用政府采购政策支持脱贫攻坚的通知》（财库〔2019〕27 号）有关规定，进一步运用好政府采购政策，鼓励动员各级预算单位等购买贫困地区农副产品，实施精准消费扶贫，带动建档立卡贫困户增收，助力打赢脱贫攻坚战，制定本方案。

一、总体要求

深入贯彻落实习近平总书记关于扶贫工作的重要论述，坚持精准扶贫精准脱贫基本方略，坚持政府引导、社会参与、市场运作、互利共赢原则，围绕贫困人口稳定脱贫和贫困地区长远发展，以国家级贫困县（以下简称贫困县）特别是深度贫困地区为重点，以促进贫困地区农副产品销售、建档立卡贫困户增收为目标，充分运用政府采购政策鼓励动员各级预算单位等通过优先采购、预留采购份额方式，采购贫困地区农副产品，助力打赢脱贫攻坚战。

二、任务目标

2019 年 10 月底前，建成集“交易、服务、监管”于一体的贫困地区农副产品网络销售平台（以下简称网络销售平台），实现贫困地区农副产品在线展示、网上交易、物流跟踪、在线支付、产品追溯的一站式聚合。

2019 年 10 月底前，编制国家级贫困县重点扶贫产品供应商名录（以下简称供应商名录），首批贫困地区农副产品入驻网络销售平台，鼓励各级预算单位通过网络销售平台先行启动贫困地区农副产品采购工作。建立政府采购政策支持消费扶贫数据库(以下简称消费扶贫数据库),启动政府采购贫困地区农副产品采购交易数据统计工作。

自2020年起,各级预算单位通过网络销售平台全面启动贫困地区农副产品采购工作,财政部、国务院扶贫办依托网络销售平台定期统计和通报采购情况。动态更新和丰富完善供应商名录,推动全社会广泛参与贫困地区农副产品采购工作,网络销售平台逐步向非政府采购领域拓展,全社会采购贫困地区农副产品的积极性活跃度显著增强。

三、重点工作

(一) 加强贫困地区农副产品货源组织。

国务院扶贫办组织指导相关省份加强贫困地区农副产品货源组织,建立完善供给体系。

贫困县扶贫部门在本地区党委、政府领导下做好农副产品货源组织工作,向省级扶贫部门推荐本地区农副产品和带贫能力强、产品质量好、有诚信的企业、合作社、家庭农场等市场主体,并对拟推荐的市场主体带贫益贫成效进行审核,出具相关证明。贫困县要引导本地区市场主体按照市场需求发展本地区特色优势产业,打造区域公共品牌,实现贫困地区农副产品产地、质量等可追溯。

有关省(区、市)扶贫办要结合本地区脱贫攻坚实际,会同有关部门对贫困县推荐的农副产品及市场主体进行审核,并向国务院扶贫办报送本地区重点扶贫农副产品和供应商建议名录。产品和供应商建议名录要向深度贫困地区倾斜,优先支持参与全国民营企业“万企帮万村”行动的市场主体。

国务院扶贫办对有关省(区、市)扶贫部门报送的重点扶贫产品及供应商进行甄别、汇总,形成供应商名录。

(二) 搭建贫困地区农副产品销售平台。

供销合作总社按照财政部、国务院扶贫办的有关要求,依托现有平台改造建设运营网络销售平台(网址:www.fupin832.com)。

网络销售平台按照落实政府采购支持脱贫攻坚政策要求、符合电商交易特点的原则,制定完善交易规则,编制用户操作手册,为采购人、供应商提供便捷高效的交易服务;列入供应商名录的市场主体按照网络销售平台有关要求注册上线,有关省份扶贫办和贫困县扶贫办在线对供应商身份进行审核把关;完善平台在线议价、价格监测、诚信评价等功能,按照市场化原则建立健全平台交易争议处理机制;做好交易信息统计工作,将各类采购主体纳入统计范围,为各级财政和扶贫部门交易监管、信息统计提供数据支撑。

网络销售平台实行“零收费”。除按商业原则由平台代收的通道费、第三方服务费及履约保证金外,不向供应商收取入场费、平台使用费等相关费用,不向预算单位收取交易服务费。

积极探索网络销售平台与其他经财政部和国务院扶贫办认可的贫困地区农副产品销售平台对接,拓宽预算单位采购贫困地区农副产品渠道,扩大平台影响力。

(三) 组织引导预算单位购买贫困地区农副产品。

各级财政部门负责汇总预算单位预留贫困地区农副产品采购比例等信息,指导本级预算单位采购贫困地区农副产品。各预算单位要加强农副产品采购工作的计划安排,按照预留比例通过网络销售平台采购贫困地区农副产品,严格按照合同约定支付货款,不得拖欠。

鼓励各级预算单位工会组织通过网络销售平台采购工会福利、慰问品等。有关单位工会采购金额纳入本单位扶贫统计范围。鼓励承担定点帮扶任务的中央企业和地方国有企业预留一定采购比例，通过网络销售平台采购贫困地区农副产品。

国务院扶贫办依托消费扶贫数据库统计、汇总各地区、各单位采购情况，作为其参与消费扶贫的重要依据。有下列情况之一者，可通过其他渠道购买，购买数额列入消费扶贫数据库统计范围：

（1）承担扶贫协作任务的、贫困县定点扶贫任务的预算单位购买扶贫协作地区和定点贫困县农副产品，并能够提供任务证明、采购凭证、带贫成效等相关佐证材料的；

（2）贫困县所属预算单位购买本县农副产品，并能够提供采购凭证、带贫成效等相关佐证材料的；

（3）在国务院扶贫办指导下，各省（区、市）和中央定点扶贫单位通过产销对接会等方式，组织本地区、本系统、本行业集中采购贫困县农副产品，并能够提供采购凭证、带贫成效等相关佐证材料的；

（4）其他经国务院扶贫办、财政部共同认可的采购行为。

有以上情况的预算单位需将佐证材料，按月上传至消费扶贫数据库，其中带贫成效主要是指带动建档立卡贫困人口数和增收数额，经贫困县扶贫办初审后报省级扶贫办审核认定。购买扶贫协作地区贫困县农副产品的预算单位还需本地区扶贫协作部门复核。

四、工作机制

（一）组织保障机制。财政部、国务院扶贫办会同供销合作总社等有关部门统筹推进贫困地区农副产品采购工作。各省级财政部门、扶贫部门要会同供销等有关部门建立协作机制，明确责任，形成合力，统筹推进、指导、协调本地区贫困地区农副产品采购工作。贫困县财政部门、扶贫部门要在地方党委、政府领导下，积极引导地方有关机构建立金融保障机制，运用保险、担保、小额贷款等方式为贫困地区农副产品销售提供金融支持；以电子商务进农村综合示范为基础，建设和完善贫困地区农村电商公共服务体系，加强物流配送体系建设。各级供销合作社要积极与供应商对接，协助扶贫部门做好货源组织、宣传培训和扶贫属性追溯等工作，为供应商提供仓储物流、电商运营等服务，配合有关部门做好产品质量追溯工作。

（二）利益联结机制。各级扶贫部门要把促进贫困地区农副产品销售、增加建档立卡贫困户收入作为主要目标，建立完善建档立卡贫困户和供应商之间的利益联结机制，切实把政府采购支持脱贫攻坚的成效体现在帮助贫困地区脱贫、贫困户增收上。对带贫益贫效果好的供应商可做优先重点推介。对带贫益贫效果弄虚作假的供应商，将取消供应商资格，情节严重的对所在贫困县和省份进行通报。

（三）宣传引导机制。各级财政部门、扶贫部门要做好本级预算单位培训指导工作，加强政府采购支持脱贫攻坚政策与成效宣传，在部分地区开展试点示范，及时总结推广典型案例和优秀做法，鼓励和引导各级预算单位加大采购贫困地区农副产品力度。

（四）激励约束机制。财政部和国务院扶贫办将定期对预算单位购买贫困地区农副产品、有关省份推进政府采购支持脱贫攻坚、供应商带贫益贫等情况进行通报。对工作积极、成效明显的预算单位和地方，予以通报表扬。建立供应商评价和退出机制。对存在弄虚作假、以次充好、扰乱市场行为的供应商取消入驻和上架资格，出现严重产品质量和食品安全问题的供应商，按照相关法律法规追究责任，并向所在贫困县进行通报；对供应商出现问题较多的贫困县及其所在省份进行通报，情节严重的限制或取消其推荐本地区农副产品和市场主体的资格。

（五）监督举报机制。坚持阳光操作，接受社会公众监督。发现平台或供应商有违法违规、虚假瞒报等情况，可及时向国务院扶贫办消费扶贫工作专班和“12317”监督举报电话举报。国务院扶贫办将委托第三方开展核查评估，组织专家、媒体等开展暗访，坚决杜绝弄虚作假、借机敛财、“搭便车”等现象。

五、实施步骤

2019 年 9 月 15 日前，各省级扶贫部门将本地区贫困县填写的《贫困县重点扶贫产品供应商推荐名录》（附 1）和审核认定后的《贫困县重点扶贫产品供应商建议名录》（附 2）报国务院扶贫办汇总。

2019 年 10 月底前，网络销售平台上线运行，消费扶贫数据库系统启用，部分地区启动试点示范。国务院扶贫办会同有关部门发布首批供应商名录，供销合作总社启动供应商培训工作。各省级财政部门会同扶贫部门按要求汇总本地区预算单位预留采购份额比例报财政部备案。

2020 年起，各级预算单位全面启动贫困地区农副产品采购工作，财政部、国务院扶贫办定期通报预算单位购买贫困地区农副产品、有关省份推进政府采购支持脱贫攻坚、供应商带贫益贫等情况，国务院扶贫办组织开展核查评估等工作。

方案实施过程中遇到问题，请及时向相关部门反映。财政部国库司：010-68552389，68553724；国务院扶贫办社会扶贫司：010-84419783；供销合作总社财会部：010-66050431。

网络销售平台系统操作及具体交易过程中遇到问题，请联系 010-80889017；电子邮箱：fupin832@fupin832.com。

附：1．国家级贫困县重点扶贫产品供应商推荐名录（略）
　　2．国家级贫困县重点扶贫产品供应商建议名录（略）

财政部　农业农村部　国家乡村振兴局关于运用政府采购政策支持乡村产业振兴的通知

（财库〔2021〕19号）

各中央预算单位，各省、自治区、直辖市、计划单列市财政厅（局）、农业农村（农牧）厅（局、委）、乡村振兴局（扶贫办），新疆生产建设兵团财政局、农业农村局、乡村振兴局（扶贫办）：

为深入贯彻习近平总书记关于实施乡村振兴战略的重要论述和党的十九届五中全会精神，认真落实《中共中央 国务院关于实现巩固拓展脱贫攻坚成果同乡村振兴有效衔接的意见》关于调整优化政府采购政策继续支持脱贫地区产业发展的工作部署，进一步做好运用政府采购政策支持乡村产业振兴工作，现就有关事项通知如下：

一、充分认识运用政府采购政策支持乡村产业振兴的重要意义

党的十九届五中全会提出巩固拓展脱贫攻坚成果同乡村振兴有效衔接，对全面建设社会主义现代化国家和实现第二个百年奋斗目标具有十分重要的意义。运用政府采购政策，组织预算单位采购脱贫地区农副产品，通过稳定的采购需求持续激发脱贫地区发展生产的内生动力，促进乡村产业振兴，是贯彻落实党中央、国务院关于调整优化政府采购政策支持脱贫地区产业发展工作部署，构建以国内大循环为主体新发展格局的具体举措，有助于推动脱贫地区实现更宽领域、更高层次的发展。各级财政、农业农村、乡村振兴部门及各级预算单位要充分认识运用政府采购政策支持乡村产业振兴的重要意义，以高度的责任感、使命感、紧迫感投身到政府采购脱贫地区农副产品工作中，确保政策取得实效。

二、预留份额采购脱贫地区农副产品

自2021年起，各级预算单位应当按照不低于10%的比例预留年度食堂食材采购份额，通过脱贫地区农副产品网络销售平台（原贫困地区农副产品网络销售平台）采购脱贫地区农副产品。脱贫地区农副产品是指在832个脱贫县域内注册的企业、农民专业合作社、家庭农场等出产的农副产品。确因地域、相关政策限制等特殊原因难以完成10%预留份额任务的预算单位，可由中央主管预算单位或省级财政部门报经财政部（国库司）审核同意后，适当放宽预留比例要求。

三、建立健全相关保障措施

财政部会同农业农村部、国家乡村振兴局等部门制定政府采购脱贫地区农副产品工作的实施意见，加强脱贫地区农副产品货源组织、供应链管理和网络销售平台运营管理，积极组织预算单位采购脱贫地区农副产品。地方各级财政、农业农村和乡村振兴部门要细化工作措施，加大工作力度，确保政府采购脱贫地区农副产品相关政策落实落细。

本通知自印发之日起施行。《财政部 国务院扶贫办关于运用政府采购政策支持脱贫攻坚的通知》（财库〔2019〕27号）同时废止。

财政部

农业农村部

国家乡村振兴局

2021年4月24日

财政部　农业农村部　国家乡村振兴局　中华全国供销合作总社关于印发《关于深入开展政府采购脱贫地区农副产品工作推进乡村产业振兴的实施意见》的通知

（财库〔2021〕20 号）

各中央预算单位，各省、自治区、直辖市、计划单列市财政厅（局）、农业农村（农牧）厅（局、委）、乡村振兴局（扶贫办）、供销合作社，新疆生产建设兵团财政局、农业农村局、乡村振兴局（扶贫办）、供销合作社：

为贯彻党中央、国务院关于调整优化政府采购政策继续支持脱贫地区产业发展的工作部署，落实《财政部 农业农村部 国家乡村振兴局关于运用政府采购政策支持乡村产业振兴的通知》（财库〔2021〕19 号），我们制定了《关于深入开展政府采购脱贫地区农副产品工作推进乡村产业振兴的实施意见》。现将实施意见印发给你们，请结合本单位、本地区实际情况，认真贯彻执行。《财政部 国务院扶贫办 中华全国供销合作总社关于印发〈政府采购贫困地区农副产品实施方案〉的通知》（财库〔2019〕41 号）同时废止。

附件：关于深入开展政府采购脱贫地区农副产品工作推进乡村产业振兴的实施意见

财政部
农业农村部
国家乡村振兴局
中华全国供销合作总社
2021 年 4 月 24 日

关于深入开展政府采购脱贫地区农副产品工作推进乡村产业振兴的实施意见

为贯彻党中央、国务院关于调整优化政府采购政策继续支持脱贫地区产业发展的工作部署，落实《财政部 农业农村部 国家乡村振兴局关于运用政府采购政策支持乡村产业振兴的通知》（财库〔2021〕19 号），深入开展政府采购脱贫地区农副产品工作，推进乡村产业振兴，现提出以下实施意见。

一、总体要求

（一）指导思想。以习近平新时代中国特色社会主义思想为指导，全面贯彻党的十九大和十九届二中、三中、四中、五中全会精神，牢固树立新发展理念，落实党中央、国务院关于实现巩固拓展脱贫攻坚成果同乡村振兴有效衔接总体部署和“四个不摘”工作要求，继续实施政府采购脱贫地区农副产品工作，突出产业提升和机制创新，进一步激发全社会参与积极性，接续推进脱贫地区产业发展，促进农民群众持续增收，助力巩固拓展脱贫攻坚成果和乡村振兴。

（二）基本原则。

聚焦重点，精准施策。严格农副产品产地认定，将政策支持范围聚焦在 832 个脱贫县，通过预留份额、搭建平台等方式促进脱贫地区农副产品销售，带动脱贫人口稳定增收。

创新驱动，融合发展。将政府采购脱贫地区农副产品工作与打造农业特色品牌、提升产品品质相结合，根据预算单位采购需求优化创新农副产品产销模式，促进脱贫地区特色产业发展。

政府引导，市场协同。坚持政府引导与市场机制结合，发挥政府采购需求牵引作用，助力打通脱贫地区农副产品生产、流通的难点和堵点，激发脱贫地区发展生产的内生动力。

（三）主要目标。力争用3到5年时间，依托脱贫地区农副产品网络销售平台（以下简称“832平台”），实现预算单位食堂食材采购与脱贫地区农副产品供给有效对接，培育壮大乡村特色产业，探索形成适应不同区域特点、组织形式和发展阶段的脱贫地区农副产品产销模式，推动脱贫地区农副产品进一步融入全国大市场，为巩固拓展脱贫攻坚成果同乡村振兴有效衔接提供有力支撑。

二、加强脱贫地区农副产品产销对接

（一）加强脱贫地区农副产品货源组织。脱贫地区县级农业农村部门会同乡村振兴部门建立“832平台”供应商审核推荐机制，积极推荐832个脱贫县产业带动能力强、增收效果好的农副产品供应商入驻“832平台”，优先从农业产业化龙头企业、“一村一品”示范村镇经营主体以及使用食用农产品达标合格证、取得绿色有机地理标志认证的供应商中推荐。对已入驻“832平台”的供应商重新核查，保留产品产地、增收效果符合要求供应商的平台销售资格。要依据供应商产量核定上架产品供应量，督促供应商按照平台要求进行产品包装和标识并加强自控自检，协调有关部门按照国家农产品和食品质量安全标准对平台在售产品开展质量安全检测，推动实现“832平台”农副产品带证销售和质量可追溯。

（二）组织预算单位采购。自2021年起，各级财政部门组织本地区所属预算单位做好预留份额填报和脱贫地区农副产品采购工作，并对采购情况进行考核。各中央主管预算单位组织做好本部门所属预算单位预留份额填报和脱贫地区农副产品采购工作。各级预算单位要按照不低于10%的预留比例在“832平台”填报预留份额，并遵循质优价廉、竞争择优的原则，通过“832平台”在全国832个脱贫县范围内采购农副产品，及时在线支付货款，不得拖欠。鼓励各级预算单位工会组织通过“832平台”采购工会福利、慰问品等，有关采购金额计入本单位年度采购总额。

三、加强网络销售平台运营管理

（一）优化平台运营模式。“832平台”结合预算单位食堂食材需求特点，设置需求订制、电子反拍、统采分送等交易模式，优化线上交易、支付、结算流程。丰富农副产品展示维度，对拥有食用农产品达标合格证、绿色有机地理标志认证等资质的产品优先展示，培育脱贫地区优质特色品牌。加强供销全流程数据收集分析，将预算单位需求反馈脱贫地区，推广“农户+合作社+平台”的产销对接模式，促进脱贫地区产业优化升级。通过开设助销专区、发布滞销信息等方式，积极协助销售脱贫地区滞销农副产品。进一步完善平台服务功能，为企业、工会组织、个人采购脱贫地区农副产品提供便利条件，拓展销售渠道，提升社会参与度。

（二）严格供应商管理。“832平台”应发布操作指引明确产品上架标准，制定完善产品价格、质量安全等管理办法，严格供应商管理，建立价格监测、质量监督、履约评价机制，配合有关部门加强质量检测，及时向社会公开产品成交价格、质检报告、承诺函、用户评价等信息，接受社会监督。对价格虚高、质量不达标和不履行承诺的供应商，由“832 平台”通过约谈、产品下架等措施督促整改；对情节严重或拒不改正的，由“832 平台”提请有关地区农业农村部门、乡村振兴部门取消供应商资格。

（三）加强平台物流建设。“832 平台”依托产（销）地仓，积极探索建立定时、定点、定线的物流配送机制，促进平台在售农副产品分拣、包装、仓储、物流、质检等环节标准化和规范化。脱贫地区农业农村部门、乡村振兴部门和供销合作社要加强与有关部门协调配合，积极支持相关物流基础设施与“832 平台”对接，降低物流成本、提高物流效率。

（四）提升平台服务能力。“832 平台”除按市场通行规则收取必要的产品检测费、支付通道费以及履约保证金外，不向供应商、预算单位收取交易费、平台使用费。编制操作手册，指引预算单位开展采购活动，并提供工会福利发放等个性化服务，提升平台用户体验。根据供应商需求，提供产品开发、包装设计、仓储物流等服务，提升供应商线上运营能力。基于农副产品信息流、物流、资金流等信息，支持金融机构在线开展脱贫地区供应商融资、增信等服务。认真做好交易信息统计工作，为各级预算单位和各有关部门加强管理提供服务保障。

四、加强组织实施

各有关部门要加强协作，共同做好政府采购脱贫地区农副产品工作。财政部负责预算单位采购管理，农业农村部会同国家乡村振兴局统筹脱贫地区农副产品货源组织和质量安全监管工作，供销总社保障“832 平台”建设运营。各省级财政部门要切实加强采购管理，通过召开工作推进会、定期通报等措施，督促预算单位按期完成采购任务。脱贫地区财政部门要会同农业农村部门、乡村振兴部门、供销合作社等部门建立工作协调机制，将政府采购脱贫地区农副产品工作作为支持乡村产业振兴的重要抓手，及时跟踪分析供应商推荐、产品检测、物流管理、品牌打造等相关工作实施进展及成效，协调解决工作推进过程中面临的困难和问题，推动政府采购支持乡村产业振兴政策取得实效。

财政部　工业和信息化部关于印发《政府采购促进中小企业发展管理办法》的通知

（财库〔2020〕46 号）

各中央预算单位办公厅（室），各省、自治区、直辖市、计划单列市财政厅（局）、工业和信息化主管部门，新疆生产建设兵团财政局、工业和信息化主管部门：

为贯彻落实《关于促进中小企业健康发展的指导意见》，发挥政府采购政策功能，促进中小企业发展，根据《中华人民共和国政府采购法》、《中华人民共和国中小企业促进法》等法律法规，财政部、工业和信息化部制定了《政府采购促进中小企业发展管理办法》。现印发给你们，请遵照执行。

附件：政府采购促进中小企业发展管理办法

财政部
工业和信息化部
2020 年 12 月 18 日

政府采购促进中小企业发展管理办法

第一条　为了发挥政府采购的政策功能，促进中小企业健康发展，根据《中华人民共和国政府采购法》、《中华人民共和国中小企业促进法》等有关法律法规，制定本办法。

第二条　本办法所称中小企业，是指在中华人民共和国境内依法设立，依据国务院批准的中小企业划分标准确定的中型企业、小型企业和微型企业，但与大企业的负责人为同一人，或者与大企业存在直接控股、管理关系的除外。

符合中小企业划分标准的个体工商户，在政府采购活动中视同中小企业。

第三条　采购人在政府采购活动中应当通过加强采购需求管理，落实预留采购份额、价格评审优惠、优先采购等措施，提高中小企业在政府采购中的份额，支持中小企业发展。

第四条　在政府采购活动中，供应商提供的货物、工程或者服务符合下列情形的，享受本办法规定的中小企业扶持政策：

（一）在货物采购项目中，货物由中小企业制造，即货物由中小企业生产且使用该中小企业商号或者注册商标；

（二）在工程采购项目中，工程由中小企业承建，即工程施工单位为中小企业；

（三）在服务采购项目中，服务由中小企业承接，即提供服务的人员为中小企业依照《中华人民共和国劳动合同法》订立劳动合同的从业人员。

在货物采购项目中，供应商提供的货物既有中小企业制造货物，也有大型企业制造货物的，不享受本办法规定的中小企业扶持政策。

以联合体形式参加政府采购活动，联合体各方均为中小企业的，联合体视同中小企业。

其中，联合体各方均为小微企业的，联合体视同小微企业。

第五条　采购人在政府采购活动中应当合理确定采购项目的采购需求，不得以企业注册资本、资产总额、营业收入、从业人员、利润、纳税额等规模条件和财务指标作为供应商的资格要求或者评审因素，不得在企业股权结构、经营年限等方面对中小企业实行差别待遇或者歧视待遇。

第六条　主管预算单位应当组织评估本部门及所属单位政府采购项目，统筹制定面向中小企业预留采购份额的具体方案，对适宜由中小企业提供的采购项目和采购包，预留采购份额专门面向中小企业采购，并在政府采购预算中单独列示。

符合下列情形之一的，可不专门面向中小企业预留采购份额：

（一）法律法规和国家有关政策明确规定优先或者应当面向事业单位、社会组织等非企业主体采购的；

（二）因确需使用不可替代的专利、专有技术，基础设施限制，或者提供特定公共服务等原因，只能从中小企业之外的供应商处采购的；

（三）按照本办法规定预留采购份额无法确保充分供应、充分竞争，或者存在可能影响政府采购目标实现的情形；

（四）框架协议采购项目；

（五）省级以上人民政府财政部门规定的其他情形。

除上述情形外，其他均为适宜由中小企业提供的情形。

第七条　采购限额标准以上，200万元以下的货物和服务采购项目、400万元以下的工程采购项目，适宜由中小企业提供的，采购人应当专门面向中小企业采购。

第八条　超过200万元的货物和服务采购项目、超过400万元的工程采购项目中适宜由中小企业提供的，预留该部分采购项目预算总额的30%以上专门面向中小企业采购，其中预留给小微企业的比例不低于60%。预留份额通过下列措施进行：

（一）将采购项目整体或者设置采购包专门面向中小企业采购；

（二）要求供应商以联合体形式参加采购活动，且联合体中中小企业承担的部分达到一定比例；

（三）要求获得采购合同的供应商将采购项目中的一定比例分包给一家或者多家中小企业。

组成联合体或者接受分包合同的中小企业与联合体内其他企业、分包企业之间不得存在直接控股、管理关系。

第九条　对于经主管预算单位统筹后未预留份额专门面向中小企业采购的采购项目，以及预留份额项目中的非预留部分采购包，采购人、采购代理机构应当对符合本办法规定的小微企业报价给予6%—10%（工程项目为3%—5%）的扣除，用扣除后的价格参加评审。适用招标投标法的政府采购工程建设项目，采用综合评估法但未采用低价优先法计算价格分的，评标时应当在采用原报价进行评分的基础上增加其价格得分的3%—5%作为其价格分。

接受大中型企业与小微企业组成联合体或者允许大中型企业向一家或者多家小微企业分包的采购项目，对于联合协议或者分包意向协议约定小微企业的合同份额占到合同总金额30%以上的，采购人、采购代理机构应当对联合体或者大中型企业的报价给予2%—3%（工程项目为1%—2%）的扣除，用扣除后的价格参加评审。适用招标投标法的政府采购工程建设项目，采用综合评估法但未采用低价优先法计算价格分的，评标时应当在采用原报价进行评分的基础上增加其价格得分的1%—2%作为其价格分。组成联合体或者接受分包的小微企业与联合体内其他企业、分包企业之间存在直接控股、管理关系的，不享受价格扣除优惠政策。

价格扣除比例或者价格分加分比例对小型企业和微型企业同等对待，不作区分。具体采购项目的价格扣除比例或者价格分加分比例，由采购人根据采购标的相关行业平均利润率、市场竞争状况等，在本办法规定的幅度内确定。

第十条　采购人应当严格按照本办法规定和主管预算单位制定的预留采购份额具体方案开展采购活动。预留份额的采购项目或者采购包，通过发布公告方式邀请供应商后，符合资格条件的中小企业数量不足3家的，应当中止采购活动，视同未预留份额的采购项目或者采购包，按照本办法第九条有关规定重新组织采购活动。

第十一条　中小企业参加政府采购活动，应当出具本办法规定的《中小企业声明函》（附1），否则不得享受相关中小企业扶持政策。任何单位和个人不得要求供应商提供《中小企业声明函》之外的中小企业身份证明文件。

第十二条　采购项目涉及中小企业采购的，采购文件应当明确以下内容：

（一）预留份额的采购项目或者采购包，明确该项目或相关采购包专门面向中小企业采购，以及相关标的及预算金额；

（二）要求以联合体形式参加或者合同分包的，明确联合协议或者分包意向协议中中小企业合同金额应当达到的比例，并作为供应商资格条件；

（三）非预留份额的采购项目或者采购包，明确有关价格扣除比例或者价格分加分比例；

（四）规定依据本办法规定享受扶持政策获得政府采购合同的，小微企业不得将合同分包给大中型企业，中型企业不得将合同分包给大型企业；

（五）采购人认为具备相关条件的，明确对中小企业在资金支付期限、预付款比例等方面的优惠措施；

（六）明确采购标的对应的中小企业划分标准所属行业；

（七）法律法规和省级以上人民政府财政部门规定的其他事项。

第十三条　中标、成交供应商享受本办法规定的中小企业扶持政策的，采购人、采购代理机构应当随中标、成交结果公开中标、成交供应商的《中小企业声明函》。

适用招标投标法的政府采购工程建设项目，应当在公示中标候选人时公开中标候选人的《中小企业声明函》。

第十四条　对于通过预留采购项目、预留专门采购包、要求以联合体形式参加或者合同分包等措施签订的采购合同，应当明确标注本合同为中小企业预留合同。其中，要求以联合体形式参加采购活动或者合同分包的，应当将联合协议或者分包意向协议作为采购合同的组成部分。

第十五条　鼓励各地区、各部门在采购活动中允许中小企业引入信用担保手段，为中小企业在投标(响应)保证、履约保证等方面提供专业化服务。鼓励中小企业依法合规通过政府采购合同融资。

第十六条　政府采购监督检查、投诉处理及政府采购行政处罚中对中小企业的认定,由货物制造商或者工程、服务供应商注册登记所在地的县级以上人民政府中小企业主管部门负责。

中小企业主管部门应当在收到财政部门或者有关招标投标行政监督部门关于协助开展中小企业认定函后10个工作日内做出书面答复。

第十七条　各地区、各部门应当对涉及中小企业采购的预算项目实施全过程绩效管理,合理设置绩效目标和指标,落实扶持中小企业有关政策要求,定期开展绩效监控和评价,强化绩效评价结果应用。

第十八条　主管预算单位应当自2022年起向同级财政部门报告本部门上一年度面向中小企业预留份额和采购的具体情况,并在中国政府采购网公开预留项目执行情况(附2)。未达到本办法规定的预留份额比例的,应当作出说明。

第十九条　采购人未按本办法规定为中小企业预留采购份额,采购人、采购代理机构未按照本办法规定要求实施价格扣除或者价格分加分的,属于未按照规定执行政府采购政策,依照《中华人民共和国政府采购法》等国家有关规定追究法律责任。

第二十条　供应商按照本办法规定提供声明函内容不实的,属于提供虚假材料谋取中标、成交,依照《中华人民共和国政府采购法》等国家有关规定追究相应责任。

适用招标投标法的政府采购工程建设项目,投标人按照本办法规定提供声明函内容不实的,属于弄虚作假骗取中标,依照《中华人民共和国招标投标法》等国家有关规定追究相应责任。

第二十一条　财政部门、中小企业主管部门及其工作人员在履行职责中违反本办法规定及存在其他滥用职权、玩忽职守、徇私舞弊等违法违纪行为的,依照《中华人民共和国政府采购法》、《中华人民共和国公务员法》、《中华人民共和国监察法》、《中华人民共和国政府采购法实施条例》等国家有关规定追究相应责任;涉嫌犯罪的,依法移送有关国家机关处理。

第二十二条　对外援助项目、国家相关资格或者资质管理制度另有规定的项目,不适用本办法。

第二十三条　关于视同中小企业的其他主体的政府采购扶持政策,由财政部会同有关部门另行规定。

第二十四条　省级财政部门可以会同中小企业主管部门根据本办法的规定制定具体实施办法。

第二十五条　本办法自2021年1月1日起施行。《财政部 工业和信息化部关于印发〈政府采购促进中小企业发展暂行办法〉的通知》(财库〔2011〕181号)同时废止。

附:1. 中小企业声明函

2. 面向中小企业预留项目执行情况公告

附 1

中小企业声明函(货物)

本公司(联合体)郑重声明,根据《政府采购促进中小企业发展管理办法》(财库〔2020〕46号)的规定,本公司(联合体)参加(单位名称)的(项目名称)采购活动,提供的货物全部由符合政策要求的中小企业制造。相关企业(含联合体中的中小企业、签订分包意向协议的中小企业)的具体情况如下:

1.(标的名称),属于(采购文件中明确的所属行业)行业;制造商为(企业名称),从业人员____人,营业收入为____万元,资产总额为____万元(注),属于(中型企业、小型企业、微型企业);

2.(标的名称),属于(采购文件中明确的所属行业)行业;制造商为(企业名称),从业人员____人,营业收入为____万元,资产总额为____万元,属于(中型企业、小型企业、微型企业);

……

以上企业,不属于大企业的分支机构,不存在控股股东为大企业的情形,也不存在与大企业的负责人为同一人的情形。

本企业对上述声明内容的真实性负责。如有虚假,将依法承担相应责任。

企业名称(盖章):
日期:

注:从业人员、营业收入、资产总额填报上一年度数据,无上一年度数据的新成立企业可不填报。

中小企业声明函(工程、服务)

本公司(联合体)郑重声明,根据《政府采购促进中小企业发展管理办法》(财库〔2020〕46号)的规定,本公司(联合体)参加(单位名称)的(项目名称)采购活动,工程的施工单位全部为符合政策要求的中小企业(或者:服务全部由符合政策要求的中小企业承接)。相关企业(含联合体中的中小企业、签订分包意向协议的中小企业)的具体情况如下:

1.(标的名称),属于(采购文件中明确的所属行业);承建(承接)企业为(企业名称),从业人员____人,营业收入为____万元,资产总额为____万元(注),属于(中型企业、小型企业、微型企业);

2.(标的名称),属于(采购文件中明确的所属行业);承建(承接)企业为(企业名称),从业人员____人,营业收入为____万元,资产总额为__万元,属于(中型企业、小型企业、微型企业);

……

以上企业，不属于大企业的分支机构，不存在控股股东为大企业的情形，也不存在与大企业的负责人为同一人的情形。

本企业对上述声明内容的真实性负责。如有虚假，将依法承担相应责任。

企业名称(盖章)：
日期：

注：从业人员、营业收入、资产总额填报上一年度数据，无上一年度数据的新成立企业可不填报。

附2

(单位名称)××年面向中小企业预留项目执行情况公告

根据《政府采购促进中小企业发展管理办法》(财库〔2020〕46号)要求，现对本部门(单位)××年面向中小企业预留项目执行情况公告如下：

本部门(单位)××年预留项目面向中小企业采购共计××万元，其中，面向小微企业采购××万元，占××%。

面向中小企业预留项目明细

序号	项目名称	预留选项	面向中小企业采购金额	合同链接
	(填写集中采购目录以内或者采购限额标准以上的采购项目)	(填写“采购项目整体预留”、“设置专门采购包”、“要求以联合体形式参加”或者“要求合同分包”，除“采购项目全部预留”外，还应当填写预留给中小企业的比例)	(精确到万元)	(填写合同在中国政府采购网公开的网址，合同中应当包含有关联合体协议或者分包意向协议)
……	……	……	……	……
……	……	……	……	……

部门(单位)名称：
日期：

财政部关于进一步加大政府采购支持中小企业力度的通知

（财库〔2022〕19 号）

各中央预算单位，各省、自治区、直辖市、计划单列市财政厅（局），新疆生产建设兵团财政局：

为贯彻落实《国务院关于印发扎实稳住经济一揽子政策措施的通知》（国发〔2022〕12 号）有关要求，做好财政政策支持中小企业纾困解难工作，助力经济平稳健康发展，现就加大政府采购支持中小企业力度有关事项通知如下：

一、严格落实支持中小企业政府采购政策。各地区、各部门要按照国务院的统一部署，认真落实《政府采购促进中小企业发展管理办法》（财库〔2020〕46 号）的规定，规范资格条件设置，降低中小企业参与门槛，灵活采取项目整体预留、合理预留采购包、要求大企业与中小企业组成联合体、要求大企业向中小企业分包等形式，确保中小企业合同份额。要通过提高预付款比例、引入信用担保、支持中小企业开展合同融资、免费提供电子采购文件等方式，为中小企业参与采购活动提供便利。要严格按规定及时支付采购资金，不得收取没有法律法规依据的保证金，有效减轻中小企业资金压力。

二、调整对小微企业的价格评审优惠幅度。货物服务采购项目给予小微企业的价格扣除优惠，由财库〔2020〕46 号文件规定的 6%—10%提高至 10%—20%。大中型企业与小微企业组成联合体或者大中型企业向小微企业分包的，评审优惠幅度由 2%—3%提高至 4%—6%。政府采购工程的价格评审优惠按照财库〔2020〕46 号文件的规定执行。自本通知执行之日起发布采购公告或者发出采购邀请的货物服务采购项目，按照本通知规定的评审优惠幅度执行。

三、提高政府采购工程面向中小企业预留份额。400 万元以下的工程采购项目适宜由中小企业提供的，采购人应当专门面向中小企业采购。超过 400 万元的工程采购项目中适宜由中小企业提供的，在坚持公开公正、公平竞争原则和统一质量标准的前提下，2022 年下半年面向中小企业的预留份额由 30%以上阶段性提高至 40%以上。发展改革委会同相关工程招投标行政监督部门完善工程招投标领域落实政府采购支持中小企业政策相关措施。省级财政部门要积极协调发展改革、工业和信息化、住房和城乡建设、交通、水利、商务、铁路、民航等部门调整完善工程招投标领域有关标准文本、评标制度等规定和做法，并于 2022 年 6 月 30 日前将落实情况汇总报财政部。

四、认真做好组织实施。各地区、各部门应当加强组织领导，明确工作责任，细化执行要求，强化监督检查，确保国务院部署落实到位，对通知执行中出现的问题要及时向财政部报告。

本通知自 2022 年 7 月 1 日起执行。

财政部

2022 年 5 月 30 日

财政部　司法部关于政府采购支持监狱企业发展有关问题的通知

（财库〔2014〕68 号）

党中央有关部门，国务院各部委、各直属机构，全国人大常委会办公厅，全国政协办公厅，高法院，高检院，有关人民团体，中央国家机关政府采购中心，中共中央直属机关采购中心，全国人大机关采购中心，各省、自治区、直辖市、计划单列市财政厅（局）、司法厅（局），新疆生产建设兵团财务局、司法局、监狱管理局：

政府采购支持监狱和戒毒企业（以下简称监狱企业）发展对稳定监狱企业生产，提高财政资金使用效益，为罪犯和戒毒人员提供长期可靠的劳动岗位，提高罪犯和戒毒人员的教育改造质量，减少重新违法犯罪，确保监狱、戒毒场所安全稳定，促进社会和谐稳定具有十分重要的意义。为进一步贯彻落实国务院《关于解决监狱企业困难的实施方案的通知》（国发〔2003〕7 号）文件精神，发挥政府采购支持监狱企业发展的作用，现就有关事项通知如下：

一、监狱企业是指由司法部认定的为罪犯、戒毒人员提供生产项目和劳动对象，且全部产权属于司法部监狱管理局、戒毒管理局、直属煤矿管理局，各省、自治区、直辖市监狱管理局、戒毒管理局，各地（设区的市）监狱、强制隔离戒毒所、戒毒康复所，以及新疆生产建设兵团监狱管理局、戒毒管理局的企业。监狱企业参加政府采购活动时，应当提供由省级以上监狱管理局、戒毒管理局（含新疆生产建设兵团）出具的属于监狱企业的证明文件。

二、在政府采购活动中，监狱企业视同小型、微型企业，享受预留份额、评审中价格扣除等政府采购促进中小企业发展的政府采购政策。向监狱企业采购的金额，计入面向中小企业采购的统计数据。

三、各地区、各部门要积极通过预留采购份额支持监狱企业。有制服采购项目的部门，应加强对政府采购预算和计划编制工作的统筹，预留本部门制服采购项目预算总额的 30%以上，专门面向监狱企业采购。省级以上政府部门组织的公务员考试、招生考试、等级考试、资格考试的试卷印刷项目原则上应当在符合有关资质的监狱企业范围内采购。各地在免费教科书政府采购工作中，应当根据符合教科书印制资质的监狱企业情况，提出由监狱企业印刷的比例要求。

四、各地区可以结合本地区实际，对监狱企业生产的办公用品、家具用具、车辆维修和提供的保养服务、消防设备等，提出预留份额等政府采购支持措施，加大对监狱企业产品的采购力度。

五、各地区、各部门要高度重视，加强组织管理和监督，做好政府采购支持监狱企业发展的相关工作。有关部门要加强监管，确保面向监狱企业采购的工作依法依规进行。各监狱企业要不断提高监狱企业产品的质量和服务水平，为做好监狱企业产品政府采购工作提供有力保障。

中华人民共和国财政部
中华人民共和国司法部
2014 年 6 月 10 日

财政部　民政部　中国残疾人联合会关于促进残疾人就业政府采购政策的通知

（财库〔2017〕141号）

党中央有关部门，国务院各部委、各直属机构，全国人大常委会办公厅，全国政协办公厅，高法院，高检院，各民主党派中央，有关人民团体，各省、自治区、直辖市、计划单列市财政厅（局）、民政厅（局）、残疾人联合会，新疆生产建设兵团财务局、民政局、残疾人联合会：

为了发挥政府采购促进残疾人就业的作用，进一步保障残疾人权益，依照《政府采购法》、《残疾人保障法》等法律法规及相关规定，现就促进残疾人就业政府采购政策通知如下：

一、享受政府采购支持政策的残疾人福利性单位应当同时满足以下条件：

（一）安置的残疾人占本单位在职职工人数的比例不低于25%（含25%），并且安置的残疾人人数不少于10人（含10人）；

（二）依法与安置的每位残疾人签订了一年以上（含一年）的劳动合同或服务协议；

（三）为安置的每位残疾人按月足额缴纳了基本养老保险、基本医疗保险、失业保险、工伤保险和生育保险等社会保险费；

（四）通过银行等金融机构向安置的每位残疾人，按月支付了不低于单位所在区县适用的经省级人民政府批准的月最低工资标准的工资；

（五）提供本单位制造的货物、承担的工程或者服务（以下简称产品），或者提供其他残疾人福利性单位制造的货物（不包括使用非残疾人福利性单位注册商标的货物）。

前款所称残疾人是指法定劳动年龄内，持有《中华人民共和国残疾人证》或者《中华人民共和国残疾军人证（1至8级）》的自然人，包括具有劳动条件和劳动意愿的精神残疾人。在职职工人数是指与残疾人福利性单位建立劳动关系并依法签订劳动合同或者服务协议的雇员人数。

二、符合条件的残疾人福利性单位在参加政府采购活动时，应当提供本通知规定的《残疾人福利性单位声明函》（见附件），并对声明的真实性负责。任何单位或者个人在政府采购活动中均不得要求残疾人福利性单位提供其他证明声明函内容的材料。

中标、成交供应商为残疾人福利性单位的，采购人或者其委托的采购代理机构应当随中标、成交结果同时公告其《残疾人福利性单位声明函》，接受社会监督。

供应商提供的《残疾人福利性单位声明函》与事实不符的，依照《政府采购法》第七十七条第一款的规定追究法律责任。

三、在政府采购活动中，残疾人福利性单位视同小型、微型企业，享受预留份额、评审中价格扣除等促进中小企业发展的政府采购政策。向残疾人福利性单位采购的金额，计入面向中小企业采购的统计数据。残疾人福利性单位属于小型、微型企业的，不重复享受政策。

四、采购人采购公开招标数额标准以上的货物或者服务，因落实促进残疾人就业政策的需要，依法履行有关报批程序后，可采用公开招标以外的采购方式。

五、对于满足要求的残疾人福利性单位产品，集中采购机构可直接纳入协议供货或者定点采购范围。各地区建设的政府采购电子卖场、电子商城、网上超市等应当设立残疾人福利性单位产品专栏。鼓励采购人优先选择残疾人福利性单位的产品。

六、省级财政部门可以结合本地区残疾人生产、经营的实际情况，细化政府采购支持措施。对符合国家有关部门规定条件的残疾人辅助性就业机构，可通过上述措施予以支持。各地制定的有关文件应当报财政部备案。

七、本通知自2017年10月1日起执行。

财政部
民政部
中国残疾人联合会
2017年8月22日

附件：

残疾人福利性单位声明函

本单位郑重声明，根据《财政部 民政部 中国残疾人联合会关于促进残疾人就业政府采购政策的通知》（财库〔2017〕141号）的规定，本单位为符合条件的残疾人福利性单位，且本单位参加________单位的________项目采购活动提供本单位制造的货物（由本单位承担工程/提供服务），或者提供其他残疾人福利性单位制造的货物（不包括使用非残疾人福利性单位注册商标的货物）。

本单位对上述声明的真实性负责。如有虚假，将依法承担相应责任。

单位名称（盖章）：
日期：

财政部　发展改革委　生态环境部　市场监管总局关于调整优化节能产品、环境标志产品政府采购执行机制的通知

（财库〔2019〕9号）

有关中央预算单位，各省、自治区、直辖市、计划单列市财政厅（局）、发展改革委（经信委、工信委、工信厅、经信局）、生态环境厅（局）、市场监管部门，新疆生产建设兵团财政局、发展改革委、工信委、环境保护局、市场监管局：

为落实“放管服”改革要求，完善政府绿色采购政策，简化节能（节水）产品、环境标志产品政府采购执行机制，优化供应商参与政府采购活动的市场环境，现就节能产品、环境标志产品政府采购有关事项通知如下：

一、对政府采购节能产品、环境标志产品实施品目清单管理。财政部、发展改革委、生态环境部等部门根据产品节能环保性能、技术水平和市场成熟程度等因素，确定实施政府优先采购和强制采购的产品类别及所依据的相关标准规范，以品目清单的形式发布并适时调整。不再发布“节能产品政府采购清单”和“环境标志产品政府采购清单”。

二、依据品目清单和认证证书实施政府优先采购和强制采购。采购人拟采购的产品属于品目清单范围的，采购人及其委托的采购代理机构应当依据国家确定的认证机构出具的、处于有效期之内的节能产品、环境标志产品认证证书，对获得证书的产品实施政府优先采购或强制采购。

三、逐步扩大节能产品、环境标志产品认证机构范围。根据认证机构发展状况，市场监管总局商有关部门按照试点先行、逐步放开、有序竞争的原则，逐步增加实施节能产品、环境标志产品认证的机构。加强对相关认证市场监管力度，推行“双随机、一公开”监管，建立认证机构信用监管机制，严厉打击认证违法行为。

四、发布认证机构和获证产品信息。市场监管总局组织建立节能产品、环境标志产品认证结果信息发布平台，公布相关认证机构和获证产品信息。节能产品、环境标志产品认证机构应当建立健全数据共享机制，及时向认证结果信息发布平台提供相关信息。中国政府采购网（www.ccgp.gov.cn）建立与认证结果信息发布平台的链接，方便采购人和采购代理机构查询、了解认证机构和获证产品相关情况。

五、加大政府绿色采购力度。对于已列入品目清单的产品类别，采购人可在采购需求中提出更高的节约资源和保护环境要求，对符合条件的获证产品给予优先待遇。对于未列入品目清单的产品类别，鼓励采购人综合考虑节能、节水、环保、循环、低碳、再生、有机等因素，参考相关国家标准、行业标准或团体标准，在采购需求中提出相关绿色采购要求，促进绿色产品推广应用。

六、本通知自2019年4月1日起执行。《财政部 生态环境部关于调整公布第二十二期环境标志产品政府采购清单的通知》(财库〔2018〕70号)和《财政部 国家发展改革委关于调整公布第二十四期节能产品政府采购清单的通知》(财库〔2018〕73号)同时停止执行。

财政部

发展改革委

生态环境部

市场监管总局

2019年2月1日

财政部　生态环境部关于印发环境标志产品政府采购品目清单的通知

（财库〔2019〕18 号）

有关中央预算单位，各省、自治区、直辖市、计划单列市财政厅（局）、生态环境厅（局），新疆生产建设兵团财政局、环境保护局：

根据《财政部发展改革委 生态环境部 市场监管总局关于调整优化节能产品 环境标志产品政府采购执行机制的通知》（财库〔2019〕9 号），我们研究制定了环境标志产品政府采购品目清单，现印发给你们，请遵照执行。

附件：环境标志产品政府采购品目清单

财政部
生态环境部
2019 年 3 月 29 日

附件：

环境标志产品政府采购品目清单

品目序号	名称			依据的标准
1	A020101 计算机设备	A02010103 服务器		HJ2507 网络服务器
		A02010104 台式计算机		HJ2536 微型计算机、显示器
		A02010105 便携式计算机		HJ2536 微型计算机、显示器
		A02010107 平板式微型计算机		HJ2536 微型计算机、显示器
		A02010108 网络计算机		HJ2536 微型计算机、显示器
		A02010109 计算机工作站		HJ2536 微型计算机、显示器
		A02010199 其他计算机设备		HJ2536 微型计算机、显示器

续表

<table>
<tr><th>品目序号</th><th colspan="3">名称</th><th>依据的标准</th></tr>
<tr><td rowspan="7">2</td><td rowspan="7">A020106 输入输出设备</td><td rowspan="4">A02010601 打印设备</td><td>A0201060101 喷墨打印机</td><td>HJ2512 打印机、传真机及多功能一体机</td></tr>
<tr><td>A0201060102 激光打印机</td><td>HJ2512 打印机、传真机及多功能一体机</td></tr>
<tr><td>A0201060103 热式打印机</td><td>HJ2512 打印机、传真机及多功能一体机</td></tr>
<tr><td>A0201060104 针式打印机</td><td>HJ2512 打印机、传真机及多功能一体机</td></tr>
<tr><td rowspan="2">A02010604 显示设备</td><td>A0201060401 液晶显示器</td><td>HJ2536 微型计算机、显示器</td></tr>
<tr><td>A0201060499 其他显示器</td><td>HJ2536 微型计算机、显示器</td></tr>
<tr><td>A02010609 图形图像输入设备</td><td>A0201060901 扫描仪</td><td>HJ2517 扫描仪</td></tr>
<tr><td>3</td><td>A020202 投影仪</td><td></td><td></td><td>HJ2516 投影仪</td></tr>
<tr><td>4</td><td>A020201 复印机</td><td></td><td></td><td>HJ424 数字式复印(包括多功能)设备</td></tr>
<tr><td>5</td><td>A020204 多功能一体机</td><td></td><td></td><td>HJ424 数字式复印(包括多功能)设备</td></tr>
<tr><td>6</td><td>A020210 文印设备</td><td>A02021001 速印机</td><td></td><td>HJ472 数字式一体化速印机</td></tr>
<tr><td>7</td><td>A020301 载货汽车(含自卸汽车)</td><td></td><td></td><td>HJ2532 轻型汽车</td></tr>
<tr><td rowspan="2">8</td><td rowspan="2">A020305 乘用车(轿车)</td><td>A02030501 轿车</td><td></td><td>HJ2532 轻型汽车</td></tr>
<tr><td>A02030599 其他乘用车(轿车)</td><td></td><td>HJ2532 轻型汽车</td></tr>
<tr><td>9</td><td>A020306 客车</td><td>A02030601 小型客车</td><td></td><td>HJ2532 轻型汽车</td></tr>
<tr><td>10</td><td>A020307 专用车辆</td><td>A02030799 其他专用汽车</td><td></td><td>HJ2532 轻型汽车</td></tr>
<tr><td rowspan="3">11</td><td rowspan="3">A020523 制冷空调设备</td><td>A02052301 制冷压缩机</td><td></td><td>HJ2531 工商用制冷设备</td></tr>
<tr><td>A02052305 空调机组</td><td></td><td>HJ2531 工商用制冷设备</td></tr>
<tr><td>A02052309 专用制冷、空调设备</td><td></td><td>HJ2531 工商用制冷设备</td></tr>
</table>

续表

品目序号	名称			依据的标准
12	A020618 生活用电器	A02061802 空气调节电器	A0206180203 空调机	HJ2535 房间空气调节器
		A02061808 热水器		HJ/T362 太阳能集热器
13	A020619 照明设备	A02061908 室内照明灯具		HJ2518 照明光源
14	A020810 传真及数据数字通信设备	A02081001 传真通信设备		HJ2512 打印机、传真机及多功能一体机
15	A020910 电视设备	A02091001 普通电视设备（电视机）		HJ2506 彩色电视广播接收机
		A02091003 特殊功能应用电视设备		HJ2506 彩色电视广播接收机
16	A0601 床类	A060101 钢木床类		HJ2547 家具/HJ2540 木塑制品
		A060104 木制床类		HJ2547 家具/HJ2540 木塑制品
		A060199 其他床类		HJ2547 家具/HJ2540 木塑制品
17	A0602 台、桌类	A060201 钢木台、桌类		HJ2547 家具/HJ2540 木塑制品
		A060205 木制台、桌类		HJ2547 家具/HJ2540 木塑制品
		A060299 其他台、桌类		HJ2547 家具/HJ2540 木塑制品
18	A0603 椅凳类	A060301 金属骨架为主的椅凳类		HJ2547 家具/HJ2540 木塑制品
		A060302 木骨架为主的椅凳类		HJ2547 家具/HJ2540 木塑制品
		A060399 其他椅凳类		HJ2547 家具/HJ2540 木塑制品
19	A0604 沙发类	A060499 其他沙发类		HJ2547 家具/HJ2540 木塑制品

续表

品目序号	名称			依据的标准
20	A0605 柜类	A060501 木质柜类		HJ2547 家具/HJ2540 木塑制品
		A060503 金属质柜类		HJ2547 家具/HJ2540 木塑制品
		A060599 其他柜类		HJ2547 家具/HJ2540 木塑制品
21	A0606 架类	A060601 木质架类		HJ2547 家具/HJ2540 木塑制品
		A060602 金属质架类		HJ2547 家具/HJ2540 木塑制品
22	A0607 屏风类	A060701 木质屏风类		HJ2547 家具/HJ2540 木塑制品
		A060702 金属质屏风类		HJ2547 家具/HJ2540 木塑制品
23	A060804 水池			HJ/T296 卫生陶瓷
24	A060805 便器			HJ/T296 卫生陶瓷
25	A060806 水嘴			HJ/T411 水嘴
26	A0609 组合家具			HJ2547 家具/HJ2540 木塑制品
27	A0610 家用家具零配件			HJ2547 家具/HJ2540 木塑制品
28	A0699 其他家具用具			HJ2547 家具/HJ2540 木塑制品
29	A070101 棉、化纤纺织及印染原料			HJ2546 纺织产品
30	A090101 复印纸(包括再生复印纸)			HJ410 文化用纸
31	A090201 鼓粉盒(包括再生鼓粉盒)			HJ/T413 再生鼓粉盒

续表

品目序号	名称			依据的标准
32	A100203 人造板	A10020301 胶合板		HJ571 人造板及其制品
		A10020302 纤维板		HJ571 人造板及其制品
		A10020303 刨花板		HJ571 人造板及其制品
		A10020304 细木工板		HJ571 人造板及其制品
		A10020399 其他人造板		HJ571 人造板及其制品
33	A100204 二次加工材，相关板材	A10020404 人造板表面装饰板		HJ571 人造板及其制品/HJ2540 木塑制品
		A10020404 人造板表面装饰板（地板）		HJ571 人造板及其制品/HJ2540 木塑制品
34	A100301 水泥熟料及水泥	A10030102 水泥		HJ2519 水泥
35	A100303 水泥混凝土制品	A10030301 商品混凝土		HJ/T412 预拌混凝土
36	A100304 纤维增强水泥制品	A10030402 纤维增强硅酸钙板		HJ/T223 轻质墙体板材
		A10030403 无石棉纤维水泥制品		HJ/T223 轻质墙体板材
37	A100305 轻质建筑材料及制品	A10030501 石膏板		HJ/T223 轻质墙体板材
		A10030503 轻质隔墙条板		HJ/T223 轻质墙体板材
38	A100307 建筑陶瓷制品	A10030701 瓷质砖		HJ/T297 陶瓷砖
		A10030704 炻质砖		HJ/T297 陶瓷砖
		A10030705 陶质砖		HJ/T297 陶瓷砖
		A10030799 其他建筑陶瓷制品		HJ/T297 陶瓷砖
39	A100309 建筑防水卷材及制品	A10030901 沥青和改性沥青防水卷材		HJ455 防水卷材
		A10030903 自粘防水卷材		HJ455 防水卷材
		A10030906 高分子防水卷（片）材		HJ455 防水卷材
40	A100310 隔热、隔音人造矿物材料及其制品	A10031001 矿物绝热和吸声材料		HJ/T223 轻质墙体板材
		A10031002 矿物材料制品		HJ/T223 轻质墙体板材

续表

品目序号	名称			依据的标准
41	A100601 功能性建筑涂料			HJ2537 水性涂料
42	A100399 其他非金属矿物制品	A10039901 其他非金属建筑材料		HJ456 刚性防水材料
43	A100602 墙面涂料	A10060202 合成树脂乳液内墙涂料		HJ2537 水性涂料
		A10060203 合成树脂乳液外墙涂料		HJ2537 水性涂料
		A10060299 其他墙面涂料		HJ2537 水性涂料
44	A100604 防水涂料	A10060499 其他防水涂料		HJ2537 水性涂料
45	A100699 其他建筑涂料			HJ2537 水性涂料
46	A100701 门、门槛			HJ/T 237 塑料门窗/HJ459 木质门和钢质门
47	A100702 窗			HJ/T237 塑料门窗
48	A170108 涂料(建筑涂料除外)			HJ2537 水性涂料
49	A170112 密封用填料及类似品			HJ2541 胶粘剂
50	A180201 塑料制品			HJ/T226 建筑用塑料管材/HJ/T231 再生塑料制品

注:环境标志产品认证应依据相关标准的最新版本

财政部　发展改革委关于印发节能产品政府采购品目清单的通知

（财库〔2019〕19 号）

有关中央预算单位，各省、自治区、直辖市、计划单列市财政厅（局）、发展改革委（经信委、工信委、工信厅、经信局），新疆生产建设兵团财政局、发展改革委：

根据《财政部 发展改革委 生态环境部 市场监管总局关于调整优化节能产品 环境标志产品政府采购执行机制的通知》（财库〔2019〕9 号），我们研究制定节能产品政府采购品目清单，现印发给你们，请遵照执行。

附件：节能产品政府采购品目清单

财政部
发展改革委
2019 年 4 月 2 日

节能产品政府采购品目清单

品目序号	名称			依据的标准
1	A020101 计算机设备	★A02010104 台式计算机		《微型计算机能效限定值及能效等级》(GB 28380)
		★A02010105 便携式计算机		《微型计算机能效限定值及能效等级》(GB 28380)
		★A02010107 平板式微型计算机		《微型计算机能效限定值及能效等级》(GB 28380)

续表

品目序号	名称			依据的标准
2	A020106 输入输出设备	A02010601 打印设备	A0201060101 喷墨打印机	《复印机、打印机和传真机能效限定值及能效等级》(GB 21521)
		A02010604 显示设备	★A0201060102 激光打印机	《复印机、打印机和传真机能效限定值及能效等级》(GB 21521)
		A02010609 图形图像输入设备	★A0201060104 针式打印机	《复印机、打印机和传真机能效限定值及能效等级》(GB 21521)
			★A0201060401 液晶显示器	《计算机显示器能效限定值及能效等级》(GB 21520)
			A0201060901 扫描仪	参照《复印机、打印机和传真机能效限定值及能效等级》(GB 21521)中打印速度为15页/分的针式打印机相关要求
3	A020202 投影仪			《投影机能效限定值及能效等级》(GB 32028)
4	A020204 多功能一体机			《复印机、打印机和传真机能效限定值及能效等级》(GB 21521)
5	A020519 泵	A02051901 离心泵		《清水离心泵能效限定值及节能评价值》(GB 19762)

续表

品目序号	名称			依据的标准
6	A020523 制冷空调设备	★A02052301 制冷压缩机	冷水机组	《冷水机组能效限定值及能效等级》(GB 19577)，《低环境温度空气源热泵(冷水)机组能效限定值及能效等级》(GB 37480)
			水源热泵机组	《水(地)源热泵机组能效限定值及能效等级》(GB 30721)
			溴化锂吸收式冷水机组	《溴化锂吸收式冷水机组能效限定值及能效等级》(GB 29540)
		★A02052305 空调机组	多联式空调(热泵)机组(制冷量＞14000 W)	《多联式空调(热泵)机组能效限定值及能源效率等级》(GB 21454)
			单元式空气调节机(制冷量＞14000 W)	《单元式空气调节机能效限定值及能效等级》(GB 19576)《风管送风式空调机组能效限定值及能效等级》(GB 37479)
		★A02052309 专用制冷、空调设备	机房空调	《单元式空气调节机能效限定值及能效等级》(GB 19576)
		A02052399 其他制冷空调设备	冷却塔	《机械通风冷却塔 第1部分：中小型开式冷却塔》(GB /T 7190.1)；《机械通风冷却塔 第2部分：大型开式冷却塔》(GB /T 7190.2)
7	A020601 电机			《中小型三相异步电动机能效限定值及能效等级》(GB 18613)
8	A020602 变压器	配电变压器		《三相配电变压器能效限定值及能效等级》(GB 20052)
9	★ A020609 镇流器	管型荧光灯镇流器		《管形荧光灯镇流器能效限定值及能效等级》(GB 17896)

续表

<table>
<tr><th>品目序号</th><th colspan="3">名称</th><th>依据的标准</th></tr>
<tr><td rowspan="9">10</td><td rowspan="9">A020618 生活用电器</td><td>A0206180101 电冰箱</td><td></td><td>《家用电冰箱耗电量限定值及能效等级》(GB 12021.2)</td></tr>
<tr><td rowspan="3">★A0206180203 空调机</td><td>房间空气调节器</td><td>《转速可控型房间空气调节器能效限定值及能效等级》(GB 21455—2013),待2019年修订发布后,按《房间空气调节器能效限定值及能效等级》GB 21455—2019)实施</td></tr>
<tr><td>多联式空调(热泵)机组(制冷量≤14000 W)</td><td>《多联式空调(热泵)机组能效限定值及能源效率等级》(GB 21454)</td></tr>
<tr><td>单元式空气调节机(制冷量≤14000 W)</td><td>《单元式空气调节机能效限定值及能源效率等级》(GB 19576)《风管送风式空调机组能效限定值及能效等级》(GB 37479)</td></tr>
<tr><td>A0206180301 洗衣机</td><td></td><td>《电动洗衣机能效水效限定值及等级》(GB 12021.4)</td></tr>
<tr><td rowspan="4">A02061808 热水器</td><td>★电热水器</td><td>《储水式电热水器能效限定值及能效等级》(GB 21519)</td></tr>
<tr><td>燃气热水器</td><td>《家用燃气快速热水器和燃气采暖热水炉能效限定值及能效等级》(GB 20665)</td></tr>
<tr><td>热泵热水器</td><td>《热泵热水机(器)能效限定值及能效等级》(GB 29541)</td></tr>
<tr><td>太阳能热水系统</td><td>《家用太阳能热水系统能效限定值及能效等级》(GB 26969)</td></tr>
</table>

续表

品目序号	名称			依据的标准
11	A020619 照明设备	★普通照明用双端荧光灯		《普通照明用双端荧光灯能效限定值及能效等级》(GB 19043)
		LED 道路/隧道照明产品		《道路和隧道照明用 LED 灯具能效限定值及能效等级》(GB 37478)
		LED 筒灯		《室内照明用 LED 产品能效限定值及能效等级》(GB 30255)
		普通照明用非定向自镇流 LED 灯		《室内照明用 LED 产品能效限定值及能效等级》(GB 30255)
12	★A020910 电视设备	A02091001 普通电视设备(电视机)		《平板电视能效限定值及能效等级》(GB 24850)
13	★A020911 视频设备	A02091107 视频监控设备	监视器	以射频信号为主要信号输入的监视器应符合《平板电视能效限定值及能效等级》(GB 24850),以数字信号为主要信号输入的监视器应符合《计算机显示器能效限定值及能效等级》(GB 21520)
14	A031210 饮食炊事机械	商用燃气灶具		《商用燃气灶具能效限定值及能效等级》(GB 30531)
15	★A060805 便器	坐便器		《坐便器水效限定值及水效等级》(GB 25502)
		蹲便器		《蹲便器用水效率限定值及用水效率等级》(GB 30717)
		小便器		《小便器用水效率限定值及用水效率等级》(GB 28377)
16	★A060806 水嘴			《水嘴用水效率限定值及用水效率等级》(GB 25501)

续表

品目序号	名称			依据的标准
17	A060807 便器冲洗阀			《便器冲洗阀用水效率限定值及用水效率等级》(GB 28379)
18	A060810 淋浴器			《淋浴器用水效率限定值及用水效率等级》(GB 28378)

注:1. 节能产品认证应依据相关国家标准的最新版本,依据国家标准中二级能效(水效)指标。

2. 上述产品中认证标准发生变更的,依据原认证标准获得的、仍在有效期内的认证证书可使用至2019年6月1日。

3. 以“★”标注的为政府强制采购产品。

财政部关于促进政府采购公平竞争优化营商环境的通知

（财库〔2019〕38号）

各中央预算单位，各省、自治区、直辖市、计划单列市财政厅（局），新疆生产建设兵团财政局：

为贯彻落实中央深改委审议通过的《深化政府采购制度改革方案》和《国务院办公厅关于聚焦企业关切进一步推动优化营商环境政策落实的通知》（国办发〔2018〕104号）有关要求，构建统一开放、竞争有序的政府采购市场体系，现就促进政府采购领域公平竞争、优化营商环境相关事项通知如下：

一、全面清理政府采购领域妨碍公平竞争的规定和做法

各地区、各部门应当严格落实《中华人民共和国政府采购法》等相关法律法规的要求，依法保障各类市场主体平等参与政府采购活动的权利。要全面清理政府采购领域妨碍公平竞争的规定和做法，重点清理和纠正以下问题：

（一）以供应商的所有制形式、组织形式或者股权结构，对供应商实施差别待遇或者歧视待遇，对民营企业设置不平等条款，对内资企业和外资企业在中国境内生产的产品、提供的服务区别对待；

（二）除小额零星采购适用的协议供货、定点采购以及财政部另有规定的情形外，通过入围方式设置备选库、名录库、资格库作为参与政府采购活动的资格条件，妨碍供应商进入政府采购市场；

（三）要求供应商在政府采购活动前进行不必要的登记、注册，或者要求设立分支机构，设置或者变相设置进入政府采购市场的障碍；

（四）设置或者变相设置供应商规模、成立年限等门槛，限制供应商参与政府采购活动；

（五）要求供应商购买指定软件，作为参加电子化政府采购活动的条件；

（六）不依法及时、有效、完整发布或者提供采购项目信息，妨碍供应商参与政府采购活动；

（七）强制要求采购人采用抓阄、摇号等随机方式或者比选方式选择采购代理机构，干预采购人自主选择采购代理机构；

（八）设置没有法律法规依据的审批、备案、监管、处罚、收费等事项；

（九）除《政府采购货物和服务招标投标管理办法》第六十八条规定的情形外，要求采购人采用随机方式确定中标、成交供应商；

（十）违反法律法规相关规定的其他妨碍公平竞争的情形。

各地区、各部门要抓紧清理政府采购领域妨碍公平竞争的规定和做法，有关清理结果要及时向社会公开，并于2019年10月31日前报送财政部。

二、严格执行公平竞争审查制度

各地区、各部门制定涉及市场主体的政府采购制度办法，要严格执行公平竞争审查制度，充分听取市场主体和相关行业协会商会意见，评估对市场竞争的影响，防止出现排除、限制市场竞争问题。重点审查制度办法是否设置不合理和歧视性的准入条件排斥潜在供应商

参与政府采购活动，是否设置没有法律法规依据的行政审批或者具有审批性质的备案，是否违规给予特定供应商优惠待遇等。经审查认为不具有排除、限制竞争效果的，可以颁布实施；具有排除、限制竞争效果的，应当不予出台或者调整至符合相关要求后出台；未经公平竞争审查的，不得出台。

在政府采购相关制度办法实施过程中，应当定期或者适时评估其对全国统一市场和公平竞争的影响，对妨碍统一市场和公平竞争的，要及时修改完善或者予以废止。

三、加强政府采购执行管理

优化采购活动办事程序。对于供应商法人代表已经出具委托书的，不得要求供应商法人代表亲自领购采购文件或者到场参加开标、谈判等。对于采购人、采购代理机构可以通过互联网或者相关信息系统查询的信息，不得要求供应商提供。除必要的原件核对外，对于供应商能够在线提供的材料，不得要求供应商同时提供纸质材料。对于供应商依照规定提交各类声明函、承诺函的，不得要求其再提供有关部门出具的相关证明文件。

细化采购活动执行要求。采购人允许采用分包方式履行合同的，应当在采购文件中明确可以分包履行的具体内容、金额或者比例。采购人、采购代理机构对投标（响应）文件的格式、形式要求应当简化明确，不得因装订、纸张、文件排序等非实质性的格式、形式问题限制和影响供应商投标（响应）。实现电子化采购的，采购人、采购代理机构应当向供应商免费提供电子采购文件；暂未实现电子化采购的，鼓励采购人、采购代理机构向供应商免费提供纸质采购文件。

规范保证金收取和退还。采购人、采购代理机构应当允许供应商自主选择以支票、汇票、本票、保函等非现金形式缴纳或提交保证金。收取投标（响应）保证金的，采购人、采购代理机构约定的到账（保函提交）截止时间应当与投标（响应）截止时间一致，并按照规定及时退还供应商。收取履约保证金的，应当在采购合同中约定履约保证金退还的方式、时间、条件和不予退还的情形，明确逾期退还履约保证金的违约责任。采购人、采购代理机构不得收取没有法律法规依据的保证金。

及时支付采购资金。政府采购合同应当约定资金支付的方式、时间和条件，明确逾期支付资金的违约责任。对于满足合同约定支付条件的，采购人应当自收到发票后30日内将资金支付到合同约定的供应商账户，不得以机构变动、人员更替、政策调整等为由延迟付款，不得将采购文件和合同中未规定的义务作为向供应商付款的条件。

完善对供应商的利益损害赔偿和补偿机制。采购人和供应商应当在政府采购合同中明确约定双方的违约责任。对于因采购人原因导致变更、中止或者终止政府采购合同的，采购人应当依照合同约定对供应商受到的损失予以赔偿或者补偿。

四、加快推进电子化政府采购

推进采购项目电子化实施。要加快完善电子化政府采购平台的网上交易功能，实现在线发布采购公告、提供采购文件、提交投标（响应）文件，实行电子开标、电子评审。逐步建立电子化政府采购平台与财政业务、采购单位内部管理等信息系统的衔接，完善和优化合同签订、履约验收、信用评价、用户反馈、提交发票、资金支付等线上流程。

加快实施“互联网+政府采购”行动。积极推进电子化政府采购平台和电子卖场建设，建立健全统一的技术标准和数据规范，逐步实现全国范围内的互联互通，推动与公共资源交易平台数据共享，提升供应商参与政府采购活动的便利程度。

五、进一步提升政府采购透明度

加强政府采购透明度建设。完善政府采购信息发布平台服务功能。中国政府采购网及地方分网等政府采购信息发布平台应当提供便捷、免费的在线检索服务，向市场主体无偿提供所有依法公开的政府采购信息。推进开标活动对外公开，在保证正常开标秩序的前提下，允许除投标人及其代表之外的其他人员观摩开标活动。

推进采购意向公开。采购意向包括主要采购项目、采购内容及需求概况、预算金额、预计采购时间等。为便于供应商提前了解采购信息，各地区、各部门应当创造条件积极推进采购意向公开(涉密信息除外)。自2020年起，选择部分中央部门和地方开展公开采购意向试点。在试点基础上，逐步实现各级预算单位采购意向公开。

六、完善政府采购质疑投诉和行政裁决机制

畅通供应商质疑投诉渠道。研究建立与“互联网+政府采购”相适应的快速裁决通道，为供应商提供标准统一、高效便捷的维权服务。对供应商提出的质疑和投诉，采购人、采购代理机构和各级财政部门应当依法及时答复和处理。完善质疑答复内部控制制度，有条件的采购人和集中采购机构应当实现政府采购质疑答复岗位与操作执行岗位相分离，进一步健全政府采购质疑投诉处理机制。

依法依规实施行政处罚。各级财政部门实施政府采购行政处罚，应当依法保障当事人的告知权、陈述权、申辩权、听证权等，保证程序合法。坚持处罚和教育相结合的原则，正确适用和区分从轻处罚、减轻处罚和不予处罚情形，作出的行政处罚应与违法行为的事实、性质、情节以及社会危害程度相当。

各地区、各部门要充分认识维护政府采购公平竞争市场秩序、优化政府采购营商环境的重要意义，加强组织领导，明确工作责任，周密安排部署，强化监督检查，确保各项要求落实到位。

本通知自2019年9月1日起施行。

财政部

2019年7月26日

关于印发《工程项目招投标领域营商环境专项整治工作方案》的通知

（发改办法规〔2019〕862 号）

各省、自治区、直辖市、新疆生产建设兵团发展改革委、工业和信息化主管部门、住房城乡建设厅（建委、局）、交通运输厅（局、委）、水利厅（局）、商务厅（局）、公共资源交易平台整合牵头部门，各省、自治区、直辖市通信管理局，各地区铁路监管局、民航各地区管理局：

为认真贯彻落实《国务院办公厅关于聚焦企业关切 进一步推动优化营商环境政策落实的通知》（国办发〔2018〕104 号）要求和全国深化“放管服”改革优化营商环境电视电话会议精神，消除招投标过程中对不同所有制企业设置的各类不合理限制和壁垒，维护公平竞争的市场秩序，决定在全国开展工程项目招投标领域营商环境专项整治工作。现将《工程项目招投标领域营商环境专项整治工作方案》印发给你们，请按照要求扎实开展专项整治工作。工作过程中，重要进展、经验做法及意见建议，请及时报送国家发展改革委及国务院有关部门。

国家发展改革委办公厅
工业和信息化部办公厅
住房城乡建设部办公厅
交通运输部办公厅
水利部办公厅
商务部办公厅
铁路局综合司
民航局综合司
2019 年 8 月 20 日

工程项目招投标领域营商环境专项整治工作方案

根据《国务院办公厅关于聚焦企业关切 进一步推动优化营商环境政策落实的通知》（国办发〔2018〕104 号）部署和全国深化“放管服”改革优化营商环境电视电话会议精神，为消除招投标过程中对不同所有制企业设置的各类不合理限制和壁垒，维护公平竞争的市场秩序，国家发展改革委、工业和信息化部、住房城乡建设部、交通运输部、水利部、商务部、铁路局、民航局决定在全国开展工程项目招投标领域营商环境专项整治。为有力有序推进专项整治工作，制定本方案。

一、工作目标

坚持以习近平新时代中国特色社会主义思想为指导，全面贯彻党的十九大和十九届二中、三中全会精神，深刻学习领会习近平总书记在民营企业座谈会上的重要讲话精神，把思想和行动统一到党中央、国务院关于支持民营企业发展、平等对待外商投资企业、优化营商环境的决策部署上来，通过深入开展工程项目招投标领域营商环境专项整治，消除招投标过程中对不同所有制企业特别是民营企业、外资企业设置的各类不合理限制和壁垒，促进招标人依法履行招标采购主体责任，依法规范招标代理机构和评标专家行为，督促各级招投标行政监督部门依法履行监管职责，切实有效解决招投标活动中市场主体反映强烈的突出问题，保障不同所有制企业公平参与市场竞争。

二、整治范围和内容

（一）整治范围

本次专项整治的范围包括：各地区、各部门现行涉及工程项目招投标的部门规章、地方性法规、地方政府规章、规范性文件及其他政策文件，以及没有体现到制度文件中的实践做法；2018 年 6 月 1 日至 2019 年 11 月 20 日期间根据《必须招标的工程项目规定》（国家发展改革委令第 16 号）和《必须招标的基础设施和公用事业项目范围规定》（发改法规规〔2018〕843 号）依法必须进行招标的项目。

（二）整治内容

根据《招标投标法》《招标投标法实施条例》等有关规定，清理、排查、纠正在招投标法规政策文件、招标公告、投标邀请书、资格预审公告、资格预审文件、招标文件以及招投标实践操作中，对不同所有制企业设置的各类不合理限制和壁垒。重点针对以下问题：

1．违法设置的限制、排斥不同所有制企业参与招投标的规定，以及虽然没有直接限制、排斥，但实质上起到变相限制、排斥效果的规定。

2．违法限定潜在投标人或者投标人的所有制形式或者组织形式，对不同所有制投标人采取不同的资格审查标准。

3．设定企业股东背景、年平均承接项目数量或者金额、从业人员、纳税额、营业场所面积等规模条件；设置超过项目实际需要的企业注册资本、资产总额、净资产规模、营业收入、利润、授信额度等财务指标。

4．设定明显超出招标项目具体特点和实际需要的过高的资质资格、技术、商务条件或者业绩、奖项要求。

5．将国家已经明令取消的资质资格作为投标条件、加分条件、中标条件；在国家已经明令取消资质资格的领域，将其他资质资格作为投标条件、加分条件、中标条件。

6．将特定行政区域、特定行业的业绩、奖项作为投标条件、加分条件、中标条件；将政府部门、行业协会商会或者其他机构对投标人作出的荣誉奖励和慈善公益证明等作为投标条件、中标条件。

7．限定或者指定特定的专利、商标、品牌、原产地、供应商或者检验检测认证机构（法律法规有明确要求的除外）。

8．要求投标人在本地注册设立子公司、分公司、分支机构，在本地拥有一定办公面积，在本地缴纳社会保险等。

9．没有法律法规依据设定投标报名、招标文件审查等事前审批或者审核环节。

10．对仅需提供有关资质证明文件、证照、证件复印件的，要求必须提供原件；对按规定可以采用“多证合一”电子证照的，要求必须提供纸质证照。

11．在开标环节要求投标人的法定代表人必须到场，不接受经授权委托的投标人代表到场。

12. 评标专家对不同所有制投标人打分畸高或畸低，且无法说明正当理由。

13. 明示或暗示评标专家对不同所有制投标人采取不同的评标标准、实施不客观公正评价。

14. 采用抽签、摇号等方式直接确定中标候选人。

15. 限定投标保证金、履约保证金只能以现金形式提交，或者不按规定或者合同约定返还保证金。

16. 简单以注册人员、业绩数量等规模条件或者特定行政区域的业绩奖项评价企业的信用等级，或者设置对不同所有制企业构成歧视的信用评价指标。

17. 不落实《必须招标的工程项目规定》《必须招标的基础设施和公用事业项目范围规定》，违法干涉社会投资的房屋建筑等工程建设单位发包自主权。

18. 其他对不同所有制企业设置的不合理限制和壁垒。请各地区、各部门突出工作重点，围绕上述问题组织开展专项整治。对不属于本次专项整治重点的其他招投标违法违规行为，依法依规开展日常监管执法。

三、整治方式

本次专项整治工作重在抓落实、查问题、出成效，主要采取法规文件清理、随机抽查、重点核查等整治方式。

（一）法规文件清理。国务院有关部门对本部门制定的部门规章、规范性文件及其他政策文件进行全面自查；各地对本地区及有关部门制定的地方性法规、地方政府规章、规范性文件及其他政策文件进行全面自查。对违反竞争中性原则、限制或者排斥不同所有制企业招投标、妨碍建立统一开放竞争有序现代市场体系的制度规定，根据权限修订、废止，或者提请本级人大、政府修订或废止。在此基础上，按照《关于建立清理和规范招标投标有关规定长效机制的意见》（发改法规〔2015〕787 号）要求，对经清理后保留的招投标规章和规范性文件实行目录管理并向社会公布。

（二）随机抽查。各地区、各部门按照监管职责分工，组织对整治范围内招标项目的招标公告、投标邀请书、资格预审公告、资格预审文件、招标文件等开展事中事后随机抽查，抽查项目数量由各地区、各部门结合实际自行确定，抽查比例原则上不低于整治范围内招标项目总数的 20%。鼓励各地区、各部门依托各级招投标公共服务平台、公共资源交易平台、行业招投标管理平台等，运用大数据分析等现代信息技术手段，对整治范围内招标项目进行全面筛查，对招投标活动进行动态监测分析，及时发现并纠正限制、排斥不同所有制企业招投标的违法违规行为。各地区、各部门应当对随机抽查记录建立台账，存档备查。

（三）重点核查。各地区、各部门进一步畅通招投标投诉举报渠道，建立健全投诉举报接收、转办、反馈工作机制，对涉及本次整治内容的投诉举报进行重点核查。同时，针对本次专项整治开展线索征集，国务院各有关部门、地方各级招投标工作牵头部门和有关行政监督部门网站，各级招投标公共服务平台、公共资源交易平台应当在显著位置公布专项整治线索征集电子邮箱等渠道，并建立线索转交转办以及对下级单位督办机制。对于征集到的明确可查的线索，有关行政监督部门应当组织力量进行重点核查。

鼓励各地区、各部门围绕本次专项整治目标，结合本地区、本行业实际，运用科学方法，创新整治方式，提升整治实效。

四、工作步骤

本次专项整治自本通知印发之日起开展，12 月 15 日之前结束，主要工作步骤和时间节点如下。

（一）动员部署。各地区、各部门深入学习党中央、国务院关于优化营商环境、支持民营企业发展、平等对待外商投资企业的决策部署。各省级招投标工作牵头部门会同有关部门，结合实际制定印发具体实施方案，对省市县三级开展专项整治工作进行部署，9 月 20 日前将实施方案抄报国家发展改革委。同时，指定 1 名处级干部作为联络员，8 月 31 日前报送国家发展改革委法规司。

（二）过程推进。10 月 31 日前，国务院有关部门完成本部门规章、规范性文件及其他政策文件清理工作，各省级招投标工作牵头部门汇总本地区法规文件清理情况，报送国家发展改革委，并于 2019 年年底前完成法规文件修订和废止工作。同时，各省级招投标工作牵头部门对省本级开展随机抽查和重点核查的情况进行阶段性总结，10 月 31 日前一并报送国家发展改革委。国家发展改革委将会同国务院有关部门，根据各地报送的实施方案和阶段性工作进展，对工作部署不力、社会反映强烈、整治效果不明显，特别是不按期报送材料或者报送“零报告”的地区进行重点督导；对存在严重问题的单位和个人，通报地方政府严肃问责。

（三）总结报告。各省级招投标工作牵头部门会同有关部门对本地区专项整治工作开展情况进行认真总结，形成总结报告（包括专项整治工作开展情况和主要做法、发现的主要问题和处理情况、建立的长效机制、可复制推广的典型经验、下一步工作打算以及对国家层面的意见建议等），连同省市县三级开展随机抽查和重点核查的情况，于 12 月 15 日前报送国家发展改革委。国家发展改革委会同国务院有关部门在各地报告基础上汇总形成总报告，呈报国务院。

各地区铁路、民航领域专项整治实施方案、阶段性进展报告和总结报告由各地区铁路监管局、民航各地区管理局按上述时间节点和要求直接报送国家铁路局、国家民航局。国家铁路局、国家民航局汇总后转送国家发展改革委。

五、工作要求

（一）强化组织领导。本次专项整治工作是贯彻落实全国深化“放管服”改革优化营商环境电视电话会议精神的重要举措，各地区、各部门要强化政治站位，提高思想认识，强化组织领导，周密抓好实施。国家发展改革委会同工业和信息化部、住房城乡建设部、交通运输部、水利部、商务部、铁路局、民航局，按照职责分工，指导督促各地区、各部门落实专项整治任务。各地招投标工作牵头部门是本地区专项整治的统筹部门，要加强组织协调，形成部门合力，确保按时保质完成整治任务。各地招投标行政监督部门是本地区专项整治的责任主体，要切实担负起行业监管职责，将整治任务落实到位。各级招投标公共服务平台、公共资源交易平台要积极配合有关部门，提供信息和技术支持，协助做好专项整治工作。

（二）依法纠正查处。各地区、各部门对随机抽查、重点核查过程中发现的限制、排斥不同所有制企业招投标的违法违规行为，要依法予以处理。对尚未截止投标的项目，招标公告、投标邀请书、资格预审公告、资格预审文件、招标文件设置限制、排斥不同所有制投标人内容的，责令及时改正，取消不合理的条件限制；对已截止投标但尚未确定中标候选人的项目，视违法情节严重程度责令改正；对已经完成招标的项目，也应严肃指出违法情形，责令承诺不再发生相关违法行为。违法行为严重的，依法实施行政处罚，记入有关责任单位和责任人信用记录，通过“信用中国”网站公开。对地方各级公共资源交易中心在招投标活动中存在违法违规行为的，依法严肃处理。对地方各级招投标行政监督部门不依法履行监管职责的，进行严肃问责。

（三）加强宣传教育。各地区、各部门要通过多种途径加强宣传教育和舆论引导，充分彰显党中央、国务院持续优化营商环境、推动各种所有制企业共同发展的坚定决心，进一步增强企业发展信心，稳定市场预期，为专项整治工作营造良好舆论氛围。要大力开展行业警示教育，通过多种渠道曝光一批典型违法违规案例，增强相关市场主体对招投标违法违规行为危害性的认识，自觉维护公平竞争市场秩序。

（四）建立长效机制。建立统一开放、竞争有序的现代市场体系是一项长期任务，各地区、各部门要在开展专项整治工作的基础上，健全管理制度，完善工作机制，加强日常监管，坚决防止违法违规行为反弹。同时，注重广泛听取招投标市场主体、行业协会等方面意见建议，加快建立健全保障不同所有制企业平等参与市场竞争、支持不同所有制企业健康发展的长效机制，巩固专项整治成果。

财政部办公厅关于开展政府采购备选库、名录库、资格库专项清理的通知

（财办库〔2021〕14号）

各省、自治区、直辖市、计划单列市财政厅（局），新疆生产建设兵团财政局，各中央预算单位办公厅（室）：

优化政府采购营商环境是贯彻落实中央全面深化改革委员会审议通过的《深化政府采购制度改革方案》的重要内容，对于做好“六稳”工作落实“六保”任务具有重要意义。《财政部关于促进政府采购公平竞争优化营商环境的通知》（财库〔2019〕38号）印发以来，各级财政部门认真贯彻落实《通知》要求，全面清理政府采购领域违反公平竞争的规定和做法，推动政府采购营商环境进一步优化。但部分地区仍然不同程度存在以入围方式设置政府采购备选库、名录库、资格库的问题。为维护政府采购市场秩序，财政部决定开展政府采购备选库、名录库、资格库专项清理工作，现将有关事项通知如下：

一、清理范围

除小额零星采购适用的协议供货、定点采购外，对于政府采购限额标准以上或集中采购目录以内的采购项目，通过入围等方式设置的、作为参加政府采购活动资格条件的各类备选库、名录库、资格库等供应商库。

二、清理工作安排

本次专项清理时间为2021年2月1日至3月31日，主要采取采购单位自查和财政部门重点核查相结合的方式，具体安排如下：

（一）采购单位自查。2021年2月1日至3月15日期间，各地财政部门要组织采购人开展全面自查和清理，坚决取缔各类政府采购备选库、名录库、资格库。采购人应当于2021年3月15日前将本单位备选库、名录库、资格库自查和清理情况报送同级财政部门。中央单位也要同步开展自查清理，于2021年3月15日前将自查清理情况报送财政部。

（二）财政部门重点核查。2021年3月15日到3月31日期间，各地财政部门要根据采购人自查和清理情况，重点选取财务审计以及资产评估服务等方面的采购项目开展核查。具体核查项目数量和比例由各地财政部门结合实际自行确定。财政部也将对中央单位清理结果进行核查。对核查发现的漏报瞒报、清理不到位等问题，要予以通报批评，并及时督促整改。

（三）建立长效机制。专项清理工作结束后，各地财政部门要将设库情况纳入政府采购日常监督检查范围，发现一起，查处一起。对于确需多家供应商承担的采购项目，要指导采购人在明确服务标准和定价原则等采购需求的前提下，根据业务性质、服务区域等要素，合理设置采购项目包，通过竞争择优，将相应采购业务明确到具体供应商。待《政府采购框架协议管理办法》正式印发后，符合条件的项目可采用政府采购框架协议方式采购。

三、工作要求

（一）强化组织领导。各地财政部门要充分认识此次专项清理工作的重要意义，增强政

治站位，提高思想认识，强化组织领导，周密抓好实施，切实把各项清理措施落到实处，确保清理工作取得实效。在清理工作中遇到的新问题、新情况，各省级财政部门要及时向财政部报告。

（二）接受社会监督。各地财政部门要广泛宣传政府采购禁止设立各类备选库、名录库、资格库的精神，通过开设举报邮箱、电话等方式，鼓励社会公众对违规设置各类备选库、名录库、资格库的情况进行监督，营造全社会关注、群众参与专项整治的良好氛围。财政部将于2月1日起开设举报邮箱 mofhkx@126.com，任何单位及个人均可通过邮箱反映违规设立备选库、名录库、资格库等情况。

（三）报送清理成果。各省级财政部门要汇总本地区政府采购备选库、名录库、资格库清理情况，于2021年4月10日前报送财政部。

财务部办公厅

2021年1月19日

国家发展改革办公厅　市场监管总局办公厅关于进一步规范招标投标过程中企业经营资质资格审查工作的通知

（发改办法规〔2020〕727 号）

各省、自治区、直辖市、新疆生产建设兵团发展改革委、市场监督管理局（厅、委）、招标投标指导协调工作牵头部门：

为贯彻落实《优化营商环境条例》要求，深化招标投标领域“放管服”改革，推进“证照分离”改革，依法保障企业经营自主权，破除招标投标领域各种隐性壁垒和不合理门槛，维护公平竞争的招标投标营商环境，现就进一步规范招标投标过程中企业经营资质资格审查有关要求通知如下：

一、进一步明确招标投标过程中对企业经营资质资格的审查标准

企业依法享有经营自主权，其经营范围由其章程确定，并依法按照相关标准办理经营范围登记，以向社会公示其主要经营活动内容。招标人在招标项目资格预审公告、资格预审文件、招标公告、招标文件中不得以营业执照记载的经营范围作为确定投标人经营资质资格的依据，不得将投标人营业执照记载的经营范围采用某种特定表述或者明确记载某个特定经营范围细项作为投标、加分或者中标条件，不得以招标项目超出投标人营业执照记载的经营范围为由认定其投标无效。招标项目对投标人经营资质资格有明确要求的，应当对其是否被准予行政许可、取得相关资质资格情况进行审查，不应以对营业执照经营范围的审查代替，或以营业执照经营范围明确记载行政许可批准证件上的具体内容作为审查标准。

二、持续深化招标投标领域“放管服”改革

各地发展改革部门、招标投标指导协调工作牵头部门要加强指导协调，会同各有关行政监督部门，持续深化“放管服”改革，维护招标投标市场公平竞争。各有关行政监督部门要落实招标人主体责任，引导和监督招标人根据招标项目实际需要合理设定投标人资格条件，公平对待各类市场主体；按照规定的职责分工，强化事中事后监管，畅通投诉举报渠道，实施常态化的随机抽查，严厉打击各种不合理排斥或限制投标人的行为。加强改革创新，分领域探索简化淡化对投标人经营资质资格要求，逐步建立以业绩、信用、履约能力为核心的投标人资格审查制度。加快全面推广电子招标投标，推进招标投标信息资源互联共享，为改革提供坚实支撑。

三、落实“证照分离”改革要求做好企业登记工作

各地市场监管部门要认真落实国务院“证照分离”改革要求，稳步推动经营范围登记规范化工作，使用市场监管总局发布的经营范围规范表述目录办理相关业务，提高经营范围登记的规范化、标准化水平，提高政策的透明度和可预期性，做好对企业和社会公众的说明和服务。要积极做好与各相关部门行政许可的信息共享和业务协同，推动各相关部门合理规范使用企业经营范围信息，减少对企业经营范围的行政强制性要求、限制或者变相限制。推动电子营业执照在招标投标领域的应用，降低企业交易成本。

四、形成各部门共同维护招标投标市场公平竞争的工作合力

各地发展改革部门、市场监管部门、招标投标指导协调工作牵头部门要会同各有关行政监督部门，以进一步规范招标投标过程中企业经营资质资格审查工作为契机，加强沟通协作，形成共同维护招标投标市场公平竞争的工作合力。市场监管部门要指导协调各有关部门严格落实公平竞争审查制度，防止起草制定含有不合理排斥或限制投标人内容的政策措施。发展改革部门、招标投标指导协调工作牵头部门以及各有关行政监督部门要将妨害公平竞争行为作为招标投标日常监管重点，加强与市场监管部门的工作衔接，建立投诉举报线索共享和执法协作机制，切实维护企业合法权益，营造良好的招标投标营商环境。

关于个体工商户、农民专业合作社依法参加招标投标的，相关工作要求参照此通知执行。

特此通知。

国家发展改革委办公厅
市场监管总局办公厅
2020年9月22日

财政部关于在政府采购活动中落实平等对待内外资企业有关政策的通知

（财库〔2021〕35号）

各中央预算单位，各省、自治区、直辖市、计划单列市财政厅（局），新疆生产建设兵团财政局：

为构建统一开放、竞争有序的政府采购市场体系，促进政府采购公平竞争，现就在政府采购活动中平等对待在中国境内设立的内外资企业有关事项通知如下：

一、保障内外资企业平等参与政府采购

政府采购依法对内外资企业在中国境内生产的产品（包括提供的服务，下同）平等对待。各级预算单位应当严格执行《中华人民共和国政府采购法》和《中华人民共和国外商投资法》等相关法律法规，在政府采购活动中，除涉及国家安全和国家秘密的采购项目外，不得区别对待内外资企业在中国境内生产的产品。在中国境内生产的产品，不论其供应商是内资还是外资企业，均应依法保障其平等参与政府采购活动的权利。

二、在政府采购活动中落实平等对待内外资企业的要求

各级预算单位在政府采购活动中，不得在政府采购信息发布、供应商资格条件确定和资格审查、评审标准等方面，对内资企业或外商投资企业实行差别待遇或者歧视待遇，不得以所有制形式、组织形式、股权结构、投资者国别、产品品牌以及其他不合理的条件对供应商予以限定，切实保障内外资企业公平竞争。

三、平等维护内外资企业的合法权益

内外资企业在政府采购活动中，凡认为采购文件、采购过程、中标或者成交结果使自身权益受到损害的，均可依照相关规定提起质疑和投诉。各级财政部门应当严格落实《政府采购质疑和投诉办法》（财政部令第94号），畅通投诉渠道，依法受理并公平处理供应商的投诉，不得在投诉处理中对内外资企业实施差别待遇或者歧视待遇，维护政府采购供应商的合法权益。

对于违反本通知要求的规定和做法，以及违规设立产品、供应商等各类备选库、名录库、资格库等规定和做法，各地要及时予以清理纠正，并将清理纠正情况于11月底前报送财政部。

财政部

2021年10月13日

第七部分

政府采购质疑投诉与监督检查

本部分主要介绍政府采购质疑和投诉办法，财政部门对政府采购预算执行监管，明确了违反政府采购和市场公平竞争的行为等内容，还收集汇总了近几年财政部对有关预算单位政府采购业务咨询的权威回复。

一、工程建设项目招标投标活动投诉处理办法

为保护国家利益、社会公共利益和招标投标当事人的合法权益，建立公平、高效的工程建设项目招标投标活动投诉处理机制，国家发改委等七部委于2004年6月发布《工程建设项目招标投标活动投诉处理办法》（第11号令），并根据2013年3月11日《关于废止和修改部分招标投标规章和规范性文件的决定》（2013年第23号令）修正。对工程建设项目的招标、投标、开标、评标、中标以及签订合同等各阶段招标投标活动的投诉及处理活动，予以明确和规范。

国务院办公厅于2000年5月印发了《国务院有关部门实施招标投标活动行政监督的职责分工意见的通知》（国办发〔2000〕34号），按照中央机构编制委员会办公室提出的意见，予以明确。

二、政府采购质疑与投诉办法

为进一步规范政府采购质疑和投诉行为，保护参加政府采购活动当事人的合法权益，财政部于2017年12月修订发布了《政府采购质疑和投诉办法》（第94号令），自2018年3月1日起施行。该办法共6章45条，主要内容如下：一是对质疑程序予以规定。对质疑供应商的资格、质疑函和质疑答复应当包括的内容、质疑的处理期限、处理方式等相关方面进行了规范，并针对实践中采购人、采购代理机构拒收供应商在法定质疑期内发出的质疑函、不依法答复质疑等问题，明确了相应的法律责任。二是对政府采购法及条例的有关规定进行补充细化。明确了采购代理机构应当在委托授权范围内进行质疑答复；规定以联合体形式参加政府采购活动的，其投诉应当由组成联合体的所有供应商共同提出；规定供应商对评审过程、中标或者成交结果提出质疑的，采购人、采购代理机构可以组织原评审委员会协助答复质疑；完善了投诉书应当包括的内容，以及投诉书内容不符合规定时财政部门的处理方式；补充规定了财政部门组织质证的相关要求，投诉人及被投诉人未按规定提供相关证据材料的后果，财政部门应当驳回投诉的情形；细化了不计入投诉处理期限的检验、检测、鉴定、专家评审以及需要投诉人补正材料所需时间，以及投诉事项属实情况下财政部门的处理方式等。三是进一步强化公开透明，提高采购效率，保障公平公正。规定财政部门应当在指定的政府采购信息发布媒体公布受理投诉的联系人、联系电话和通讯地址等信息，进一步提高透

明度、优化服务；对于供应商针对同一采购程序环节提出的质疑进行了适当规范，以提高采购效率和行政效能；明确潜在供应商已依法获取其可质疑的采购文件的，可以对该文件提出质疑；对投诉书内容不符合要求的增加了补正期限的规定，以充分维护供应商的合法权益。四是明确了财政部门的相关权责。针对财政部门相关权责不明确的问题，该办法明确了经调查发现投诉不符合法定受理条件的，财政部门应当驳回投诉。

中央国家机关政府采购中心于2020年9月制定了《中央国家机关政府采购中心供应商质疑答复实施细则》，就中央国家机关政府采购中心组织实施采购活动的供应商依法提出询问、质疑时，中央国家机关政府采购中心在采购人委托范围内受理和答复询问、质疑等相关工作，予以明确规范。

三、政府采购执行情况动态监管

为切实加强对中央预算单位政府采购活动的事中事后监管，推动中央预算单位依法依规开展政府采购活动，财政部办公厅于2016年11月印发了《关于对中央预算单位政府采购执行情况实行动态监管的通知》(财办库〔2016〕413号)，由财政部(国库司)依托中国政府采购网、政府采购计划管理系统等信息系统，对采购项目采购预算和计划编报、单一来源采购审核前公示、采购公告、中标(成交)结果公告和采购合同公告等环节的数据信息进行核对校验，对中央预算单位政府采购项目执行情况实行动态监管，对动态监管中发现的疑点问题提请主管预算单位及时核实处理，要求违法违规问题及时进行整改。

针对一些地区存在违法违规扩大政府购买服务范围、超越管理权限延长购买服务期限等问题，财政部于2017年5月印发了《关于坚决制止地方以政府购买服务名义违法违规融资的通知》(财预〔2017〕87号)，要求地方政府及其所属部门要始终准确把握并牢固坚持政府购买服务改革的正确方向，严格按照规定范围实施政府购买服务，严格规范政府购买服务预算管理，严禁利用或虚构政府购买服务合同违法违规融资，切实做好政府购买服务信息公开，防范财政金融风险。

四、政府采购违法违规风险防范

为加快推进政府采购领域信用体系建设，建立健全失信联合惩戒机制，国家发改委等29部门于2018年11月联合印发了《关于对政府采购领域严重违法失信主体开展联合惩戒的合作备忘录》(发改财金〔2018〕1614号)，对在政府采购领域经营活动中违反《政府采购法》，以及其他法律、法规、规章和规范性文件，违背诚实信用原则，经政府采购监督管理部门依法认定的存在严重违法失信行为的政府采购当事人，由有关单位依法依规对失信责任主体实施联合惩戒。建立惩戒效果定期通报机制，通过“全国信用信息共享平台”反馈至国家发改委和财政部。惩戒包括“依法限制获取财政补助补贴资金和社会保障资金支持”“依法限制参与政府投资工程建设项目投标活动”等34项具体措施。

为预防和制止垄断、滥用市场支配地位，以及滥用行政权力排除限制竞争行为，国家市场监管总局于2023年印发了《禁止垄断协议规定》(第65号令)、《禁止滥用市场支配地位行为规定》(第66号令)、《制止滥用行政权力排除、限制竞争行为暂行规定》(第64号令),有效促进市场公平竞争。

针对当前招标投标市场中存在的不少突出问题,如招标人主体责任落实不到位,各类不合理限制和隐性壁垒尚未完全消除,规避招标、虚假招标、围标串标、有关部门及领导干部插手干预等违法行为仍然易发高发,招标代理服务水平参差不齐,一些评标专家不公正、不专业,导致部分项目中标结果不符合实际需求或者实施效果不佳,制约了招标投标制度竞争择优功能的发挥。为此,国家发改委等13个部门于2022年7月联合印发了《关于严格执行招标投标法规制度进一步规范招标投标主体行为的若干意见》(发改法规规〔2022〕1117号),要求强化招标人主体责任,坚决打击遏制违法投标和不诚信履约行为,加强评标专家管理,规范招标代理服务行为,进一步落实监督管理职责。

为防范治理消防装备采购领域廉政风险,应急部消防救援局于2022年7月印发了《消防救援队伍领导干部插手干预消防装备采购事项记录报告暂行规定》(应急消〔2022〕120号),明确了插手干预的9种具体情形,要求对插手干预行为必须如实记录报告,不记录报告将被追责,同时要求领导干部不得打击报复记录报告人员。

为规范政府采购行为,增强政府采购当事人的法律意识,优化政府采购营商环境,部分省份结合实际出台了政府采购常见违法违规行为清单,笔者收录了安徽省财政厅于2022年6月印发的《安徽省政府采购常见违法违规事项清单》(皖财购〔2022〕694号),列示了在政府采购行为中各类主体的64种违法违规行为的事项认定、具体内容、政策依据等,包括采购人23种、采购代理机构18种、供应商8种、评审专家12种、政府采购监督管理部门3种,基本涵盖了政府采购的全过程。

五、政府采购业务交流与财政部回复参考

在政府采购实际工作中,采购人对遇到的一些具体,可以通过信息交流平台与财政部进行业务交流。笔者在财政部官方网站“交流互动－留言选登”栏目中,汇总了近几年有关政府采购的具体问题咨询以及财政部有关部门的官方答复,可供读者借鉴参考。

工程建设项目招标投标活动投诉处理办法

（2004年6月21日国家发展改革委、建设部、铁道部、交通部、
信息产业部、水利部、民航总局令第11号发布
根据2013年3月11日国家发展改革委、工业和信息化部、财政部、住房城乡建设部、
交通运输部、铁道部、水利产、广电总局、民航局《关于废止和修改
部分招标投标规章和规范性文件的决定》修正）

第一条　为保护国家利益、社会公共利益和招标投标当事人的合法权益，建立公平、高效的工程建设项目招标投标活动投诉处理机制，根据《中华人民共和国招标投标法》、《中华人民共和国招标投标法实施条例》，制定本办法。

第二条　办法适用于工程建设项目招标投标活动的投诉及其处理活动。

前款所称招标投标活动，包括招标、投标、开标、评标、中标以及签订合同等各阶段。

第三条　投标人或者其他利害关系人认为招标投标活动不符合法律、法规和规章规定的，有权依法向有关行政监督部门投诉。

前款所称其他利害关系人是指投标人以外的，与招标项目或者招标活动有直接和间接利益关系的法人、其他组织和自然人。

第四条　各级发展改革、工业和信息化、住房城乡建设、水利、交通运输、铁道、商务、民航等招标投标活动行政监督部门，依照《国务院办公厅印发国务院有关部门实施招标投标活动行政监督的职责分工的意见的通知》（国办发〔2000〕34号）和地方各级人民政府规定的职责分工，受理投诉并依法做出处理决定。

对国家重大建设项目（含工业项目）招标投标活动的投诉，由国家发展改革委受理并依法做出处理决定。对国家重大建设项目招标投标活动的投诉，有关行业行政监督部门已经收到的，应当通报国家发展改革委，国家发展改革委不再受理。

第五条　行政监督部门处理投诉时，应当坚持公平、公正、高效原则，维护国家利益、社会公共利益和招标投标当事人的合法权益。

第六条　行政监督部门应当确定本部门内部负责受理投诉的机构及其电话、传真、电子信箱和通讯地址，并向社会公布。

第七条　投诉人投诉时，应当提交投诉书。投诉书应当包括下列内容：

（一）投诉人的名称、地址及有效联系方式；

（二）被投诉人的名称、地址及有效联系方式；

（三）投诉事项的基本事实；

（四）相关请求及主张；

（五）有效线索和相关证明材料。

对招标投标法实施条例规定应先提出异议的事项进行投诉的，应当附提出异议的证明文件。已向有关行政监督部门投诉的，应当一并说明。

投诉人是法人的，投诉书必须由其法定代表人或者授权代表签字并盖章；其他组织或者自然人投诉的，投诉书必须由其主要负责人或者投诉人本人签字，并附有效身份证明复印件。

投诉书有关材料是外文的，投诉人应当同时提供其中文译本。

第八条　投诉人不得以投诉为名排挤竞争对手，不得进行虚假、恶意投诉，阻碍招标投标活动的正常进行。

第九条　投诉人认为招标投标活动不符合法律行政法规规定的，可以在知道或者应当知道之日起十日内提出书面投诉。依照有关行政法规提出异议的，异议答复期间不计算在内。

第十条　投诉人可以自己直接投诉，也可以委托代理人办理投诉事务。代理人办理投诉事务时，应将授权委托书连同投诉书一并提交给行政监督部门。授权委托书应当明确有关委托代理权限和事项。

第十一条　行政监督部门收到投诉书后，应当在三个工作日内进行审查，视情况分别做出以下处理决定。

（一）不符合投诉处理条件的，决定不予受理，并将不予受理的理由书面告知投诉人；

（二）对符合投诉处理条件，但不属于本部门受理的投诉，书面告知投诉人向其他行政监督部门提出投诉；

对于符合投诉处理条件并决定受理的，收到投诉书之日即为正式受理。

第十二条　有下列情形之一的投诉，不予受理：

（一）投诉人不是所投诉招标投标活动的参与者，或者与投诉项目无任何利害关系；

（二）投诉事项不具体，且未提供有效线索，难以查证的；

（三）投诉书未署具投诉人真实姓名、签字和有效联系方式的；以法人名义投诉的，投诉书未经法定代表人签字并加盖公章的；

（四）超过投诉时效的；

（五）已经作出处理决定，并且投诉人没有提出新的证据的；

（六）投诉事项应先提出异议没有提出异议、已进入行政复议或行政诉讼程序的。

第十三条　行政监督部门负责投诉处理的工作人员，有下列情形之一的，应当主动回避：

（一）近亲属是被投诉人、投诉人，或者是被投诉人、投诉人的主要负责人；

（二）在近三年内本人曾经在被投诉人单位担任高级管理职务；

（三）与被投诉人、投诉人有其他利害关系，可能影响对投诉事项公正处理的。

第十四条　行政监督部门受理投诉后，应当调取、查阅有关文件，调查、核实有关情况。

对情况复杂、涉及面广的重大投诉事项，有权受理投诉的行政监督部门可以会同其他有关的行政监督部门进行联合调查，共同研究后由受理部门做出处理决定。

第十五条　行政监督部门调查取证时，应当由两名以上行政执法人员进行，并做笔录，交被调查人签字确认。

第十六条　在投诉处理过程中，行政监督部门应当听取被投诉人的陈述和申辩，必要时可通知投诉人和被投诉人进行质证。

第十七条　行政监督部门负责处理投诉的人员应当严格遵守保密规定，对于在投诉处理过程中所接触到的国家秘密、商业秘密应当予以保密，也不得将投诉事项透露给与投诉无关的其他单位和个人。

第十八条　行政监督部门处理投诉，有权查阅、复制有关文件、资料，调查有关情况，相关单位和人员应当予以配合。必要时，行政监督部门可以责令暂停招标投标活动。

对行政监督部门依法进行的调查，投诉人、被投诉人以及评标委员会成员等与投诉事项有关的当事人应当予以配合，如实提供有关资料及情况，不得拒绝、隐匿或者伪报。

第十九条　投诉处理决定做出前，投诉人要求撤回投诉的，应当以书面形式提出并说明理由，由行政监督部门视以下情况，决定是否准予撤回；

（一）已经查实有明显违法行为的，应当不准撤回，并继续调查直至做出处理决定；

（二）撤回投诉不损害国家利益、社会公共利益或者其他当事人合法权益的，应当准予撤回，投诉处理过程终止。投诉人不得以同一事实和理由再提出投诉。

第二十条　行政监督部门应当根据调查和取证情况，对投诉事项进行审查，按照下列规定做出处理决定：

（一）投诉缺乏事实根据或者法律依据的，或者投诉人捏造事实、伪造材料或者以非法手段取得证明材料进行投诉的，驳回投诉；

（二）投诉情况属实，招标投标活动确实存在违法行为的，依据《中华人民共和国招标投标法》、《中华人民共和国招标投标法实施条例》及其他有关法规、规章做出处罚。

第二十一条　负责受理投诉的行政监督部门应当自受理投诉之日起三十个工作日内，对投诉事项做出处理决定，并以书面形式通知投诉人、被投诉人和其他与投诉处理结果有关的当事人。需要检验、检测、鉴定、专家评审的，所需时间不计算在内。

第二十二条　投诉处理决定应当包括下列主要内容：

（一）投诉人和被投诉人的名称、住址；

（二）投诉人的投诉事项及主张；

（三）被投诉人的答辩及请求；

（四）调查认定的基本事实；

（五）行政监督部门的处理意见及依据。

第二十三条　行政监督部门应当建立投诉处理档案，并做好保存和管理工作，接受有关方面的监督检查。

第二十四条　行政监督部门在处理投诉过程中，发现被投诉人单位直接负责的主管人员和其他直接责任人员有违法、违规或者违纪行为的，应当建议其行政主管机关、纪检监察部门给予处分；情节严重构成犯罪的，移送司法机关处理。

对招标代理机构有违法行为，且情节严重的，依法暂停直至取消招标代理资格。

第二十五条　当事人对行政监督部门的投诉处理决定不服或者行政监督部门逾期未做处理的，可以依法申请行政复议或者向人民法院提起行政诉讼。

第二十六条　投诉人故意捏造事实、伪造证明材料或者以非法手段取得证明材料进行投诉，给他人造成损失的，依法承担赔偿责任。

第二十七条　行政监督部门工作人员在处理投诉过程中徇私舞弊、滥用职权或者玩忽职守，对投诉人打击报复的，依法给予行政处分；构成犯罪的，依法追究刑事责任。

第二十八条　行政监督部门在处理投诉过程中，不得向投诉人和被投诉人收取任何费用。

第二十九条　对于性质恶劣、情节严重的投诉事项，行政监督部门可以将投诉处理结果在有关媒体上公布，接受舆论和公众监督。

第三十条　本办法由国家发展改革委会同国务院有关部门解释。

第三十一条　本办法自2004年8月1日起施行。

国务院办公厅印发国务院有关部门实施招标投标活动行政监督的职责分工意见的通知

（国办发〔2000〕34号）

各省、自治区、直辖市人民政府，国务院各部委、各直属机构：

中央机构编制委员会办公室《关于国务院有关部门实施招标投标活动行政监督的职责分工的意见》已经国务院同意，现印发给你们，请遵照执行。

国务院办公厅
2000年5月3日

关于国务院有关部门实施招标投标活动行政监督的职责分工的意见

中央机构编制委员会办公室
（2000年3月4日）

根据《中华人民共和国招标投标法》（以下简称《招标投标法》）和国务院有关部门“三定”规定，现就国务院有关部门实施招标投标（以下简称招投标）活动行政监督的职责分工，提出如下意见：

一、国家发展计划委员会指导和协调全国招投标工作，会同有关行政主管部门拟定《招标投标法》配套法规、综合性政策和必须进行招标的项目的具体范围、规模标准以及不适宜进行招标的项目，报国务院批准；指定发布招标公告的报刊、信息网络或其他媒介。有关行政主管部门根据《招标投标法》和国家有关法规、政策，可联合或分别制定具体实施办法。

二、项目审批部门在审批必须进行招标的项目可行性研究报告时，核准项目的招标方式（委托招标或自行招标）以及国家出资项目的招标范围（发包初步方案）。项目审批后，及时向有关行政主管部门通报所确定的招标方式和范围等情况。

三、对于招投标过程（包括招标、投标、开标、评标、中标）中泄露保密资料、泄露标底、串通招标、串通投标、歧视排斥投标等违法活动的监督执法，按现行的职责分工，分别由有关行政主管部门负责并受理投标人和其他利害关系人的投诉。按照这一原则，工业（含内贸）、水利、交通、铁道、民航、信息产业等行业和产业项目的招投标活动的监督执法，分别由经贸、水利、交通、铁道、民航、信息产业等行政主管部门负责；各类房屋建筑及其附属设施的建造和与其配套的线路、管道、设备的安装项目和市政工程项目的招投标活动的监督执法，由建设行政主管部门负责；进口机电设备采购项目的招投标活动的监督执法，由外经贸行政主管部门负责。有关行政主管部门须将监督过程中发现的问题，及时通知项目审批部门，项目审批部门根据情况依法暂停项目执行或者暂停资金拨付。

四、从事各类工程建设项目招标代理业务的招标代理机构的资格，由建设行政主管部门认定；从事与工程建设有关的进口机电设备采购招标代理业务的招标代理机构的资格，由外经贸行政主管部门认定；从事其他招标代理业务的招标代理机构的资格，按现行职责分工，分别由有关行政主管部门认定。

五、国家发展计划委员会负责组织国家重大建设项目稽察特派员，对国家重大建设项目建设过程中的工程招投标进行监督检查。

各有关部门要严格依照上述职责分工，各司其职，密切配合，共同做好招投标的监督管理工作。各省、自治区、直辖市人民政府可根据《招标投标法》的规定，从本地实际出发，制定招投标管理办法。

政府采购质疑和投诉办法

（中华人民共和国财政部令第94号）

第一章 总则

第一条 为了规范政府采购质疑和投诉行为，保护参加政府采购活动当事人的合法权益，根据《中华人民共和国政府采购法》《中华人民共和国政府采购法实施条例》和其他有关法律法规规定，制定本办法。

第二条 本办法适用于政府采购质疑的提出和答复、投诉的提起和处理。

第三条 政府采购供应商（以下简称供应商）提出质疑和投诉应当坚持依法依规、诚实信用原则。

第四条 政府采购质疑答复和投诉处理应当坚持依法依规、权责对等、公平公正、简便高效原则。

第五条 采购人负责供应商质疑答复。采购人委托采购代理机构采购的，采购代理机构在委托授权范围内作出答复。

县级以上各级人民政府财政部门（以下简称财政部门）负责依法处理供应商投诉。

第六条 供应商投诉按照采购人所属预算级次，由本级财政部门处理。

跨区域联合采购项目的投诉，采购人所属预算级次相同的，由采购文件事先约定的财政部门负责处理，事先未约定的，由最先收到投诉的财政部门负责处理；采购人所属预算级次不同的，由预算级次最高的财政部门负责处理。

第七条 采购人、采购代理机构应当在采购文件中载明接收质疑函的方式、联系部门、联系电话和通讯地址等信息。

县级以上财政部门应当在省级以上财政部门指定的政府采购信息发布媒体公布受理投诉的方式、联系部门、联系电话和通讯地址等信息。

第八条 供应商可以委托代理人进行质疑和投诉。其授权委托书应当载明代理人的姓名或者名称、代理事项、具体权限、期限和相关事项。供应商为自然人的，应当由本人签字；供应商为法人或者其他组织的，应当由法定代表人、主要负责人签字或者盖章，并加盖公章。

代理人提出质疑和投诉，应当提交供应商签署的授权委托书。

第九条 以联合体形式参加政府采购活动的，其投诉应当由组成联合体的所有供应商共同提出。

第二章 质疑提出与答复

第十条 供应商认为采购文件、采购过程、中标或者成交结果使自己的权益受到损害的，可以在知道或者应知其权益受到损害之日起7个工作日内，以书面形式向采购人、采购代理机构提出质疑。

采购文件可以要求供应商在法定质疑期内一次性提出针对同一采购程序环节的质疑。

第十一条　提出质疑的供应商(以下简称质疑供应商)应当是参与所质疑项目采购活动的供应商。

潜在供应商已依法获取其可质疑的采购文件的,可以对该文件提出质疑。对采购文件提出质疑的,应当在获取采购文件或者采购文件公告期限届满之日起7个工作日内提出。

第十二条　供应商提出质疑应当提交质疑函和必要的证明材料。质疑函应当包括下列内容:

(一) 供应商的姓名或者名称、地址、邮编、联系人及联系电话;

(二) 质疑项目的名称、编号;

(三) 具体、明确的质疑事项和与质疑事项相关的请求;

(四) 事实依据;

(五) 必要的法律依据;

(六) 提出质疑的日期。

供应商为自然人的,应当由本人签字;供应商为法人或者其他组织的,应当由法定代表人、主要负责人,或者其授权代表签字或者盖章,并加盖公章。

第十三条　采购人、采购代理机构不得拒收质疑供应商在法定质疑期内发出的质疑函,应当在收到质疑函后7个工作日内作出答复,并以书面形式通知质疑供应商和其他有关供应商。

第十四条　供应商对评审过程、中标或者成交结果提出质疑的,采购人、采购代理机构可以组织原评标委员会、竞争性谈判小组、询价小组或者竞争性磋商小组协助答复质疑。

第十五条　质疑答复应当包括下列内容:

(一) 质疑供应商的姓名或者名称;

(二) 收到质疑函的日期、质疑项目名称及编号;

(三) 质疑事项、质疑答复的具体内容、事实依据和法律依据;

(四) 告知质疑供应商依法投诉的权利;

(五) 质疑答复人名称;

(六) 答复质疑的日期。

质疑答复的内容不得涉及商业秘密。

第十六条　采购人、采购代理机构认为供应商质疑不成立,或者成立但未对中标、成交结果构成影响的,继续开展采购活动;认为供应商质疑成立且影响或者可能影响中标、成交结果的,按照下列情况处理:

(一) 对采购文件提出的质疑,依法通过澄清或者修改可以继续开展采购活动的,澄清或者修改采购文件后继续开展采购活动;否则应当修改采购文件后重新开展采购活动。

(二) 对采购过程、中标或者成交结果提出的质疑,合格供应商符合法定数量时,可以从合格的中标或者成交候选人中另行确定中标、成交供应商的,应当依法另行确定中标、成交供应商;否则应当重新开展采购活动。

质疑答复导致中标、成交结果改变的,采购人或者采购代理机构应当将有关情况书面报告本级财政部门。

第三章　投诉提起

第十七条　质疑供应商对采购人、采购代理机构的答复不满意，或者采购人、采购代理机构未在规定时间内作出答复的，可以在答复期满后15个工作日内向本办法第六条规定的财政部门提起投诉。

第十八条　投诉人投诉时，应当提交投诉书和必要的证明材料，并按照被投诉采购人、采购代理机构(以下简称被投诉人)和与投诉事项有关的供应商数量提供投诉书的副本。投诉书应当包括下列内容：

(一) 投诉人和被投诉人的姓名或者名称、通讯地址、邮编、联系人及联系电话；

(二) 质疑和质疑答复情况说明及相关证明材料；

(三) 具体、明确的投诉事项和与投诉事项相关的投诉请求；

(四) 事实依据；

(五) 法律依据；

(六) 提起投诉的日期。

投诉人为自然人的，应当由本人签字；投诉人为法人或者其他组织的，应当由法定代表人、主要负责人，或者其授权代表签字或者盖章，并加盖公章。

第十九条　投诉人应当根据本办法第七条第二款规定的信息内容，并按照其规定的方式提起投诉。

投诉人提起投诉应当符合下列条件：

(一) 提起投诉前已依法进行质疑；

(二) 投诉书内容符合本办法的规定；

(三) 在投诉有效期限内提起投诉；

(四) 同一投诉事项未经财政部门投诉处理；

(五) 财政部规定的其他条件。

第二十条　供应商投诉的事项不得超出已质疑事项的范围，但基于质疑答复内容提出的投诉事项除外。

第四章　投诉处理

第二十一条　财政部门收到投诉书后，应当在5个工作日内进行审查，审查后按照下列情况处理：

(一) 投诉书内容不符合本办法第十八条规定的，应当在收到投诉书5个工作日内一次性书面通知投诉人补正。补正通知应当载明需要补正的事项和合理的补正期限。未按照补正期限进行补正或者补正后仍不符合规定的，不予受理。

(二) 投诉不符合本办法第十九条规定条件的，应当在3个工作日内书面告知投诉人不予受理，并说明理由。

(三) 投诉不属于本部门管辖的，应当在3个工作日内书面告知投诉人向有管辖权的部门提起投诉。

(四) 投诉符合本办法第十八条、第十九条规定的，自收到投诉书之日起即为受理，并在收到投诉后8个工作日内向被投诉人和其他与投诉事项有关的当事人发出投诉答复通知书及投诉书副本。

第二十二条　被投诉人和其他与投诉事项有关的当事人应当在收到投诉答复通知书及投诉书副本之日起5个工作日内，以书面形式向财政部门作出说明，并提交相关证据、依据和其他有关材料。

第二十三条　财政部门处理投诉事项原则上采用书面审查的方式。财政部门认为有必要时，可以进行调查取证或者组织质证。

财政部门可以根据法律、法规规定或者职责权限，委托相关单位或者第三方开展调查取证、检验、检测、鉴定。

质证应当通知相关当事人到场，并制作质证笔录。质证笔录应当由当事人签字确认。

第二十四条　财政部门依法进行调查取证时，投诉人、被投诉人以及与投诉事项有关的单位及人员应当如实反映情况，并提供财政部门所需要的相关材料。

第二十五条　应当由投诉人承担举证责任的投诉事项，投诉人未提供相关证据、依据和其他有关材料的，视为该投诉事项不成立；被投诉人未按照投诉答复通知书要求提交相关证据、依据和其他有关材料的，视同其放弃说明权利，依法承担不利后果。

第二十六条　财政部门应当自收到投诉之日起30个工作日内，对投诉事项作出处理决定。

第二十七条　财政部门处理投诉事项，需要检验、检测、鉴定、专家评审以及需要投诉人补正材料的，所需时间不计算在投诉处理期限内。

前款所称所需时间，是指财政部门向相关单位、第三方、投诉人发出相关文书、补正通知之日至收到相关反馈文书或材料之日。

财政部门向相关单位、第三方开展检验、检测、鉴定、专家评审的，应当将所需时间告知投诉人。

第二十八条　财政部门在处理投诉事项期间，可以视具体情况书面通知采购人和采购代理机构暂停采购活动，暂停采购活动时间最长不得超过30日。

采购人和采购代理机构收到暂停采购活动通知后应当立即中止采购活动，在法定的暂停期限结束前或者财政部门发出恢复采购活动通知前，不得进行该项采购活动。

第二十九条　投诉处理过程中，有下列情形之一的，财政部门应当驳回投诉：

（一）受理后发现投诉不符合法定受理条件；

（二）投诉事项缺乏事实依据，投诉事项不成立；

（三）投诉人捏造事实或者提供虚假材料；

（四）投诉人以非法手段取得证明材料。证据来源的合法性存在明显疑问，投诉人无法证明其取得方式合法的，视为以非法手段取得证明材料。

第三十条　财政部门受理投诉后，投诉人书面申请撤回投诉的，财政部门应当终止投诉处理程序，并书面告知相关当事人。

第三十一条　投诉人对采购文件提起的投诉事项，财政部门经查证属实的，应当认定投诉事项成立。经认定成立的投诉事项不影响采购结果的，继续开展采购活动；影响或者可能影响采购结果的，财政部门按照下列情况处理：

（一）未确定中标或者成交供应商的，责令重新开展采购活动。

（二）已确定中标或者成交供应商但尚未签订政府采购合同的，认定中标或者成交结果无效，责令重新开展采购活动。

（三）政府采购合同已经签订但尚未履行的，撤销合同，责令重新开展采购活动。

（四）政府采购合同已经履行，给他人造成损失的，相关当事人可依法提起诉讼，由责任人承担赔偿责任。

第三十二条　投诉人对采购过程或者采购结果提起的投诉事项，财政部门经查证属实的，应当认定投诉事项成立。经认定成立的投诉事项不影响采购结果的，继续开展采购活动；影响或者可能影响采购结果的，财政部门按照下列情况处理：

（一）未确定中标或者成交供应商的，责令重新开展采购活动。

（二）已确定中标或者成交供应商但尚未签订政府采购合同的，认定中标或者成交结果无效。合格供应商符合法定数量时，可以从合格的中标或者成交候选人中另行确定中标或者成交供应商的，应当要求采购人依法另行确定中标、成交供应商；否则责令重新开展采购活动。

（三）政府采购合同已经签订但尚未履行的，撤销合同。合格供应商符合法定数量时，可以从合格的中标或者成交候选人中另行确定中标或者成交供应商的，应当要求采购人依法另行确定中标、成交供应商；否则责令重新开展采购活动。

（四）政府采购合同已经履行，给他人造成损失的，相关当事人可依法提起诉讼，由责任人承担赔偿责任。

投诉人对废标行为提起的投诉事项成立的，财政部门应当认定废标行为无效。

第三十三条　财政部门作出处理决定，应当制作投诉处理决定书，并加盖公章。投诉处理决定书应当包括下列内容：

（一）投诉人和被投诉人的姓名或者名称、通讯地址等；

（二）处理决定查明的事实和相关依据，具体处理决定和法律依据；

（三）告知相关当事人申请行政复议的权利、行政复议机关和行政复议申请期限，以及提起行政诉讼的权利和起诉期限；

（四）作出处理决定的日期。

第三十四条　财政部门应当将投诉处理决定书送达投诉人和与投诉事项有关的当事人，并及时将投诉处理结果在省级以上财政部门指定的政府采购信息发布媒体上公告。

投诉处理决定书的送达，参照《中华人民共和国民事诉讼法》关于送达的规定执行。

第三十五条　财政部门应当建立投诉处理档案管理制度，并配合有关部门依法进行的监督检查。

第五章　法律责任

第三十六条　采购人、采购代理机构有下列情形之一的，由财政部门责令限期改正；情节严重的，给予警告，对直接负责的主管人员和其他直接责任人员，由其行政主管部门或者有关机关给予处分，并予通报：

（一）拒收质疑供应商在法定质疑期内发出的质疑函；

（二）对质疑不予答复或者答复与事实明显不符，并不能作出合理说明；

（三）拒绝配合财政部门处理投诉事宜。

第三十七条　投诉人在全国范围12个月内三次以上投诉查无实据的，由财政部门列入不良行为记录名单。

投诉人有下列行为之一的，属于虚假、恶意投诉，由财政部门列入不良行为记录名单，禁止其1至3年内参加政府采购活动：

（一）捏造事实；

（二）提供虚假材料；

（三）以非法手段取得证明材料。证据来源的合法性存在明显疑问，投诉人无法证明其取得方式合法的，视为以非法手段取得证明材料。

第三十八条　财政部门及其工作人员在履行投诉处理职责中违反本办法规定及存在其他滥用职权、玩忽职守、徇私舞弊等违法违纪行为的，依照《中华人民共和国政府采购法》《中华人民共和国公务员法》《中华人民共和国行政监察法》《中华人民共和国政府采购法实施条例》等国家有关规定追究相应责任；涉嫌犯罪的，依法移送司法机关处理。

第六章　附则

第三十九条　质疑函和投诉书应当使用中文。质疑函和投诉书的范本，由财政部制定。

第四十条　相关当事人提供外文书证或者外国语视听资料的，应当附有中文译本，由翻译机构盖章或者翻译人员签名。

相关当事人向财政部门提供的在中华人民共和国领域外形成的证据，应当说明来源，经所在国公证机关证明，并经中华人民共和国驻该国使领馆认证，或者履行中华人民共和国与证据所在国订立的有关条约中规定的证明手续。

相关当事人提供的在香港特别行政区、澳门特别行政区和台湾地区内形成的证据，应当履行相关的证明手续。

第四十一条　财政部门处理投诉不得向投诉人和被投诉人收取任何费用。但因处理投诉发生的第三方检验、检测、鉴定等费用，由提出申请的供应商先行垫付。投诉处理决定明确双方责任后，按照“谁过错谁负担”的原则由承担责任的一方负担；双方都有责任的，由双方合理分担。

第四十二条　本办法规定的期间开始之日，不计算在期间内。期间届满的最后一日是节假日的，以节假日后的第一日为期间届满的日期。期间不包括在途时间，质疑和投诉文书在期满前交邮的，不算过期。

本办法规定的“以上”“以下”均含本数。

第四十三条　对在质疑答复和投诉处理过程中知悉的国家秘密、商业秘密、个人隐私和依法不予公开的信息，财政部门、采购人、采购代理机构等相关知情人应当保密。

第四十四条　省级财政部门可以根据本办法制定具体实施办法。

第四十五条　本办法自2018年3月1日起施行。财政部2004年8月11日发布的《政府采购供应商投诉处理办法》（财政部令第20号）同时废止。

关于修订《中央国家机关政府采购中心供应商质疑答复实施细则》的通知

国机采〔2020〕13 号

中央国家机关各部门、各单位办公厅(室):

根据《中华人民共和国政府采购法》及其实施条例、《政府采购质疑和投诉办法》(财政部令第 94 号),结合具体业务实践,我中心对《中央国家机关政府采购中心供应商质疑答复实施细则》进行了修订,现予公布实施。

中央国家机关政府采购中心
2020 年 9 月 7 日

中央国家机关政府采购中心供应商质疑答复实施细则

第一章 总则

第一条 为保护政府采购活动当事人合法权益,规范政府采购询问、质疑工作,根据《中华人民共和国政府采购法》《中华人民共和国政府采购法实施条例》和《政府采购质疑和投诉办法》(财政部令第 94 号)等规定,制定本实施细则。

第二条 参与中央国家机关政府采购中心(以下简称采购中心)组织实施采购活动的供应商依法向采购中心提出询问、质疑,采购中心在采购人委托授权范围内受理和答复询问、质疑。

第三条 答复询问、质疑应当坚持依法依规、诚实信用、公正公平、简便高效的原则。

第四条 采购中心应当在采购文件中载明接收质疑函的方式、联系部门、联系电话和通讯地址等信息。

第五条 供应商可以委托代理人进行质疑。代理人提出质疑的,应当提交供应商签署的授权委托书。

第六条 供应商质疑实行实名制。质疑应当有明确的请求和必要的证明材料,不得进行虚假和恶意质疑。

第七条 采购中心答复质疑时不得向质疑人和被质疑人收取任何费用。

第二章 询问

第八条 供应商对政府采购活动事项有疑问的,如认为采购文件表述有歧义或表述不清,或了解本公司投标被拒绝详细理由等事项,可以通过电话、信函、电子邮件、传真等方式向采购中心或采购人提出询问。

第九条 采购中心应当在 3 个工作日内,以适当方式答复询问供应商。

第十条　如供应商询问事项涉及依法应当保密的内容，采购中心不予答复，向供应商说明理由和依据。

询问事项超出采购人委托授权范围的，采购中心应当告知供应商向采购人提出询问。

第三章　质疑的提出与受理

第十一条　提出质疑的供应商(以下简称质疑供应商)应当是参与所质疑项目采购活动的供应商。

潜在供应商已依法获取其可质疑的采购文件的，可以对该文件提出质疑。

第十二条　供应商认为采购文件、采购过程、中标或者成交结果使自己的权益受到损害的，可以在知道或者应当知道其权益受到损害之日起7个工作日内，按照采购文件中载明的接收质疑函方式以书面形式向采购中心或采购人提出质疑。

通过电子采购系统提出的，提出时间以系统记录的成功递交时间为准；通过邮寄、快递方式提出的，提出时间以邮寄件上的寄出邮戳时间、快递件上签注的寄出时间为准。

质疑事项超出采购人委托授权范围的，采购中心应当告知供应商向采购人提出质疑。

第十三条　供应商知道或者应当知道其权益受到损害之日，是指：

(一) 对采购文件提出质疑的，为收到采购文件之日或者采购文件公告期限届满之日；

(二) 对采购过程提出质疑的，为各采购程序环节结束之日；

(三) 对中标或者成交结果提出质疑的，为中标或者成交结果公告期限届满之日。

对于发布采购文件更正公告的项目，潜在供应商对更正事项提出质疑的，应当在更正公告期限届满之日起7个工作日内提出。对未发生变更的采购文件内容进行质疑的，期限起算时间为首次公告期限届满之日。

第十四条　一份质疑函只能针对一个项目提出质疑，且针对同一采购程序环节的质疑应当一次性提出。质疑供应商对一个项目的不同包提出质疑的，应当将各包质疑事项集中在一份质疑函中提出。

第十五条　质疑函应当使用中文。供应商提供外文书证或者外国语视听资料的，应当附有中文译本，由翻译机构盖章或者翻译人员签名。

第十六条　质疑函应当包括下列内容：

(一) 供应商的名称(或姓名)、地址、邮编、联系人及联系电话；

(二) 质疑项目的名称、编号；

(三) 具体、明确的质疑事项和与质疑事项相关的请求；

(四) 事实依据；

(五) 必要的法律依据；

(六) 提出质疑的日期。

供应商为自然人的，应当由本人签字；供应商为法人或者其他组织的，应当由法定代表人、主要负责人，或者其授权代表签字或者盖章，并加盖公章。

第十七条　质疑函存在以下情形的，采购中心不予受理：

(一) 质疑主体不满足第十一条规定的；

(二) 供应商自身权益未受到损害的；

（三）供应商超过法定质疑期提出质疑的；

（四）质疑函未按要求签署或盖章的；

（五）其他不符合受理条件情形的。

供应商递交的质疑函不符合本实施细则第十六条相关要求的，采购中心应当一次性告知供应商需更正或补充的内容。供应商未在质疑期限内递交更正、补充材料或重新提交的材料仍不符合要求的，采购中心不予受理，并告知理由。

供应商以质疑函形式递交，但无具体、明确质疑事项，实质内容为询问的，采购中心可视为书面询问受理并及时告知供应商，后续事宜按照询问答复流程办理。

第四章　质疑的答复

第十八条　采购中心应当在收到质疑函后7个工作日内作出答复，并以书面形式通知质疑供应商和其他有关供应商。

法定期限内针对同一采购程序环节，供应商多次更正或补充质疑材料的，以最后一次收到材料的时间为准。

第十九条　质疑答复应当包括下列内容：

（一）质疑供应商的姓名或者名称；

（二）收到质疑函的日期、质疑项目名称及编号；

（三）质疑事项和答复的具体内容、事实依据和法律依据；

（四）告知质疑供应商依法投诉的权利；

（五）质疑答复人名称；

（六）答复质疑的日期。

质疑答复的内容不得涉及商业秘密。

第二十条　针对采购文件通用条款、采购程序的质疑答复主体应当为采购中心。针对采购需求、评审标准的质疑答复主体应当为采购人，采购中心可以协助配合，采购人应当针对质疑事项逐一进行书面回复并提供相关佐证材料，书面材料须加盖单位公章。

必要时，采购中心可以召开质疑论证会，邀请或随机抽取行业专家进行论证，采购人可以选派代表出席论证会介绍情况并参与讨论，采购中心可以通知相关供应商参会。

第二十一条　针对采购结果的质疑由采购中心先行复核，如发现响应文件内容可能不符合或无法从形式上判断是否符合采购文件要求，以及可能存在评标委员会、评审小组对客观项判定错误等情形的，采购中心可以组织原评标委员会、评审小组召开质疑复核会。

原评标委员会、评审小组有义务协助采购中心复核质疑事项，并出具复核意见。

第二十二条　质疑复核会原则上应有过半数原评标委员会、评审小组成员出席。因特殊情况，在质疑答复的法定期限内无法召集过半数成员现场复核的，可通过电子邮件、手机短信、微信等方式征求未出席人员意见，邮件内容打印页面及短信、微信截屏打印存档备查，并在复核报告中如实记录。

第二十三条　出席质疑复核会的评标委员会、评审小组成员应当就复核情况形成书面报告，对质疑的问题逐一进行正面答复。复核报告按照少数服从多数原则做出结论，由出席的全体成员签字确认。持不同意见者应当在报告上签署不同意见并说明理由，否则视为同意。

第二十四条　质疑论证会、复核会应当全程录音录像，参会的采购人代表及供应商均不得干预专家独立做出结论。

第二十五条　质疑复核遵循以下基本原则：

（一）复核范围不得超出质疑事项；

（二）复核依据一般为采购文件、响应文件和评审资料，原则上不在复核环节开展质证和调查取证等活动；

（三）除法定情形外，不得改变中标、成交结果；

（四）评标委员会、评审小组复核意见作为参考。

第二十六条　经复核，认为供应商质疑不成立，或者成立但未对中标、成交结果构成影响的，继续开展采购活动；认为供应商质疑成立且影响或者可能影响中标、成交结果的，按照下列情况处理：

（一）对采购文件提出的质疑，依法通过澄清或者修改可以继续开展采购活动的，澄清或者修改采购文件后继续开展采购活动；否则应当修改采购文件后重新开展采购活动。

（二）对采购过程、中标或者成交结果提出的质疑，合格供应商符合法定数量时，可以从合格的中标或者成交候选人中另行确定中标、成交供应商的，应当依法另行确定中标、成交供应商；否则应当重新开展采购活动。

质疑答复导致中标、成交结果改变的，采购中心应当将有关情况函告采购监管部门。

第二十七条　供应商对以下情形提出质疑的，采购中心可以组织原评标委员会或评审小组进行重新评审：

（一）分值汇总计算错误的；

（二）分项评分超出评分标准范围的；

（三）法律法规规定的其他情形。

重新评审改变评标结果的，应当函告采购监管部门。

第二十八条　质疑答复结果通过电子采购系统、现场领取、邮寄、传真等适当方式送达质疑供应商和相关当事人。必要时，采购中心可以就质疑答复结果与质疑供应商进行现场或电话沟通。

因质疑供应商所留联系方式不准确，或者因质疑供应商原因导致通知书无法送达的，视为质疑供应商主动放弃知晓质疑答复结果的权利。

第二十九条　质疑答复工作结束前，质疑供应商需要撤销质疑的，可以通过电子采购系统直接撤销或向采购中心提交质疑撤销函。提交质疑撤销函，质疑供应商为自然人的，应当由本人签字；质疑供应商为法人或者其他组织的，应当加盖公章。质疑撤销后，质疑答复工作终止。

第三十条　质疑供应商有下列行为之一的，属于虚假或恶意质疑，采购中心有权对质疑供应商行为进行公开通报，并将有关情况函告采购监管部门，依法对质疑供应商进行处罚：

（一）捏造事实；

（二）提供虚假材料；

（三）以非法、非正当手段取得证明材料。证据来源的合法性、正当性存在明显疑问，质疑供应商无法证明其取得方式合法正当的，视为以非法、非正当手段取得证明材料。

第三十一条　采购中心按照政府采购信息公开的有关规定，在中央政府采购网等媒体上公告质疑答复的相关事项。

第五章　附则

第三十二条　本实施细则规定的期间开始之日，不计算在期间内。期间届满的最后一日是节假日的，以节假日后的第一日为期间届满的日期。期间不包括在途时间，质疑函和答复文书在期满前交邮的，不算过期。

第三十三条　对适用《招标投标法》的工程类项目进行质疑的，可参照本实施细则答复；《招标投标法》及实施条例有明确规定的，从其规定；必要时，采购中心可视情况转交有关建设行政主管部门处理。

第三十四条　本实施细则由采购中心负责解释。

第三十五条　本实施细则自发布之日起施行，2018 年 9 月 17 日发布的《中央国家机关政府采购中心供应商质疑答复实施细则》(国机采〔2018〕14 号)同时废止。

附：质疑函和询问函模板

质　疑　函

<table>
<tr><td rowspan="6">质疑
项目
基本
情况</td><td>项目名称</td><td></td><td></td><td></td></tr>
<tr><td>项目编号</td><td></td><td>包　号</td><td></td></tr>
<tr><td>采购人名称</td><td colspan="3"></td></tr>
<tr><td>采购公告时间</td><td>____年___月___日</td><td>中标(成交)
公告时间</td><td>____年___月___日</td></tr>
<tr><td>更正公告时间
(包含采购文件和
采购结果更正公告)</td><td>____年___月___日</td><td>终止公告时间
(包含废标和
采购任务取消)</td><td>____年___月___日</td></tr>
<tr><td rowspan="4">质疑供
应商基
本信息</td><td>单位名称</td><td colspan="3"></td></tr>
<tr><td>地址</td><td></td><td>邮编</td><td></td></tr>
<tr><td>联系人</td><td></td><td>联系电话</td><td></td></tr>
<tr><td>授权代表</td><td></td><td>联系电话</td><td></td></tr>
<tr><td rowspan="2">质疑事
项及相
关请求
(纸张
不够另
附)</td><td>分　类</td><td colspan="3">□采购文件　□采购过程　□中标或成交结果</td></tr>
<tr><td colspan="4">请逐条列明质疑事项、事实依据和法律依据，并提供必要的证明材料。
质疑事项 1：
事实依据：
法律依据：
相关请求：
质疑事项 2：
……</td></tr>
<tr><td rowspan="2">签字或
盖人名章</td><td colspan="2" rowspan="2"></td><td>公章</td><td></td></tr>
<tr><td>日期</td><td></td></tr>
</table>

质疑函制作说明：

1. 供应商提出质疑时，应提交质疑函和必要的证明材料；质疑函存在《中央国家机关政府采购中心供应商质疑答复实施细则》(国机采〔2020〕13 号)第十七条所列情形的，采购中心不予受理。

2. 质疑函的质疑事项应具体、明确，并有必要的事实依据和法律依据；质疑函的质疑请求应与质疑事项相关。

3. 质疑供应商若委托代理人进行质疑的，质疑函应按要求列明“授权代表”的有关内容，并在附件中提交由质疑供应商签署的授权委托书。授权委托书应载明代理人的姓名或者名称、代理事项、具体权限、期限和相关事项。

4. 质疑供应商为自然人的，质疑函应由本人签字；质疑供应商为法人或者其他组织的，质疑函应由法定代表人、主要负责人，或者其授权代表签字或者盖章，并加盖公章。

询 问 函

<table>
<tr><td rowspan="5">询问项目基本情况</td><td>项目名称</td><td></td><td></td><td></td></tr>
<tr><td>项目编号</td><td></td><td>包 号</td><td></td></tr>
<tr><td>采购人名称</td><td colspan="3"></td></tr>
<tr><td>采购公告时间</td><td>____年___月___日</td><td>中标(成交)公告时间</td><td>____年___月___日</td></tr>
<tr><td>更正公告时间(包含采购文件和采购结果更正公告)</td><td>____年___月___日</td><td>终止公告时间(包含废标和采购任务取消)</td><td>____年___月___日</td></tr>
<tr><td rowspan="4">询问供应商基本信息</td><td>单位名称</td><td colspan="3"></td></tr>
<tr><td>地址</td><td></td><td>邮编</td><td></td></tr>
<tr><td>联系人</td><td></td><td>联系电话</td><td></td></tr>
<tr><td>授权代表</td><td></td><td>联系电话</td><td></td></tr>
<tr><td rowspan="2">询问事项及相关请求(纸张不够另附)</td><td>分 类</td><td colspan="3">□采购文件 □采购过程 □中标或成交结果</td></tr>
<tr><td colspan="4">请逐条列明询问事项及相关请求。
询问事项 1:
相关请求:
询问事项 2:
……</td></tr>
<tr><td rowspan="2">签字或盖人名章</td><td rowspan="2" colspan="2"></td><td>公章</td><td></td></tr>
<tr><td>日期</td><td></td></tr>
</table>

询问函制作说明:

1. 供应商对政府采购活动事项有疑问的,如认为采购文件表述有歧义或表述不清,或了解本公司投标被拒绝详细理由等事项,可以通过电话、信函、电子邮件、传真等方式向采购中心或采购人提出询问。

2. 采购中心在 3 个工作日内,以适当方式答复询问供应商。

3. 如供应商询问事项涉及依法应当保密的内容,采购中心不予答复,向供应商说明理由和依据。询问事项超出采购人委托授权范围的,采购中心应当告知供应商向采购人提出询问。

4. 询问供应商为自然人的,质疑函应由本人签字;质疑供应商为法人或者其他组织的,质疑函应由法定代表人、主要负责人,或者其授权代表签字或者盖章,并加盖公章。

中央国家机关政府采购中心

2020 年 9 月 7 日印发

财政部办公厅关于对中央预算单位政府采购执行情况实行动态监管的通知

（财办库〔2016〕413 号）

党中央有关部门办公厅（室），国务院各部委、各直属机构办公厅（室），全国人大常委会办公厅秘书局，全国政协办公厅秘书局，高法院办公厅，高检院办公厅，各民主党派中央办公厅，有关人民团体办公厅（室），新疆生产建设兵团财务局，各省、自治区、直辖市、计划单列市财政厅（局）：

为切实加强对中央预算单位政府采购活动的事中事后监管，推动中央预算单位依法依规开展政府采购活动，财政部决定对中央预算单位政府采购执行情况实行动态监管。现将有关事项通知如下：

一、推进中央预算单位采购执行情况动态监管

财政部（国库司）依托中国政府采购网、政府采购计划管理系统等信息系统，对采购项目采购预算和计划编报、单一来源采购审核前公示、采购公告、中标（成交）结果公告和采购合同公告等环节的数据信息进行核对校验，对中央预算单位政府采购项目执行情况实行动态监管。财政部（国库司）将动态监管中发现的疑点问题定期反馈主管预算单位核实，对违法违规问题依法进行处理。

二、动态监管的主要内容

（一）政府采购预算和计划编报情况。重点监管中央预算单位是否违规调剂政府采购预算，规避公开招标和政府采购；是否超采购预算或计划开展采购活动。

（二）政府采购审核审批事项执行情况。重点监管中央预算单位达到公开招标数额标准以上的货物、服务采购项目采用公开招标以外采购方式的，在发布采购公告前是否按规定报财政部审批；采购进口产品的采购项目，在发布采购公告前是否按规定报财政部审核或备案。

（三）政府采购信息公开情况。重点监管中央预算单位是否按规定在中国政府采购网发布招标公告、竞争性谈判公告、竞争性磋商公告、询价公告、中标（成交）结果公告和采购合同公告。

三、有关工作要求

各主管预算单位应加强本系统政府采购项目执行管理，督促所属预算单位做好政府采购活动的内控管理，积极配合财政部（国库司）对动态监管中发现疑点问题的核实处理，对违法违规问题及时进行整改，切实提高政府采购规范化管理水平。

各地区可参照本通知精神，结合实际，开展本地区预算单位政府采购执行情况动态监管工作。

财政部办公厅

2016 年 11 月 17 日

财政部关于坚决制止地方以政府购买服务名义违法违规融资的通知

（财预〔2017〕87号）

各省、自治区、直辖市、计划单列市财政厅（局）：

《国务院办公厅关于政府向社会力量购买服务的指导意见》（国办发〔2013〕96号）印发后，各地稳步推进政府购买服务工作，取得了良好成效。同时，一些地区存在违法违规扩大政府购买服务范围、超越管理权限延长购买服务期限等问题，加剧了财政金融风险。根据《中华人民共和国预算法》、《中华人民共和国政府采购法》、《国务院关于实行中期财政规划管理的意见》（国发〔2015〕3号）、国办发〔2013〕96号文件等规定，为规范政府购买服务管理，制止地方政府违法违规举债融资行为，防范化解财政金融风险，现就有关事项通知如下：

一、坚持政府购买服务改革正确方向。推广政府购买服务是党的十八届三中全会决定明确的一项重要改革任务，有利于加快转变政府职能、改善公共服务供给、推进财政支出方式改革。政府购买服务所需资金应当在年度预算和中期财政规划中据实足额安排。实施政府购买服务改革，要坚持费随事转，注重与事业单位改革、行业协会商会与行政主管部门脱钩转制改革、支持社会组织培育发展等政策相衔接，带动和促进政事分开、政社分开。地方政府及其所属部门要始终准确把握并牢固坚持政府购买服务改革的正确方向，依法依规、积极稳妥地加以推进。

二、严格按照规定范围实施政府购买服务。政府购买服务内容应当严格限制在属于政府职责范围、适合采取市场化方式提供、社会力量能够承担的服务事项，重点是有预算安排的基本公共服务项目。科学制定并适时完善分级分部门政府购买服务指导性目录，增强指导性目录的约束力。对暂时未纳入指导性目录又确需购买的服务事项，应当报财政部门审核备案后调整实施。

严格按照《中华人民共和国政府采购法》确定的服务范围实施政府购买服务，不得将原材料、燃料、设备、产品等货物，以及建筑物和构筑物的新建、改建、扩建及其相关的装修、拆除、修缮等建设工程作为政府购买服务项目。严禁将铁路、公路、机场、通讯、水电煤气，以及教育、科技、医疗卫生、文化、体育等领域的基础设施建设，储备土地前期开发，农田水利等建设工程作为政府购买服务项目。严禁将建设工程与服务打包作为政府购买服务项目。严禁将金融机构、融资租赁公司等非金融机构提供的融资行为纳入政府购买服务范围。政府建设工程项目确需使用财政资金，应当依照《中华人民共和国政府采购法》及其实施条例、《中华人民共和国招标投标法》规范实施。

三、严格规范政府购买服务预算管理。政府购买服务要坚持先有预算、后购买服务，所需资金应当在既有年度预算中统筹考虑，不得把政府购买服务作为增加预算单位财政支出的依据。地方各级财政部门应当充分考虑实际财力水平，妥善做好政府购买服务支出与年度预算、中期财政规划的衔接，足额安排资金，保障服务承接主体合法权益。年度预算未安排资金的，不得实施政府购买服务。购买主体应当按照批准的预算执行，从部门预算经费或经批准的专项资金等既有年度预算中统筹安排购买服务资金。购买主体签订购买服务合同，应当确认涉及的财政支出已在年度预算和中期财政规划中安排。政府购买服务期限应严格限定在年度预算和中期财政规划期限内。党中央、国务院统一部署的棚户区改造、易地扶贫搬迁工作中涉及的政府购买服务事项，按照相关规定执行。

四、严禁利用或虚构政府购买服务合同违法违规融资。金融机构涉及政府购买服务的融资审查，必须符合政府预算管理制度相关要求，做到依法合规。承接主体利用政府购买服务合同向金融机构融资时，应当配合金融机构做好合规性管理，相关合同在购买内容和期限等方面必须符合政府购买服务有关法律和制度规定。地方政府及其部门不得利用或虚构政府购买服务合同为建设工程变相举债，不得通过政府购买服务向金融机构、融资租赁公司等非金融机构进行融资，不得以任何方式虚构或超越权限签订应付（收）账款合同帮助融资平台公司等企业融资。

五、切实做好政府购买服务信息公开。各地应当将年度预算中政府购买服务总金额、纳入中期财政规划的政府购买服务总金额以及政府购买服务项目有关预算信息，按规定及时向社会公开，提高预算透明度。购买主体应当依法在中国政府采购网及其地方分网及时公开政府购买服务项目相关信息，包括政府购买服务内容、购买方式、承接主体、合同金额、分年财政资金安排、合同期限、绩效评价等，确保政府购买服务项目信息真实准确，可查询、可追溯。坚决防止借政府购买服务名义进行利益输送等违法违规行为。

各省级财政部门要充分认识规范政府购买服务管理、防范财政金融风险的重要性，统一思想，加强领导，周密部署，报经省级政府批准后，会同相关部门组织全面摸底排查本地区政府购买服务情况，发现违法违规问题的，督促相关地区和单位限期依法依规整改到位，并将排查和整改结果于 2017 年 10 月底前报送财政部。

特此通知。

财政部

2017 年 5 月 28 日

印发《关于对政府采购领域严重违法失信主体开展联合惩戒的合作备忘录》的通知

（发改财金〔2018〕1614号）

各省、自治区、直辖市和新疆生产建设兵团有关部门、机构：

为全面贯彻党的十九大和十九届二中、三中全会精神，以习近平新时代中国特色社会主义思想为指导，落实《国务院关于印发社会信用体系建设规划纲要（2014—2020年）的通知》（国发〔2014〕21号）、《国务院关于建立完善守信联合激励和失信联合惩戒制度加快推进社会诚信建设的指导意见》（国发〔2016〕33号）和《国家发展改革委 人民银行关于加强和规范守信联合激励和失信联合惩戒对象名单管理工作的指导意见》（发改财金规〔2017〕1798号）等文件要求，加快推进政府采购领域信用体系建设，建立健全失信联合惩戒机制，国家发展改革委、人民银行、财政部、中央组织部、中央编办、中央文明办、中央网信办、科技部、工业和信息化部、人力资源社会保障部、自然资源部、生态环境部、住房城乡建设部、交通运输部、水利部、商务部、国资委、海关总署、税务总局、市场监管总局、国际发展合作署、银保监会、证监会、民航局、外汇局、全国总工会、共青团中央、全国妇联、中国铁路总公司等单位联合签署了《关于对政府采购领域严重违法失信主体开展联合惩戒的合作备忘录》。现印发给你们，请认真贯彻执行。

附件：关于对政府采购领域严重违法失信主体开展联合惩戒的合作备忘录

国家发展改革委　人民银行　财政部
中央组织部　中央编办　中央文明办
中央网信办　科技部　工业和信息化部
人力资源社会保障部　自然资源部　生态环境部
住房城乡建设部　交通运输部　水利部
商务部　国资委　海关总署
税务总局　市场监管总局　国际发展合作署
银保监会　证监会　民航局
外汇局　全国总工会　共青团中央
全国妇联　中国铁路总公司

2018年11月20日

附件

关于对政府采购领域严重违法失信主体开展联合惩戒的合作备忘录

为全面贯彻党的十九大和十九届二中、三中全会精神，以习近平新时代中国特色社会主义思想为指导，落实《国务院关于印发社会信用体系建设规划纲要（2014—2020 年）的通知》（国发〔2014〕21 号）、《国务院关于建立完善守信联合激励和失信联合惩戒制度加快推进社会诚信建设的指导意见》（国发〔2016〕33 号）和《国家发展改革委 人民银行关于加强和规范守信联合激励和失信联合惩戒对象名单管理工作的指导意见》（发改财金规〔2017〕1798 号）等文件要求，加快推进政府采购领域信用体系建设，建立健全失信联合惩戒机制，国家发展改革委、人民银行、财政部、中央组织部、中央编办、中央文明办、中央网信办、科技部、工业和信息化部、人力资源社会保障部、自然资源部、生态环境部、住房城乡建设部、交通运输部、水利部、商务部、国资委、海关总署、税务总局、市场监管总局、国际发展合作署、银保监会、证监会、民航局、外汇局、全国总工会、共青团中央、全国妇联、中国铁路总公司等单位就开展政府采购领域严重违法失信主体联合惩戒工作达成以下意见。

一、联合惩戒对象

联合惩戒对象主要指在政府采购领域经营活动中违反《政府采购法》，以及其他法律、法规、规章和规范性文件，违背诚实信用原则，经政府采购监督管理部门依法认定的存在严重违法失信行为的政府采购当事人，包括(1)政府采购供应商、代理机构及其直接负责的主管人员和其他责任人员；(2)政府采购评审专家（以下统称“失信责任主体”）。

二、信息共享与联合惩戒的实施方式

财政部通过全国信用信息共享平台向签署本备忘录的其他单位提供失信责任主体信息并按照有关规定动态更新。其他单位从全国信用信息共享平台获取失信责任主体信息，将其作为依法履职的重要参考，按照本备忘录约定内容，依法依规对失信责任主体实施联合惩戒。建立惩戒效果定期通报机制，有关单位根据实际情况定期将联合惩戒实施情况通过全国信用信息共享平台反馈至国家发展改革委和财政部。

三、联合惩戒措施

各单位依照有关规定，对失信责任主体采取下列一种或多种惩戒措施。

（一）依法限制获取财政补助补贴性资金和社会保障资金支持

依法限制失信责任主体申请财政补助补贴性资金和社会保障资金支持。

实施单位：财政部、国家发展改革委、人力资源社会保障部、国资委、国际发展合作署等

（二）依法限制参与政府投资工程建设项目投标活动

依法限制失信责任主体申请参与政府投资工程建设项目投标活动。

实施单位：国家发展改革委、工业和信息化部、住房城乡建设部、交通运输部、水利部、商务部、国际发展合作署、民航局、中国铁路总公司

（三）依法限制取得政府供应土地

依法限制或禁止失信责任主体取得政府供应土地。

实施单位：自然资源部

（四）依法限制取得认证机构资质和认证证书

依法限制失信责任主体取得认证机构资质和获得认证证书。

实施单位：市场监管总局

（五）依法限制参与基础设施和公用事业特许经营

依法限制失信责任主体参与基础设施和公用事业特许经营。

实施单位：国家发展改革委、财政部、住房城乡建设部、交通运输部、水利部

（六）设立证券公司、基金管理公司、期货公司等审批参考

依法将失信责任主体的违法失信记录作为证券公司、基金管理公司及期货公司的设立及股权或实际控制人变更审批或备案，私募投资基金管理人登记、重大事项变更以及基金备案的参考。

实施单位：证监会

（七）设立商业银行或分行、代表处审批参考

依法将失信责任主体的违法失信记录作为申请设立商业银行或分行、代表处的审批参考。

实施单位：银保监会

（八）设立保险公司的审批参考

依法将失信责任主体的违法失信记录作为保险公司的设立及股权或实际控制人变更审批或备案的参考。

实施单位：银保监会

（九）对申请发行企业债券不予受理

对失信责任主体申请发行企业债券不予受理。

实施单位：国家发展改革委

（十）加强注册非金融企业债务融资工具管理

在注册非金融企业债务融资工具时，加强管理，按照注册发行有关工作要求，强化信息披露，加强投资人保护机制管理，防范有关风险。

实施单位：人民银行

（十一）依法作为公司债券核准或备案参考

依法将失信责任主体的违法失信记录作为公司债券核准或备案的参考。

实施单位：证监会

（十二）股票、可转换公司债券发行审核及在全国中小企业股份转让系统公开转让审核的参考

依法将失信责任主体的违法失信行为作为股票、可转换公司债券发行审核及在全国中小企业股份转让系统公开转让审核的参考。

实施单位：证监会

（十三）作为境内上市公司实行股权激励计划或相关人员成为股权激励对象事中事后监管的参考

依法将失信责任主体的违法失信行为作为境内上市公司实行股权激励计划或相关人员成为股权激励对象事中事后监管的参考。

实施单位：证监会

（十四）上市公司或者非上市公众公司收购事中事后监管中予以重点关注

在上市公司或者非上市公众公司收购的事中事后监管中，对失信责任主体予以重点关注。

实施单位：证监会

（十五）证券、基金、期货从业资格申请予以从严审核，证券、基金、期货从业人员相关主体予以重点关注

对存在失信记录的相关主体在证券、基金、期货从业资格申请中予以从严审核，对已成为证券、基金、期货从业人员的相关主体予以重点关注。

实施单位：证监会

（十六）非上市公众公司重大资产重组审核的参考

依法将失信信息作为非上市公众公司重大资产重组审核的参考。

实施单位：证监会

（十七）独立基金销售机构审批的参考

依法将失信信息作为独立基金销售机构审批的参考。

实施单位：证监会

（十八）限制从事互联网信息服务，从严审查电信业务经营许可申请

依法限制失信责任主体从事互联网信息服务，从严审查失信责任主体电信业务经营许可申请。

实施单位：工业和信息化部

（十九）金融机构融资授信参考

依法将失信责任主体的违法失信记录作为对其评级授信、信贷融资、管理和退出等的重要参考。

实施单位：人民银行、银保监会

（二十）加强日常监管检查

对失信责任主体，相关单位可在市场监管、现场检查等工作中予以参考，加大日常监管力度，按照相关规定，提高随机抽查的比例和频次，向社会公布检查结果。

实施单位：各有关单位

（二十一）依法限制其担任国有企业法定代表人、董事、监事

失信责任主体为自然人的，依法限制其担任国有企业法定代表人、董事、监事；已担任相关职务的，依法提出其不再担任相关职务的意见。

实施单位：中央组织部、国资委、财政部、市场监管总局等

（二十二）依法限制登记为事业单位法定代表人

失信责任主体为自然人的，依法限制登记为事业单位法定代表人。失信责任主体是机构的，该机构法定代表人依法限制登记为事业单位法定代表人。

实施单位：中央编办

（二十三）依法限制担任金融机构董事、监事、高级管理人员

失信责任主体为自然人的，依法限制其担任银行业金融机构、保险公司、保险资产管理公司、融资性担保公司等的董事、监事、高级管理人员，以及保险专业代理机构、保险经纪人

的高级管理人员及相关分支机构主要负责人，保险公估机构董事长、执行董事和高级管理人员；将其违法失信记录作为担任证券公司、基金管理公司、期货公司的董事、监事和高级管理人员及分支机构负责人任职审批或备案的参考。已担任相关职务的，依法提出其不再担任相关职务的意见。

实施单位：中央组织部、银保监会、证监会、财政部、市场监管总局等

（二十四）招录（聘）为公务员或事业单位工作人员参考

失信责任主体为自然人的，依法将其违法失信记录作为其被招录（聘）为公务员或事业单位工作人员的重要参考。

实施单位：中央组织部、人力资源社会保障部

（二十五）依法限制参与评先、评优或取得荣誉称号

依法限制失信责任主体参与评先、评优或取得各类荣誉称号；已获得相关荣誉称号的依法予以撤销。

实施单位：中央文明办、全国总工会、共青团中央、全国妇联等

（二十六）供纳税信用管理时审慎性参考

在对失信责任主体的纳税信用管理中，依法将其违法失信行为作为信用信息采集和评价的审慎性参考依据。

实施单位：税务总局

（二十七）供外汇业务审批与管理时审慎性参考

依法将失信责任主体的相关违法失信信息作为外汇业务审批、合格境外机构投资者与合格境内机构投资者额度审批和管理的审慎性参考。

实施单位：外汇局

（二十八）依法限制成为海关认证企业

对失信责任主体申请海关认证企业管理的，不予通过认证；对已经成为认证企业的，按照规定下调企业信用等级。

实施单位：海关总署

（二十九）加大进出口货物监管力度

失信责任主体办理相关海关业务时，对其进出口货物实施严密监管，加强布控查验、后续稽查或统计监督核查。

实施单位：海关总署

（三十）依法限制受让收费公路权益参考

依法将失信责任主体的违法失信行为作为限制受让收费公路权益的参考。

实施单位：交通运输部

（三十一）暂停审批相关的科技项目

依法限制审批新的科技扶持项目，将其违法失信行为记入科研信用记录，并依据有关规定暂停审批其新的科技项目资金申报。

实施单位：科技部

（三十二）严格、审慎审批新改扩建项目的环评事项

依法将失信责任主体的违法失信信息作为审批新改扩建项目环评事项的参考。

实施单位:生态环境部

(三十三) 作为限制分配进口关税配额的参考

依法将失信责任主体的违法失信信息作为限制分配有关商品的进口关税配额的参考。

实施单位:商务部、国家发展改革委

(三十四) 通过“信用中国”网站、中国政府采购网、国家企业信用信息公示系统及其他主要新闻网站向社会公布

依法将失信责任主体的违法失信信息通过“信用中国”网站、中国政府采购网、国家企业信用信息公示系统予以发布,同时协调相关互联网新闻信息服务单位向社会公布。

实施单位:国家发展改革委、财政部、市场监管总局、中央网信办

四、联合惩戒信息的动态管理

财政部在提供失信责任主体的违法失信信息时,应注明决定作出的日期及实施期限,有关单位根据各自的法定职责,按照法律法规和相关规定实施惩戒或解除惩戒。超过实施期限的,不再实施联合惩戒。

五、其他事宜

各单位应密切协作,积极落实本备忘录,制定完善相关领域规范性文件,推动健全相关领域立法,指导本系统各级单位依法依规实施联合惩戒措施。本备忘录实施过程中涉及单位之间协同配合的问题,由各单位协商解决。

本备忘录签署后,各项惩戒措施依据的法律、法规、规章及规范性文件有修改或调整的,以修改后的法律、法规、规章及规范性文件为准。

附录：

联合惩戒依据和实施单位

惩戒措施	法律及政策依据	实施单位
（一）依法限制获取财政补助补贴性资金和社会保障资金支持	**《国务院关于印发社会信用体系建设规划纲要（2014—2020年）的通知》** 二、推进重点领域诚信建设 （一）加快推进政务诚信建设。发挥政府诚信建设示范作用。各级人民政府首先要加强自身诚信建设，以政府的诚信施政，带动全社会诚信意识的树立和诚信水平的提高。在行政许可、政府采购、招标投标、劳动就业、社会保障、科研管理、干部选拔任用和管理监督、申请政府资金支持等领域，率先使用信用信息和信用产品，培育信用服务市场发展。 **《国务院关于建立完善守信联合激励和失信联合惩戒制度加快推进社会诚信建设的指导意见》** （十）依法依规加强对失信行为的行政性约束和惩戒。对严重失信主体，各地区、各有关部门应将其列为重点监管对象，依法依规采取行政性约束和惩戒措施。从严审核行政许可审批项目，从严控制生产许可证发放，限制新增项目审批、核准，限制股票发行上市融资或发行债券，限制在全国股份转让系统挂牌、融资，限制发起设立或参股金融机构以及小额贷款公司、融资担保公司、创业投资公司、互联网融资平台等机构，限制从事互联网信息服务等。严格限制申请财政性资金项目，限制参与有关公共资源交易活动，限制参与基础设施和公用事业特许经营。对严重失信企业及其法定代表人、主要负责人和对失信行为负有直接责任的注册执业人员等实施市场和行业禁入措施。及时撤销严重失信企业及其法定代表人、负责人、高级管理人员和对失信行为负有直接责任的董事、股东等人员的荣誉称号，取消参加评先评优资格。	财政部、国家发展改革委、人力资源社会保障部、国资委、国际发展合作署等
（二）依法限制参与政府投资工程建设项目投标活动	**《工程建设项目施工招标投标办法》** 第二十条　资格审查应主要审查潜在投标人或者投标人是否符合下列条件： （一）具有独立订立合同的权利； （二）具有履行合同的能力，包括专业、技术资格和能力，资金、设备和其他物质设施状况，管理能力，经验、信誉和相应的从业人员； （三）没有处于被责令停业，投标资格被取消，财产被接管、冻结，破产状态； （四）在最近三年内没有骗取中标和严重违约及重大工程质量问题； （五）国家规定的其他资格条件。 资格审查时，招标人不得以不合理的条件限制、排斥潜在投标人或者投标人，不得对潜在投标人或者投标人实行歧视待遇。任何单位和个人不得以行政手段或者其他不合理方式限制投标人的数量。 **《国务院关于印发社会信用体系建设规划纲要（2014—2020年）的通知》** （二）深入推进商务诚信建设 招标投标领域信用建设。扩大招标投标信用信息公开和共享范围，建立涵盖招标投标情况的信用评价指标和评价标准体系，健全招标投标信用信息公开和共享制度。进一步贯彻落实招标投标违法行为记录公告制度，推动完	国家发展改革委、工业和信息化部、住房城乡建设部、交通运输部、水利部、商务部、国际发展合作署、民航局、中国铁路总公司

续表

惩戒措施	法律及政策依据	实施单位
（二）依法限制参与政府投资工程建设项目投标活动	善奖惩联动机制。依托电子招标投标系统及其公共服务平台，实现招标投标和合同履行等信用信息的互联互通、实时交换和整合共享。鼓励市场主体运用基本信用信息和第三方信用评价结果，并将其作为投标人资格审查、评标、定标和合同签订的重要依据。 **《国务院办公厅关于运用大数据加强对市场主体服务和监管的若干意见》** （十五）建立健全失信联合惩戒机制。各级人民政府应将使用信用信息和信用报告嵌入行政管理和公共服务的各领域、各环节，作为必要条件或重要参考依据。充分发挥行政、司法、金融、社会等领域的综合监管效能，在市场准入、行政审批、资质认定、享受财政补贴和税收优惠政策、企业法定代表人和负责人任职资格审查、政府采购、政府购买服务、银行信贷、招标投标、国有土地出让、企业上市、货物通关、税收征缴、社保缴费、外汇管理、劳动用工、价格制定、电子商务、产品质量、食品药品安全、消费品安全、知识产权、环境保护、治安管理、人口管理、出入境管理、授予荣誉称号等方面，建立跨部门联动响应和失信约束机制，对违法失信主体依法予以限制或禁入。建立各行业“黑名单”制度和市场退出机制。推动将申请人良好的信用状况作为各类行政许可的必备条件。	国家发展改革委、工业和信息化部、住房城乡建设部、交通运输部、水利部、商务部、国际发展合作署、民航局、中国铁路总公司
（三）依法限制取得政府供应土地	**《国务院关于促进市场公平竞争维护市场正常秩序的若干意见》** （十五）建立健全守信激励和失信惩戒机制。将市场主体的信用信息作为实施行政管理的重要参考。根据市场主体信用状况实行分类分级、动态监管，建立健全经营异常名录制度，对违背市场竞争原则和侵犯消费者、劳动者合法权益的市场主体建立“黑名单”制度。（工商总局牵头负责）对守信主体予以支持和激励，对失信主体在经营、投融资、取得政府供应土地、进出口、出入境、注册新公司、工程招投标、政府采购、获得荣誉、安全许可、生产许可、从业任职资格、资质审核等方面依法予以限制或禁止，对严重违法失信主体实行市场禁入制度。（各相关市场监管部门按职责分工分别负责） **《企业信息公示暂行条例》** 第十八条　县级以上地方人民政府及其有关部门应当建立健全信用约束机制，在政府采购、工程招投标、国有土地出让、授予荣誉称号等工作中，将企业信息作为重要考量因素，对被列入经营异常名录或者严重违法企业名单的企业依法予以限制或者禁入。	自然资源部
（四）依法限制取得认证机构资质和认证证书	**《国务院关于印发社会信用体系建设规划纲要（2014—2020年）的通知》** 二、推进重点领域诚信建设 （一）加快推进政务诚信建设。发挥政府诚信建设示范作用。各级人民政府首先要加强自身诚信建设，以政府的诚信施政，带动全社会诚信意识的树立和诚信水平的提高。在行政许可、政府采购、招标投标、劳动就业、社会保障、科研管理、干部选拔任用和管理监督、申请政府资金支持等领域，率先使用信用信息和信用产品，培育信用服务市场发展。 （二）深入推进商务诚信建设。中介服务业信用建设。建立完善中介服务机构及其从业人员的信用记录和披露制度，并作为市场行政执法部门实施信用分类管理的重要依据。重点加强公证仲裁类、律师类、会计类、担保类、鉴证类、检验检测类、评估类、认证类、代理类、经纪类、职业介绍类、咨询类、交易类等机	市场监管总局

续表

惩戒措施	法律及政策依据	实施单位
（四）依法限制取得认证机构资质和认证证书	构信用分类管理，探索建立科学合理的评估指标体系、评估制度和工作机制。 **《国务院关于促进市场公平竞争维护市场正常秩序的若干意见》** 四、夯实监管信用基础 （十五）建立健全守信激励和失信惩戒机制。将市场主体的信用信息作为实施行政管理的重要参考。根据市场主体信用状况实行分类分级、动态监管，建立健全经营异常名录制度，对违背市场竞争原则和侵犯消费者、劳动者合法权益的市场主体建立“黑名单”制度。（工商总局牵头负责）对守信主体予以支持和激励，对失信主体在经营、投融资、取得政府供应土地、进出口、出入境、注册新公司、工程招投标、政府采购、获得荣誉、安全许可、生产许可、从业任职资格、资质审核等方面依法予以限制或禁止，对严重违法失信主体实行市场禁入制度。（各相关市场监管部门按职责分工分别负责） **《中华人民共和国认证认可条例》** 第六条　认证认可活动应当遵循客观独立、公开公正、诚实信用的原则。	市场监管总局
（五）依法限制参与基础设施和公用事业特许经营	**《国务院关于建立完善守信联合激励和失信联合惩戒制度加快推进社会诚信建设的指导意见》** （十）依法依规加强对失信行为的行政性约束和惩戒。对严重失信主体，各地区、各有关部门应将其列为重点监管对象，依法依规采取行政性约束和惩戒措施。从严审核行政许可审批项目，从严控制生产许可证发放，限制新增项目审批、核准，限制股票发行上市融资或发行债券，限制在全国股份转让系统挂牌、融资，限制发起设立或参股金融机构以及小额贷款公司、融资担保公司、创业投资公司、互联网融资平台等机构，限制从事互联网信息服务等。严格限制申请财政性资金项目，限制参与有关公共资源交易活动，限制参与基础设施和公用事业特许经营。对严重失信企业及其法定代表人、主要负责人和对失信行为负有直接责任的注册执业人员等实施市场和行业禁入措施。及时撤销严重失信企业及其法定代表人、负责人、高级管理人员和对失信行为负有直接责任的董事、股东等人员的荣誉称号，取消参加评先评优资格。 **《基础设施和公用事业特许经营管理办法》** 第十七条　实施机构应当公平择优选择具有相应管理经验、专业能力、融资实力以及信用状况良好的法人或者其他组织作为特许经营者。鼓励金融机构与参与竞争的法人或其他组织共同制定投融资方案。特许经营者选择应当符合内外资准入等有关法律、行政法规规定。依法选定的特许经营者应当向社会公示。 第五十三条　特许经营者违反法律、行政法规和国家强制性标准，严重危害公共利益，或者造成重大质量、安全事故或者突发环境事件的，有关部门应当责令限期改正并依法予以行政处罚；拒不改正、情节严重的，可以终止特许经营协议；构成犯罪的，依法追究刑事责任。 第五十六条　县级以上人民政府有关部门应当对特许经营者及其从业人员的不良行为建立信用记录，纳入全国统一的信用信息共享交换平台。对严重违法失信行为依法予以曝光，并会同有关部门实施联合惩戒。	国家发展改革委、财政部、住房城乡建设部、交通运输部、水利部

续表

惩戒措施	法律及政策依据	实施单位
（六）设立证券公司、基金管理公司、期货公司等审批参考	**《中华人民共和国证券法》** 第一百二十四条　设立证券公司，应当具备下列条件： （一）有符合法律、行政法规规定的公司章程； （二）主要股东具有持续盈利能力，信誉良好，最近三年无重大违法违规记录，净资产不低于人民币二亿元； （三）有符合本法规定的注册资本； （四）董事、监事、高级管理人员具备任职资格，从业人员具有证券从业资格； （五）有完善的风险管理与内部控制制度； （六）有合格的经营场所和业务设施； （七）法律、行政法规规定的和经国务院批准的国务院证券监督管理机构规定的其他条件。 **《中华人民共和国证券投资基金法》** 第十三条　设立管理公开募集基金的基金管理公司，应当具备下列条件，并经国务院证券监督管理机构批准： （一）有符合本法和《中华人民共和国公司法》规定的章程； （二）注册资本不低于一亿元人民币，且必须为实缴货币资本； （三）主要股东应当具有经营金融业务或者管理金融机构的良好业绩、良好的财务状况和社会信誉，资产规模达到国务院规定的标准，最近三年没有违法记录； （四）取得基金从业资格的人员达到法定人数； （五）董事、监事、高级管理人员具备相应的任职条件； （六）有符合要求的营业场所、安全防范设施和与基金管理业务有关的其他设施； （七）有良好的内部治理结构、完善的内部稽核监控制度、风险控制制度； （八）法律、行政法规规定的和经国务院批准的国务院证券监督管理机构规定的其他条件。 **《期货交易管理条例》** 第十六条　申请设立期货公司，应当符合《中华人民共和国公司法》的规定，并具备下列条件： （一）注册资本最低限额为人民币3000万元； （二）董事、监事、高级管理人员具备任职资格，从业人员具有期货从业资格； （三）有符合法律、行政法规规定的公司章程； （四）主要股东以及实际控制人具有持续盈利能力，信誉良好，最近3年无重大违法违规记录； （五）有合格的经营场所和业务设施； （六）有健全的风险管理和内部控制制度； （七）国务院期货监督管理机构规定的其他条件。 国务院期货监督管理机构根据审慎监管原则和各项业务的风险程度，可以提高注册资本最低限额。注册资本应当是实缴资本。股东应当以货币或者期货公司经营必需的非货币财产出资，货币出资比例不得低于85%。	证监会

续表

惩戒措施	法律及政策依据	实施单位
（六）设立证券公司、基金管理公司、期货公司等审批参考	国务院期货监督管理机构应当在受理期货公司设立申请之日起6个月内，根据审慎监管原则进行审查，作出批准或者不批准的决定。 未经国务院期货监督管理机构批准，任何单位和个人不得委托或者接受他人委托持有或者管理期货公司的股权。 **《证券投资基金管理公司管理办法》** 第七条　申请设立基金管理公司，出资或者持有股份占基金管理公司注册资本的比例（以下简称持股比例）在5%以上的股东，应当具备下列条件： （一）注册资本、净资产不低于1亿元人民币，资产质量良好； （二）持续经营3个以上完整的会计年度，公司治理健全，内部监控制度完善； （三）最近3年没有因违法违规行为受到行政处罚或者刑事处罚； （四）没有挪用客户资产等损害客户利益的行为； （五）没有因违法违规行为正在被监管机构调查，或者正处于整改期间； （六）具有良好的社会信誉，最近3年在金融监管、税务、工商等行政机关，以及自律管理、商业银行等机构无不良记录。 **《期货公司监督管理办法》** 第七条　持有5%以上股权的股东为法人或者其他组织的，应当具备下列条件： （一）实收资本和净资产均不低于人民币3000万元； （二）净资产不低于实收资本的50%，或有负债低于净资产的50%，不存在对财务状况产生重大不确定影响的其他风险； （三）没有较大数额的到期未清偿债务； （四）近3年未因重大违法违规行为受到行政处罚或者刑事处罚； （五）未因涉嫌重大违法违规正在被有权机关立案调查或者采取强制措施； （六）近3年作为公司（含金融机构）的股东或者实际控制人，未有滥用股东权利、逃避股东义务等不诚信行为； （七）不存在中国证监会根据审慎监管原则认定的其他不适合持有期货公司股权的情形。 **《证券公司监督管理条例》** 第十条　有下列情形之一的单位或者个人，不得成为持有证券公司5%以上股权的股东、实际控制人： （一）因故意犯罪被判处刑罚，刑罚执行完毕未逾3年； （二）净资产低于实收资本的50%，或者或有负债达到净资产的50%； （三）不能清偿到期债务； （四）国务院证券监督管理机构认定的其他情形。 证券公司的其他股东应当符合国务院证券监督管理机构的相关要求。 **《私募投资基金监督管理暂行办法》** 第四条　私募基金管理人和从事私募基金托管业务的机构（以下简称私募基金托管人）管理、运用私募基金财产，从事私募基金销售业务的机构（以下简称私募基金销售机构）及其他私募服务机构从事私募基金服务活动，应当恪尽职守，履行诚实信用、谨慎勤勉的义务。 私募基金从业人员应当遵守法律、行政法规，恪守职业道德和行为规范。	证监会

续表

惩戒措施	法律及政策依据	实施单位
（七）设立商业银行或分行、代表处审批参考	**《中华人民共和国商业银行法》** 第十二条　设立商业银行，应当具备下列条件： （一）有符合本法和《中华人民共和国公司法》规定的章程； （二）有符合本法规定的注册资本最低限额； （三）有具备任职专业知识和业务工作经验的董事、高级管理人员； （四）有健全的组织机构和管理制度； （五）有符合要求的营业场所、安全防范措施和与业务有关的其他设施； 设立商业银行，还应当符合其他审慎性条件。 **《中华人民共和国外资银行管理条例》** 第九条　拟设外商独资银行、中外合资银行的股东或者拟设分行、代表处的外国银行应当具备下列条件： （一）具有持续盈利能力，信誉良好，无重大违法违规记录； （二）拟设外商独资银行的股东、中外合资银行的外方股东或者拟设分行、代表处的外国银行具有从事国际金融活动的经验； （三）具有有效的反洗钱制度； （四）拟设外商独资银行的股东、中外合资银行的外方股东或者拟设分行、代表处的外国银行受到所在国家或者地区金融监管当局的有效监管，并且其申请经所在国家或者地区金融监管当局同意； （五）国务院银行业监督管理机构规定的其他审慎性条件。拟设外商独资银行的股东、中外合资银行的外方股东或者拟设分行、代表处的外国银行所在国家或者地区应当具有完善的金融监督管理制度，并且其金融监管当局已经与国务院银行业监督管理机构建立良好的监督管理合作机制。	银保监会
（八）设立保险公司的审批参考	**《中华人民共和国保险法》** 第六十八条　设立保险公司应当具备下列条件： （一）主要股东具有持续盈利能力，信誉良好，最近三年内无重大违法违规记录，净资产不低于人民币二亿元； （二）有符合本法和《中华人民共和国公司法》规定的章程； （三）有符合本法规定的注册资本； （四）有具备任职专业知识和业务工作经验的董事、监事和高级管理人员； （五）有健全的组织机构和管理制度； （六）有符合要求的营业场所和与经营业务有关的其他设施； （七）法律、行政法规和国务院保险监督管理机构规定的其他条件。	银保监会

续表

惩戒措施	法律及政策依据	实施单位
（九）对申请发行企业债券不予受理	**《国家发展改革委　人民银行　中央编办关于在行政管理事项中使用信用记录和信用报告的若干意见》** 二、切实发挥在行政管理事项中使用信用记录和信用报告的作用。各级政府、各相关部门应将相关市场主体所提供的信用记录或信用报告作为其实施行政管理的重要参考。对守信者，应探索实行优先办理、简化程序、“绿色通道”和重点支持等激励政策；对失信者，应结合失信类别和程度，严格落实失信惩戒制度。 三、探索完善在行政管理事项中使用信用记录和信用报告的制度规范。各级政府、各相关部门应结合地方和部门实际，在政府采购、招标投标、行政审批、市场准入、资质审核等行政管理事项中依法要求相关市场主体提供由第三方信用服务机构出具的信用记录或信用报告。各级政府、各相关部门应根据履职需要，研究明确信用记录或信用报告的主要内容和运用规范。 **《国家发展改革委办公厅关于进一步改进企业债券发行审核工作的通知》** 对于以下两类发债申请，要从严审核，有效防范市场风险。 （一）募集资金用于产能过剩、高污染、高耗能等国家产业政策限制领域的发债申请。 （二）企业信用等级较低，负债率高，债券余额较大或运作不规范、资产不实、偿债措施较弱的发债申请。 **《公司债券发行与交易管理办法》** 第十七条　存在下列情形之一的，不得公开发行公司债券： （一）最近三十六个月内公司财务会计文件存在虚假记载，或公司存在其他重大违法行为； （二）本次发行申请文件存在虚假记载、误导性陈述或者重大遗漏； （三）对已发行的公司债券或者其他债务有违约或者迟延支付本息的事实，仍处于继续状态； （四）严重损害投资者合法权益和社会公共利益的其他情形。 **《国务院关于促进市场公平竞争维护市场正常秩序的若干意见》** （十五）建立健全守信激励和失信惩戒机制。将市场主体的信用信息作为实施行政管理的重要参考。根据市场主体信用状况实行分类分级、动态监管，建立健全经营异常名录制度，对违背市场竞争原则和侵犯消费者、劳动者合法权益的市场主体建立“黑名单”制度。（工商总局牵头负责）对守信主体予以支持和激励，对失信主体在经营、投融资、取得政府供应土地、进出口、出入境、注册新公司、工程招投标、政府采购、获得荣誉、安全许可、生产许可、从业任职资格、资质审核等方面依法予以限制或禁止，对严重违法失信主体实行市场禁入制度。（各相关市场监管部门按职责分工分别负责）	国家发展改革委

续表

惩戒措施	法律及政策依据	实施单位
（十）加强注册非金融企业债务融资工具管理	**《银行间债券市场非金融企业债务融资工具管理办法》** 第三条　债券融资工具发行与交易应遵循诚信、自律原则。 第七条　企业发行债务融资工具应在银行间债券市场披露信息。披露信息应遵循诚实信用原则，不得有虚假记载、误导性陈述或重大遗漏。 第九条　为债务融资工具提供服务的承销机构、信用评级机构、注册会计师、律师等专业机构和人员应勤勉尽责，严格遵守执业规范和职业道德，按规定和约定履行义务。 上述专业机构和人员所出具的文件含有虚假记载、误导性陈述和重大遗漏的，应当就其负有责任的部分承担相应的法律责任。	人民银行
（十一）依法作为公司债券核准或备案参考	**《公司债券发行与交易管理办法》** 第十七条　存在下列情形之一的，不得公开发行公司债券： （一）最近三十六个月内公司财务会计文件存在虚假记载，或公司存在其他重大违法行为； （二）本次发行申请文件存在虚假记载、误导性陈述或者重大遗漏； （三）对已发行的公司债券或者其他债务有违约或者迟延支付本息的事实，仍处于继续状态； （四）严重损害投资者合法权益和社会公共利益的其他情形。	证监会
（十二）股票、可转换公司债券发行审核及在全国中小企业股份转让系统公开转让审核的参考	**《中华人民共和国证券法》** 第十三条　公司公开发行新股，应当符合下列条件： （一）具备健全且运行良好的组织机构； （二）具有持续盈利能力，财务状况良好； （三）最近三年财务会计文件无虚假记载，无其他重大违法行为； （四）经国务院批准的国务院证券监督管理机构规定的其他条件。 上市公司非公开发行新股，应当符合经国务院批准的国务院证券监督管理机构规定的条件，并报国务院证券监督管理机构核准。 **《首次公开发行股票并上市管理办法》** 第十八条　发行人不得有下列情形： （一）最近36个月内未经法定机关核准，擅自公开或者变相公开发行过证券；或者有关违法行为虽然发生在36个月前，但目前仍处于持续状态； （二）最近36个月内违反工商、税收、土地、环保、海关以及其他法律、行政法规，受到行政处罚，且情节严重； （三）最近36个月内曾向中国证监会提出发行申请，但报送的发行申请文件有虚假记载、误导性陈述或重大遗漏；或者不符合发行条件以欺骗手段骗取发行核准；或者以不正当手段干扰中国证监会及其发行审核委员会审核工作；或者伪造、变造发行人或其董事、监事、高级管理人员的签字、盖章； （四）本次报送的发行申请文件有虚假记载、误导性陈述或者重大遗漏； （五）涉嫌犯罪被司法机关立案侦查，尚未有明确结论意见； （六）严重损害投资者合法权益和社会公共利益的其他情形。	证监会

续表

惩戒措施	法律及政策依据	实施单位
（十二）股票、可转换公司债券发行审核及在全国中小企业股份转让系统公开转让审核的参考	**《首次公开发行股票并在创业板上市管理办法》** 第二十条　发行人及其控股股东、实际控制人最近三年内不存在损害投资者合法权益和社会公共利益的重大违法行为。 发行人及其控股股东、实际控制人最近三年内不存在未经法定机关核准，擅自公开或者变相公开发行证券，或者有关违法行为虽然发生在三年前，但目前仍处于持续状态的情形。 **《上市公司证券发行管理办法》** 第九条　上市公司最近三十六个月内财务会计文件无虚假记载，且不存在下列重大违法行为： （一）违反证券法律、行政法规或规章，受到中国证监会的行政处罚，或者受到刑事处罚； （二）违反工商、税收、土地、环保、海关法律、行政法规或规章，受到行政处罚且情节严重，或者受到刑事处罚； （三）违反国家其他法律、行政法规且情节严重的行为。 **《创业板上市公司证券发行管理暂行办法》** 第十条　上市公司存在下列情形之一的，不得发行证券： （一）本次发行申请文件有虚假记载、误导性陈述或者重大遗漏； （二）最近十二个月内未履行向投资者作出的公开承诺； （三）最近三十六个月内因违反法律、行政法规、规章受到行政处罚且情节严重，或者受到刑事处罚，或者因违反证券法律、行政法规、规章受到中国证监会的行政处罚；最近十二个月内受到证券交易所的公开谴责；因涉嫌犯罪被司法机关立案侦查或者涉嫌违法违规被中国证监会立案调查； （四）上市公司控股股东或者实际控制人最近十二个月内因违反证券法律、行政法规、规章，受到中国证监会的行政处罚，或者受到刑事处罚； （五）现任董事、监事和高级管理人员存在违反《公司法》第一百四十七条、第一百四十八条规定的行为，或者最近三十六个月内受到中国证监会的行政处罚、最近十二个月内受到证券交易所的公开谴责；因涉嫌犯罪被司法机关立案侦查或者涉嫌违法违规被中国证监会立案调查； （六）严重损害投资者的合法权益和社会公共利益的其他情形。 **《非上市公众公司监督管理办法》** 第三条　公众公司应当按照法律、行政法规、本办法和公司章程的规定，做到股权明晰，合法规范经营，公司治理机制健全，履行信息披露义务。	证监会

续表

惩戒措施	法律及政策依据	实施单位
（十三）作为境内上市公司实行股权激励计划或相关人员成为股权激励对象事中事后监管的参考	**《上市公司股权激励管理办法》** 第七条　上市公司具有下列情形之一的，不得实行股权激励： （四）法律法规规定不得实行股权激励的； （五）中国证监会认定的其他情形。 第八条　下列人员也不得成为激励对象： （一）最近12个月内被证券交易所认定为不适当人选； （二）最近12个月内被中国证监会及其派出机构认定为不适当人选； （三）最近12个月内因重大违法违规行为被中国证监会及其派出机构行政处罚或者采取禁入措施； （四）具有《公司法》规定的不得担任公司董事、高级管理人员情形的； （五）法律法规规定不得参与上市公司股权激励的； （六）中国证监会认定的其他情形。	证监会
（十四）上市公司或者非上市公众公司收购事中事后监管中予以重点关注	**《上市公司收购管理办法》** 第四条　上市公司的收购及相关股份权益变动活动不得危害国家安全和社会公共利益。 第六条　任何人不得利用上市公司的收购损害被收购公司及其股东的合法权益。 有下列情形之一的，不得收购上市公司： （二）收购人最近3年有重大违法行为或者涉嫌有重大违法行为； **《非上市公众公司收购管理办法》** 第六条　进行公众公司收购，收购人及其实际控制人应当具有良好的诚信记录，收购人及其实际控制人为法人的，应当具有健全的公司治理机制。任何人不得利用公众公司收购损害被收购公司及其股东的合法权益。 有下列情形之一的，不得收购公众公司： （二）收购人最近2年有重大违法行为或者涉嫌有重大违法行为；	证监会
（十五）证券、基金、期货从业资格申请予以从严审核，证券、基金、期货从业人员相关主体予以重点关注	**《证券业从业人员资格管理办法》** 第十条　取得从业资格的人员，符合下列条件的，可以通过机构申请执业证书： （一）已被机构聘用； （二）最近三年未受过刑事处罚； （三）不存在《中华人民共和国证券法》第一百二十六条规定的情形； （四）未被中国证监会认定为证券市场禁入者，或者已过禁入期的； （五）品行端正，具有良好的职业道德； （六）法律、行政法规和中国证监会规定的其他条件。 申请执业证券投资咨询以及证券资信评估业务的，申请人应当同时符合《中华人民共和国证券法》第一百五十八条，以及其他相关规定。 **《期货从业人员管理办法》** 第十条　机构任用具有从业资格考试合格证明且符合下列条件的人员从事期货业务的，应当为其办理从业资格申请：	证监会

续表

惩戒措施	法律及政策依据	实施单位
（十五）证券、基金、期货从业资格申请予以从严审核，证券、基金、期货从业人员相关主体予以重点关注	（一）品行端正，具有良好的职业道德； （二）已被本机构聘用； （三）最近3年内未受过刑事处罚或者中国证监会等金融监管机构的行政处罚； （四）未被中国证监会等金融监管机构采取市场禁入措施，或者禁入期已经届满； （五）最近3年内未因违法违规行为被撤销证券、期货从业资格； （六）中国证监会规定的其他条件。 机构不得任用无从业资格的人员从事期货业务，不得在办理从业资格申请过程中弄虚作假。 **《私募投资基金监督管理暂行办法》** 第四条　私募基金管理人和从事私募基金托管业务的机构（以下简称私募基金托管人）管理、运用私募基金财产，从事私募基金销售业务的机构（以下简称私募基金销售机构）及其他私募服务机构从事私募基金服务活动，应当恪尽职守，履行诚实信用、谨慎勤勉的义务。 私募基金从业人员应当遵守法律、行政法规，恪守职业道德和行为规范。	证监会
（十六）非上市公众公司重大资产重组审核的参考	**《非上市公众公司重大资产重组管理办法》** 第五条　公众公司的董事、监事和高级管理人员在重大资产重组中，应当诚实守信、勤勉尽责，维护公众公司资产的安全，保护公众公司和全体股东的合法权益。 第二十七条　全国股份转让系统对公众公司重大资产重组实施自律管理。 全国股份转让系统应当对公众公司涉及重大资产重组的股票暂停与恢复转让、防范内幕交易等作出制度安排；加强对公众公司重大资产重组期间股票转让的实时监管，建立相应的市场核查机制，并在后续阶段对股票转让情况进行持续监管。 全国股份转让系统应当督促公众公司及其他信息披露义务人依法履行信息披露义务，发现公众公司重大资产重组信息披露文件中有违反法律、行政法规和中国证监会规定行为的，应当向中国证监会报告，并采取相应的自律监管措施；情形严重的，应当要求其暂停重大资产重组。 全国股份转让系统应当督促为公众公司提供服务的独立财务顾问诚实守信、勤勉尽责，发现独立财务顾问有违反法律、行政法规和中国证监会规定行为的，应当向中国证监会报告，并采取相应的自律监管措施。	证监会
（十七）独立基金销售机构审批的参考	**《证券投资基金销售管理办法》** 第十六条　独立基金销售机构以有限责任公司形式设立的，其股东可以是企业法人或者自然人。企业法人参股独立基金销售机构，应当具备以下条件： （一）持续经营3个以上完整会计年度，财务状况良好，运作规范稳定； （二）最近3年没有受到刑事处罚； （三）最近3年没有受到金融监管、行业监管、工商、税务等行政管理部门的行政处罚； （四）最近3年在自律管理、商业银行等机构无不良记录；	证监会

续表

惩戒措施	法律及政策依据	实施单位
(十七)独立基金销售机构审批的参考	(五)没有因违法违规行为正在被监管机构调查或者正处于整改期间。 自然人参股独立基金销售机构，应当具备以下条件： (一)有从事证券、基金或者其他金融业务 10 年以上或者证券、基金业务部门管理 5 年以上或者担任证券、基金行业高级管理人员 3 年以上的工作经历； (二)最近 3 年没有受到刑事处罚； (三)最近 3 年没有受到金融监管、行业监管、工商、税务等行政管理部门的行政处罚； (四)在自律管理、商业银行等机构无不良记录； (五)无到期未清偿的数额较大的债务； (六)最近 3 年无其他重大不良诚信记录。	证监会
(十八)限制从事互联网信息服务，从严审查电信业务经营许可申请	**《互联网信息服务管理办法》** 第五条　从事新闻、出版、教育、医疗保健、药品和医疗器械等互联网信息服务，依照法律、行政法规以及国家有关规定须经有关主管部门审核同意的，在申请经营许可或者履行备案手续前，应当依法经有关主管部门审核同意。 第十八条　国务院信息产业主管部门和省、自治区、直辖市电信管理机构，依法对互联网信息服务实施监督管理。 新闻、出版、教育、卫生、药品监督管理、工商行政管理和公安、国家安全等有关主管部门，在各自职责范围内依法对互联网信息内容实施监督管理。 第二十条　制作、复制、发布、传播本办法第十五条所列内容之一的信息，构成犯罪的，依法追究刑事责任；尚不构成犯罪的，由公安机关、国家安全机关依照《中华人民共和国治安管理处罚法》、《计算机信息网络国际联网安全保护管理办法》等有关法律、行政法规的规定予以处罚；对经营性互联网信息服务提供者，并由发证机关责令停业整顿直至吊销经营许可证，通知企业登记机关；对非经营性互联网信息服务提供者，并由备案机关责令暂时关闭网站直至关闭网站。 **《关于建立境内违法互联网站黑名单管理制度的通知》** 二十、对于列入违法互联网站黑名单的境内互联网站，涉及获准从事新闻、出版、教育、医疗保健、药品和医疗器械、文化、视听节目服务等互联网信息服务的，互联网相关管理部门应取消相应批准。有经营许可的，互联网相关管理部门应将依法取消批准的意见，抄送工商行政管理部门依法办理相应经营范围变更或注销登记。 二十一、对于新申办的网站，互联网行业主管部门应认真审核。如发现其属于已列入违法互联网站黑名单的网站(即网站名称、网站域名、网站主办者身份信息与违法互联网站黑名单记录的信息均相同的)，互联网行业主管部门不得再同意其备案或许可，各互联网相关管理部门不得再批准其提供新闻、出版、教育、医疗保健、药品和医疗器械、文化、视听节目服务等互联网信息服务，公益性互联单位和各相关电信企业不得再为其提供相关接入服务，域名注册单位不得再为其提供域名解析服务。	工业和信息化部

续表

惩戒措施	法律及政策依据	实施单位
（十九）金融机构融资授信参考	**《国务院关于促进市场公平竞争维护市场正常秩序的若干意见》** （十五）建立健全守信激励和失信惩戒机制。将市场主体的信用信息作为实施行政管理的重要参考。根据市场主体信用状况实行分类分级、动态监管，建立健全经营异常名录制度，对违背市场竞争原则和侵犯消费者、劳动者合法权益的市场主体建立“黑名单”制度。（工商总局牵头负责）对守信主体予以支持和激励，对失信主体在经营、投融资、取得政府供应土地、进出口、出入境、注册新公司、工程招投标、政府采购、获得荣誉、安全许可、生产许可、从业任职资格、资质审核等方面依法予以限制或禁止，对严重违法失信主体实行市场禁入制度。（各相关市场监管部门按职责分工分别负责） **《商业银行法》** 第三十五条　商业银行贷款，应当对借款人的借款用途、偿还能力、还款方式等情况进行严格审查。商业银行贷款，应当实行审贷分离、分级审批的制度。 **《流动资金贷款管理暂行办法》** 第五条　贷款人应完善内部控制机制，实施贷款全流程管理，全面了解客户信息，建立流动资金贷款风险管理制度和有效的岗位制衡机制，将贷款管理各环节的责任落实到具体部门和岗位，并建立各岗位的考核和问责机制。 第三十条　贷款人应加强贷款资金发放后的管理，针对借款人所属行业和经营特点，通过定期与不定期现场检查与非现场监测，分析借款人经营、财务、信用、支付、担保及融资数量和渠道变化等状况，掌握各种影响借款人偿债能力的风险因素。 **《个人贷款管理暂行办法》** 第十四条　贷款调查包括单不限于以下内容： （一）借款人基本情况；（二）借款人收入情况；（三）借款用途；（四）借款人还款来源、还款能力及还款方式；（五）保证人担保意愿、担保能力或抵（质）押物价值及变现能力。 第十八条　贷款审查应对贷款调查内容的合法性、合理性、准确性进行全面审查，重点关注调查人的尽职情况和借款人的偿还能力、诚信状况、担保情况、抵（质）押比率、风险程度等。 **《固定资产贷款管理暂行办法》** 第五条　贷款人应完善内部控制机制，实施贷款全流程管理，全面了解客户和项目信息，建立固定资产贷款风险管理制度和有效的岗位制衡机制，将贷款管理各环节的责任落实到具体部门和岗位，并建立各岗位的考核和问责机制。 第三十条　贷款人应定期对借款人和项目发起人的履约情况及信用状况、项目的建设和运营情况、宏观经济变化和市场波动情况、贷款担保的变动情况等内容进行检查与分析，建立贷款质量监控制度和贷款风险预警体系。	人民银行、银保监会

续表

惩戒措施	法律及政策依据	实施单位
（二十）加强日常监管检查	**《社会信用体系建设规划纲要(2014—2020年)》** 完善以奖惩制度为重点的社会信用体系运行机制 运行机制是保障社会信用体系各系统协调运行的制度基础。其中，守信激励和失信惩戒机制直接作用于各个社会主体信用行为，是社会信用体系运行的核心机制。 （一）构建守信激励和失信惩戒机制。 加强对守信主体的奖励和激励。加大对守信行为的表彰和宣传力度。按规定对诚信企业和模范个人给予表彰，通过新闻媒体广泛宣传，营造守信光荣的舆论氛围。发展改革、财政、金融、环境保护、住房城乡建设、交通运输、商务、工商、税务、质检、安全监管、海关、知识产权等部门，在市场监管和公共服务过程中，要深化信用信息和信用产品的应用，对诚实守信者实行优先办理、简化程序等“绿色通道”支持激励政策。 加强对失信主体的约束和惩戒。强化行政监管性约束和惩戒。在现有行政处罚措施的基础上，健全失信惩戒制度，建立各行业黑名单制度和市场退出机制。推动各级人民政府在市场监管和公共服务的市场准入、资质认定、行政审批、政策扶持等方面实施信用分类监管，结合监管对象的失信类别和程度，使失信者受到惩戒。逐步建立行政许可申请人信用承诺制度，并开展申请人信用审查，确保申请人在政府推荐的征信机构中有信用记录，配合征信机构开展信用信息采集工作。推动形成市场性约束和惩戒。制定信用基准性评价指标体系和评价方法，完善失信信息记录和披露制度，使失信者在市场交易中受到制约。推动形成行业性约束和惩戒。通过行业协会制定行业自律规则并监督会员遵守。对违规的失信者，按照情节轻重，对机构会员和个人会员实行警告、行业内通报批评、公开谴责等惩戒措施。推动形成社会性约束和惩戒。完善社会舆论监督机制，加强对失信行为的披露和曝光，发挥群众评议讨论、批评报道等作用，通过社会的道德谴责，形成社会震慑力，约束社会成员的失信行为。 建立失信行为有奖举报制度。切实落实对举报人的奖励，保护举报人的合法权益。 建立多部门、跨地区信用联合奖惩机制。通过信用信息交换共享，实现多部门、跨地区信用奖惩联动，使守信者处处受益、失信者寸步难行。 **《国务院关于建立完善守信联合激励和失信惩戒制度加快推进社会诚信建设的指导意见》** （十）依法依规加强对失信行为的行政性约束和惩戒。对严重失信主体，各地区、各有关部门应将其列为重点监管对象，依法依规采取行政性约束和惩戒措施。从严审核行政许可审批项目，从严控制生产许可证发放，限制新增项目审批、核准，限制股票发行上市融资或发行债券，限制在全国股份转让系统挂牌、融资，限制发起设立或参股金融机构以及小额贷款公司、融资担保公司、创业投资公司、互联网融资平台等机构，限制从事互联网信息服务等。严格限制申请财政性资金项目，限制参与有关公共资源交易活动，限制参与基础设施和公用事业特许经营。对严重失信企业及其法定代表人、主要负责人和对失信行为负有直接责任的注册执业人员等实施市场和行业禁入措施。及时撤销严重失信企业及其法定代表人、负责人、高级管理人员和对失信行为负有直接责任的董事、股东等人员的荣誉称号，取消参加评先评优资格。	各有关单位

续表

惩戒措施	法律及政策依据	实施单位
（二十一）依法限制其担任国有企业法定代表人、董事、监事	**《中华人民共和国企业国有资产法》** 第二十三条　履行出资人职责的机构任命或者建议任命的董事、监事、高级管理人员，应当具备下列条件： （一）有良好的品行； （二）有符合职位要求的专业知识和工作能力； （三）有能够正常履行职责的身体条件； （四）法律、行政法规规定的其他条件。 董事、监事、高级管理人员在任职期间出现不符合前款规定情形或者出现《中华人民共和国公司法》规定的不得担任公司董事、监事、高级管理人员情形的，履行出资人职责的机构应当依法予以免职或者提出免职建议。 **《中华人民共和国公司法》** 第一百四十六条　有下列情形之一的，不得担任公司的董事、监事、高级管理人员： （一）无民事行为能力或者限制民事行为能力； （二）因贪污、贿赂、侵占财产、挪用财产或者破坏社会主义市场经济秩序，被判处刑罚，执行期满未逾五年，或者因犯罪被剥夺政治权利，执行期满未逾五年； （三）担任破产清算的公司、企业的董事或者厂长、经理，对该公司、企业的破产负有个人责任的，自该公司、企业破产清算完结之日起未逾三年； （四）担任因违法被吊销营业执照、责令关闭的公司、企业的法定代表人，并负有个人责任的，自该公司、企业被吊销营业执照之日起未逾三年； （五）个人所负数额较大的债务到期未清偿。 公司违反前款规定选举、委派董事、监事或者聘任高级管理人员的，该选举、委派或者聘任无效。 董事、监事、高级管理人员在任职期间出现本条第一款所列情形的，公司应当解除其职务。 **《企业法人法定代表人登记管理规定》** 第四条　有下列情形之一的，不得担任法定代表人，企业登记机关不予核准登记： （一）无民事行为能力或者限制民事行为能力的； （二）正在被执行刑罚或者正在被执行刑事强制措施的； （三）正在被公安机关或者国家安全机关通缉的； （四）因犯有贪污贿赂罪、侵犯财产罪或者破坏社会主义市场经济秩序罪，被判处刑罚，执行期满未逾五年的；因犯有其他罪，被判处刑罚，执行期满未逾三年的；或者因犯罪被判处剥夺政治权利，执行期满未逾五年的； （五）担任因经营不善破产清算的企业的法定代表人或者董事、经理，并对该企业的破产负有个人责任，自该企业破产清算完结之日起未逾三年的； （六）担任因违法被吊销营业执照的企业的法定代表人，并对该企业违法行为负有个人责任，自该企业被吊销营业执照之日起未逾三年的； （七）个人负债数额较大，到期未清偿的； （八）有法律和国务院规定不得担任法定代表人的其他情形的。	中央组织部、国资委、财政部、市场监管总局等

续表

惩戒措施	法律及政策依据	实施单位
（二十二）依法限制登记为事业单位法定代表人	**《中央编办关于批转〈事业单位、社会团体及企业等组织利用国有资产举办事业单位设立登记办法（试行）〉的通知》** 第四条　登记事项要求： （四）法定代表人。应当是具有完全民事行为能力的中国公民，且为该单位主要行政负责人，年龄一般不超过70周岁，无不良信用记录。担任过其他机构法定代表人的，在任职期间，该机构无不良信用记录。 党政机关领导干部在职或退休后拟担任法定代表人的，应当符合干部管理有关规定。 **《事业单位登记管理暂行条例实施细则》** 第三十一条　事业单位法定代表人应当具备下列条件： （一）具有完全民事行为能力的自然人； （二）该事业单位的主要行政负责人；违反法律、法规和政策规定产生的事业单位主要行政负责人，不得担任事业单位法定代表人。	中央编办
（二十三）依法限制担任金融机构董事、监事、高级管理人员	**《中华人民共和国公司法》** 第一百四十六条　有下列情形之一的，不得担任公司的董事、监事、高级管理人员： （一）无民事行为能力或者限制民事行为能力； （二）因贪污、贿赂、侵占财产、挪用财产或者破坏社会主义市场经济秩序，被判处刑罚，执行期满未逾五年，或者因犯罪被剥夺政治权利，执行期满未逾五年； （三）担任破产清算的公司、企业的董事或者厂长、经理，对该公司、企业的破产负有个人责任的，自该公司、企业破产清算完结之日起未逾三年； （四）担任因违法被吊销营业执照、责令关闭的公司、企业的法定代表人，并负有个人责任的，自该公司、企业被吊销营业执照之日起未逾三年； （五）个人所负数额较大的债务到期未清偿。 公司违反前款规定选举、委派董事、监事或者聘任高级管理人员的，该选举、委派或者聘任无效。 董事、监事、高级管理人员在任职期间出现本条第一款所列情形的，公司应当解除其职务。 **《中华人民共和国证券法》** 第一百三十一条　证券公司的董事、监事、高级管理人员，应当正直诚实，品行良好，熟悉证券法律、行政法规，具有履行职责所需的经营管理能力，并在任职前取得国务院证券监督管理机构核准的任职资格。 有《中华人民共和国公司法》第一百四十六条规定的情形或者下列情形之一的，不得担任证券公司的董事、监事、高级管理人员： （一）因违法行为或者违纪行为被解除职务的证券交易所、证券登记结算机构的负责人或者证券公司的董事、监事、高级管理人员，自被解除职务之日起未逾五年；	中央组织部、银保监会、证监会、财政部、市场监管总局等

续表

惩戒措施	法律及政策依据	实施单位
（二十三）依法限制担任金融机构董事、监事、高级管理人员	（二）因违法行为或者违纪行为被撤销资格的律师、注册会计师或者投资咨询机构、财务顾问机构、资信评级机构、资产评估机构、验证机构的专业人员，自被撤销资格之日起未逾五年。 **《中华人民共和国证券投资基金法》** 第十五条　有下列情形之一的，不得担任公开募集基金的基金管理人的董事、监事、高级管理人员和其他从业人员： （一）因犯有贪污贿赂、渎职、侵犯财产罪或者破坏社会主义市场经济秩序罪，被判处刑罚的； （二）对所任职的公司、企业因经营不善破产清算或者因违法被吊销营业执照负有个人责任的董事、监事、厂长、高级管理人员，自该公司、企业破产清算终结或者被吊销营业执照之日起未逾五年的； （三）个人所负债务数额较大，到期未清偿的； （四）因违法行为被开除的基金管理人、基金托管人、证券交易所、证券公司、证券登记结算机构、期货交易所、期货公司及其他机构的从业人员和国家机关工作人员； （五）因违法行为被吊销执业证书或者被取消资格的律师、注册会计师和资产评估机构、验证机构的从业人员、投资咨询从业人员； （六）法律、行政法规规定不得从事基金业务的其他人员。 **《银行业金融机构董事（理事）和高级管理人员任职资格管理办法》** 第二条　本办法所称银行业金融机构（以下简称金融机构），是指在中华人民共和国境内设立的商业银行、农村合作银行、村镇银行、农村信用合作社、农村信用合作联社、外国银行分行等吸收公众存款的金融机构以及政策性银行。 在中华人民共和国境内设立的金融资产管理公司、信托公司、企业集团财务公司、金融租赁公司、汽车金融公司、货币经纪公司、消费金融公司、贷款公司、农村信用合作社联合社、省（自治区）农村信用社联合社、农村资金互助社、外资金融机构驻华代表机构以及经监管机构批准设立的其他金融机构的董事（理事）和高级管理人员的任职资格管理，适用本办法。 第三条　本办法所称高级管理人员，是指金融机构总部及分支机构管理层中对该机构经营管理、风险控制有决策权或重要影响力的各类人员。 第九条　金融机构拟任、现任董事（理事）和高级管理人员出现下列情形之一的，视为不符合本办法第八条第（二）项、第（三）项、第（五）项规定之条件： （一）有故意或重大过失犯罪记录的； （二）有违反社会公德的不良行为，造成恶劣影响的； （三）对曾任职机构违法违规经营活动或重大损失负有个人责任或直接领导责任，情节严重的； （四）担任或曾任被接管、撤销、宣告破产或吊销营业执照机构的董事（理事）或高级管理人员的，但能够证明本人对曾任职机构被接管、撤销、宣告破产或吊销营业执照不负有个人责任的除外； （五）因违反职业道德、操守或者工作严重失职，造成重大损失或者恶劣影响的； （六）指使、参与所任职机构不配合依法监管或案件查处的；	中央组织部、银保监会、证监会、财政部、市场监管总局等

续表

惩戒措施	法律及政策依据	实施单位
（二十三）依法限制担任金融机构董事、监事、高级管理人员	（七）被取消终身的董事（理事）和高级管理人员任职资格，或受到监管机构或其他金融管理部门处罚累计达到两次以上的； （八）有本办法规定的不具备任职资格条件的情形，采用不正当手段获得任职资格核准的。 **《证券公司董事、监事和高级管理人员任职资格监管办法》** 第八条　取得证券公司董事、监事、高管人员和分支机构负责人任职资格，应当具备以下基本条件： （一）正直诚实，品行良好； （二）熟悉证券法律、行政法规、规章以及其他规范性文件，具备履行职责所必需的经营管理能力。 **《保险公司董事、监事和高级管理人员任职资格管理规定》** 第七条　保险机构董事、监事和高级管理人员应当具有诚实信用的品行、良好的合规经营意识和履行职务必需的经营管理能力。 **《融资性担保公司董事、监事、高级管理人员任职资格管理暂行办法》** 第五条　融资性担保公司董事、监事、高级管理人员应当具备以下条件： （一）具有完全民事行为能力； （二）遵纪守法，诚实守信，勤勉尽职，具有良好的职业操守、品行和声誉； （三）熟悉经济、金融、担保的法律法规，具有良好的合规意识和审慎经营意识； （四）具备与拟任职务相适应的知识、经验和能力。 第六条　下列人员不得担任融资性担保公司董事、监事、高级管理人员： （一）有故意或重大过失犯罪记录的； （二）因违反职业操守或者工作严重失职给所任职的机构造成重大损失或者恶劣影响的； （三）最近五年担任因违法经营而被撤销、接管、合并、宣告破产或者吊销营业执照的机构的董事、监事、高级管理人员，并负有个人责任的； （四）曾在履行工作职责时有提供虚假信息等违反诚信原则行为，或指使、参与所任职机构对抗依法监管或案件查处，情节严重的； （五）被取消董事、监事、高级管理人员任职资格或禁止从事担保或金融行业工作的年限未满的； （六）提交虚假申请材料或明知不具备本办法规定的任职资格条件，采用欺骗、贿赂等不正当手段获得任职资格核准的； （七）个人或配偶有数额较大的到期未偿还债务的； （八）法律、法规规定的其他情形。 **《证券投资基金行业高级管理人员任职管理办法》** 第四条　高级管理人员应当遵守法律、行政法规和中国证监会的规定，遵守公司章程和行业规范，恪守诚信，审慎勤勉，忠实尽责，维护基金份额持有人的合法权益。 第六条　申请高级管理人员任职资格，应当具备下列条件： （四）没有《公司法》、《证券投资基金法》等法律、行政法规规定的不得担任公司董事、监事、经理和基金从业人员的情形。	中央组织部、银保监会、证监会、财政部、市场监管总局等

续表

惩戒措施	法律及政策依据	实施单位
（二十三）依法限制担任金融机构董事、监事、高级管理人员	**《期货公司董事、监事和高级管理人员任职资格管理办法》** 第六条　申请期货公司董事、监事和高级管理人员的任职资格，应当具有诚实守信的品质、良好的职业道德和履行职责所必需的经营管理能力。 **《保险经纪人监管规定》** 第二十二条　有下列情形之一的人员，不得担任保险经纪人高级管理人员和省级分公司以外分支机构主要负责人： （一）担任因违法被吊销许可证的保险公司或者保险中介机构的董事、监事或者高级管理人员，并对被吊销许可证负有个人责任或者直接领导责任的，自许可证被吊销之日起未逾3年； （二）因违法行为或者违纪行为被金融监管机构取消任职资格的金融机构的董事、监事或者高级管理人员，自被取消任职资格之日起未逾5年； （三）被金融监管机构决定在一定期限内禁止进入金融行业的，期限未满； （四）受金融监管机构警告或者罚款未逾2年； （五）正在接受司法机关、纪检监察部门或者金融监管机构调查； （六）因严重失信行为被国家有关单位确定为失信联合惩戒对象且应当在保险领域受到相应惩戒，或者最近5年内具有其他严重失信不良记录； （七）法律、行政法规和中国保监会规定的其他情形。 **《保险公估人监管规定》** 第三十四条　有下列情形之一的人员，不得担任保险公估人董事长、执行董事和高级管理人员： （一）担任因违法被吊销许可证的保险公司或者保险专业中介机构的董事、监事或者高级管理人员，并对被吊销许可证负有个人责任或者直接领导责任的，自许可证被吊销之日起未逾3年； （二）因违法行为或者违纪行为被金融监管机构取消任职资格的金融机构的董事、监事或者高级管理人员，自被取消任职资格之日起未逾5年； （三）被金融监管机构决定在一定期限内禁止进入金融行业的，期限未满； （四）因违法行为或者违纪行为被吊销执业资格的资产评估机构、验证机构等机构的专业人员，自被吊销执业资格之日起未逾5年； （五）受金融监管机构警告或者罚款未逾2年； （六）正在接受司法机关、纪检监察部门或者金融监管机构调查； （七）因严重失信行为被国家有关单位确定为失信联合惩戒对象且应当在保险领域受到相应惩戒，或者最近5年内具有其他严重失信不良记录； （八）合伙人有尚未清偿完的合伙企业债务； （九）法律、行政法规和中国保监会规定的其他情形。	中央组织部、银保监会、证监会、财政部、市场监管总局等

续表

惩戒措施	法律及政策依据	实施单位
（二十四）招录（聘）为公务员或事业单位工作人员参考	**《中华人民共和国公务员法》** 第七条　公务员的任用，坚持任人唯贤、德才兼备的原则，注重工作实绩。 第十二条　公务员应当履行下列义务： （一）模范遵守宪法和法律； （二）按照规定的权限和程序认真履行职责，努力提高工作效率； （三）全心全意为人民服务，接受人民监督； （四）维护国家的安全、荣誉和利益； （五）忠于职守，勤勉尽责，服从和执行上级依法作出的决定和命令； （六）保守国家秘密和工作秘密； （七）遵守纪律，恪守职业道德，模范遵守社会公德； （八）清正廉洁，公道正派； （九）法律规定的其他义务。 第二十四条　下列人员不得录用为公务员： （一）曾因犯罪受过刑事处罚的； （二）曾被开除公职的； （三）有法律规定不得录用为公务员的其他情形的。 **《事业单位公开招聘人员暂行规定》** 第九条　应聘人员必须具备下列条件： （一）具有中华人民共和国国籍； （二）遵守宪法和法律； （三）具有良好的品行； （四）岗位所需的专业或技能条件； （五）适应岗位要求的身体条件； （六）岗位所需要的其他条件。 **《聘任制公务员管理规定（试行）》** 第十一条　机关不得聘任下列情形之一的人员： （一）曾因犯罪受过刑事处罚的； （二）曾被开除公职或者因违法违纪被机关、事业单位解除聘任合同或者聘用合同的； （三）涉嫌违纪违法正在接受专门机关审查尚未作出结论的； （四）受纪律处分期间或者未满影响期限的； （五）按照有关规定被列为失信联合惩戒对象的； （六）法律法规规定的其他不得担任公务员情形的。	中央组织部、人力资源社会保障部

续表

惩戒措施	法律及政策依据	实施单位
（二十五）依法限制参与评先、评优或取得荣誉称号	**《国务院关于促进市场公平竞争维护市场正常秩序的若干意见》** （十五）建立健全守信激励和失信惩戒机制。将市场主体的信用信息作为实施行政管理的重要参考。根据市场主体信用状况实行分类分级、动态监管，建立健全经营异常名录制度，对违背市场竞争原则和侵犯消费者、劳动者合法权益的市场主体建立“黑名单”制度。（工商总局牵头负责）对守信主体予以支持和激励，对失信主体在经营、投融资、取得政府供应土地、进出口、出入境、注册新公司、工程招投标、政府采购、获得荣誉、安全许可、生产许可、从业任职资格、资质审核等方面依法予以限制或禁止，对严重违法失信主体实行市场禁入制度。（各相关市场监管部门按职责分工分别负责） **《全国五一劳动奖状全国五一劳动奖章全国工人先锋号评选管理工作暂行办法》** 第七条　评选全国五一劳动奖状、全国五一劳动奖章、全国工人先锋号要面向基层、面向一线职工，坚持公开、公平、公正的原则，严格推荐评选审批程序，接受群众监督。 （四）有拖欠职工工资，欠缴职工养老、工伤、医疗、失业、生育保险，违反国家计划生育政策，未组建工会，未建立职代会和集体合同制度，劳动关系不和谐，能源消耗超标，环境污染严重等情形之一的企业和企业负责人当年不得申报全国五一劳动奖状、全国五一劳动奖章。发生安全生产事故、严重职业危害或群体性事件的企业和企业负责人自事发起三年内不得申报全国五一劳动奖状、全国五一劳动奖章。 **《国务院办公厅关于运用大数据加强对市场主体服务和监管的若干意见》** （十三）建立健全失信联合惩戒机制。各级人民政府应将使用信用信息和信用报告嵌入行政管理和公共服务的各领域、各环节，作为必要条件或重要参考依据。充分发挥行政、司法、金融、社会等领域的综合监管效能，在市场准入、行政审批、资质认定、享受财政补贴和税收优惠政策、企业法定代表人和负责人任职资格审查、政府采购、政府购买服务、银行信贷、招标投标、国有土地出让、企业上市、货物通关、税收征缴、社保缴费、外汇管理、劳动用工、价格制定、电子商务、产品质量、食品药品安全、消费品安全、知识产权、环境保护、治安管理、人口管理、出入境管理、授予荣誉称号等方面，建立跨部门联动响应和失信约束机制，对违法失信主体依法予以限制或禁入。 **《国务院关于建立完善守信联合激励和失信联合惩戒制度加快推进社会诚信建设的指导意见》** （十）依法依规加强对失信行为的行政性约束和惩戒。对严重失信主体，各地区、各有关部门应将其列为重点监管对象，依法依规采取行政性约束和惩戒措施。从严审核行政许可审批项目，从严控制生产许可证发放，限制新增项目审批、核准，限制股票发行上市融资或发行债券，限制在全国股份转让系统挂牌、融资，限制发起设立或参股金融机构以及小额贷款公司、融资担保公司、创业投资公司、互联网融资平台等机构，限制从事互联网信息服务等。严格限制申请财政性资金项目，限制参与有关公共资源交易活动，限制参与基础设施和公用事业特许经营。对严重失信企业及其法定代表人、主要负责人和对失信行为负有直接责任的注册执业人员等实施市场和行业禁入措施。及时撤销严重失信企业及其法定代表人、负责人、高级管理人员和对失信行为负有直接责任的董事、股东等人员的荣誉称号，取消参加评先评优资格。	中央文明办、全国总工会、共青团中央、全国妇联等

续表

惩戒措施	法律及政策依据	实施单位
(二十六)供纳税信用管理时审慎性参考	**《纳税信用管理办法(试行)》** 第十条　纳税信用信息包括纳税人信用历史信息、税务内部信息、外部信息。 纳税人信用历史信息包括基本信息和评价年度之前的纳税信用记录,以及相关部门评定的优良信用记录和不良信用记录。 税务内部信息包括经常性指标信息和非经常性指标信息。经常性指标信息是指涉税申报信息、税(费)款缴纳信息、发票与税控器具信息、登记与账簿信息等纳税人在评价年度内经常产生的指标信息;非经常性指标信息是指税务检查信息等纳税人在评价年度内不经常产生的指标信息。 外部信息包括外部参考信息和外部评价信息。外部参考信息包括评价年度相关部门评定的优良信用记录和不良信用记录;外部评价信息是指从相关部门取得的影响纳税人纳税信用评价的指标信息。 第十四条　本办法第十条第四款外部信息主要通过税务管理系统、国家统一信用信息平台、相关部门官方网站、新闻媒体或者媒介等渠道采集。通过新闻媒体或者媒介采集的信息应核实后使用。	税务总局
(二十七)供外汇业务审批与管理时审慎性参考	**《合格境外机构投资者境内证券投资管理办法》** 第六条　申请合格投资者资格,应当具备下列条件: (一)申请人的财务稳健,资信良好,达到中国证监会规定的资产规模等条件; (二)申请人的业务人员符合所在国家或地区的有关从业资格的要求; (三)申请人有健全的治理结构和完善的内控制度,经营行为规范,近3年未受到监管机构的重大处罚; (四)申请人所在国家或者地区有完善的法律和监管制度,其证券监管机构已与中国证监会签订监管合作谅解备忘录,并保持着有效的监管合作关系; (五)中国证监会根据审慎监管原则规定的其他条件。 **《人民币合格境外机构投资者境内证券投资试点办法》** 第五条　申请人民币合格投资者资格,应当具备下列条件: (一)财务稳健,资信良好,注册地、业务资格等符合中国证监会的规定; (二)公司治理和内部控制有效,从业人员符合所在国家或地区的有关从业资格要求; (三)经营行为规范,最近3年或者自成立起未受到所在地监管部门的重大处罚; (四)中国证监会根据审慎监管原则规定的其他条件。 **《合格境内机构投资者境外证券投资管理试行办法》** 第五条　申请境内机构投资者资格,应当具备下列条件: (一)申请人的财务稳健,资信良好,资产管理规模、经营年限等符合中国证监会的规定; (二)拥有符合规定的具有境外投资管理相关经验的人员; (三)拥有健全的治理结构和完善的内控制度,经营行为规范; (四)最近3年没有收到监管机构的重大处罚,没有重大事项正在接受司法部门、监管机构的立案调查; (五)中国证监会根据审慎监管原则规定的其他条件。	外汇局

续表

惩戒措施	法律及政策依据	实施单位
(二十八)依法限制成为海关认证企业	**《海关认证企业标准(一般认证)》** (九)未有不良外部信用： 20. 外部信用：企业或者其企业法定代表人(负责人)、负责关务的高级管理人员、财务负责人连续1年在工商、商务、税务、银行、外汇、检验检疫、公安、检察院、法院等部门未被列入经营异常名录、失信企业或者人员名单、黑名单企业、人员。	海关总署
(二十九)加大进出口货物监管力度	**《国务院关于促进市场公平竞争维护市场正常秩序的若干意见》** (十五)建立健全守信激励和失信惩戒机制。将市场主体的信用信息作为实施行政管理的重要参考。根据市场主体信用状况实行分类分级、动态监管，建立健全经营异常名录制度，对违背市场竞争原则和侵犯消费者、劳动者合法权益的市场主体建立“黑名单”制度。(工商总局牵头负责)对守信主体予以支持和激励，对失信主体在经营、投融资、取得政府供应土地、进出口、出入境、注册新公司、工程招投标、政府采购、获得荣誉、安全许可、生产许可、从业任职资格、资质审核等方面依法予以限制或禁止，对严重违法失信主体实行市场禁入制度。(各相关市场监管部门按职责分工分别负责) **《国务院关于印发社会信用体系建设规划纲要(2014—2020年)的通知》** 加强对失信主体的约束和惩戒。强化行政监管性约束和惩戒。在现有行政处罚措施的基础上，健全失信惩戒制度，建立各行业黑名单制度和市场退出机制。推动各级人民政府在市场监管和公共服务的市场准入、资质认定、行政审批、政策扶持等方面实施信用分类监管，结合监管对象的失信类别和程度，使失信者受到惩戒。	海关总署
(三十)依法限制受让收费公路权益参考	**《收费公路权益转让办法》** 第十二条　公路收费权的受让方应当具备下列条件： (一)财务状况良好，企业所有者权益不低于受让项目实际造价的35%； (二)商业信誉良好，在经济活动中无重大违法违规行为； (三)法律、法规规定的其他条件。 单独转让公路广告经营权、服务设施经营权时，其受让方应当具备的条件，按照地方性法规和省级人民政府规章执行。	交通运输部
(三十一)暂停审批相关的科技项目	**《国家科技计划项目管理暂行办法》** 第八条　申请项目的申请者(包括单位或个人)应当符合以下基本条件： (一)符合该计划对申请者的主体资格(包括法人性质、经济性质、国籍)等方面要求； (二)在相关研究领域和专业应具有一定的学术地位和技术优势； (三)具有为完成项目必备的人才条件和技术装备； (四)具有与项目相关的研究经历和研究积累； (五)具有完成项目所需的组织管理和协调能力； (六)具有完成项目的良好信誉度。	科技部

续表

惩戒措施	法律及政策依据	实施单位
（三十一）暂停审批相关的科技项目	**《社会信用体系建设规划纲要(2014—2020年)》** 加强对失信主体的约束和惩戒。强化行政监管性约束和惩戒。在现有行政处罚措施的基础上，健全失信惩戒制度，建立各行业黑名单制度和市场退出机制。推动各级人民政府在市场监管和公共服务的市场准入、资质认定、行政审批、政策扶持等方面实施信用分类监管，结合监管对象的失信类别和程度，使失信者受到惩戒。	科技部
（三十二）严格、审慎审批新改扩建项目的环评事项	**《国务院关于印发社会信用体系建设规划纲要(2014—2020)的通知》** 完善以奖惩为重点的社会信用体系运行机制 （一）构建守信激励和失信惩戒机制。 加强对守信主体的奖励和激励。加大对守信行为的表彰和宣传力度。按规定对诚信企业和模范个人给予表彰，通过新闻媒体广泛宣传，营造守信光荣的舆论氛围。发展改革、财政、金融、环境保护、住房城乡建设、交通运输、商务、工商、税务、质检、安全监管、海关、知识产权等部门，在市场监管和公共服务过程中，要深化信用信息和信用产品的应用，对诚实守信者实行优先办理、简化程序等“绿色通道”支持激励政策。加强对失信主体的约束和惩戒。强化行政监管性约束和惩戒。在现有行政处罚措施的基础上，健全失信惩戒制度，建立各行业黑名单制度和市场退出机制。推动各级人民政府在市场监管和公共服务的市场准入、资质认定、行政审批、政策扶持等方面实施信用分类监管，结合监管对象的失信类别和程度，使失信者受到惩戒。	生态环境部
（三十三）作为限制分配进口关税配额的参考	**《2017年粮食进口关税配额申领条件和分配原则》** 二、申领条件 2017年粮食进口关税配额申请者基本条件为：2016年10月1日前在工商管理部门登记注册；具有良好的财务状况、纳税记录和诚信情况；2015年以来在海关、工商、税务、外汇、检验检疫、粮食流通、环保等方面无违规记录；未列入“信用中国”网站受惩黑名单；履行了与业务相关的社会责任；没有违反《农产品进口关税配额管理暂行办法》的行为。 **《2017年棉花进口关税配额申领条件和分配原则》** 二、申领条件 2017年棉花进口关税配额申请者基本条件为：2016年10月1日前在工商管理部门登记注册；具有良好的财务状况、纳税记录和诚信情况；2015年以来在海关、工商、税务、外汇、检验检疫、粮食流通、环保等方面无违规记录；未列入“信用中国”网站受惩黑名单；履行了与业务相关的社会责任；没有违反《农产品进口关税配额管理暂行办法》的行为。 **《2017年食糖进口关税配额数量、申请条件和分配细则》** 申请者基本条件 （二）2014年至2016年在商务、海关、外汇、工商、税务、质检、食药监、社会保障、环保、行业自律等方面无违法、违规、失信记录。 **《化肥进口关税配额管理暂行办法》、《农产品进口关税配额管理暂行办法》以及农产品、化肥进口关税配额分配、再分配公告** 对于存在不良信用记录、诚信状况较差的企业，在关税配额管理中予以限制。	商务部、国家发展改革委

续表

惩戒措施	法律及政策依据	实施单位
（三十四）通过“信用中国”网站、中国政府采购网、国家企业信用信息公示系统及其他主要新闻网站向社会公布	**《国务院办公厅关于运用大数据加强对市场主体服务和监管的若干意见》** （十九）大力推进市场主体信息公示。严格执行《企业信息公示暂行条例》，加快实施经营异常名录制度和严重违法失信企业名单制度。建设国家企业信用信息公示系统，依法对企业注册登记、行政许可、行政处罚等基本信用信息以及企业年度报告、经营异常名录和严重违法失信企业名单进行公示，提高市场透明度，并与国家统一的信用信息共享交换平台实现有机对接和信息共享。支持探索开展社会化的信用信息公示服务。建设“信用中国”网站，归集整合各地区、各部门掌握的应向社会公开的信用信息，实现信用信息一站式查询，方便社会了解市场主体信用状况。各级政府及其部门网站要与“信用中国”网站连接，并将本单位政务公开信息和相关市场主体违法违规信息在“信用中国”网站公开。 **《企业信息公示暂行条例》** 第七条　工商行政管理部门以外的其他政府部门（以下简称其他政府部门）应当公示其在履行职责过程中产生的下列企业信息： （一）行政许可准予、变更、延续信息； （二）行政处罚信息； （三）其他依法应当公示的信息。 其他政府部门可以通过企业信用信息公示系统，也可以通过其他系统公示前款规定的企业信息。工商行政管理部门和其他政府部门应当按照国家社会信用信息平台建设的总体要求，实现企业信息的互联共享。 **《中华人民共和国政府信息公开条例》** 第九条　行政机关对符合下列基本要求之一的政府信息应当主动公开： （一）涉及公民、法人或者其他组织切身利益的； （二）需要社会公众广泛知晓或者参与的； （三）反映本行政机关机构设置、职能、办事程序等情况的； （四）其他依照法律、法规和国家有关规定应当主动公开的。	国家发展改革委、财政部、市场监管总局、中央网信办

禁止垄断协议规定

（国家市场监督管理总局令第65号）

第一条　为了预防和制止垄断协议，根据《中华人民共和国反垄断法》（以下简称反垄断法），制定本规定。

第二条　国家市场监督管理总局（以下简称市场监管总局）负责垄断协议的反垄断统一执法工作。

市场监管总局根据反垄断法第十三条第二款规定，授权各省、自治区、直辖市市场监督管理部门（以下称省级市场监管部门）负责本行政区域内垄断协议的反垄断执法工作。

本规定所称反垄断执法机构包括市场监管总局和省级市场监管部门。

第三条　市场监管总局负责查处下列垄断协议：

（一）跨省、自治区、直辖市的；

（二）案情较为复杂或者在全国有重大影响的；

（三）市场监管总局认为有必要直接查处的。

前款所列垄断协议，市场监管总局可以指定省级市场监管部门查处。

省级市场监管部门根据授权查处垄断协议时，发现不属于本部门查处范围，或者虽属于本部门查处范围，但有必要由市场监管总局查处的，应当及时向市场监管总局报告。

第四条　反垄断执法机构查处垄断协议时，应当平等对待所有经营者。

第五条　垄断协议是指排除、限制竞争的协议、决定或者其他协同行为。

协议或者决定可以是书面、口头等形式。

其他协同行为是指经营者之间虽未明确订立协议或者决定，但实质上存在协调一致的行为。

第六条　认定其他协同行为，应当考虑下列因素：

（一）经营者的市场行为是否具有一致性；

（二）经营者之间是否进行过意思联络或者信息交流；

（三）经营者能否对行为的一致性作出合理解释；

（四）相关市场的市场结构、竞争状况、市场变化等情况。

第七条　相关市场是指经营者在一定时期内就特定商品或者服务（以下统称商品）进行竞争的商品范围和地域范围，包括相关商品市场和相关地域市场。

界定相关市场应当从需求者角度进行需求替代分析。当供给替代对经营者行为产生的竞争约束类似于需求替代时，也应当考虑供给替代。

界定相关商品市场，从需求替代角度，可以考虑需求者对商品价格等因素变化的反应、商品的特征与用途、销售渠道等因素。从供给替代角度，可以考虑其他经营者转产的难易程度、转产后所提供商品的市场竞争力等因素。

界定平台经济领域相关商品市场，可以根据平台一边的商品界定相关商品市场，也可以根据平台所涉及的多边商品，将平台整体界定为一个相关商品市场，或者分别界定多个相关商品市场，并考虑各相关商品市场之间的相互关系和影响。

界定相关地域市场，从需求替代角度，可以考虑商品的运输特征与成本、多数需求者选择商品的实际区域、地域间的贸易壁垒等因素。从供给替代角度，可以考虑其他地域经营者供应商品的及时性与可行性等因素。

第八条　禁止具有竞争关系的经营者就固定或者变更商品价格达成下列垄断协议：

（一）固定或者变更价格水平、价格变动幅度、利润水平或者折扣、手续费等其他费用；

（二）约定采用据以计算价格的标准公式、算法、平台规则等；

（三）限制参与协议的经营者的自主定价权；

（四）通过其他方式固定或者变更价格。

本规定所称具有竞争关系的经营者，包括处于同一相关市场进行竞争的实际经营者和可能进入相关市场进行竞争的潜在经营者。

第九条　禁止具有竞争关系的经营者就限制商品的生产数量或者销售数量达成下列垄断协议：

（一）以限制产量、固定产量、停止生产等方式限制商品的生产数量，或者限制特定品种、型号商品的生产数量；

（二）以限制商品投放量等方式限制商品的销售数量，或者限制特定品种、型号商品的销售数量；

（三）通过其他方式限制商品的生产数量或者销售数量。

第十条　禁止具有竞争关系的经营者就分割销售市场或者原材料采购市场达成下列垄断协议：

（一）划分商品销售地域、市场份额、销售对象、销售收入、销售利润或者销售商品的种类、数量、时间；

（二）划分原料、半成品、零部件、相关设备等原材料的采购区域、种类、数量、时间或者供应商；

（三）通过其他方式分割销售市场或者原材料采购市场。

前款关于分割销售市场或者原材料采购市场的规定适用于数据、技术和服务等。

第十一条　禁止具有竞争关系的经营者就限制购买新技术、新设备或者限制开发新技术、新产品达成下列垄断协议：

（一）限制购买、使用新技术、新工艺；

（二）限制购买、租赁、使用新设备、新产品；

（三）限制投资、研发新技术、新工艺、新产品；

（四）拒绝使用新技术、新工艺、新设备、新产品；

（五）通过其他方式限制购买新技术、新设备或者限制开发新技术、新产品。

第十二条　禁止具有竞争关系的经营者就联合抵制交易达成下列垄断协议：

（一）联合拒绝向特定经营者供应或者销售商品；

（二）联合拒绝采购或者销售特定经营者的商品；

（三）联合限定特定经营者不得与其具有竞争关系的经营者进行交易；

（四）通过其他方式联合抵制交易。

第十三条　具有竞争关系的经营者不得利用数据和算法、技术以及平台规则等，通过意思联络、交换敏感信息、行为协调一致等方式，达成本规定第八条至第十二条规定的垄断协议。

第十四条　禁止经营者与交易相对人就商品价格达成下列垄断协议：

（一）固定向第三人转售商品的价格水平、价格变动幅度、利润水平或者折扣、手续费等其他费用；

（二）限定向第三人转售商品的最低价格，或者通过限定价格变动幅度、利润水平或者折扣、手续费等其他费用限定向第三人转售商品的最低价格；

（三）通过其他方式固定转售商品价格或者限定转售商品最低价格。

对前款规定的协议，经营者能够证明其不具有排除、限制竞争效果的，不予禁止。

第十五条　经营者不得利用数据和算法、技术以及平台规则等，通过对价格进行统一、限定或者自动化设定转售商品价格等方式，达成本规定第十四条规定的垄断协议。

第十六条　不属于本规定第八条至第十五条所列情形的其他协议、决定或者协同行为，有证据证明排除、限制竞争的，应当认定为垄断协议并予以禁止。

前款规定的垄断协议由市场监管总局负责认定，认定时应当考虑下列因素：

（一）经营者达成、实施协议的事实；

（二）市场竞争状况；

（三）经营者在相关市场中的市场份额及其对市场的控制力；

（四）协议对商品价格、数量、质量等方面的影响；

（五）协议对市场进入、技术进步等方面的影响；

（六）协议对消费者、其他经营者的影响；

（七）与认定垄断协议有关的其他因素。

第十七条　经营者与交易相对人达成协议，经营者能够证明参与协议的经营者在相关市场的市场份额低于市场监管总局规定的标准，并符合市场监管总局规定的其他条件的，不予禁止。

第十八条　反垄断法第十九条规定的经营者组织其他经营者达成垄断协议，包括下列情形：

（一）经营者不属于垄断协议的协议方，在垄断协议达成或者实施过程中，对协议的主体范围、主要内容、履行条件等具有决定性或者主导作用；

（二）经营者与多个交易相对人签订协议，使具有竞争关系的交易相对人之间通过该经营者进行意思联络或者信息交流，达成本规定第八条至第十三条的垄断协议。

（三）通过其他方式组织其他经营者达成垄断协议。

反垄断法第十九条规定的经营者为其他经营者达成垄断协议提供实质性帮助，包括提供必要的支持、创造关键性的便利条件，或者其他重要帮助。

第十九条　经营者能够证明被调查的垄断协议属于反垄断法第二十条规定情形的，不适用本规定第八条至第十六条、第十八条的规定。

第二十条　反垄断执法机构认定被调查的垄断协议是否属于反垄断法第二十条规定的情形，应当考虑下列因素：

（一）协议实现该情形的具体形式和效果；

（二）协议与实现该情形之间的因果关系；

（三）协议是否是实现该情形的必要条件；

（四）其他可以证明协议属于相关情形的因素。

反垄断执法机构认定消费者能否分享协议产生的利益，应当考虑消费者是否因协议的达成、实施在商品价格、质量、种类等方面获得利益。

第二十一条　行业协会应当加强行业自律，引导本行业的经营者依法竞争，合规经营，维护市场竞争秩序。禁止行业协会从事下列行为：

（一）制定、发布含有排除、限制竞争内容的行业协会章程、规则、决定、通知、标准等；

（二）召集、组织或者推动本行业的经营者达成含有排除、限制竞争内容的协议、决议、纪要、备忘录等；

（三）其他组织本行业经营者达成或者实施垄断协议的行为。

本规定所称行业协会是指由同行业经济组织和个人组成，行使行业服务和自律管理职能的各种协会、学会、商会、联合会、促进会等社会团体法人。

第二十二条　反垄断执法机构依据职权，或者通过举报、上级机关交办、其他机关移送、下级机关报告、经营者主动报告等途径，发现涉嫌垄断协议。

第二十三条　举报采用书面形式并提供相关事实和证据的，反垄断执法机构应当进行必要的调查。书面举报一般包括下列内容：

（一）举报人的基本情况；

（二）被举报人的基本情况；

（三）涉嫌垄断协议的相关事实和证据；

（四）是否就同一事实已向其他行政机关举报或者向人民法院提起诉讼。

反垄断执法机构根据工作需要，可以要求举报人补充举报材料。

对于采用书面形式的实名举报，反垄断执法机构在案件调查处理完毕后，可以根据举报人的书面请求依法向其反馈举报处理结果。

第二十四条　反垄断执法机构经过对涉嫌垄断协议的必要调查，符合下列条件的，应当立案：

（一）有证据初步证明经营者达成垄断协议；

（二）属于本部门查处范围；

（三）在给予行政处罚的法定期限内。

省级市场监管部门应当自立案之日起七个工作日内向市场监管总局备案。

第二十五条　市场监管总局在查处垄断协议时，可以委托省级市场监管部门进行调查。

省级市场监管部门在查处垄断协议时，可以委托下级市场监管部门进行调查。

受委托的市场监管部门在委托范围内，以委托机关的名义实施调查，不得再委托其他行政机关、组织或者个人进行调查。

第二十六条　省级市场监管部门查处垄断协议时，可以根据需要商请相关省级市场监管部门协助调查，相关省级市场监管部门应当予以协助。

第二十七条　反垄断执法机构对垄断协议进行行政处罚的，应当在作出行政处罚决定之前，书面告知当事人拟作出的行政处罚内容及事实、理由、依据，并告知当事人依法享有的陈述权、申辩权和要求听证的权利。

第二十八条　反垄断执法机构在告知当事人拟作出的行政处罚决定后，应当充分听取当事人的意见，对当事人提出的事实、理由和证据进行复核。

第二十九条　反垄断执法机构对垄断协议作出行政处罚决定，应当依法制作行政处罚决定书，并加盖本部门印章。

行政处罚决定书的内容包括：

（一）当事人的姓名或者名称、地址等基本情况；

（二）案件来源及调查经过；

（三）违反法律、法规、规章的事实和证据；

（四）当事人陈述、申辩的采纳情况及理由；

（五）行政处罚的内容和依据；

（六）行政处罚的履行方式和期限；

（七）申请行政复议、提起行政诉讼的途径和期限；

（八）作出行政处罚决定的反垄断执法机构的名称和作出决定的日期。

第三十条　反垄断执法机构认定被调查的垄断协议属于反垄断法第二十条规定情形的，应当终止调查并制作终止调查决定书。终止调查决定书应当载明协议的基本情况、适用反垄断法第二十条的依据和理由等。

反垄断执法机构作出终止调查决定后，因情况发生重大变化，导致被调查的协议不再符合反垄断法第二十条规定情形的，反垄断执法机构应当依法开展调查。

第三十一条　涉嫌垄断协议的经营者在被调查期间，可以提出中止调查申请，承诺在反垄断执法机构认可的期限内采取具体措施消除行为影响。

中止调查申请应当以书面形式提出，并由经营者负责人签字并盖章。申请书应当载明下列事项：

（一）涉嫌垄断协议的事实；

（二）承诺采取消除行为后果的具体措施；

（三）履行承诺的时限；

（四）需要承诺的其他内容。

第三十二条　反垄断执法机构根据被调查经营者的中止调查申请，在考虑行为的性质、持续时间、后果、社会影响、经营者承诺的措施及其预期效果等具体情况后，决定是否中止调查。

反垄断执法机构对涉嫌垄断协议调查核实后，认为构成垄断协议的，不得中止调查，应当依法作出处理决定。

对于符合本规定第八条至第十条规定的涉嫌垄断协议，反垄断执法机构不得接受中止调查申请。

第三十三条　反垄断执法机构决定中止调查的，应当制作中止调查决定书。

中止调查决定书应当载明被调查经营者涉嫌达成垄断协议的事实、承诺的具体内容、消除影响的具体措施、履行承诺的时限以及未履行或者未完全履行承诺的法律后果等内容。

第三十四条　决定中止调查的，反垄断执法机构应当对经营者履行承诺的情况进行监督。

经营者应当在规定的时限内向反垄断执法机构书面报告承诺履行情况。

第三十五条　反垄断执法机构确定经营者已经履行承诺的，可以决定终止调查，并制作终止调查决定书。

终止调查决定书应当载明被调查经营者涉嫌垄断协议的事实、作出中止调查决定的情况、承诺的具体内容、履行承诺的情况、监督情况等内容。

有下列情形之一的，反垄断执法机构应当恢复调查：

（一）经营者未履行或者未完全履行承诺的；

（二）作出中止调查决定所依据的事实发生重大变化的；

（三）中止调查决定是基于经营者提供的不完整或者不真实的信息作出的。

第三十六条　经营者涉嫌违反本规定的，反垄断执法机构可以对其法定代表人或者负责人进行约谈。

约谈应当指出经营者涉嫌达成垄断协议的问题，听取情况说明，开展提醒谈话，并可以要求其提出改进措施，消除行为危害后果。

经营者应当按照反垄断执法机构要求进行改进，提出消除行为危害后果的具体措施、履行时限等，并提交书面报告。

第三十七条　经营者达成或者组织其他经营者达成垄断协议，或者为其他经营者达成垄断协议提供实质性帮助，主动向反垄断执法机构报告有关情况并提供重要证据的，可以申请依法减轻或者免除处罚。

经营者应当在反垄断执法机构行政处罚告知前，向反垄断执法机构提出申请。

申请材料应当包括以下内容：

（一）垄断协议有关情况的报告，包括但不限于参与垄断协议的经营者、涉及的商品范围、达成协议的内容和方式、协议的具体实施情况、是否向其他境外执法机构提出申请等；

（二）达成或者实施垄断协议的重要证据。重要证据是指反垄断执法机构尚未掌握的，能够对立案调查或者对认定垄断协议起到关键性作用的证据。

经营者的法定代表人、主要负责人和直接责任人员对达成垄断协议负有个人责任的，适用本条规定。

第三十八条　经营者根据本规定第三十七条提出申请的，反垄断执法机构应当根据经营者主动报告的时间顺序、提供证据的重要程度以及达成、实施垄断协议的有关情况，决定是否减轻或者免除处罚。

第三十九条　省级市场监管部门作出不予行政处罚决定、中止调查决定、恢复调查决定、终止调查决定或者行政处罚告知前，应当向市场监管总局报告，接受市场监管总局的指导和监督。

省级市场监管部门向被调查经营者送达不予行政处罚决定书、中止调查决定书、恢复调查决定书、终止调查决定书或者行政处罚决定书后，应当在七个工作日内向市场监管总局备案。

第四十条　反垄断执法机构作出行政处理决定后，依法向社会公布。行政处罚信息应当依法通过国家企业信用信息公示系统向社会公示。

第四十一条　市场监管总局应当加强对省级市场监管部门查处垄断协议的指导和监督，统一执法程序和标准。

省级市场监管部门应当严格按照市场监管总局相关规定查处垄断协议案件。

第四十二条　经营者违反本规定，达成并实施垄断协议的，由反垄断执法机构责令停止违法行为，没收违法所得，并处上一年度销售额百分之一以上百分之十以下的罚款，上一年度没有销售额的，处五百万元以下的罚款；尚未实施所达成的垄断协议的，可以处三百万元以下的罚款。

经营者的法定代表人、主要负责人和直接责任人员对达成垄断协议负有个人责任的，可以处一百万元以下的罚款。

第四十三条　经营者组织其他经营者达成垄断协议或者为其他经营者达成垄断协议提供实质性帮助的，适用本规定第四十二条规定。

第四十四条　行业协会违反本规定，组织本行业的经营者达成垄断协议的，由反垄断执法机构责令改正，可以处三百万元以下的罚款；情节严重的，反垄断执法机构可以提请社会团体登记管理机关依法撤销登记。

第四十五条　反垄断执法机构确定具体罚款数额时，应当考虑违法行为的性质、程度、持续时间和消除违法行为后果的情况等因素。

违反本规定，情节特别严重、影响特别恶劣、造成特别严重后果的，市场监管总局可以在本规定第四十二条、第四十三条、第四十四条规定的罚款数额的二倍以上五倍以下确定具体罚款数额。

第四十六条　经营者因行政机关和法律、法规授权的具有管理公共事务职能的组织滥用行政权力而达成垄断协议的，按照本规定第四十二条、第四十三条、第四十四条、第四十五条处理。经营者能够证明其受行政机关和法律、法规授权的具有管理公共事务职能的组织滥用行政权力强制或者变相强制达成垄断协议的，可以依法从轻或者减轻处罚。

第四十七条　经营者根据本规定第三十七条主动向反垄断执法机构报告达成垄断协议的有关情况并提供重要证据的，反垄断执法机构可以按照下列幅度减轻或者免除对其处罚：对于第一个申请者，反垄断执法机构可以免除处罚或者按照不低于百分之八十的幅度减轻处罚；对于第二个申请者，可以按照百分之三十至百分之五十的幅度减轻处罚；对于第三个申请者，可以按照百分之二十至百分之三十的幅度减轻处罚。

在垄断协议达成中起主要作用，或者胁迫其他经营者参与达成、实施垄断协议，或者妨碍其他经营者停止该违法行为的，反垄断执法机构不得免除对其处罚。

负有个人责任的经营者法定代表人、主要负责人和直接责任人员，根据本规定第三十七条主动向反垄断执法机构报告达成垄断协议的有关情况并提供重要证据的，反垄断执法机构可以对其减轻百分之五十的处罚或者免除处罚。

第四十八条　反垄断执法机构工作人员滥用职权、玩忽职守、徇私舞弊或者泄露执法过程中知悉的商业秘密、个人隐私和个人信息的，依照有关规定处理。

第四十九条　反垄断执法机构在调查期间发现的公职人员涉嫌职务违法、职务犯罪问题线索，应当及时移交纪检监察机关。

第五十条　本规定对垄断协议调查、处罚程序未作规定的，依照《市场监督管理行政处罚程序规定》执行，有关时限、立案、案件管辖的规定除外。

反垄断执法机构组织行政处罚听证的，依照《市场监督管理行政处罚听证办法》执行。

第五十一条　本规定自2023年4月15日起施行。2019年6月26日国家市场监督管理总局令第10号公布的《禁止垄断协议暂行规定》同时废止。

禁止滥用市场支配地位行为规定

（国家市场监督管理总局令第66号）

第一条　为了预防和制止滥用市场支配地位行为，根据《中华人民共和国反垄断法》（以下简称反垄断法），制定本规定。

第二条　国家市场监督管理总局（以下简称市场监管总局）负责滥用市场支配地位行为的反垄断统一执法工作。

市场监管总局根据反垄断法第十三条第二款规定，授权各省、自治区、直辖市市场监督管理部门（以下称省级市场监管部门）负责本行政区域内滥用市场支配地位行为的反垄断执法工作。

本规定所称反垄断执法机构包括市场监管总局和省级市场监管部门。

第三条　市场监管总局负责查处下列滥用市场支配地位行为：

（一）跨省、自治区、直辖市的；

（二）案情较为复杂或者在全国有重大影响的；

（三）市场监管总局认为有必要直接查处的。

前款所列滥用市场支配地位行为，市场监管总局可以指定省级市场监管部门查处。

省级市场监管部门根据授权查处滥用市场支配地位行为时，发现不属于本部门查处范围，或者虽属于本部门查处范围，但有必要由市场监管总局查处的，应当及时向市场监管总局报告。

第四条　反垄断执法机构查处滥用市场支配地位行为时，应当平等对待所有经营者。

第五条　相关市场是指经营者在一定时期内就特定商品或者服务（以下统称商品）进行竞争的商品范围和地域范围，包括相关商品市场和相关地域市场。

界定相关市场应当从需求者角度进行需求替代分析。当供给替代对经营者行为产生的竞争约束类似于需求替代时，也应当考虑供给替代。

界定相关商品市场，从需求替代角度，可以考虑需求者对商品价格等因素变化的反应、商品的特征与用途、销售渠道等因素。从供给替代角度，可以考虑其他经营者转产的难易程度、转产后所提供商品的市场竞争力等因素。

界定平台经济领域相关商品市场，可以根据平台一边的商品界定相关商品市场，也可以根据平台所涉及的多边商品，将平台整体界定为一个相关商品市场，或者分别界定多个相关商品市场，并考虑各相关商品市场之间的相互关系和影响。

界定相关地域市场，从需求替代角度，可以考虑商品的运输特征与成本、多数需求者选择商品的实际区域、地域间的贸易壁垒等因素。从供给替代角度，可以考虑其他地域经营者供应商品的及时性与可行性等因素。

第六条　市场支配地位是指经营者在相关市场内具有能够控制商品价格、数量或者其他交易条件，或者能够阻碍、影响其他经营者进入相关市场能力的市场地位。

本条所称其他交易条件是指除商品价格、数量之外能够对市场交易产生实质影响的其他因素，包括商品品种、商品品质、付款条件、交付方式、售后服务、交易选择、技术约束等。

本条所称能够阻碍、影响其他经营者进入相关市场，包括排除其他经营者进入相关市场，或者延缓其他经营者在合理时间内进入相关市场，或者导致其他经营者虽能够进入该相关市场但进入成本大幅提高，无法与现有经营者开展有效竞争等情形。

第七条　根据反垄断法第二十三条第一项，确定经营者在相关市场的市场份额，可以考虑一定时期内经营者的特定商品销售金额、销售数量或者其他指标在相关市场所占的比重。

分析相关市场竞争状况，可以考虑相关市场的发展状况、现有竞争者的数量和市场份额、市场集中度、商品差异程度、创新和技术变化、销售和采购模式、潜在竞争者情况等因素。

第八条　根据反垄断法第二十三条第二项，确定经营者控制销售市场或者原材料采购市场的能力，可以考虑该经营者控制产业链上下游市场的能力，控制销售渠道或者采购渠道的能力，影响或者决定价格、数量、合同期限或者其他交易条件的能力，以及优先获得企业生产经营所必需的原料、半成品、零部件、相关设备以及需要投入的其他资源的能力等因素。

第九条　根据反垄断法第二十三条第三项，确定经营者的财力和技术条件，可以考虑该经营者的资产规模、盈利能力、融资能力、研发能力、技术装备、技术创新和应用能力、拥有的知识产权等，以及该财力和技术条件能够以何种方式和程度促进该经营者业务扩张或者巩固、维持市场地位等因素。

第十条　根据反垄断法第二十三条第四项，确定其他经营者对该经营者在交易上的依赖程度，可以考虑其他经营者与该经营者之间的交易关系、交易量、交易持续时间、在合理时间内转向其他交易相对人的难易程度等因素。

第十一条　根据反垄断法第二十三条第五项，确定其他经营者进入相关市场的难易程度，可以考虑市场准入、获取必要资源的难度、采购和销售渠道的控制情况、资金投入规模、技术壁垒、品牌依赖、用户转换成本、消费习惯等因素。

第十二条　根据反垄断法第二十三条和本规定第七条至第十一条规定认定平台经济领域经营者具有市场支配地位，还可以考虑相关行业竞争特点、经营模式、交易金额、交易数量、用户数量、网络效应、锁定效应、技术特性、市场创新、控制流量的能力、掌握和处理相关数据的能力及经营者在关联市场的市场力量等因素。

第十三条　认定两个以上的经营者具有市场支配地位，除考虑本规定第七条至第十二条规定的因素外，还应当考虑经营者行为一致性、市场结构、相关市场透明度、相关商品同质化程度等因素。

第十四条　禁止具有市场支配地位的经营者以不公平的高价销售商品或者以不公平的低价购买商品。

认定“不公平的高价”或者“不公平的低价”，可以考虑下列因素：

（一）销售价格或者购买价格是否明显高于或者明显低于其他经营者在相同或者相似市场条件下销售或者购买同种商品或者可比较商品的价格；

（二）销售价格或者购买价格是否明显高于或者明显低于同一经营者在其他相同或者相似市场条件区域销售或者购买同种商品或者可比较商品的价格；

（三）在成本基本稳定的情况下，是否超过正常幅度提高销售价格或者降低购买价格；

（四）销售商品的提价幅度是否明显高于成本增长幅度，或者购买商品的降价幅度是否明显高于交易相对人成本降低幅度；

（五）需要考虑的其他相关因素。

涉及平台经济领域，还可以考虑平台涉及多边市场中各相关市场之间的成本关联情况及其合理性。

认定市场条件相同或者相似，应当考虑经营模式、销售渠道、供求状况、监管环境、交易环节、成本结构、交易情况、平台类型等因素。

第十五条禁止具有市场支配地位的经营者没有正当理由，以低于成本的价格销售商品。

认定以低于成本的价格销售商品，应当重点考虑价格是否低于平均可变成本。平均可变成本是指随着生产的商品数量变化而变动的每单位成本。涉及平台经济领域，还可以考虑平台涉及多边市场中各相关市场之间的成本关联情况及其合理性。

本条所称“正当理由”包括：

（一）降价处理鲜活商品、季节性商品、有效期限即将到期的商品或者积压商品的；

（二）因清偿债务、转产、歇业降价销售商品的；

（三）在合理期限内为推广新商品进行促销的；

（四）能够证明行为具有正当性的其他理由。

第十六条　禁止具有市场支配地位的经营者没有正当理由，通过下列方式拒绝与交易相对人进行交易：

（一）实质性削减与交易相对人的现有交易数量；

（二）拖延、中断与交易相对人的现有交易；

（三）拒绝与交易相对人进行新的交易；

（四）通过设置交易相对人难以接受的价格、向交易相对人回购商品、与交易相对人进行其他交易等限制性条件，使交易相对人难以与其进行交易；

（五）拒绝交易相对人在生产经营活动中，以合理条件使用其必需设施。

在依据前款第五项认定经营者滥用市场支配地位时，应当综合考虑以合理的投入另行投资建设或者另行开发建造该设施的可行性、交易相对人有效开展生产经营活动对该设施的依赖程度、该经营者提供该设施的可能性以及对自身生产经营活动造成的影响等因素。

本条所称“正当理由”包括：

（一）因不可抗力等客观原因无法进行交易；

（二）交易相对人有不良信用记录或者出现经营状况恶化等情况，影响交易安全；

（三）与交易相对人进行交易将使经营者利益发生不当减损；

（四）交易相对人明确表示或者实际不遵守公平、合理、无歧视的平台规则；

（五）能够证明行为具有正当性的其他理由。

第十七条　禁止具有市场支配地位的经营者没有正当理由，从事下列限定交易行为：

（一）限定交易相对人只能与其进行交易；

（二）限定交易相对人只能与其指定的经营者进行交易；

（三）限定交易相对人不得与特定经营者进行交易。

从事上述限定交易行为可以是直接限定，也可以是采取惩罚性或者激励性措施等方式变相限定。

本条所称“正当理由”包括：

（一）为满足产品安全要求所必需；

（二）为保护知识产权、商业秘密或者数据安全所必需；

（三）为保护针对交易进行的特定投资所必需；

（四）为维护平台合理的经营模式所必需；

（五）能够证明行为具有正当性的其他理由。

第十八条　禁止具有市场支配地位的经营者没有正当理由搭售商品，或者在交易时附加其他不合理的交易条件：

（一）违背交易惯例、消费习惯或者无视商品的功能，利用合同条款或者弹窗、操作必经步骤等交易相对人难以选择、更改、拒绝的方式，将不同商品捆绑销售或者组合销售；

（二）对合同期限、支付方式、商品的运输及交付方式或者服务的提供方式等附加不合理的限制；

（三）对商品的销售地域、销售对象、售后服务等附加不合理的限制；

（四）交易时在价格之外附加不合理费用；

（五）附加与交易标的无关的交易条件。

本条所称“正当理由”包括：

（一）符合正当的行业惯例和交易习惯；

（二）为满足产品安全要求所必需；

（三）为实现特定技术所必需；

（四）为保护交易相对人和消费者利益所必需；

（五）能够证明行为具有正当性的其他理由。

第十九条　禁止具有市场支配地位的经营者没有正当理由，对条件相同的交易相对人在交易条件上实行下列差别待遇：

（一）实行不同的交易价格、数量、品种、品质等级；

（二）实行不同的数量折扣等优惠条件；

（三）实行不同的付款条件、交付方式；

（四）实行不同的保修内容和期限、维修内容和时间、零配件供应、技术指导等售后服务条件。

条件相同是指交易相对人之间在交易安全、交易成本、规模和能力、信用状况、所处交易环节、交易持续时间等方面不存在实质性影响交易的差别。交易中依法获取的交易相对人的交易数据、个体偏好、消费习惯等方面存在的差异不影响认定交易相对人条件相同。

本条所称“正当理由”包括：

（一）根据交易相对人实际需求且符合正当的交易习惯和行业惯例，实行不同交易条件；

（二）针对新用户的首次交易在合理期限内开展的优惠活动；

（三）基于公平、合理、无歧视的平台规则实施的随机性交易；

（四）能够证明行为具有正当性的其他理由。

第二十条　市场监管总局认定其他滥用市场支配地位行为，应当同时符合下列条件：

（一）经营者具有市场支配地位；

（二）经营者实施了排除、限制竞争行为；

（三）经营者实施相关行为不具有正当理由；

（四）经营者相关行为对市场竞争具有排除、限制影响。

第二十一条　具有市场支配地位的经营者不得利用数据和算法、技术以及平台规则等从事本规定第十四条至第二十条规定的滥用市场支配地位行为。

第二十二条　反垄断执法机构认定本规定第十四条所称的“不公平”和第十五条至第二十条所称的“正当理由”，还应当考虑下列因素：

（一）有关行为是否为法律、法规所规定；

（二）有关行为对国家安全、网络安全等方面的影响；

（三）有关行为对经济运行效率、经济发展的影响；

（四）有关行为是否为经营者正常经营及实现正常效益所必需；

（五）有关行为对经营者业务发展、未来投资、创新方面的影响；

（六）有关行为是否能够使交易相对人或者消费者获益；

（七）有关行为对社会公共利益的影响。

第二十三条　供水、供电、供气、供热、电信、有线电视、邮政、交通运输等公用事业领域经营者应当依法经营，不得滥用其市场支配地位损害消费者利益和社会公共利益。

第二十四条　反垄断执法机构依据职权，或者通过举报、上级机关交办、其他机关移送、下级机关报告、经营者主动报告等途径，发现涉嫌滥用市场支配地位行为。

第二十五条　举报采用书面形式并提供相关事实和证据的，反垄断执法机构应当进行必要的调查。书面举报一般包括下列内容：

（一）举报人的基本情况；

（二）被举报人的基本情况；

（三）涉嫌滥用市场支配地位行为的相关事实和证据；

（四）是否就同一事实已向其他行政机关举报或者向人民法院提起诉讼。

反垄断执法机构根据工作需要，可以要求举报人补充举报材料。

对于采用书面形式的实名举报，反垄断执法机构在案件调查处理完毕后，可以根据举报人的书面请求依法向其反馈举报处理结果。

第二十六条　反垄断执法机构经过对涉嫌滥用市场支配地位行为的必要调查，符合下列条件的，应当立案：

（一）有证据初步证明存在滥用市场支配地位行为；

（二）属于本部门查处范围；

（三）在给予行政处罚的法定期限内。

省级市场监管部门应当自立案之日起七个工作日内向市场监管总局备案。

第二十七条　市场监管总局在查处滥用市场支配地位行为时，可以委托省级市场监管部门进行调查。

省级市场监管部门在查处滥用市场支配地位行为时，可以委托下级市场监管部门进行调查。

受委托的市场监管部门在委托范围内，以委托机关的名义实施调查，不得再委托其他行政机关、组织或者个人进行调查。

第二十八条　省级市场监管部门查处滥用市场支配地位行为时，可以根据需要商请相关省级市场监管部门协助调查，相关省级市场监管部门应当予以协助。

第二十九条　反垄断执法机构对滥用市场支配地位行为进行行政处罚的，应当在作出行政处罚决定之前，书面告知当事人拟作出的行政处罚内容及事实、理由、依据，并告知当事人依法享有的陈述权、申辩权和要求听证的权利。

第三十条　反垄断执法机构在告知当事人拟作出的行政处罚决定后，应当充分听取当事人的意见，对当事人提出的事实、理由和证据进行复核。

第三十一条　反垄断执法机构对滥用市场支配地位行为作出行政处罚决定，应当依法制作行政处罚决定书，并加盖本部门印章。

行政处罚决定书的内容包括：

(一) 当事人的姓名或者名称、地址等基本情况；

(二) 案件来源及调查经过；

(三) 违反法律、法规、规章的事实和证据；

(四) 当事人陈述、申辩的采纳情况及理由；

(五) 行政处罚的内容和依据；

(六) 行政处罚的履行方式和期限；

(七) 申请行政复议、提起行政诉讼的途径和期限；

(八) 作出行政处罚决定的反垄断执法机构的名称和作出决定的日期。

第三十二条　涉嫌滥用市场支配地位的经营者在被调查期间，可以提出中止调查申请，承诺在反垄断执法机构认可的期限内采取具体措施消除行为影响。

中止调查申请应当以书面形式提出，并由经营者负责人签字并盖章。申请书应当载明下列事项：

(一) 涉嫌滥用市场支配地位行为的事实；

(二) 承诺采取消除行为后果的具体措施；

(三) 履行承诺的时限；

(四) 需要承诺的其他内容。

第三十三条　反垄断执法机构根据被调查经营者的中止调查申请，在考虑行为的性质、持续时间、后果、社会影响、经营者承诺的措施及其预期效果等具体情况后，决定是否中止调查。

反垄断执法机构对涉嫌滥用市场支配地位行为调查核实后，认为构成滥用市场支配地位行为的，不得中止调查，应当依法作出处理决定。

第三十四条　反垄断执法机构决定中止调查的，应当制作中止调查决定书。

中止调查决定书应当载明被调查经营者涉嫌滥用市场支配地位行为的事实、承诺的具体内容、消除影响的具体措施、履行承诺的时限以及未履行或者未完全履行承诺的法律后果等内容。

第三十五条　决定中止调查的，反垄断执法机构应当对经营者履行承诺的情况进行监督。

经营者应当在规定的时限内向反垄断执法机构书面报告承诺履行情况。

第三十六条　反垄断执法机构确定经营者已经履行承诺的，可以决定终止调查，并制作终止调查决定书。

终止调查决定书应当载明被调查经营者涉嫌滥用市场支配地位行为的事实、作出中止调查决定的情况、承诺的具体内容、履行承诺的情况、监督情况等内容。

有下列情形之一的，反垄断执法机构应当恢复调查：

（一）经营者未履行或者未完全履行承诺的；

（二）作出中止调查决定所依据的事实发生重大变化的；

（三）中止调查决定是基于经营者提供的不完整或者不真实的信息作出的。

第三十七条　经营者涉嫌违反本规定的，反垄断执法机构可以对其法定代表人或者负责人进行约谈。

约谈应当指出经营者涉嫌滥用市场支配地位的问题，听取情况说明，开展提醒谈话，并可以要求其提出改进措施，消除行为危害后果。

经营者应当按照反垄断执法机构要求进行改进，提出消除行为危害后果的具体措施、履行时限等，并提交书面报告。

第三十八条　省级市场监管部门作出不予行政处罚决定、中止调查决定、恢复调查决定、终止调查决定或者行政处罚告知前，应当向市场监管总局报告，接受市场监管总局的指导和监督。

省级市场监管部门向被调查经营者送达不予行政处罚决定书、中止调查决定书、恢复调查决定书、终止调查决定书或者行政处罚决定书后，应当在七个工作日内向市场监管总局备案。

第三十九条　反垄断执法机构作出行政处理决定后，依法向社会公布。行政处罚信息应当依法通过国家企业信用信息公示系统向社会公示。

第四十条　市场监管总局应当加强对省级市场监管部门查处滥用市场支配地位行为的指导和监督，统一执法程序和标准。

省级市场监管部门应当严格按照市场监管总局相关规定查处滥用市场支配地位行为。

第四十一条　经营者滥用市场支配地位的，由反垄断执法机构责令停止违法行为，没收违法所得，并处上一年度销售额百分之一以上百分之十以下的罚款。

反垄断执法机构确定具体罚款数额时，应当考虑违法行为的性质、程度、持续时间和消除违法行为后果的情况等因素。

违反本规定，情节特别严重、影响特别恶劣、造成特别严重后果的，市场监管总局可以在第一款规定的罚款数额的二倍以上五倍以下确定具体罚款数额。

经营者因行政机关和法律、法规授权的具有管理公共事务职能的组织滥用行政权力而滥用市场支配地位的，按照第一款规定处理。经营者能够证明其受行政机关和法律、法规授权的具有管理公共事务职能的组织滥用行政权力强制或者变相强制滥用市场支配地位的，可以依法从轻或者减轻处罚。

第四十二条　反垄断执法机构工作人员滥用职权、玩忽职守、徇私舞弊或者泄露执法过程中知悉的商业秘密、个人隐私和个人信息的，依照有关规定处理。

第四十三条　反垄断执法机构在调查期间发现的公职人员涉嫌职务违法、职务犯罪问题线索，应当及时移交纪检监察机关。

第四十四条　本规定对滥用市场支配地位行为调查、处罚程序未作规定的，依照《市场监督管理行政处罚程序规定》执行，有关时限、立案、案件管辖的规定除外。

反垄断执法机构组织行政处罚听证的，依照《市场监督管理行政处罚听证办法》执行。

第四十五条　本规定自2023年4月15日起施行。2019年6月26日国家市场监督管理总局令第11号公布的《禁止滥用市场支配地位行为暂行规定》同时废止。

制止滥用行政权力排除、限制竞争行为规定

（国家市场监督管理总局令第 64 号）

第一条 为了预防和制止滥用行政权力排除、限制竞争行为，根据《中华人民共和国反垄断法》（以下简称反垄断法），制定本规定。

第二条 国家市场监督管理总局（以下简称市场监管总局）负责滥用行政权力排除、限制竞争行为的反垄断统一执法工作。

市场监管总局根据反垄断法第十三条第二款规定，授权各省、自治区、直辖市人民政府市场监督管理部门（以下称省级市场监管部门）负责本行政区域内滥用行政权力排除、限制竞争行为的反垄断执法工作。

本规定所称反垄断执法机构包括市场监管总局和省级市场监管部门。

第三条 市场监管总局负责对下列滥用行政权力排除、限制竞争行为进行调查，提出依法处理的建议（以下简称查处）：

（一）在全国范围内有影响的；

（二）省级人民政府实施的；

（三）案情较为复杂或者市场监管总局认为有必要直接查处的。

前款所列的滥用行政权力排除、限制竞争行为，市场监管总局可以指定省级市场监管部门查处。

省级市场监管部门查处滥用行政权力排除、限制竞争行为时，发现不属于本部门查处范围，或者虽属于本部门查处范围，但有必要由市场监管总局查处的，应当及时报告市场监管总局。

第四条 行政机关和法律、法规授权的具有管理公共事务职能的组织不得滥用行政权力，实施下列行为，限定或者变相限定单位或者个人经营、购买、使用其指定的经营者提供的商品或者服务（以下统称商品）：

（一）以明确要求、暗示、拒绝或者拖延行政审批、备案、重复检查、不予接入平台或者网络等方式，限定或者变相限定经营、购买、使用特定经营者提供的商品；

（二）通过限制投标人所在地、所有制形式、组织形式等方式，限定或者变相限定经营、购买、使用特定经营者提供的商品；

（三）通过设置不合理的项目库、名录库、备选库、资格库等方式，限定或者变相限定经营、购买、使用特定经营者提供的商品；

（四）限定或者变相限定单位或者个人经营、购买、使用其指定的经营者提供的商品的其他行为。

第五条 行政机关和法律、法规授权的具有管理公共事务职能的组织不得滥用行政权力，通过与经营者签订合作协议、备忘录等方式，妨碍其他经营者进入相关市场或者对其他经营者实行不平等待遇，排除、限制竞争。

第六条 行政机关和法律、法规授权的具有管理公共事务职能的组织不得滥用行政权

力，实施下列行为，妨碍商品在地区之间的自由流通：

（一）对外地商品设定歧视性收费项目、实行歧视性收费标准，或者规定歧视性价格、实行歧视性补贴政策；

（二）对外地商品规定与本地同类商品不同的技术要求、检验标准，或者对外地商品采取重复检验、重复认证等歧视性技术措施，阻碍、限制外地商品进入本地市场；

（三）采取专门针对外地商品的行政许可，或者对外地商品实施行政许可时，设定不同的许可条件、程序、期限等，阻碍、限制外地商品进入本地市场；

（四）设置关卡、通过软件或者互联网设置屏蔽等手段，阻碍、限制外地商品进入或者本地商品运出；

（五）妨碍商品在地区之间自由流通的其他行为。

第七条 行政机关和法律、法规授权的具有管理公共事务职能的组织不得滥用行政权力，实施下列行为，排斥或者限制经营者参加招标投标以及其他经营活动：

（一）不依法发布招标投标等信息；

（二）排斥或者限制外地经营者参与本地特定的招标投标活动和其他经营活动；

（三）设定歧视性的资质要求或者评审标准；

（四）设定与实际需要不相适应或者与合同履行无关的资格、技术和商务条件；

（五）排斥或者限制经营者参加招标投标以及其他经营活动的其他行为。

第八条 行政机关和法律、法规授权的具有管理公共事务职能的组织不得滥用行政权力，实施下列行为，排斥、限制、强制或者变相强制外地经营者在本地投资或者设立分支机构：

（一）拒绝、强制或者变相强制外地经营者在本地投资或者设立分支机构；

（二）对外地经营者在本地投资的规模、方式以及设立分支机构的地址、商业模式等进行限制或者提出不合理要求；

（三）对外地经营者在本地的投资或者设立的分支机构在投资、经营规模、经营方式、税费缴纳等方面规定与本地经营者不同的要求，在安全生产、节能环保、质量标准、行政审批、备案等方面实行歧视性待遇；

（四）排斥、限制、强制或者变相强制外地经营者在本地投资或者设立分支机构的其他行为。

第九条 行政机关和法律、法规授权的具有管理公共事务职能的组织不得滥用行政权力，强制或者变相强制经营者从事反垄断法规定的垄断行为。

第十条 行政机关和法律、法规授权的具有管理公共事务职能的组织不得滥用行政权力，以办法、决定、公告、通知、意见、会议纪要、函件等形式，制定、发布含有排除、限制竞争内容的规定。

第十一条 反垄断执法机构依据职权，或者通过举报、上级机关交办、其他机关移送、下级机关报告等途径，发现涉嫌滥用行政权力排除、限制竞争行为。

第十二条 对涉嫌滥用行政权力排除、限制竞争行为，任何单位和个人有权向反垄断执法机构举报。反垄断执法机构应当为举报人保密。

第十三条 举报采用书面形式并提供相关事实和证据的，有关反垄断执法机构应当进行必要的调查。书面举报一般包括下列内容：

（一）举报人的基本情况；

（二）被举报人的基本情况；

（三）涉嫌滥用行政权力排除、限制竞争行为的相关事实和证据；

（四）是否就同一事实已向其他行政机关举报、申请行政复议或者向人民法院提起诉讼。

第十四条　反垄断执法机构负责所管辖案件的受理。省级以下市场监管部门收到举报材料或者发现案件线索的，应当在七个工作日内将相关材料报送省级市场监管部门。

对于被举报人信息不完整、相关事实不清晰的举报，受理机关可以通知举报人及时补正。

对于采用书面形式的实名举报，反垄断执法机构在案件调查处理完毕后，可以根据举报人的书面请求依法向其反馈举报处理结果。

第十五条　反垄断执法机构经过对涉嫌滥用行政权力排除、限制竞争行为的必要调查，决定是否立案。

被调查单位在上述调查期间已经采取措施停止相关行为，消除相关竞争限制的，可以不予立案。

省级市场监管部门应当自立案之日起七个工作日内向市场监管总局备案。

第十六条　立案后，反垄断执法机构应当及时进行调查，依法向有关单位和个人了解情况，收集、调取证据。有关单位或者个人应当配合调查。

第十七条　市场监管总局在查处涉嫌滥用行政权力排除、限制竞争行为时，可以委托省级市场监管部门进行调查。

省级市场监管部门在查处涉嫌滥用行政权力排除、限制竞争行为时，可以委托下级市场监管部门进行调查。

受委托的市场监管部门在委托范围内，以委托机关的名义进行调查，不得再委托其他行政机关、组织或者个人进行调查。

第十八条　省级市场监管部门查处涉嫌滥用行政权力排除、限制竞争行为时，可以根据需要商请相关省级市场监管部门协助调查，相关省级市场监管部门应当予以协助。

第十九条　被调查单位和个人有权陈述意见，提出事实、理由和相关证据。反垄断执法机构应当进行核实。

第二十条　经调查，反垄断执法机构认为构成滥用行政权力排除、限制竞争行为的，可以向有关上级机关提出依法处理的建议。

在调查期间，被调查单位主动采取措施停止相关行为，消除相关竞争限制的，反垄断执法机构可以结束调查。

经调查，反垄断执法机构认为不构成滥用行政权力排除、限制竞争行为的，应当结束调查。

第二十一条　反垄断执法机构向有关上级机关提出依法处理建议的，应当制作行政建议书，同时抄送被调查单位。行政建议书应当载明以下事项：

（一）主送单位名称；

（二）被调查单位名称；

（三）违法事实；

（四）被调查单位的陈述意见及采纳情况；

（五）处理建议及依据；

（六）被调查单位改正的时限及要求；

（七）反垄断执法机构名称、公章及日期。

前款第五项规定的处理建议应当能够消除相关竞争限制，并且具体、明确，可以包括停止实施有关行为、解除有关协议、停止执行有关备忘录、废止或者修改有关文件并向社会公开文件的废止或者修改情况等。

被调查单位应当按照行政建议书载明的处理建议，积极落实改正措施，并按照反垄断执法机构的要求，限期将有关改正情况书面报告上级机关和反垄断执法机构。

第二十二条　省级市场监管部门在提出依法处理的建议或者结束调查前，应当向市场监管总局报告。提出依法处理的建议后七个工作日内，向市场监管总局备案。

反垄断执法机构认为构成滥用行政权力排除、限制竞争行为的，依法向社会公布。

第二十三条　市场监管总局应当加强对省级市场监管部门查处滥用行政权力排除、限制竞争行为的指导和监督，统一执法标准。

省级市场监管部门应当严格按照市场监管总局相关规定查处滥用行政权力排除、限制竞争行为。

第二十四条　行政机关和法律、法规授权的具有管理公共事务职能的组织涉嫌违反反垄断法规定，滥用行政权力排除、限制竞争的，反垄断执法机构可以对其法定代表人或者负责人进行约谈。

约谈可以指出涉嫌滥用行政权力排除、限制竞争的问题，听取情况说明，要求其提出改进措施消除相关竞争限制。

约谈结束后，反垄断执法机构可以将约谈情况通报被约谈单位的有关上级机关。省级市场监管部门应当在七个工作日内将约谈情况向市场监管总局备案。

第二十五条　约谈应当经反垄断执法机构主要负责人批准。反垄断执法机构可以根据需要，邀请被约谈单位的有关上级机关共同实施约谈。

反垄断执法机构可以公开约谈情况，也可以邀请媒体、行业协会、专家学者、相关经营者、社会公众代表列席约谈。

第二十六条　对反垄断执法机构依法实施的调查，有关单位或者个人拒绝提供有关材料、信息，或者提供虚假材料、信息，或者隐匿、销毁、转移证据，或者有其他拒绝、阻碍调查行为的，反垄断执法机构依法作出处理，并可以向其有关上级机关、监察机关等反映情况。

第二十七条　反垄断执法机构工作人员滥用职权、玩忽职守、徇私舞弊或者泄露执法过程中知悉的商业秘密、个人隐私和个人信息的，依照有关规定处理。

第二十八条　反垄断执法机构在调查期间发现的公职人员涉嫌职务违法、职务犯罪问题线索，应当及时移交纪检监察机关。

第二十九条　行政机关和法律、法规授权的具有管理公共事务职能的组织，在制定涉及市场主体经济活动的规章、规范性文件和其他政策措施时，应当按照有关规定进行公平竞争审查，评估对市场竞争的影响，防止排除、限制市场竞争。涉嫌构成滥用行政权力排除、限制竞争行为的，由反垄断执法机构依法调查。

第三十条　各级市场监管部门可以通过以下方式，积极支持、促进行政机关和法律、法规授权的具有管理公共事务职能的组织强化公平竞争理念，改进有关政策措施，维护公平竞争市场环境：

（一）宣传公平竞争法律法规和政策；

（二）在政策措施制定过程中提供公平竞争咨询；

（三）组织开展有关政策措施实施的竞争影响评估，发布评估报告；

（四）组织开展培训交流；

（五）提供工作指导建议；

（六）其他有利于改进政策措施的竞争宣传倡导活动。

鼓励行政机关和法律、法规授权的具有管理公共事务职能的组织主动增强公平竞争意识，培育和弘扬公平竞争文化，提升公平竞争政策实施能力。

第三十一条　本规定自2023年4月15日起施行。2019年6月26日国家市场监督管理总局令第12号公布的《制止滥用行政权力排除、限制竞争行为暂行规定》同时废止。

国家发展改革委等部门关于严格执行招标投标法规制度进一步规范招标投标主体行为的若干意见

（发改法规规〔2022〕1117 号）

各省、自治区、直辖市、新疆生产建设兵团发展改革委、工业和信息化主管部门、公安厅（局）、住房城乡建设厅（委、局）、交通运输厅（局、委）、水利（水务）厅（局）、农业农村厅（局、委）、商务厅（局）、审计厅（局）、广播电视局、能源局、招标投标指导协调工作牵头部门、公共资源交易平台整合工作牵头部门，各省、自治区、直辖市通信管理局，审计署各特派员办事处、国家能源局各派出机构、各地区铁路监管局、民航各地区管理局，全国公共资源交易平台、中国招标投标公共服务平台：

招标投标制度是社会主义市场经济体制的重要组成部分，对于充分发挥市场在资源配置中的决定性作用，更好发挥政府作用，深化投融资体制改革，提高国有资金使用效益，预防惩治腐败具有重要意义。近年来，各地区、各部门认真执行《招标投标法》及配套法规规章，全社会依法招标投标意识不断增强，招标投标活动不断规范，在维护国家利益、社会公共利益和招标投标活动当事人合法权益方面发挥了重要作用。但是当前招标投标市场还存在不少突出问题，招标人主体责任落实不到位，各类不合理限制和隐性壁垒尚未完全消除，规避招标、虚假招标、围标串标、有关部门及领导干部插手干预等违法行为仍然易发高发，招标代理服务水平参差不齐，一些评标专家不公正、不专业，导致部分项目中标结果不符合实际需求或者实施效果不佳，制约了招标投标制度竞争择优功能的发挥。为全面贯彻党的十九大和十九届历次全会精神，按照第十九届中央纪委第六次全会、国务院第五次廉政工作会议部署，现就严格执行招标投标法规制度、进一步规范招标投标各方主体行为提出以下意见。

一、强化招标人主体责任

（一）依法落实招标自主权。切实保障招标人在选择招标代理机构、编制招标文件、在统一的公共资源交易平台体系内选择电子交易系统和交易场所、组建评标委员会、委派代表参加评标、确定中标人、签订合同等方面依法享有的自主权。任何单位和个人不得以任何方式为招标人指定招标代理机构，不得违法限定招标人选择招标代理机构的方式，不得强制具有自行招标能力的招标人委托招标代理机构办理招标事宜。任何单位不得设定没有法律、行政法规依据的招标文件审查等前置审批或审核环节。对实行电子招标投标的项目，取消招标文件备案或者实行网上办理。

（二）严格执行强制招标制度。依法经项目审批、核准部门确定的招标范围、招标方式、招标组织形式，未经批准不得随意变更。依法必须招标项目拟不进行招标的、依法应当公开招标的项目拟邀请招标的，必须符合法律法规规定情形并履行规定程序；除涉及国家秘密或者商业秘密的外，应当在实施采购前公示具体理由和法律法规依据。不得以支解发包、化整为零、招小送大、设定不合理的暂估价或者通过虚构涉密项目、应急项目等形式规避招标；不得以战略合作、招商引资等理由搞“明招暗定”“先建后招”的虚假招标；不得通过集体决策、会议纪要、函复意见、备忘录等方式将依法必须招标项目转为采用谈判、询比、竞价或者直接采购等非招标方式。对于涉及应急抢险救灾、疫情防控等紧急情况，以及重大工程建设项目经批准增加的少量建设内容，可以按照《招标投标法》第六十六条和《招标投标法实施条例》第九条规定不进行招标，同时强化项目单位在资金使用、质量安全等方面责任。不得随意改变法定招标程序；不得采用抽签、摇号、抓阄等违规方式直接选择投标人、中标候选人或中标人。除交易平台暂不具备条件等特殊情形外，依法必须招标项目应当实行全流程电子化交易。

（三）规范招标文件编制和发布。招标人应当高质量编制招标文件，鼓励通过市场调研、专家咨询论证等方式，明确招标需求，优化招标方案；对于委托招标代理机构编制的招标文件，应当认真组织审查，确保合法合规、科学合理、符合需求；对于涉及公共利益、社会关注度较高的项目，以及技术复杂、专业性强的项目，鼓励就招标文件征求社会公众或行业意见。依法必须招标项目的招标文件，应当使用国家规定的标准文本，根据项目的具体特点与实际需要编制。招标文件中资质、业绩等投标人资格条件要求和评标标准应当以符合项目具体特点和满足实际需要为限度审慎设置，不得通过设置不合理条件排斥或者限制潜在投标人。依法必须招标项目不得提出注册地址、所有制性质、市场占有率、特定行政区域或者特定行业业绩、取得非强制资质认证、设立本地分支机构、本地缴纳税收社保等要求，不得套用特定生产供应者的条件设定投标人资格、技术、商务条件。简化投标文件形式要求，一般不得将装订、纸张、明显的文字错误等列为否决投标情形。鼓励参照《公平竞争审查制度实施细则》，建立依法必须招标项目招标文件公平竞争审查机制。鼓励建立依法必须招标项目招标文件公示或公开制度。严禁设置投标报名等没有法律法规依据的前置环节。

（四）规范招标人代表条件和行为。招标人应当选派或者委托责任心强、熟悉业务、公道正派的人员作为招标人代表参加评标，并遵守利益冲突回避原则。严禁招标人代表私下接触投标人、潜在投标人、评标专家或相关利害关系人；严禁在评标过程中发表带有倾向性、误导性的言论或者暗示性的意见建议，干扰或影响其他评标委员会成员公正独立评标。招标人代表发现其他评标委员会成员不按照招标文件规定的评标标准和方法评标的，应当及时提醒、劝阻并向有关招标投标行政监督部门（以下简称行政监督部门）报告。

（五）加强评标报告审查。招标人应当在中标候选人公示前认真审查评标委员会提交的书面评标报告，发现异常情形的，依照法定程序进行复核，确认存在问题的，依照法定程序予以纠正。重点关注评标委员会是否按照招标文件规定的评标标准和方法进行评标；是否存在对客观评审因素评分不一致，或者评分畸高、畸低现象；是否对可能低于成本或者影响履约的异常低价投标和严重不平衡报价进行分析研判；是否依法通知投标人进行澄清、说明；是否存在随意否决投标的情况。加大评标情况公开力度，积极推进评分情况向社会公开、投标文件被否决原因向投标人公开。

（六）畅通异议渠道。招标人是异议处理的责任主体，应当畅通异议渠道，在招标公告和公示信息中公布受理异议的联系人和联系方式，在法定时限内答复和处理异议，积极引导招标投标活动当事人和利害关系人按照法定程序维护自身权益。实行电子招标投标的，应当支持系统在线提出异议、跟踪处理进程、接收异议答复。不得故意拖延、敷衍，无故回避实质性答复，或者在作出答复前继续进行招标投标活动。

（七）落实合同履约管理责任。招标人应当高度重视合同履约管理，健全管理机制，落实管理责任。依法必须招标项目的招标人应当按照《公共资源交易领域基层政务公开标准指引》要求，及时主动公开合同订立信息，并积极推进合同履行及变更信息公开。加强对依法必须招标项目合同订立、履行及变更的行政监督，强化信用管理，防止“阴阳合同”“低中高结”等违法违规行为发生，及时依法查处违法违规行为。

（八）加强招标档案管理。招标人应当按照有关规定加强招标档案管理，及时收集、整理、归档招标投标交易和合同履行过程中产生的各种文件资料和信息数据，并采取有效措施确保档案的完整和安全，不得篡改、损毁、伪造或者擅自销毁招标档案。加快推进招标档案电子化、数字化。招标人未按照规定进行归档，篡改、损毁、伪造、擅自销毁招标档案，或者在依法开展的监督检查中不如实提供招标档案的，由行政监督部门责令改正。

（九）强化内部控制管理。招标人应当建立健全招标投标事项集体研究、合法合规性审查等议事决策机制，积极发挥内部监督作用；对招标投标事项管理集中的部门和岗位实行分事行权、分岗设权、分级授权，强化内部控制。依法必须招标项目应当在组织招标前，按照权责匹配原则落实主要负责人和相关负责人。鼓励招标人建立招标项目绩效评价机制和招标采购专业化队伍，加大对招标项目管理人员的问责问效力度，将招标投标活动合法合规性、交易结果和履约绩效与履职评定、奖励惩处挂钩。

二、坚决打击遏制违法投标和不诚信履约行为

（十）严格规范投标和履约行为。投标人应当严格遵守有关法律法规和行业标准规范，依法诚信参加投标，自觉维护公平竞争秩序。不得通过受让、租借或者挂靠资质投标；不得伪造、变造资质、资格证书或者其他许可证件，提供虚假业绩、奖项、项目负责人等材料，或者以其他方式弄虚作假投标；不得与招标人、招标代理机构或其他投标人串通投标；不得与评标委员会成员私下接触，或向招标人、招标代理机构、交易平台运行服务机构、评标委员会成员、行政监督部门人员等行贿谋取中标；不得恶意提出异议、投诉或者举报，干扰正常招标投标活动。中标人不得无正当理由不与招标人订立合同，在签订合同时向招标人提出附加条件，不按照招标文件要求提交履约保证金或履约保函，或者将中标项目转包、违法分包。

（十一）加大违法投标行为打击力度。密切关注中标率异常低、不以中标为目的投标的“陪标专业户”。重点关注投标人之间存在关联关系、不同投标人高级管理人员之间存在交叉任职、人员混用或者亲属关系、经常性“抱团”投标等围标串标高风险迹象。严厉打击操纵投标或出借资质等行为导致中标率异常高的“标王”及其背后的违法犯罪团伙。经查实存在违法行为的，行政监督部门严格依法实施行政处罚，并按照规定纳入信用记录；对其中负有责任的领导人员和直接责任人员，需要给予党纪、政务处分或组织处理的，移交有关机关、单位依规依纪依法处理；涉嫌犯罪的，及时向有关机关移送。不得以行政约谈、内部处理等代替行政处罚，不得以行政处罚代替刑事处罚。

三、加强评标专家管理

（十二）严肃评标纪律。评标专家应当认真、公正、诚实、廉洁、勤勉地履行专家职责，按时参加评标，严格遵守评标纪律。评标专家与投标人有利害关系的，应当主动提出回避；不得对其他评标委员会成员的独立评审施加不当影响；不得私下接触投标人，不得收受投标人、中介人、其他利害关系人的财物或者其他好处，不得接受任何单位或者个人明示或者暗示提出的倾向或者排斥特定投标人的要求；不得透露评标委员会成员身份和评标项目；不得

透露对投标文件的评审和比较、中标候选人的推荐情况、在评标过程中知悉的国家秘密和商业秘密以及与评标有关的其他情况；不得故意拖延评标时间，或者敷衍塞责随意评标；不得在合法的评标劳务费之外额外索取、接受报酬或者其他好处；严禁组建或者加入可能影响公正评标的微信群、QQ 群等网络通讯群组。招标人、招标代理机构、投标人发现评标专家有违法行为的，应当及时向行政监督部门报告。行政监督部门对评标专家违法行为应当依法严肃查处，并通报评标专家库管理单位、评标专家所在单位和入库审查单位，不得简单以暂停或者取消评标专家资格代替行政处罚；暂停或者取消评标专家资格的决定应当公开，强化社会监督；涉嫌犯罪的，及时向有关机关移送。

（十三）提高评标质量。评标委员会成员应当遵循公平、公正、科学、择优的原则，认真研究招标文件，根据招标文件规定的评标标准和方法，对投标文件进行系统地评审和比较。评标过程中发现问题的，应当及时向招标人提出处理建议；发现招标文件内容违反有关强制性规定或者招标文件存在歧义、重大缺陷导致评标无法进行时，应当停止评标并向招标人说明情况；发现投标文件中含义不明确、对同类问题表述不一致、有明显文字和计算错误、投标报价可能低于成本影响履约的，应当先请投标人作必要的澄清、说明，不得直接否决投标；有效投标不足三个的，应当对投标是否明显缺乏竞争和是否需要否决全部投标进行充分论证，并在评标报告中记载论证过程和结果；发现违法行为的，以及评标过程和结果受到非法影响或者干预的，应当及时向行政监督部门报告。招标人既要重视发挥评标专家的专业和经验优势，又要通过科学设置评标标准和方法，引导专家在专业技术范围内规范行使自由裁量权；根据招标项目实际需要，合理设置专家抽取专业，并保证充足的评标时间。积极探索完善智能辅助评标等机制，减轻专家不必要的工作量。鼓励有条件的地方和单位探索招标人按照工作价值灵活确定评标劳务费支付标准的新机制。

（十四）强化评标专家动态管理。充分依托省级人民政府组建的综合评标专家库和国务院有关部门组建的评标专家库，建立健全对评标专家的入库审查、岗前培训、继续教育、考核评价和廉洁教育等管理制度。加强专家库及评标专家信息保密管理，除依法配合有关部门调查外，任何单位和个人不得泄露相关信息。严格规范评标专家抽取工作，做到全程留痕、可追溯。评标专家库管理单位应当建立评标专家动态考核机制，将专家依法客观公正履职情况作为主要考核内容，根据考核情况及时清退不合格专家。

（十五）严格规范和优化评标组织方式。积极推广网络远程异地评标，打破本地评标专家“小圈子”，推动优质专家资源跨省市、跨行业互联共享。评标场所应当封闭运行，配备专门装置设备，严禁评标期间评标委员会成员与外界的一切非正常接触和联系，实现所有人员的语言、行为、活动轨迹全过程可跟踪、可回溯。有关部门应当规范隔夜评标管理，落实行政监督责任；评标场所应当为隔夜评标提供便利条件，做好配套服务保障。

四、规范招标代理服务行为

（十六）切实规范招标代理行为。招标代理机构及其从业人员应当依法依规、诚信自律经营，严禁采取行贿、提供回扣或者输送不正当利益等非法手段承揽业务；对于招标人、投标人、评标专家等提出的违法要求应当坚决抵制、及时劝阻，不得背离职业道德无原则附和；不得泄露应当保密的与招标投标活动有关的情况和资料；不得以营利为目的收取高额的招标文件等资料费用；招标代理活动结束后，及时向招标人提交全套招标档案资料，不得篡改、损毁、伪造或擅自销毁；不得与招标人、投标人、评标专家、交易平台运行服务机构等串通损害国家利益、社会公共利益和招标投标活动当事人合法权益。

（十七）加强招标代理机构及从业人员管理。行政监督部门应当加强对在本地区执业的招标代理机构及从业人员的动态监管，将招标代理行为作为“双随机、一公开”监管的重点内容，纳入跨部门联合抽查范围，对参与围标串标等扰乱市场秩序的行为严格依法实施行政处罚，并按照规定纳入信用记录。加强招标代理行业自律建设，鼓励行业协会完善招标代理服务标准规范，开展招标代理机构信用评价和从业人员专业技术能力评价，为招标人选择招标代理机构提供参考，推动提升招标代理服务能力。

五、进一步落实监督管理职责

（十八）健全监管机制。各地行政监督部门要按照职责分工，畅通投诉渠道，依法处理招标投标违法行为投诉，投诉处理结果反馈当事人的同时按规定向社会公开，接受社会监督；合理利用信访举报及时发现违法问题线索，鼓励建立内部举报人制度，对举报严重违法行为和提供重要线索的有功人员予以奖励和保护；建立投诉举报案件定期统计分析制度，聚焦突出问题，开展专项整治。积极适应招标投标全流程电子化新形势，加快推进“互联网＋监管”，充分依托行政监督平台在线获取交易信息、履行监管职责；不断探索完善智慧监管手段，及时预警、发现和查证违法行为；加强电子招标投标信息的防伪溯源监督管理，防止招标投标电子文件伪造、篡改、破坏等风险发生。健全各行政监督部门协同监管和信息共享机制，监管执法过程中涉及其他部门职责的，及时移交有关部门处理或联合处理，着力解决多头处理、职责交叉、不同行业间行政处罚裁量权标准不一致等问题，提高执法水平和效率。指导公共资源交易平台坚持公共服务定位，健全内部控制机制，切实守住廉洁和安全底线，自觉接受行政监督，并积极配合支持行政监督部门履行职责。加强对行政监督部门及其工作人员的监督约束，严禁以规范和监管之名行违规审批、插手干预、地方保护、行业垄断之实。

（十九）加大监管力度。各地行政监督部门要进一步深化“放管服”改革，切实将监管重心从事前审批核准向事中事后全程监管转移。全面推行“双随机一公开”监管，提升监管主动性和覆盖面。坚决克服监管执法中的地方保护、行业保护，以零容忍态度打击招标投标违法行为，对影响恶劣的案件依法从严从重处罚并通报曝光。招标人发生违法行为的，依法严肃追究负有责任的主管人员和直接责任人员的法律责任，不得以他人插手干预招标投标活动为由减轻或免除责任。与公安机关建立有效的协调联动机制，加大对围标串标等违法犯罪行为的打击力度。加强与纪检监察机关、审计机关协作配合，按照规定做好招标投标领域违规违纪违法问题线索移交，对收到的问题线索认真核查处理。加强地方监管执法力量建设，鼓励监管体制改革创新，推动人财物更多投入到监管一线，加强监管的技术保障和资源保障。

（二十）健全信用体系。加快推进招标投标领域信用体系建设，构建以信用为基础、衔接标前标中标后各环节的新型监管机制。严格执行具有一定社会影响的行政处罚决定依法公开的规定，并及时推送至全国信用信息共享平台和公共资源交易平台，同步通过“信用中国”网站依法公示。坚持行政监督、社会监督和行业自律相结合，科学建立招标投标市场主体信用评价指标和标准，推动信用信息在招标投标活动中的合理规范应用。对违法失信主体依法依规实施失信惩戒，情节严重的依法实施市场禁入措施。

各地招标投标指导协调工作牵头部门和行政监督部门要进一步强化政治站位，认真履职尽责，推动招标投标法规制度切实执行，大力营造公开、公平、公正和诚实信用的市场环境。国家发展改革委会同国务院有关部门加强对各地招标投标工作的指导协调和典型经验复制推广，适时开展专项督查检查，对监管职责不履行、责任落实不到位的地方和单位，视情进行督办、通报、向有关方面提出问责建议。

本意见自 2022 年 9 月 1 日起施行，有效期至 2027 年 8 月 31 日。

国家发展改革委　工业和信息化部　公安部
住房和城乡建设部　交通运输部　水利部
农业农村部　商务部　审计署
广电总局　国家能源局　国家铁路局
民航局

2022 年 7 月 18 日

中共应急管理部消防救援局委员会关于印发《消防救援队伍领导干部插手干预消防装备采购事项记录报告暂行规定》的通知

（应急消〔2022〕120号）

各省、自治区、直辖市消防救援总队党委，消防救援局天津、南京、昆明训练总队党委：

《消防救援队伍领导干部插手干预消防装备采购事项记录报告暂行规定》（以下简称《规定》）已经消防救援局党委会议审定，现印发给你们，请认真组织学习，并按要求抓好贯彻落实。

一、提高思想认识，广泛深入动员。制定《规定》是贯彻落实黄明书记关于消防救援队伍装备采购领域廉政风险的批示指示精神，遏制消防装备采购领域风险乱象的重要举措；是消防救援局党委持续推进全面从严管党治队向纵深发展，突出加强对“关键少数”监督管理的具体行动；是持续一体推进“三不腐”，从源头上防范治理消防装备采购廉政风险隐患的有效抓手。各级党组织要充分认清颁布实施《规定》的重要意义，广泛开展各类学习宣讲活动，迅速掀起学习宣贯热潮，把规矩讲清楚、把要求讲具体、把利害讲透彻，把思想和行动统一到局党委的决策部署上来。各级班子成员要充分发挥示范引领作用，带头深研细读、带头宣讲辅导，切实增强广大指战员贯彻执行《规定》的自觉性主动性。要把宣讲范围扩大到已退出消防救援队伍人员和队伍外有关人员，扩大到消防装备生产厂家企业、产品经销商和代理机构，不断增强宣贯《规定》的广度和效果。

二、认真对照排查，清除问题隐患。各级党组织要将《规定》作为推进消防装备采购领域廉政风险专项整治的有力措施，利用一个月时间，开展一次全面、深入、细致的问题隐患排查整治活动。组织大队级正职以上干部对照《规定》明确的9种情形进行自查自纠，全面起底改革转制以来的装备采购项目，重点核查是否存在领导干部插手干预情况，逐人向组织作出情况说明和承诺保证，对排查发现的问题，要建立整改台账，逐条制定整改措施，并按照“四种形态”的有关要求进行处理。

三、坚持常抓不懈，务求取得实效。各级党组织要将贯彻执行《规定》纳入队伍党风廉政建设和消防装备采购廉政风险防控长效机制建设之中，持之以恒，常抓不懈，严格按要求进行记录报告，对不如实记录报告或打击报复等违反《规定》要求的，要严肃处理；对顶风违纪、屡纠屡犯的，要加大处罚惩治力度。消防救援局纪委将每季度对各地记录报告、核查处理情况进行通报，切实发挥《规定》的警示、惩治、震慑作用，不断把制度的笼子扎紧、把纪律的红线划清、把廉洁采购的意识树牢，全面营造阳光、透明、纯净的消防装备采购环境。

各地学习宣传贯彻《规定》情况及时报送至消防救援局消防装备采购领域廉政风险专项整治领导小组办公室。

中共应急管理部消防救援局委员会
2022年7月22日

消防救援队伍领导干部插手干预消防装备采购事项记录报告暂行规定

第一条　为贯彻落实全面从严管党治队有关要求，防止领导干部插手干预消防装备采购事项，根据《中国共产党党内监督条例》《中国共产党问责条例》《中国共产党纪律处分条例》《中共中央关于加强对“一把手”和领导班子监督的意见》等党规党纪，结合消防救援队伍实际，制定本规定。

第二条　本规定所称领导干部，是指消防救援队伍大队级正职及以上(含同等职级和专业技术等级)干部。

本规定所称消防装备采购事项承办人，是指消防装备采购需求提报、参数制定、委托代理、文件编制、招标评审、合同签订、履约验收、审计监督、资金结算等各项工作的负责人或经办人。

第三条　领导干部有下列行为之一的，属于插手干预消防装备采购事项：

(一) 本人或授意、纵容他人为消防装备采购事项利害关系人请托说情；

(二) 为他人牵线搭桥，明示或者暗示消防装备采购事项承办人与消防装备采购事项利害关系人私下接触、会面；

(三) 利用职务便利，打探或索取非本人分管领域、超出本人应知范围的消防装备采购事项相关信息或资料；

(四) 向消防装备采购需求单位(部门)推介特定的消防装备或企业；

(五) 超越职权擅自决定消防装备采购事项，或者对消防装备采购事项的实施提出倾向性意见、指向性要求；

(六) 利用职权故意设置阻碍或临时增减程序，干扰消防装备采购工作正常实施；

(七) 以他人名义或通过收受干股、隐名入股等方式开办公司，参与消防装备采购事项；

(八) 授意、纵容特定关系人或身边工作人员参与消防装备采购事项；

(九) 其他影响消防装备采购工作正常实施的行为。

第四条　对消防装备采购工作具有指导、管理、监督职责的领导干部，因履行职责需要，提出指导性要求或纠正性意见的，一般以书面形式进行；口头形式提出的，消防装备采购事项承办人应当做好工作记录。

第五条　消防装备采购事项承办人应当注意区分装备采购正常履职、信息公开、合理咨询行为同插手干预行为的区别，对通过正当途径可以实现合理诉求的，应当告知其正当途径。

第六条　领导干部有本规定第三条所列行为之一的，消防装备采购事项承办人应当如实记录，填写《领导干部插手干预消防装备采购事项记录报告表》(附后)，并注意保留文字、图片或音视频等相关证据资料，做到全程留痕，有据可查。对难以认定的行为，应当记录报告。

第七条　消防装备采购事项承办人记录领导干部插手干预情况后，应当于5个工作日内向本级纪检督察部门报告，紧急情况应当立即报告。必要时可越级向上级纪检督察部门报告。

第八条　报告一般采取书面形式，并提供记录报告表和相关证据资料。也可采用会面、电话、短信、信函、电子邮件等形式报告,接报人员应当做好记录。

第九条 各级纪检督察部门接到报告后,应当按照规定的权限和程序,对记录报告反映的问题线索进行核查。经查属实的,依规依纪依法处理。

第十条 各级纪检督察部门应当及时将核查处理情况通报领导干部所在单位党委、纪委和组织人事部门。

第十一条 消防装备采购事项承办人如实记录报告领导干部插手干预消防装备采购事项的行为,受法律和组织保护,任何单位和个人不得妨碍、限制、侵害记录报告人的合法权益。非因合理事由,非经正常程序,不得给予记录报告人组织处理或者党纪政纪处分。

各级纪检督察、组织人事等部门对记录报告人的相关情况应当严格保密。

第十二条 对领导干部插手干预消防装备采购事项的行为应当报告而不报告或者不如实报告的,严肃追究相关责任人员的责任;

对利用记录报告诬告陷害的,严肃追究相关责任人员的责任;

对记录报告人员或者调查人员进行打击报复的,严肃追究相关责任人员的责任;

领导干部授意上述行为的,从严追究责任。

第十三条 各级单位党组织应当全面落实从严管党治队主体责任,将领导干部插手干预消防装备采购事项的情况,纳入党风廉政建设考核体系,作为考核干部遵纪守法、依法办事、廉洁自律的重要依据。

领导干部被认定插手干预消防装备采购事项的,要在年度述职述责述廉报告中作出说明,接受群众监督和评议。

第十四条 各级领导干部应当带头遵守党纪法规,严格执行廉洁自律准则,不得以任何方式插手干预消防装备采购事项。

消防装备采购事项承办人应当严格按照法规制度开展消防装备采购工作,自觉抵制各种插手干预行为。

第十五条 已退出消防救援队伍人员和队伍外其他人员插手干预消防装备采购事项的,参照本规定记录报告。各级纪检督察部门接报后,按照规定程序将相关问题线索转交被记录报告人党组织关系所在单位或属地纪检监察机构处理,同时抄报上级纪检督察部门。

第十六条 本规定自印发之日起施行,由消防救援局纪委负责解释。

附件：

领导干部插手干预消防装备采购事项记录报告表

<table>
<tr><td rowspan="2">领导干部情况</td><td>姓名</td><td></td></tr>
<tr><td>职务</td><td></td></tr>
<tr><td rowspan="2">消防装备采购事项情况</td><td>事项名称</td><td></td></tr>
<tr><td>具体内容</td><td></td></tr>
<tr><td rowspan="4">插手干预情况</td><td>时间</td><td></td></tr>
<tr><td>地点</td><td></td></tr>
<tr><td>具体方式</td><td></td></tr>
<tr><td>提出的意见或要求</td><td></td></tr>
<tr><td>记录报告人处理情况</td><td colspan="2"></td></tr>
<tr><td>备注（证据资料）</td><td colspan="2"></td></tr>
</table>

记录报告人：　　　　　　　　　　　　记录时间：

安徽省财政厅关于印发安徽省政府采购常见违法违规事项清单的通知

（皖财购〔2022〕694 号）

省直各部门、单位，各市财政局，各采购代理机构，有关政府采购当事人：

为规范政府采购行为，增强政府采购当事人的法律意识，优化政府采购营商环境，根据政府采购法律法规及有关规定，结合我省实际，制定了《安徽省政府采购常见违法违规事项清单》，现印发给你们，请遵照执行。

安徽省财政厅

2022 年 6 月 27 日

安徽省政府采购常见违法违规事项清单

序号	违法违规事项	具体内容	政策依据
适用主体：采购人			
1	未编制政府采购预算	政府采购项目未编制政府采购预算	《中华人民共和国政府采购法》第六条 《中共中央 国务院关于印发党政机关厉行节约反对浪费条例的通知》（中发〔2013〕13 号）第十二条
2	未编制政府采购实施计划	未根据集中采购目录、采购限额标准和已批复的部门预算编制政府采购实施计划	《中华人民共和国政府采购法实施条例》第二十九条
3	未按规定公开采购意向	政府采购项目未公开采购意向（除协议供货、定点采购、网上商城等方式实施的小额零星采购和由集中采购机构统一组织的批量集中采购，以及预算单位不可预见的原因急需开展的采购项目外）	《财政部关于开展政府采购意向公开工作的通知》（财库〔2020〕10 号） 《安徽省财政厅转发财政部关于开展政府采购意向公开工作的通知》（皖财购〔2020〕458 号）
		采购计划申报前 30 日未公开采购意向	《财政部关于开展政府采购意向公开工作的通知》（财库〔2020〕10 号） 《安徽省财政厅转发财政部关于开展政府采购意向公开工作的通知》（皖财购〔2020〕458 号）
		采购项目名称变更或采购预算金额变动达到 30%以上的，未重新公开采购意向；	《安徽省财政厅关于进一步规范政府采购管理支持企业发展的通知》（皖财购〔2021〕349 号）
		专门面向中小企业采购项目未在采购意向备注中予以说明。	《安徽省财政厅关于进一步规范政府采购管理支持企业发展的通知》（皖财购〔2021〕349 号）

续表

序号	违法违规事项	具体内容	政策依据
4	未按规定开展需求调查	应当开展需求调查的项目未开展需求调查	《财政部关于印发〈政府采购需求管理办法〉的通知》(财库〔2021〕22 号)第十一条
5	未建立需求审查工作机制	未对采购需求和采购实施计划进行审查	《财政部关于印发〈政府采购需求管理办法〉的通知》(财库〔2021〕22 号)第二十九条
6	擅自提高采购标准	超出预算采购	《中华人民共和国政府采购法》第六条 《国务院关于进一步深化预算管理制度改革的意见》(国发〔2021〕5 号)第十六条
		超资产配置标准	《中共中央 国务院关于印发党政机关厉行节约反对浪费条例的通知》(中发〔2013〕13 号)第十二条 《安徽省财政厅 安徽省机关事务管理局关于印发〈安徽省省级行政单位通用办公设备家具配置标准(试行)〉的通知》(财资〔2013〕491 号)
7	未执行政府采购政策	未预留规定比例的年度食堂食材采购份额,通过“832 平台”采购农副产品	《关于运用政府采购政策支持乡村产业振兴的通知》(财库〔2021〕19 号) 《关于印发〈关于深入开展政府采购脱贫地区农副产品工作推进乡村产业振兴的实施意见〉的通知》(财库〔2021〕20 号)
		未落实节能产品、环境标志产品政府采购政策	《中华人民共和国政府采购法》第九条 《财政部 发展改革委 生态环境部 市场监管总局关于调整优化节能产品、环境标志产品政府采购执行机制的通知》(财库〔2019〕9 号) 《财政部 生态环境部关于印发环境标志产品政府采购品目清单的通知》(财库〔2019〕18 号) 《财政部 发展改革委关于印发节能产品政府采购品目清单的通知》(财库〔2019〕19 号)
		未落实进口产品采购政策	《政府采购进口产品管理办法》(财库〔2007〕119 号) 《财政部办公厅关于政府采购进口产品管理有关问题的通知》(财办库〔2008〕248 号) 《安徽省财政厅关于完善省级预算单位政府采购预算管理和省属高校科研院所科研仪器设备采购管理有关事项的通知》(财购〔2016〕2092 号) 《安徽省财政厅 安徽省卫生健康委员会 安徽省医疗保障局关于规范公立医疗机构政府采购进口产品有关事项的通知》(皖财购〔2022〕365 号) 《安徽省财政厅 安徽省卫生健康委员会 安徽省医疗保障局关于规范公立医疗机构政府采购进口产品的补充通知》(皖财购函〔2022〕101 号)

续表

序号	违法违规事项	具体内容	政策依据
7	未执行政府采购政策	未落实政府采购促进中小企业发展政策	《中华人民共和国政府采购法》第九条 《财政部 工业和信息化部关于印发〈政府采购促进中小企业发展管理办法〉的通知》(财库〔2020〕46号) 《财政部关于印发〈政府采购需求管理办法〉的通知》(财库〔2021〕22号)第十四条
		未落实政府采购支持监狱企业、残疾人福利性单位政策	《财政部 司法部关于政府采购支持监狱企业发展有关问题的通知》(财库〔2014〕68号) 《财政部 民政部 中国残疾人联合会关于促进残疾人就业政府采购政策的通知》(财库〔2017〕141号)
8	以不合理的条件对供应商实行差别待遇或者歧视待遇	设定的资格、技术、商务条件与采购项目的具体特点和实际需要不相适应或者与合同履行无关	《中华人民共和国政府采购法实施条例》第二十条
		采购需求中的技术、服务等要求指向特定供应商、特定产品	
		以特定行政区域或者特定行业的业绩、奖项作为加分条件或者中标、成交条件	
		限定或者指定特定的专利、商标、品牌或者供应商	
		非法限定供应商的所有制形式、组织形式或者所在地	
		以不合理条件或者产品产地来源等限制或者排斥供应商	《优化营商环境条例》第十三条
		将注册资本、资产总额、营业收入、从业人员、利润、纳税额等规模条件作为资格要求或者评审因素	《政府采购货物和服务招标投标管理办法》(财政部令第87号)第十七条 《财政部 工业和信息化部关于印发〈政府采购促进中小企业发展管理办法〉的通知》(财库〔2020〕46号)第五条
		将除进口货物以外的生产厂家授权、承诺、证明、背书等作为资格要求	《政府采购货物和服务招标投标管理办法》(财政部令第87号)第十七条

续表

序号	违法违规事项	具体内容	政策依据
9	妨碍公平竞争	以供应商的股权结构,对供应商实施差别待遇或者歧视待遇,对民营企业设置不平等条款,对内资企业和外资企业在中国境内生产的产品、提供的服务区别对待	《财政部关于促进政府采购公平竞争优化营商环境的通知》(财库〔2019〕38 号)
		除小额零星采购适用的协议供货、定点采购以及财政部另有规定的情形外,通过入围方式设置备选库、名录库、资格库作为参与政府采购活动的资格条件	
		要求供应商在政府采购活动前进行不必要的登记、注册,或者要求设立分支机构,设置或者变相设置进入政府采购市场的障碍	
		设置或者变相设置供应商规模、成立年限等门槛,限制供应商参与政府采购活动	
		要求供应商购买指定软件,作为参加电子化政府采购活动的条件	
		不依法及时、有效、完整发布或者提供采购项目信息,妨碍供应商参与政府采购活动	
		将装订、纸张、文件排序等非实质性的格式、形式问题限制和影响供应商投标(响应)	
10	违规置评审因素	将资格条件作为评审因素	《政府采购货物和服务招标投标管理办法》(财政部令第 87 号)第五十五条
		评审标准中的分值设置未与评审因素的量化指标相对应	《中华人民共和国政府采购法实施条例》第三十四条 《财政部关于印发〈竞争性磋商采购方式管理暂行办法〉的通知》(财库〔2014〕214 号)第二十四条
		评审因素未细化量化,未与相应的商务条件和采购需求对应	《政府采购货物和服务招标投标管理办法》(财政部令第 87 号)第五十五条
		设定最低限价	《政府采购货物和服务招标投标管理办法》(财政部令第 87 号)第十二条

续表

序号	违法违规事项	具体内容	政策依据
11	违规要求提供样品	违规要求供应商提供样品(仅凭书面方式不能准确描述采购需求或者需要对样品进行主观判断以确认是否满足采购需求等特殊情况除外)	《政府采购货物和服务招标投标管理办法》(财政部令第87号)第二十二条
		可以提供样品的,未在招标文件中明确规定样品制作的标准和要求、是否需要随样品提交相关检测报告、样品的评审方法以及评审标准	
12	未合理设置核心产品	非单一产品采购项目,未根据采购项目技术构成、产品价格比重等合理确定核心产品,并在招标文件中载明	《政府采购货物和服务招标投标管理办法》(财政部令第87号)第三十一条
13	未依法依规确定采购方式	化整为零规避政府采购或公开招标	《中华人民共和国政府采购法》第二十八条 《安徽省政府采购监督管理办法》(财购〔2016〕205号) 《安徽省财政厅关于进一步规范政府采购管理支持企业发展的通知》(皖财购〔2021〕349号)
		达到公开招标数额的政府采购货物或服务项目,未经批准采用非招标采购方式	《中华人民共和国政府采购法》第二十七条 《政府采购非招标采购方式管理办法》(财政部令第74号)第四条
		政府采购工程依法不进行招标的,未按规定选用竞争性谈判、竞争性磋商或者单一来源采购方式采购	《中华人民共和国政府采购法实施条例》第二十五条 《财政部国库司关于政府采购工程项目有关法律适用问题的复函》(财库便函〔2020〕385号)
14	未实行集中采购	纳入集中采购目录的政府采购项目,未委托当地集中采购机构代理采购	《中华人民共和国政府采购法》第十八条 《中华人民共和国政府采购法实施条例》第四条
15	未按规定组织开标、评审	在招标采购过程中与投标人进行协商谈判	《中华人民共和国政府采购法》第七十一条
		在询价采购过程中与供应商协商谈判	《政府采购非招标采购方式管理办法》(财政部令第74号)第五十一条
		未依法从政府采购评审专家库中抽取评审专家	《中华人民共和国政府采购法实施条例》第三十九条
		非法干预采购评审活动	《中华人民共和国政府采购法实施条例》第六十八条

续表

序号	违法违规事项	具体内容	政策依据
15	未按规定组织开标、评审	向评标委员会、评审小组作倾向性、误导性的解释或者说明	《中华人民共和国政府采购法实施条例》第四十二条
		采购人代表担任评审组长	《政府采购货物和服务招标投标管理办法》(财政部令第87号)第四十五条 《财政部关于进一步规范政府采购评审工作有关问题的通知》(财库〔2012〕69号) 《安徽省财政厅关于印发〈安徽省政府采购监督管理办法〉的通知》(财购〔2016〕205号)第二十条
16	泄密	在评审结果公告前泄露评审专家名单	《财政部关于印发〈政府采购评审专家管理办法〉的通知》(财库〔2016〕198号)第二十条
		泄露评审情况以及评审过程中获悉的国家秘密、商业秘密	《政府采购货物和服务招标投标管理办法》(财政部令第87号)第六十六条 《政府采购非招标采购方式管理办法》(财政部令第74号)第二十五条
17	未在法定时间内确认评审结果、非法改变评审结果	违规修改评审结果或者重新评审	《中华人民共和国政府采购法实施条例》第四十四条 《政府采购货物和服务招标投标管理办法》(财政部令第87号)第六十四条 《政府采购非招标采购方式管理办法》(财政部令第74号)第二十一条 《财政部关于印发〈竞争性磋商采购方式管理暂行办法〉的通知》(财库〔2014〕214号)第三十二条
		通过对样品进行检测、对供应商进行考察等方式改变评审结果	《中华人民共和国政府采购法实施条例》第四十四条
		未依法依规确认评审结果	《中华人民共和国政府采购法实施条例》第四十三条
18	未按规定拟定采购合同	合同文本内容不完整	《财政部关于印发〈政府采购需求管理办法〉的通知》(财库〔2021〕22号)第二十三条
		未在采购合同中约定履约验收方案	《财政部关于印发〈政府采购需求管理办法〉的通知》(财库〔2021〕22号)第二十四条
		未在采购合同中约定履约保证金退还的方式、时间、条件、不予退还的情形和逾期未退还的违约责任	《财政部关于促进政府采购公平竞争优化营商环境的通知》(财库〔2019〕38号)

续表

序号	违法违规事项	具体内容	政策依据
19	未依法依规签订合同	无正当理由未在规定期限内，与中标（成交）供应商签订政府采购合同	《中华人民共和国政府采购法》第四十六条 《安徽省财政厅关于进一步规范政府采购管理支持企业发展的通知》（皖财购〔2021〕349 号）
		向中标（成交）供应商提出任何不合理的要求作为签订合同的条件	《政府采购货物和服务招标投标方式管理办法》（财政部令第 87 号）第七十一条 《政府采购非招标采购方式管理办法》（财政部令第 74 号）第十九条 《财政部关于印发〈竞争性磋商采购方式管理暂行办法〉的通知》（财库〔2014〕214 号）第三十条
		所签订的合同对采购文件确定的事项或中标（成交）供应商投标（响应）文件作实质性修改	
20	未及时公告政府采购合同	自政府采购合同签订之日起 2 个工作日内，未在省级以上财政部门指定的媒体上公告政府采购合同（政府采购合同中涉及国家秘密、商业秘密的内容除外）	《中华人民共和国政府采购法实施条例》第五十条
21	未依法依规履行合同或组织验收	合同履行中，追加采购与合同标的相同的货物、工程或者服务的，所有补充合同的采购金额超过原合同采购金额的百分之十	《中华人民共和国政府采购法》第四十九条
		擅自变更、中止或者终止合同	《中华人民共和国政府采购法》第五十条
		未按照政府采购合同的约定对供应商履约情况进行验收	《中华人民共和国政府采购法实施条例》第四十五条 《财政部关于印发〈政府采购需求管理办法〉的通知》（财库〔2021〕22 号）第二十四条
		要求提供样品的采购项目，未将样品作为履约验收的参考	《政府采购货物和服务招标投标管理办法》（财政部令第 87 号）第二十二条
22	未及时支付资金	未在项目履约验收完成且收到发票后及时完成支付	《中华人民共和国政府采购法实施条例》第五十一条 《安徽省财政厅关于进一步规范政府采购管理支持企业发展的通知》（皖财购〔2021〕349 号） 《安徽省财政厅关于进一步优化政府采购营商环境的通知》（皖财购〔2022〕556 号）
		强制要求以审计机关的审计结果作为结算依据（合同另有约定或者法律、行政法规另有规定的除外）	《保障中小企业款项支付条例》（中华人民共和国国务院令第 728 号）第十一条
		将采购文件和合同中未规定的义务作为向供应商付款的条件	《财政部关于促进政府采购公平竞争优化营商环境的通知》（财库〔2019〕38 号）

续表

序号	违法违规事项	具体内容	政策依据
23	其他禁止行为	政府采购项目收取投标(响应)保证金	《安徽省财政厅关于进一步规范政府采购管理支持企业发展的通知》(皖财购〔2021〕349 号)
		限定供应商缴纳履约保证金形式	
		未依法依规公开政府采购信息	《中华人民共和国政府采购法》第十一条 《政府采购信息发布管理办法》(财政部令第 101 号)
		采用招标方式的,澄清或者修改的内容改变采购标的或资格条件	《政府采购货物和服务招标投标管理办法》(财政部令第 87 号)第二十七条
		拒收质疑供应商在法定质疑期内发出的质疑函	《政府采购质疑和投诉办法》(财政部令第 94 号)第十三条
		与采购代理机构未签订委托代理协议即委托开展采购活动	《中华人民共和国政府采购法》第二十条 《中华人民共和国政府采购法实施条例》第十六条
		委托的代理事宜超出委托代理协议约定范围	
		擅自终止招标活动(因重大变故采购任务取消的除外)	《政府采购货物和服务招标投标管理办法》(财政部令第 87 号)第二十九条、第七十八条
		要求提供赠品、回扣或者与采购无关的其他商品、服务	《中华人民共和国政府采购法实施条例》第十一条
		未妥善保存采购文件,包括伪造、变造、隐匿或者销毁,或未将录音录像资料作为采购文件保存	《中华人民共和国政府采购法》第四十二条 《财政部关于进一步规范政府采购评审工作有关问题的通知》(财库〔2012〕69 号)
适用主体:采购代理机构			
1	未及时更新信息	登记信息发生变更的,代理机构未在信息变更之日起 10 个工作日内自行更新	《政府采购代理机构管理暂行办法》(财库〔2018〕2 号)第七条
2	不及时移交档案	代理机构注销时,未向相关采购人移交档案,并及时向注册地所在省级财政部门办理名录注销手续	《政府采购代理机构管理暂行办法》(财库〔2018〕2 号)第十条
3	不具备从业条件	代理机构不具备从业条件	《政府采购代理机构管理暂行办法》(财库〔2018〕2 号)第十一条
4	未依法依规代理	与采购人未签订委托代理协议即接受委托开展采购活动	《中华人民共和国政府采购法》第二十条 《中华人民共和国政府采购法实施条例》第十六条
		超越代理权限	

续表

序号	违法违规事项	具体内容	政策依据
5	未执行政府采购政策	未落实政府采购支持监狱企业、残疾人福利性单位政策	《财政部 司法部关于政府采购支持监狱企业发展有关问题的通知》(财库〔2014〕68 号) 《财政部 民政部 中国残疾人联合会关于促进残疾人就业政府采购政策的通知》(财库〔2017〕141 号)
6	以不合理的条件对供应商实行差别	设定的资格、技术、商务条件与采购项目的具体特点和实际需要不相适应或者与合同履行无关	《中华人民共和国政府采购法实施条例》第二十条
		采购需求中的技术、服务等要求指向特定供应商、特定产品	
		以特定行政区域或者特定行业的业绩、奖项作为加分条件或者中标、成交条件	
		限定或者指定特定的专利、商标、品牌或者供应商	
		非法限定供应商的所有制形式、组织形式或者所在地	
		以不合理条件或者产品产地来源等限制或者排斥供应商	《优化营商环境条例》第十三条
		将注册资本、资产总额、营业收入、从业人员、利润、纳税额等规模条件作为资格要求或者评审因素	《政府采购货物和服务招标投标管理办法》(财政部令第 87 号)第十七条;《财政部 工业和信息化部关于印发〈政府采购促进中小企业发展管理办法〉的通知》(财库〔2020〕46 号)第五条
		将除进口货物以外的生产厂家授权、承诺、证明、背书等作为资格要求	《政府采购货物和服务招标投标管理办法》(财政部令第 87 号)第十七条

续表

序号	违法违规事项	具体内容	政策依据
7	妨碍公平竞争	以供应商的股权结构，对供应商实施差别待遇或者歧视待遇，对民营企业设置不平等条款，对内资企业和外资企业在中国境内生产的产品、提供的服务区别对待	《财政部关于促进政府采购公平竞争优化营商环境的通知》(财库〔2019〕38 号)
		除小额零星采购适用的协议供货、定点采购以及财政部另有规定的情形外，通过入围方式设置备选库、名录库、资格库作为参与政府采购活动的资格条件	
		要求供应商在政府采购活动前进行不必要的登记、注册，或者要求设立分支机构，设置或者变相设置进入政府采购市场的障碍	
		设置或者变相设置供应商规模、成立年限等门槛，限制供应商参与政府采购活动	
		要求供应商购买指定软件，作为参加电子化政府采购活动的条件	
		不依法及时、有效、完整发布或者提供采购项目信息，妨碍供应商参与政府采购活动	
		以装订、纸张、文件排序等非实质性的格式、形式问题限制和影响供应商投标(响应)	

续表

序号	违法违规事项	具体内容	政策依据
8	违规置评审因素	将资格条件作为评审因素	《政府采购货物和服务招标投标管理办法》(财政部令第87号)第五十五条
		评审标准中的分值设置未与评审因素的量化指标相对应	《中华人民共和国政府采购法实施条例》第三十四条 《财政部关于印发〈竞争性磋商采购方式管理暂行办法〉的通知》(财库〔2014〕214号)第二十四条
		评审因素未细化量化,未与相应的商务条件和采购需求对应	《政府采购货物和服务招标投标管理办法》(财政部令第87号)第五十五条
		设定最低限价	《政府采购货物和服务招标投标管理办法》(财政部令第87号)第十二条
		将采购文件中没有规定的评审标准作为评审依据	《中华人民共和国政府采购法实施条例》第三十四条 《财政部关于印发〈竞争性磋商采购方式管理暂行办法〉的通知》(财库〔2014〕214号)第二十四条
		商务条件和采购需求指标有区间规定的,评审因素未量化到相应区间,或者虽量化到相应区间,但未设置各区间对应的不同分值	《政府采购货物和服务招标投标管理办法》(财政部令第87号)第五十五条
		招标项目中采用综合评分法,货物项目的价格分值占总分值的比重(权重)低于30%,服务项目的价格分值占总分值的比重(权重)低于10%	《政府采购货物和服务招标投标管理办法》(财政部令第87号)第五十五条
		除单一来源采购方式外,政务信息系统项目,评标办法未采用综合评分法	《政务信息系统政府采购管理暂行办法》(财库〔2017〕210号)第九条
		除单一来源采购方式外,政务信息系统项目中,货物项目的价格分值占总分值比重未设置为30%,服务项目的价格分值占总分值比重未设置为10%	
		综合评分项目中,价格分计算方式未采用低价优先法计算。	《政府采购货物和服务指标管理办法》(财政部令第87号)第五十五条 《财政部关于印发〈竞争性磋商采购方式管理暂行办法〉的通知》(财库〔2014〕214号)第二十四条

续表

序号	违法违规事项	具体内容	政策依据
9	违规要求提供样品	违规要求供应商提供样品(仅凭书面方式不能准确描述采购需求或者需要对样品进行主观判断以确认是否满足采购需求等特殊情况除外)	《政府采购货物和服务招标投标管理办法》(财政部令第87号)第二十二条
		可以提供样品的,未在招标文件中明确规定样品制作的标准和要求、是否需要随样品提交相关检测报告、样品的评审方法以及评审标准	
10	未合理设置核心产品	非单一产品采购项目,未根据采购项目技术构成、产品价格比重等合理确定核心产品,并在招标文件中载明	《政府采购货物和服务招标投标管理办法》(财政部令第87号)第三十一条
11	未依法依规确定采购方式	化整为零规避政府采购或公开招标	《中华人民共和国政府采购法》第二十八条 《安徽省政府采购监督管理办法》(财购〔2016〕205号)第十五条 《安徽省财政厅关于进一步规范政府采购管理支持企业发展的通知》(皖财购〔2021〕349号)
		达到公开招标数额的政府采购货物或服务项目,未经批准采用非招标采购方式	《中华人民共和国政府采购法》第二十七条 《政府采购非招标采购方式管理办法》(财政部令第74号)第四条
		政府采购工程依法不进行招标的,未按规定选用竞争性谈判、竞争性磋商或者单一来源采购方式采购	《中华人民共和国政府采购法实施条例》第二十五条 《财政部国库司关于政府采购工程项目有关法律适用问题的复函》(财库便函〔2020〕385号)
12	未按规定组织开标	在开标前开启投标文件	《政府采购货物和服务招标投标管理办法》(财政部令第87号)第三十三条
		开标未在招标文件确定的提交投标文件截止时间的同一时间进行	《政府采购货物和服务招标投标管理办法》(财政部令第87号)第三十九条
13	未按规定录音录像	未按规定对开标、评审活动进行全程录音录像,录音录像不清晰、不可辨	《政府采购货物和服务招标投标管理办法》(财政部令第87号)第三十九条 《财政部关于进一步规范政府采购评审工作有关问题的通知》(财库〔2012〕69号) 《安徽省财政厅关于印发〈安徽省政府采购监督管理办法〉的通知》(财购〔2016〕205号)第二十四条

续表

序号	违法违规事项	具体内容	政策依据
14	未按规定组织评审	在招标采购过程中与投标人进行协商谈判	《中华人民共和国政府采购法》第七十一条
		在询价采购过程中与供应商协商谈判	《政府采购非招标采购方式管理办法》(财政部令第74号)第五十一条
		未依法从政府采购评审专家库中抽取评审专家	《中华人民共和国政府采购法实施条例》第三十九条
		在评审期间未采取必要的通讯管理措施	《财政部关于进一步规范政府采购评审工作有关问题的通知》(财库〔2012〕69号)
		非法干预采购评审活动	《中华人民共和国政府采购法实施条例》第六十八条
		向评标委员会、评审小组作倾向性、误导性的解释或者说明	《中华人民共和国政府采购法实施条例》第四十二条
15	非法改变评审结果	除法律法规规定的情形外,要求修改评审结果或者重新评审	《中华人民共和国政府采购法实施条例》第四十四条 《政府采购货物和服务招标投标管理办法》(财政部令第87号)第六十四条 《政府采购非招标采购方式管理办法》(财政部令第74号)第二十一条 《财政部关于印发〈竞争性磋商采购方式管理暂行办法〉的通知》(财库〔2014〕214号)第三十二条
		通过对样品进行检测、对供应商进行考察等方式改变评审结果	《中华人民共和国政府采购法实施条例》第四十四条
16	未按规定拟定采购合同	合同文本内容不完整	《财政部关于印发〈政府采购需求管理办法〉的通知》(财库〔2021〕22号)第二十三条
		未在采购合同中约定履约验收方案	《财政部关于印发〈政府采购需求管理办法〉的通知》(财库〔2021〕22号)第二十四条
		未在采购合同中约定履约保证金退还的方式、时间、条件、不予退还的情形和逾期未退还的违约责任	《财政部关于促进政府采购公平竞争优化营商环境的通知》(财库〔2019〕38号)
17	泄密	在评审结果公告前泄露评审专家名单	《财政部关于印发〈政府采购评审专家管理办法〉的通知》(财库〔2016〕198号)第二十条
		泄露评审情况以及评审过程中获悉的国家秘密、商业秘密	《政府采购货物和服务招标投标管理办法》(财政部令第87号)第六十六条;《政府采购非招标采购方式管理办法》(财政部令第74号)第二十五条

续表

序号	违法违规事项	具体内容	政策依据
18	其他禁止行为	政府采购项目收取投标（响应）保证金	《安徽省财政厅关于进一步规范政府采购管理支持企业发展的通知》（皖财购〔2021〕349 号）
		限定供应商缴纳履约保证金形式	
		未依法依规公开政府采购信息	《中华人民共和国政府采购法》第十一条 《政府采购信息发布管理办法》（财政部令第 101 号）
		采用招标方式的，澄清或者修改的内容改变采购标的或资格条件	《政府采购货物和服务招标投标管理办法》（财政部令第 87 号）第二十七条
		拒收质疑供应商在法定质疑期内发出的质疑函	《政府采购质疑和投诉办法》（财政部令第 94 号）第十三条
		未妥善保存采购文件，或伪造、变造、隐匿或者销毁采购文件，或未将录音录像资料作为采购文件保存	《中华人民共和国政府采购法》第四十二条 《财政部关于进一步规范政府采购评审工作有关问题的通知》（财库〔2012〕69 号）
		采购代理机构或其分支机构在所代理的采购项目中投标或者代理投标，为所代理的采购项目的投标人参加本项目提供投标咨询	《政府采购货物和服务招标投标管理办法》（财政部令第 87 号）第八条
适用主体：供应商			
1	存在关联关系的供应商参与一个项目	单位负责人为同一人或者存在直接控股、管理关系的不同供应商，参加同一合同项下的政府采购活动	《中华人民共和国政府采购法实施条例》第十八条
		除单一来源采购项目外，为采购项目提供整体设计、规范编制或者项目管理、监理、检测等服务的供应商，参加该采购项目的其他采购活动	

续表

序号	违法违规事项	具体内容	政策依据
2	串通投标	不同投标人的投标文件由同一单位或者个人编制	《政府采购货物和服务招标投标管理办法》（财政部令第87号）第三十七条
		不同投标人委托同一单位或者个人办理投标事宜	
		不同投标人的投标文件载明的项目管理成员或者联系人员为同一人	
		不同投标人的投标文件异常一致或者投标报价呈规律性差异	
		不同投标人的投标文件相互混装	
		不同投标人的投标保证金从同一单位或者个人的账户转出	
		直接或者间接从采购人或者采购代理机构处获得其他供应商的相关情况并修改其投标文件或者响应文件	《中华人民共和国政府采购法实施条例》第七十四条
		按照采购人或者采购代理机构的授意撤换、修改投标文件或者响应文件	
		与其他供应商协商报价、技术方案等投标文件或者响应文件的实质性内容	
		属于同一集团、协会、商会等组织成员的供应商按照该组织要求协同参加政府采购活动	
		供应商之间事先约定由某一特定供应商中标、成交	
		供应商之间商定部分供应商放弃参加政府采购活动或者放弃中标、成交	
		供应商与采购人或者采购代理机构之间、供应商相互之间，为谋求特定供应商中标、成交或者排斥其他供应商的其他串通行为	

续表

序号	违法违规事项	具体内容	政策依据
3	不诚实守信	提供虚假材料谋取中标、成交	《中华人民共和国政府采购法》第七十七条
		采取不正当手段诋毁、排挤其他供应商	
		向采购人、采购代理机构、评标委员会、评审小组行贿或者提供其他不正当利益	
4	未依法依规签订合同	中标或者成交后无正当理由拒不与采购人签订政府采购合同	《中华人民共和国政府采购法》第四十六条 《中华人民共和国政府采购法实施条例》第七十二条
		中标、成交通知书发出后，中标、成交供应商放弃中标、成交项目	
		未按照采购文件确定的事项签订政府采购合同	《中华人民共和国政府采购法实施条例》第七十二条
5	转包、未按规定分包	未经采购人同意，中标、成交供应商采取分包方式履行合同	《中华人民共和国政府采购法》第四十八条
		分包承担的主体不具备相应资质或再次分包	《政府采购货物和服务招标投标管理办法》(财政部令第87号)第三十五条
		将政府采购合同转包	《中华人民共和国政府采购法实施条例》第七十二条
6	未依法依规履行合同	拒绝履行合同义务	《政府采购非招标采购方式管理办法》(财政部令第74号)第五十四条 《政府采购货物和服务招标投标管理办法》(财政部令第87号)第七十三条
		提供假冒伪劣产品	《中华人民共和国政府采购法实施条例》第七十二条
		擅自变更、中止或者终止合同	《中华人民共和国政府采购法》第五十条
7	未依法投诉	捏造事实、提供虚假材料或者以非法手段取得证明材料进行投诉	《中华人民共和国政府采购法实施条例》第七十三条 《政府采购质疑和投诉办法》(财政部令第94号)第三十七条
8	拒绝接受监督检查	拒绝有关部门监督检查或者提供虚假情况	《中华人民共和国政府采购法》第七十七条
适用主体:评审专家			
1	提供虚假申请材料	提供虚假材料申请进入评审专家库	《财政部关于印发〈政府采购评审专家管理办法〉的通知》(财库〔2016〕198号)第二十九条

续表

序号	违法违规事项	具体内容	政策依据
2	未按规定的方法评审	未按照采购文件规定的评审程序、评审方法和评审标准进行独立评审	《中华人民共和国政府采购法实施条例》第四十一条 《财政部关于印发〈政府采购评审专家管理办法〉的通知》(财库〔2016〕198 号)第二十九条
		修改或细化采购文件确定的评审程序、评审方法、评审因素和评审标准	《财政部关于进一步规范政府采购评审工作有关问题的通知》(财库〔2012〕69 号)
3	评审具有倾向性	违反评审纪律发表倾向性意见	《政府采购货物和服务招标投标管理办法》(财政部令第 87 号)第六十二条 《政府采购非招标采购方式管理办法》(财政部令第 74 号)第五十五条
4	协商评分	对需要专业判断的主观评审因素协商评分	《政府采购货物和服务招标投标管理办法》(财政部令第 87 号)第六十二条 《财政部关于进一步规范政府采购评审工作有关问题的通知》(财库〔2012〕69 号)
5	违反回避原则	与供应商存在利害关系未回避	《中华人民共和国政府采购法实施条例》第七十五条 《政府采购非招标采购方式管理办法》(财政部令第 74 号)第五十五条 《财政部关于印发〈政府采购评审专家管理办法〉的通知》(财库〔2016〕198 号)第二十九条
		参与进口产品论证的专家参加该项目的评审	《财政部关于印发〈政府采购进口产品管理办法〉的通知》(财库〔2007〕119 号)第十三条
		确定参与评标至评标结束前私自接触供应商	《政府采购货物和服务招标投标管理办法》(财政部令第 87 号)第六十二条
6	收受不正当利益	收受采购人、采购代理机构、供应商贿赂或者获取其他不正当利益	《中华人民共和国政府采购法实施条例》第七十五条 《财政部关于印发〈政府采购评审专家管理办法〉的通知》(财库〔2016〕198 号)第二十九条
7	参加开标活动	参加开标活动	《政府采购货物和服务招标投标管理办法》(财政部令第 87 号)第四十条

续表

序号	违法违规事项	具体内容	政策依据
8	违规接受澄清	除投标(响应)文件中含义不明确、同类问题表述不一致或者有明显文字和计算错误情形外,接受投标人(供应商)提出的与投标(响应)文件不一致的澄清或者说明	《政府采购货物和服务招标投标管理办法》(财政部令第87号)第五十一条、第六十二条 《政府采购非招标采购方式管理办法》(财政部令第74号)第十六条 《财政部关于印发〈政府采购竞争性磋商采购方式管理暂行办法〉的通知》(财库〔2014〕214号)第十八条
		接受供应商主动提出的澄清和解释	《财政部关于进一步规范政府采购评审工作有关问题的通知》(财库〔2012〕69号)
9	擅离职守	在评审过程中擅离职守,影响评审程序正常进行	《财政部关于印发〈政府采购评审专家管理办法〉的通知》(财库〔2016〕198号)第二十六条
10	泄密	泄露评审文件、评审情况和评审中获悉的国家秘密、商业秘密	《中华人民共和国政府采购法实施条例》第四十条第七十五条 《财政部关于印发〈政府采购评审专家管理办法〉的通知》(财库〔2016〕198号)第十八条 《财政部关于印发〈竞争性磋商采购方式管理暂行办法〉的通知》(财库〔2014〕214号)第十五条
11	带走评审资料	记录、复制或者带走任何评标资料	《财政部关于进一步规范政府采购评审工作有关问题的通知》(财库〔2012〕69号)
12	拒不配合答复质疑	拒不履行配合答复供应商询问、质疑、投诉等法定义务	《中华人民共和国政府采购法实施条例》第五十二条 《财政部关于印发〈政府采购评审专家管理办法〉的通知》(财库〔2016〕198号)第二十九条
适用主体:政府采购监督管理部门			
1	滥用职权、玩忽职守、徇私舞弊等	政府采购监督管理部门在履行政府采购监督管理职责中违反政府采购法及其实施条例规定,如滥用职权、玩忽职守、徇私舞弊等	《中华人民共和国政府采购法》第八十条 《中华人民共和国政府采购法实施条例》第七十七条 《政府采购质疑和投诉办法》(财政部令第94号)第三十八条 《政府采购信息发布管理办法》(财政部令第101号)第十八条
		财政部门、购买主体及其工作人员,存在违反政府购买服务管理办法规定的行为,以及滥用职权、玩忽职守、徇私舞弊等违法违纪行为	《政府购买服务管理办法》(财政部令第102号)第三十二条

续表

序号	违法违规事项	具体内容	政策依据
2	作为评审专家参与项目评审	财政部门政府采购监督管理工作人员,作为评审专家参与政府采购项目的评审活动	《财政部关于印发〈政府采购评审专家管理办法〉的通知》(财库〔2016〕198 号)第十六条
3	未依法处理投诉	县级以上各级人民政府财政部门未依法处理供应商投诉	《政府采购质疑和投诉办法》(财政部令 94 号)第五条
		县级以上财政部门未在省级以上财政部门指定的政府采购信息发布媒体公布受理投诉的方式、联系部门、联系电话和通讯地址等信息	《政府采购质疑和投诉办法》(财政部令 94 号)第七条
		处理投诉向投诉人和被投诉人收取费用	《政府采购质疑和投诉办法》(财政部令 94 号)第四十一条
		对供应商的投诉逾期未处理	《中华人民共和国政府采购法》八十一条 《政府采购质疑和投诉办法》(财政部令 94 号)第二十六条、第二十七条

注:1. 根据适用主体的不同,本清单由采购人、采购代理机构、供应商、评审专家、监管部门五部分组成。

2. 清单所列事项应当结合政策依据的适用范围使用,部分事项适用多个当事人。

3. 清单内容与法律法规及文件规定存在不一致的,以法律法规及文件规定为准。

4. 清单内容将根据政策变化动态调整并不断完善。

5. 政府采购工程进行招标投标的,适用招标投标法。

财政部关于政府采购业务相关的咨询留言回复

（官网“交流互动－留言选登”栏　2020 年 11 月 1 日至 2022 年 7 月 30 日）

一、关于采购方式

1．公开招标限额以下采购项目应采用何种采购方式?

留言编号:5177-3642464　答复单位:国库司　回复时间:2021－02－18

问:政府采购中未达到公开招标限额标准的项目,采购人能否选择公开招标的采购方式委托代理机构进行采购,还是必须选择竞争性谈判、竞争性磋商、询价、单一来源等非招标采购方式方能委托代理机构进行委托采购?

答:公开招标限额以下采购项目,采购人应当按照政府采购法律制度规定的适用情形,按照有利于项目实施的原则,采用包括公开招标采购方式在内的多种采购方式组织开展采购活动。

2．竞争性磋商(终止行为的法律责任)。

留言编号:6204601-rh7h　答复单位:国库司　回复时间:2021－10－11

问:尊敬的国库司领导:一竞争性磋商工程项目,有 4 家符合要求的投标供应商进入磋商程序。第二轮报价时,有两家供应商报价超预算。但磋商小组没有终止磋商,从其余两家报价未超过预算的供应商中确定甲公司中标。随后代理公司发布了中标公告。其中一家报价超预算的供应商提出投诉。作为财政部门请教问题:① 按照财库〔2014〕214 号文第 34 条第三款规定,采购人或代理机构应终止磋商活动,重新开展采购。本案例采购人和代理机构应承担什么法律责任? 法律依据是什么? ② 本案例磋商小组成员应承担什么法律责任? 法律依据是什么?

签:根据《政府采购竞争性磋商采购方式管理暂行办法》(财库〔2014〕214 号)第三十四条第(三) 项,报价未超过采购预算的供应商不足 3 家则应终止磋商采购活动的规定存在例外情形。采购人、代理机构是否应承担责任需结合具体情况作出判断。

3．竞争性磋商(政府购买服务只有 2 家投标是否可以进行)。

留言编号:3094211-Pmyw　答复单位:国库司　回复时间:2021－06－30

问:采用竞争性磋商方式开展政府购买服务,通过网站发布购买服务信息,只有 2 家供应商前来投标(2 家均符合条件),采购是否可以正常进行?

答:留言所述情形应当终止竞争性磋商采购活动。

4．竞争性磋商采购服务(同一供应商递交两份不同投标文件如何认定)。

留言编号:5255-3612376　答复单位:国库司　回复时间:2020－11－23

问:竞争性磋商类采购服务类项目同一供应商法人委托了两个不同的授权代表递交了两份不同的投标文件,在文件没有明确要求的前提下,没查到政府采购有相关法规可以依照处理,只查到招标投标法实施条例第五十一条有相关说明,请问实操中应如何处理?

答:同一政府采购项目中,一家供应商只能提交一份响应文件。留言所述情形中的两份响应文件均应作为无效响应。

5. 货物类磋商是否必须要确定核心品牌?

留言编号:9951-3643419　答复单位:国库司　回复时间:2021-02-18

问:尊敬的国库司领导,现有关于非招标项目的三个问题咨询:一是货物类磋商项目采购中,是否必须要确定核心品牌,或确定不少于三个品牌货物参与的相关规定。二是如果不满足3个以上品牌,是否存在不符合《关于多家代理商代理一家制造商产品参加投标如何计算供应商家数的复函》(财办库〔2003〕38号)有关"同一品牌同一型号产品只能由一家供应商参加,如果有多家代理商参加同一品牌同一型号产品投标的,应当作为一个供应商计算"的规定的情形。三是监管部门如果以此理由认定违规,是否成立。另外,如果确实存在符合相关规定 可以两家之间磋商的或两家之间谈判的,如何响应3个品牌。求解答。

答:(1) 货物类竞争性磋商采购项目中,采购人可以根据项目需要确定核心产品,但不是强制性要求。

(2) 根据《关于多家代理商代理一家制造商产品参加投标如何计算供应商家数的复函》(财办库〔2003〕38号)有关规定,多家代理商参加政府采购活动时提供同一品牌产品的,按一家供应商计算。

(3) 在竞争性磋商采购项目中,提交最后报价的供应商不得少于3家。对于市场竞争不充分的科研项目,以及需要扶持的科技成果转化项目,提交最后报价的供应商可以为2家。采用竞争性磋商采购方式采购的政府购买服务项目(含政府和社会资本合作项目),在采购过程中符合要求的供应商(社会资本)只有2家的,竞争性磋商采购活动可以继续进行。

6. 单一来源公示内容是否可以质疑、投诉?

留言编号:5703-3629209　答复单位:国库司　回复时间:2020-12-10

问:领导好,供应商不对单一来源公示提出异议,而用质疑投诉方式维权是否合法?请问单一来源公示内容是否可以质疑,投诉?

答:《政府采购非招标采购方式管理办法》(财政部令第74号)规定,供应商、单位或者个人对采用单一来源采购方式公示有异议的,可以在公示期内将书面意见反馈给代购人、代理机构,同时抄送相关财政部门。因此,供应商、单位或者个人可以通过上述途径保障自己的权益,单一来源采购方式公示不属于供应商质疑投诉的事项范围。

7. 采用单一来源采购方式被抽取的评审专家否定如何处理?

留言编号:1606-3612076　答复单位:国库司　回复时间:2020-11-23

问:尊敬的国库司的各位老师,您们好!最近我单位采购上遇到一个难题,想请老师们帮忙答疑解惑,谢谢!我单位有一个信息化维保项目(45万),公开招标限额以下的。为了稳妥,我单位在中国政府采购网上发布了单一来源公示,公示期间(不少于5个工作日)未接到任何单位和个人对项目的异议。故我单位按单一来源采购流程进行后续操作,我单位在财政部门建立的专家库内随机抽取了2位政府采购评审专家。评审当天,有1位专家提出此项目不符合《中华人民共和国政府采购法》第三十一条的规定,必须做废标处理。另外一位专家也应声说同意。导致项目失败。请问各位老师,我单位在进行合法的单一来源公示后,采购协商小组有权对项目做废标处理吗?真诚的期待老师的回复,谢谢!

答:公开招标数额标准以下的政府采购项目,采购人应当根据采购项目的特点,按照政府采购法律制度的相关规定,自行选择合适的采购方式组织采购。采用单一来源采购方式的,无须抽取评审专家参与评审。

8. 竞争性谈判(供应商的澄清与说明)。

留言编号:3133726-3pUU　答复单位:国库司　回复时间:2021－08－30

问:在竞争性谈判最终报价时,各供应商已填写最终报价单并离开谈判室后,竞谈小组发现其中一家供应商的报价单中公司名称填写错误或报价金额大写不规范,竞谈小组能否让其返回更改错误?

答:谈判小组在对响应文件的有效性、完整性和响应程度进行审查时,可以要求供应商对响应文件中含义不明确、同类问题表述不一致或者有明显文字和计算错误的内容等作出必要的澄清、说明或者更正,因此,谈判小组可以要求供应商进行澄清或更正。但是,供应商的澄清、说明或者更正不得超出响应文件的范围或者改变响应文件的实质性内容。

9. 不属于依法必须进行招标的项目是否需要履行采购方式变更手续?

留言编号:5175500-HceL　答复单位:国库司　回复时间:2021－09－13

问:财库便函〔2020〕385号文规定,工程招标限额标准以上,与建筑物和构筑物新建、改建、扩建项目无关的单独的装修、拆除、修缮项目,政府集中采购目录以内的工程项目,政府采购工程限额标准以上、工程招标限额标准以下的政府采购工程项目,不属于依法必须进行招标的项目,政府采购此类项目时,应当采用竞争性谈判、竞争性磋商或者单一来源方式进行采购。请问,属于以上情况的工程项目,在采购活动开始前,还需履行采购方式变更手续吗?

答:对于属于依法不进行招标的政府采购工程项目,应当采用竞争性谈判、竞争性磋商或者单一来源采购方式采购,无需履行采购方式变更手续。

10. 参与拍卖方式竞买文物是否适用政府采购?

留言编号:5113120-PE4g　答复单位:国库司　回复时间:2021－06－25

问:请教您一个问题,采购人拟(使用财政资金)通过参加拍卖的方式征集文物,竞拍金额达到政府采购限额标准以上的是否适用《政府采购法》程序?若适用,应如何适用?若不适用,应适用哪种程序?

签:通过参与拍卖方式竞买文物的,可不适用政府采购有关规定。

11. 物业服务合同是否可以续签?

留言编号:4214053-J68H　答复单位:国库司　回复时间:2021－06－25

问:你好,请问政府机关物业服务合同(400万以上)到期后可否续签?如果续签的法律依据是什么?如果不能续签,请问应该采用什么办法采购?

答:采购人在采购需求具有相对固定性、延续性且价格变化幅度小的服务项目,在年度预算能保障的前提下,可以签订不超过3年履行期限的政府采购合同,并在采购文件中及采购合同中进行事先约定。未事先进行约定的,不可以续签采购合同。

12. 服务项目可以签订不超过3年履行期限的有关问题。

留言编号:8144024-K3aw 答复单位:国库司 回复时间:2021-06-25

问:您好,根据财政部印发《关于推进和完善服务项目政府采购有关问题的通知》财库〔2014〕37号,采购需求具有相对固定性、延续性且价格变化幅度小的服务项目,在年度预算能保障的前提下,采购人可以签订不超过3年履行期限的政府采购合同。请问:① 在第一年采购时,预算金额是应按1年还是3年填写? ② 如某项目,按1年采购预算填写,则未达到公开招标线,可采用非招标采购方式;但实际签订合同是3年的,3年总预算达到了公开招标线,是否有规避公开招标的存在呢? 谢谢。

答:① 留言所述采购项目预算金额按照一年的填写。② 留言所述此类采购项目,应当按照一年预算金额计算是否达到政府采购公开招标数额标准。

13. 补充签订合同的要求。

留言编号:6155204-EtEX 答复单位:国库司 回复时间:2021-12-03

问:我单位的食材采购项目,预算金额500万元,供应商A每日按照要求配送食材,并按照实际数量据实结算,合同期限为2020年11月1日至2021年10月31日。我单位在合同到期前通过政采确定了下一年度的食材供应商B,但由于其他供应商对中标结果提出质疑,致使我单位暂时无法与B签订新的政府采购合同。因此2021年10月20日我单位拟与原供应商A签订不超过50万元(不超过原合同10%)的补充合同,合同期限为2021年11月1日起至50万用完或确定了新的供应商为止。本单位法律顾问认为签订补充合同不符合《中华人民共和国政府采购法》第四十九条中"政府采购合同履行中"的定义,认为补充合同的履行时间已经超出原合同的履行时间,建议我单位按照第三十一条第(三)款的规定,采用单一来源方式从A处采购。咨询:我单位在2021年10月20日至31日期间与A签订补充合同是否合规? 如果不合规,是否只能采用单一来源采购? 有无其他方法?

答:在政府采购合同履行中,采购人需追加与合同标的相同的货物、工程或者服务的,在不改变合同其他条款的前提下,可以与供应商协商签订补充合同,但所有补充合同的采购金额不得超过原合同采购金额的百分之十。

14. 建筑物的装修、拆除、修缮适用哪个采购规定?

留言编号:0104930-iDP3 答复单位:国库司 回复时间:2021-06-18

问:请问国库司领导,《中华人民共和国政府采购法实施条例》第七条规定:前款所称工程,是指建设工程,包括建筑物和构筑物的新建、改建、扩建及其相关的装修、拆除、修缮等。那么,与建筑物和构筑物的新建、改建、扩建无关的装修、拆除、修缮政府采购项目,属于政府采购工程项目还是属于政府采购服务项目? 依据是什么?

答:与建筑物和构筑物的新建、改建、扩建无关的装修、拆除、修缮等,不属于依法应当招标的工程,属于政府采购法的规范范围。对于此类项目,实践中可以根据项目具体特点选择适用政府采购工程项目或者政府采购服务项目。

15. 事前未达采购标准但因未确定因素实际超过限额、是否违反化整为零的规定?

留言编号:4795-3617382 答复单位:国库司 回复时间:2020-11-27

问:尊敬的领导您好! 之前我县财政部门按程序招标确定了20家左右的造价咨询单

位，设立造价咨询库，服务全县政府投资项目的造价评审工作。《关于促进政府采购公平竞争优化营商环境的通知》出台后，我县落实文件精神，随即取消了该库。取消库之后，每当有政府投资项目送审，因项目投资额较小，造价咨询服务费达不到政府采购标准，而且财政部门也无法事先知道各部门要送审的项目，所以财政部门每次召开党组会研究来确定造价咨询单位，但一个年度下来，造价咨询服务费累计可能会达到了政府采购标准（因为财政部门事先不知道各部门要送审的项目，即无法计算出全年价格总额）。上述情况，是否违反政府采购法实施条例第二十八条对化整为零的界定？（即在一个财政年度内，一个预算项目下的同一品目或者类别的货物、服务，如果达到政府采购分散限额标准的，应当采用法定政府采购方式开展采购。）

答：由于服务时间、数量事先不能确定，不能事先计算价格总额的采购项目，原则上应当在明确服务标准，定价原则等采购需求的前提下，按照法定程序择优选择具体供应商，遵循量价对等的原则签订政府采购合同。可由一家供应商承担的采购项目，可与其签订单价固定、数量不确定的采购合同。确需多家供应商共同承担的，可根据业务性质、服务性质等要素，进行合理分包，通过竞争择优，将相应采购业务明确到具体供应商。

16. 采购人能否约定供应商只能参与某一个包段进行投标？

留言编号：1245-3618443　答复单位：国库司　回复时间：2020－11－27

问：您好，一政府采购项目采购同类货物或服务时，将其划分为多个包段进行招标，采购人能否规定同一供应商只能报名参与其中一个包段的投标，即同一供应商只允许报名其中一个包段，不允许同时报名多包段？

答：留言所述情形中，采购人可以根据采购项目实际情况，规定同一供应商只能报名参与其中一个采购包的采购活动。

17. 询价采购方式是否只适用于采购货物？

留言编号：6365-3629706　答复单位：国库司　回复时间：2020－12－23

问：根据《政府采购法》第三十二条规定："采购的货物规格、标准统一、现货货源充足且价格变化幅度较小的政府采购项目，可以依照本法采用询价方式采购"，是否可以理解为询价采购方式只适用于采购货物？

答：根据现行政府采购法律制度规定，询价采购方式只适用于货物采购。

18. 归集所属单位需求招标、合同与下辖单位签订是否合规？

留言编号：6490-3652972　答复单位：国库司　回复时间：2021－03－01

问：请问，某公安机关统筹公开招标下辖单位的信息化设备，因资金分别是各个下辖单位自己出，所以招标文件约定中标人需根据各下辖单位最终的需求进行签合同，且自己承担下辖单位不签合同的风险。以上是否存在违法行为。

答：对本部门本系统采购需求标准较为统一的采购项目，可自愿归集需求后统一采购。

19. 使用工会经费购买服务是否适用政府采购有关规定？

留言编号：4084512-CUZD　答复单位：国库司　回复时间：2021－06－16

问：省总工会、市总工会使用收缴的工会经费购买货物、服务时，是不是执行政府采购集中采购目录和限额标准，使用政府采购的方式答:留言所述使用工费经费购买货物、服务的,不适用政府采购有关规定。

20. 企业收到的中央财政资金是否需要进行政府采购?

留言编号:3786-3621612　答复单位:国库司　回复时间:2020-12-09

问:因省财政厅文件,甲方为财政部门,乙方为工信部门,丙方为项目承担单位(企业),县市财政部门需要将中央财政应急物资保障补助资金拨付到项目承担单位,由丙方按照任务书及有关规定,在实施期限内完成任务书约定目标,现想请示一下,中央财政资金到企业,由企业实施这个程序需要进行政府采购吗?

答:采购人应当按照政府采购有关法律制度规定,选择相应的项目承担单位。企业不是政府采购的主体,企业使用财政性资金采购可不执行政府采购制度规定。

21. 采购人未按品目分类目录分包。

留言编号:6095855-9HgG　答复单位:国库司　回复时间:2021-09-13

问:尊敬的国库司领导,在政府采购实务中经常遇见采购人有意或者无意不按照按照《政府采购品目分类目录》的品目分类分包,而将不同行业或领域的采购标的物打包成一个大包进行采购,例如学校将学校所需的不同品类的货物集体打包成一个项目同一个包号进行采购,里面涉及的货物品类不一,如办公家具、教具、电子电脑类设备、电器类设备、厨房设备、学校安防设施设备等等选择多种进行打包采购。然后在招标文件里分别设置各品类的评审因素和评审标准,如检测报告和资质证书等。在社会化分工日益精细的今天,作为某一品类的专业供应商,显然难以满足此种跨品类项目的招标要求,从而难以参与此类政府采购活动,这显然不合理且排斥竞争,甚至评审专家的抽取都难以进行分类,但是具体违反的法条不甚清楚,请问这种情况违反政府采购的哪些具体法律条款。

答:留言所述情形不违反政府采购有关规定。

二、关于采购代理机构

22. 采购人如何确定招标代理机构。

留言编号:8093-3617958　答复单位:国库司　回复时间:2020-11-27

问:国库司领导,您好!我们是国家机关单位,因本单位项目较多,每次采购招标前都要选择招标代理机构,程序麻烦,效率低下。因此我单位想通过入围方式确定5家招标代理公司作为本年度的服务单位,每次采购前通过抽签方式确定一家招标代理公司提供服务。请问这样违反财库〔2019〕38号文吗?

答:根据政府采购法规定,采购人可以自行选择采购代理机构。留言所述情形,不违反财库〔2019〕38号的规定。采购人应当根据采购项目的特点和采购代理机构专业领域,自主择优选择采购代理机构。

23. 是否可以对采购代理机构提起质疑和投诉?

留言编号:5185752-6276　答复单位:国库司　回复时间:2021-09-02

问:是否属于第94号令第十条规定供应商可以对采购文件、采购过程、采购结果提出质疑,供应商是否可以对采购人委托代理机构情况提起质疑和投诉?如集采目录要求采购人对一些重大项目应优先集中采购机构代理采购,但采购人实际未委托集采机构代理,供应商是否可以提起质疑投诉？

答：采购人应当根据《中华人民共和国政府采购法》第十八条、第十九条的规定，自行选择采购代理机构。相关问题不属于《政府采购质疑和投诉办法》（财政部第94号令）规定的供应商可以提起质疑、投诉的范围。

24．采购人与采购代理机构签订的委托协议没有签字如何认定？

留言编号：9881-3662300　答复单位：国库司　回复时间：2021－03－17

问：尊敬的国库司领导！现在很多采购单位与代理机构签订项目委托协议书时，采购单位有加盖单位公章，但落款中采购人中的法定代表人均未签字。政府采购相关法律法规中是否有规定，代理委托协议书应该由法定代表人签字？

答：采购代理机构受采购人委托办理采购事宜，应当与采购人签订委托代理协议。代理协议的具体格式、条款，应在《民法典》等相关法律规定框架内，由采购人与代理机构自行商议。

三、关于采购组织实施

25．中央预算单位的采购实施。

留言编号：8232344-uCSo　答复单位：国库司　回复时间：2021－09－13

问：《中央预算单位政府集中采购目录及标准实施方案（2020年版）》中，限额内工程项目120万元以上的需要委托国采中心进行采购，而《关于印发中央预算单位政府集中采购目录及标准（2020年版）的通知》中，使用范围为京内单位，那么非京内单位，如果要开展130万元的工程建设项目，需要委托国采中心执行还是单位自己按照中央政府采购工作的相关规定可以委托社会采购代理机构来执行？以上问题，敬请解答，谢谢！

答：留言所述情形，非京内单位的工程项目不属于集中采购目录范围，采购人可以委托社会代理机构组织开展采购活动。

26．谈判保证金的退还。

留言编号：6135611-4Epv　答复单位：国库司　回复时间：2021－09－13

问：《政府采购非招标采购方式管理办法》第三十四条　已提交响应文件的供应商，在提交最后报价之前，可以根据谈判情况退出谈判。采购人、采购代理机构应当退还退出谈判的供应商的保证金。请问供应商通过了响应审查，能否不参加谈判直接退出谈判？若退出谈判后保证金是否退还？

答：留言所属情形，已提交响应文件的供应商可以直接退出谈判，采购人、采购代理机构应当退还保证金。

27．采购合同中的质量保证金与履约保证金有何规定？

留言编号：2562-3654323　答复单位：国库司　回复时间：2021－03－01

问：采购人签订合同时要求预交中标金额的10%作为质量保证金，质量保证金的比例是多少？有没有相关的政策法规，收取质量保证金是否合法？

答：政府采购法律制度中没有收取质量保证金的规定。采购人可以在采购文件中要求中标或者成交供应商提交履约保证金，数额不得超过政府采购合同的10%。

28. 采购预算资金有何规定?

留言编号:5139-3652069 答复单位:国库司 回复时间:2021-02-23

问:预算资金保障情况下可以一次性采购3年,但可以一年一签订,根据履约情况决定是否续签。预算资金保障是指3年的保障?还是采购时一年的预算资金保障,在下个年度资金有保障的情况下,可以续签,最多续签2次。

答:政府采购应当严格按照批准的预算执行,采购预算应当逐年申报。实践中政府采购合同建议采取一年一签的方式,并在采购文件中明确不超过3年的采购周期和续签条件。

29. 相同品牌的理解。

留言编号:6114831-vXLf 答复单位:国库司 回复时间:2021-09-13

问:在某一救护车公开招标政府采购活动中,通过《道路机动车辆生产企业及产品信息查询系统》显示,两家不同供应商提供的产品,除产品商标一样外,生产企业、生产企业法人代表、产品型号、发动机型号等都不相同,这种情况能否认定为相同品牌?87号令中相同品牌应如何理解?

答:留言所述情形应当认定为相同品牌。

30. 采购文件中是否可以引用某一品牌或生产商?

留言编号:6797-3664987 答复单位:国库司 回复时间:2021-03-24

问:国库司领导好,我单位拟采购一批配电箱,由于不同品牌的开关元器件价格和维修更换率相差较大,为了工程质量及用电安全考虑,拟在配电箱招标文件中列举不少于3个开关元器件品牌以供投标人参考选择合适的产品进行投标,可否?若不妥,为什么?

答:采购文件中规定的各项技术标准、资格条件、商务要求,在满足项目实际需要的基础上,要保证公平竞争,不得特定标明某一个或者某几个特定的专利、商标、品牌或者生产供应商,不得有倾向或者排斥潜在供应商的其他内容。如果必须引用某一品牌或生产商才能准确清楚地说明采购项目的技术标准和要求,则应当在引用某一品牌或生产供应商名称前加上“参照或相当于”的字样,而且所引用的货物品牌或生产供应商在市场上应具有可替代性。

31. 产品实质性要求的如何运用?

留言编号:5190544-Taug 答复单位:国库司 回复时间:2021-09-13

问:在采用综合评分法的公开招标项目中,对于产品有实质性要求的(如必须获得CCC强制认证),是应当放在招标公告的资格条件中,还是可以在项目需求中明确不允许偏离即可?

答:对于产品的实质性要求,不应作为资格条件。对于不允许偏离的实质性要求和条件,采购人或者采购代理机构应当在招标文件中规定,并以醒目的方式标明。

32. 采购资格要求是否可以放宽?

留言编号:5214036-RBwS 答复单位:国库司 回复时间:2021-08-30

问:我单位根据任务需要,需购买各类消防车辆,根据相关规定及实际投诉举报案例,采购人在采购过程中必须要把“整车具有工信部公告”作为资格项。由于当前所有车辆面临底盘国五排放标准转国六的转折期,很多车辆特别是大多消防车均未取得国六工信部公告,我单位乃至全国消防救援单位在采购过程中难以满足3家响应的前置条件。请问可以在招标文件中，将“具备国六工信部公告”资格要求放宽至“投标时提供国六或同类型国五工信部公告，但交车时提供国六公告”？这样的话就可以保证有3家以上单位响应。

答：留言所述，如果国家对底盘排放标准有强制性规定的，应服从其规定。若难以满足3家供应商响应，可以根据实际情况，申请变更采购方式。

33. 政府采购服务和政府购买服务的范围是否是一致？

留言编号：2160031-BmhY　答复单位：〔综合司〕　回复时间：2021－07－22

问：对于行政单位来说，其政府采购服务和政府购买服务的范围是否是一致的？是不是其所有需要的服务事项都应按照政府购买服务进行？

答：网友您好，对于行政单位（各级国家机关）来说，政府采购服务和政府购买服务的范围基本是一致的，并非政府所有的服务事项都应采取政府购买服务方式进行，纳入政府购买服务范围的是属于政府职责范围且适宜通过市场化方式提供的服务事项。实际操作时，属于政府购买服务范围的服务事项是否需要实施购买服务，须遵循“预算约束”和“办事不养人”原则。部门在确定要购买的服务事项时，应考虑是否有预算安排、现有人员资源是否充分使用等因素。纳入政府购买服务目录的服务事项没有预算安排的不得实施购买服务，同时也要防止“一边购买服务，一边养人办事”。

34. 物业服务、食堂配送等辅助性服务是否属于政府购买服务？

留言编号：9582-3626729　答复单位：〔综合司〕　回复时间：2021－01－08

问：财政部第102号令中指出：不得纳入政府购买服务范围中包含“不属于政府职责范围的服务事项”；那么，例如机关大楼物业服务、食堂配送等服务并不属于政府职责范围的服务事项，则不应该纳入政府购买服务的范畴，如果这类服务的实施单位属于《政府购买服务管理办法》规定的购买主体，那能否认为此类服务只能界定于政府采购服务，而并不属于政府购买服务？

答：根据《政府购买服务管理办法》有关规定，政府购买服务的内容包括政府向社会公众提供的公共服务，以及政府履职所需辅助性服务。《政府购买服务管理办法》规定的购买主体购买机关大楼物业服务、食堂配送等辅助性服务，属于政府购买服务的范畴。

35. 未达政府采购限额的政府购买服务是否需要编制采购预算？

留言编号：2281-3668698　答复单位：〔综合司〕　回复时间：2021－03－23

问：政府采购项目未达到采购限额标准，则不属于政府采购项目，无需编制政府采购预算。那么，① 若政府购买服务项目也未达到采购限额标准，是否也不需要编制政府购买服务预算？② 政府购买服务为政府采购的一部分，未达到采购限额标准的服务项目不属于政府采购项目，属于政府购买服务项目吗？

答：网友您好，现就您所提问题答复如下：① 先有预算、后购买服务。财政部第102号令规定“政府购买服务项目所需资金应当在相关部门预算中统筹安排，并与中期财政规划相衔接，未列入预算的项目不得实施。购买主体在编报年度部门预算时，应当反映政府购买服务支出情况”；② 财政部第102号令定义的政府购买服务内容既包括集中采购目录以内或者采购限额标准以上的服务，也包括集中采购目录以外或者采购限额标准以下的服务。

36. 多家预算单位联合采购超一定金额是否需要补报预算？

留言编号：4080602-m3mS 答复单位：国库司 回复时间：2021－06－30

问：多家预算单位联合采购，单个项目均不超过（100万），联合后超过100万，此类情况每个预算单位是否需要补报、新增政采预算。

答：如各单位采购的货物不属于集采目录内且未达到分散采购限额，则该联合采购项目无需补报、新增政采预算。

37. 下属企业是否可以参加上级单位作为采购人的项目？

留言编号：5114106-CmPj 答复单位：国库司 回复时间：2021－06－25

问：请教您一个问题，事业单位出资设立的全资子公司或参股公司（事业单位持有该公司一定数量的股份）能否参与该事业单位的政府采购项目或发改委立项项目的投标？期待您的解答，谢谢。

答：采用招标方式采购的项目，下属企业不可以参加上级单位作为采购人的项目。

38. 未达政府采购限额的营房修缮确定几家施工企业是否合规？

留言编号：4172449-ccC6 答复单位：国库司 回复时间：2021－06－16

问：我们是省属院校，每年有100余万元的校园修缮经费，用于日常校园内的小修小补类的施工。由于该类工程内容较多，有防水、修路、粉刷、绿化等，但都不属于集中采购目录内；实施的时间不一致，根据需要随时都可能发生，不具备打包采购基础；每次小修小补的花费都在10万以内，低于省级政府采购限额标准（80万元）。以上为基本情况，我的问题是：为规范此类采购，加强内控管理，兼顾采购效率，学校拟采用统一遴选的方式选择7—8家施工企业，在每次小修小补时，从中选择3家左右进行报价，确定施工方。不知道这种方式是否属于财办库〔2021〕14号文“三库”范围？个人认为项目杂、时间分散、不具备打包基础，且每项都属于目录外、限额下，所以不属于政府采购，应属于单位内控需要，不属于财办库〔2021〕14号文“三库”范围。不知这样理解是否正确？

答：集中采购目录以外分散采购限额以下的项目不属于政府采购法适用的范围，采购单位可根据内部控制管理制度通过竞价等方式实施简易采购，但不鼓励设置定点供应商库。

39. 是否可以设置定点供应商库？

留言编号：2793-3661757 答复单位：国库司 回复时间：2021－03－17

问：国库司领导，我省在集中采购设置了定点供应商库，并且设置了定点竞价的采购方式，可以自行多家供应商参与，最低价中标。我局现在想要框定一部分定点库内供应商来作为这个“自行选择参与”的供应商，请问是否属于财库〔2019〕38号备选库、名录库、资格库？

答：采购人应依据协议供货、定点采购规则选择供应商。采购人内部规定不得与协议供货、定点采购的采购规则相冲突。

40. 投标人报名时是否需要提供委托授权书和营业执照？

留言编号：7950-3662023 答复单位：国库司 回复时间：2021－03－17

问：您好，想咨询下政府采购项目投标人报名时，招标代理机构是否可以要求投标人提供委托授权书、营业执照？

答：委托授权书、营业执照等材料原则上由供应商在投标时提供，不宜在报名环节要求供应商提供。

41．对于政府采购有关条款的理解。

留言编号:8906-3653251　答复单位:国库司　回复时间:2021－03－01

问:致中华人民共和国财政部国库司:① 政府采购法、政府采购法实施条例中涉及条文内的等字,这个等是等内还是等外? ② 采购人组织零星工程(未达到限额标准及未在集中采购目录内)的遴选入围能不能搞? ③ 采购人采购人组织采购代理机构遴选问题? 采购人能否组织采购代理机构遴选入围,选择采购代理机构。因此类无政府采购行为,故不受政府采购法管理范围,由采购人自行组织活动,此理解是否有误。依据财政部办公厅 2021 年 1 月 19 日发布的关于开展政府采购备选库、名录库、资格库专项清理的通知财办库〔2021〕14 号文件通知,此通知,关于上述的二、三中的 2 个遴选问题,是否在清理范围。

答:① 留言所述对政府采购法、政府采购法实施条例中涉及条文内的等字的理解,请结合法律条文上下文判断。② 对集采目录外且单项批量未达到分散采购限额标准的项目,各采购单位应按内部管理办法以及内控制度要求实施。③ 采购人应根据项目特点、代理机构专业领域和综合信用评价结果自行选择政府采购代理机构。④ 留言所述第 2 种及第 3 种情形不在 14 号文的清理范围内。

42．采购内控制度的建立健全。

留言编号:6763-3653709　答复单位:国库司　回复时间:2021－03－01

问:尊敬的司领导:在建立健全政府采购内控制度时,是主管预算单位统一建立本系统(含所属预算单位)政府采购内控制度,还是由主管预算单位协调指导,分别建立各自的内控制度?

答:各单位各根据自身实际情况,依法建立健全政府采购内控制度,原则上由各单位分别建立。主管预算单位应加强对所属预算单位的政策指导,也可统一建立本部门政府采购内控制度。

43．采购文件要求供应商承诺人员最低工资是否合规?

留言编号:6205-3642432　答复单位:国库司　回复时间:2021－02－18

问:某环卫项目,采购文件要求供应商承诺人员最低工资不得低于 5000 元/月。该要求是否属于设置"最低限价"?

答:提出供应商员工最低工资是为了保证员工利益和服务质量,不属于设置最低限价的行为。

44．合同履行(对合同约定的货物提出变更是否可以)。

留言编号:1474-3647735　答复单位:国库司　回复时间:2021－02－04

问:领导您好:咨询一个政府采购合同履行问题。政府采购合同签订后,供货商以厂家停产为理由请求变更合同,变更为同一型号的低配版(一项技术参数降低),是否可以? 如果采购人希望变更为另一型号(一项参数降低,但整体参数提高且市场价格要高于中标产品),是否可以? 是否需要财政监督部门批准,具体流程是什么?

答:采购人、供应商应根据采购文件及响应文件确定的事项签订政府采购合同,并按照合同履约。政府采购合同的双方当事人不得擅自变更采购合同。但如果合同继续履行将损害国家利益和社会公共利益的,双方当事人可以变更合同,过错方应当承担赔偿责任。合同签订后不履约的,应当依照合同追究违约责任。

45. 合同履行(签订合同之前即已提供货物是否规)。

留言编号:4450-3649801　答复单位:国库司　回复时间:2021－02－04

问:尊敬的领导,现向您咨询一个实务问题,感谢您在百忙之中予以解答。问题:A政府采购项目中标通知书发放后采购人在与中标人签订书面合同之前,供应商已经向采购人提供部分货物,提供的货物采购人已经通过验收。那么,这种情形是否属于《政府采购质疑和投诉办法》第三十二条第一款第(四)项"政府采购合同已经履行……"规定的政府采购合同已经履行?

答:中标通知书发出后,采购人应当先按照采购文件确定的事项与与中标人签订政府采购合同,再根据合同的约定依法履行合同义务。签订政府采购合同是履行合同的前提条件。同时由于政府采购合同的特殊性,实践中通常以支付货款作为合同履行的标准。

46. 合同履行(采购合同解除与终止)。

留言编号:3582-3636431　答复单位:国库司　回复时间:2021－01－06

问:① 请问政府采购项目合同签订后,双方协商自愿解除采购合同,并形成了协议,是否属于应当处罚的"擅自变更、中止、终止采购合同的情形"? ② 财政部第87号令第七十三条规定政府采购合同履行、违约责任和解决争议的方法使用《中华人民共和国合同法》。那么双方协商解除合同的是否需要报财政部门,经查阅《合同法》及政府采购法律法规未明确要求解除合同报财政部门。③ 根据《财政部明确采购人顺延中标供应商规则的复函》中关于"双方解除合同的情况,应当按照合同法有关规定或者合同约定执行,原则上不得顺延确定中标或成交供应商。需要重新选定供应商的,应当重新开展采购活动。"的表述,双方协议自愿解除合同后,重新开展采购活动是否需要报财政部门批准后重新开展?

答:根据政府采购法第五十条规定,政府采购双方当事人不得擅自变更、中止或者终止合同。若政府采购合同继续履行将损害国家利益或者公共利益的,双方可变更、中止或者终止合同,无需向财政部门报批,但需妥善保留相关资料备查,并将合同变更、中止或者终止情况报财政部门备案。若中标或者成交供应商拒绝与采购人签订合同的,采购人可以按照评审报告推荐的中标或者成交候选人名单排序,确定下一候选人为中标或者成交供应商,也可以重新开展采购活动,无需向财政部门报批。

47. 补充合同的采购金额是否可以超过原合同采购金额的百分之十?

留言编号:6676-3636983　答复单位:国库司　回复时间:2021－01－22

问:请问通过采购法实施的政府购买服务,补充合同的采购金额能超过原合同采购金额的百分之十吗?

答:根据政府采购法有关规定,采购人可以与中标供应商签订补充合同,补充的内容不得超过原合同金额的10%。

48. 参与前期可研咨询的单位能否可以参加该项目的其他服务投标?

留言编号:1188-3631525　答复单位:国库司　回复时间:2020－12－23

问:国库司领导你好,咨询一个问题。在政府采购项目中,参与了项目的前期可行性研究咨询的单位,在该项目日后采购其他服务(如监理服务)时,能否参与该项目的投标?

答:项目前期可行性研究咨询属于为项目提供设计服务,根据政府采购法实施条例第十八条的规定,除单一来源采购项目外,参与项目可行性研究的单位,不得再参加该采购项目其他采购活动,但可以参与该项目管理、监理、检测服务。

49. 个体工商户能否参加投标?

留言编号:6620-3627825　答复单位:国库司　回复时间:2020－12－10

问:个体工商户在政府采购中是以自然人的身份证参与投标嘛?他们能享受中小企业扶持政策嘛?

答:① 个体工商户不能以自然人的身份参与投标。② 根据现行政府采购制度,个体工商户不适用《政府采购促进中小企业发展暂行办法》。财政部正在对《政府采购促进中小企业发展暂行办法》进行修订,关于您提出的问题将在我们修订过程中统筹考虑。

50. 是否可以要求两个中标人按两家中标报价较低的执行?

留言编号:9155-3622116　答复单位:国库司　回复时间:2020－12－09

问:您好,采购人采购食堂的食材,因下属单位较多,故分为两个合同包,确定两家中标人,可以在招标文件中要求,投标人需承诺中标后,合同价统一按两家中标人中报价较低的执行吗?例如,合同包一中标价 90%,合同包二中标价 70%,可以要求合同包一的中标人按 70%的价格履行合同吗?

答:合同价格应按照投标人的投标价格确定,不得改变。

51. 分包"兼投不兼中"是否合理?

留言编号:9174325-1ZpC　答复单位:国库司　回复时间:2022－05－11

问:作为政府采购监管工作人员,近期在处理某投诉遇到了群口不一的问题,望能解惑已助工作。案例:公开招标的政府采购项目划分为 01、02、03 三个包,采用综合评分法,同时开评标。4 家供应商同时参与了 3 个采购包的投标,均通过了资格审查及符合性审查,且最终确定 3 个采购包的中标人为其中 3 家供应商并进行了公告。招标文件中载明:"本项目共有 3 个包,每个包选择不同的中标人,评标委员会应根据中标候选人推荐优选次序(01 包→02 包→03 包)推荐中标候选人(如:一个投标人同时在 01 包和 02 包的排名均为第一名,则该投标人被确定为 01 包的中标候选人,02 包则确定排名第二名的投标人为中标候选人,依次类推)",俗称"兼投不兼中"。本人认为该设置存在违反相关规定的情形。据此,提出如下疑问:① "兼投不兼中"是否违反了综合评分法的设置原则和中标人的确认规定?② "兼投不兼中"是否属于以其他不合理条件限制或者排斥排序第一的中标供应商?③ 如果认可采购文件中的这种约定,那么采购人可以对中标人的选择及中标人资格或推荐顺序进行约定吗?④ "兼投不兼中"是否会为供应商围标串标或高价中标提供了便利条件?盼复!

答:根据《政府采购货物和服务招标投标管理办法》(财政部第 87 号令)第四十四条的规定,合格投标人不足 3 家的,不得评标。采购人、代理机构可在不违反法律规定的前提下,在采购文件中对"兼投不兼中"作出约定,但每一采购包的合格投标人不得少于 3 家。

四、关于采购评审

52．中标人放弃中标情形。

留言编号:9104048-bVqu 答复单位:国库司 回复时间:2021－09－22

问:第一中标人放弃中标,顺廷第二家中标人,第二家中标人放弃中标,采购人可以确认第三家中标吗?如果采购人顺廷第三家中标,需要报备财政部门吗?财政部门需要对第一、二中标人进行处罚吗?根据政府采购法第四十六条中标、成交通知书发出后,采购人改变中标、成交结果的,或者中标、成交供应商放弃中标、成交项目的,应当依法承担法律责任,这条法律责任对应政府采购法第七十七条供应商有下列情形之一的,处以采购金额千分之五以上千分之十以下的罚款,列入不良行为纪录名单,在1至3年内禁止参加政府采购活动,这3项处罚是并列处罚,还是取之一?谢谢!

答:根据《政府采购法实施条例》第四十九条规定,中标或者成交供应商拒绝与采购人签订合同的,采购人可以按照评审报告推荐的中标或者成交候选人名单排序,确定下一候选人为中标或者成交供应商,也可以重新开展采购活动。具体法律责任由采购人同级人民政府财政部门综合相关情况依法依规处理。

53．前后两个招标项目评标方式基本相同。

留言编号:6161205-tQH8 答复单位:国库司 回复时间:2021－09－13

问:同一业主前后发布两个项目采购招标文件,(采购货物为同一类目)评标方式评分标准基本完全相同。前发布的已经完成招标,确定中标供应商,后发布的是否合规,由于后发布的评标方式,评分标准基本相同,那中标供应商可能就是同一家。

答:留言所属情形不违反政府采购相关规定。如果采购文件未明确规定供应商不得同时参加这两个采购项目,那么中标供应商可以为同一家供应商。

54．采购项目评审方式。

留言编号:6103252-izBd 答复单位:国库司 回复时间:2021－09－13

问:您好,想请问一下关于《政府采购需求管理办法》第二十一条中“可以要求供应商报出后续供应的价格,以及后续采 购的可替代性、相关产品和估价,作为评审时考虑的因素。”及“需由供应商提供设计方案、解决方案或者组织方案,采购人认为有必要考虑全生命周期成本的,可以明确使用年限,要求供应商报出安装调试费用、使用期间能源管理、废弃处置等全生命周期成本,作为评审时考虑的因素。”作为评审因素时,是否可以参考价格分的评审方式,采用低价优先法计算,后续供货价最低或全生命周期成本最低的分值最高,其他投标人得分参考价格分计算方式计算?

答:采购人可以根据项目特点,设置相关评审因素。评审因素的设定应当准确反映采购人的需求重点,与投标人所提供的货物服务质量相关。留言所述评审方式,将全生命周期成本折算为价格分,不违反政府采购有关规定。

55．通用物资采购的评标方法。

留言编号:6363-3664241 答复单位:国库司 回复时间:2021－03－24

问:通用物资在公开采购的过程中是不是应该用最低评标价法

答:按照《政府采购货物和服务招标投标管理办法》规定,技术、服务等标准统一的货物服务项目应当采用最低评标价法。

56. 物业管理采购的评审办法。

留言编号:1111603-XyPd　答复单位:国库司　回复时间:2021-08-30

问:国库司领导:您好!《政府采购需求管理办法》第十九条第二款指出“采购需求客观、明确且规格、标准统一的采购项目,如通用设备、物业管理等,一般采用招标或者询价方式采购,以价格作为授予合同的主要考虑因素,采用固定总价或者固定单价的定价方式。”据此,是不是物业管理采购过程中只能采用最低价中标方式?这与深化改革政府采购放权给采购人自行确定采购方式是否相冲突?谢谢

答:留言所述,物业管理项目优先采用公开招标采购方式,评审办法主要使用最低评标价法。

57. 两家投标人IP地址一致如何处理?

留言编号:3155326-dpmq　答复单位:国库司　回复时间:2021-06-30

问:您好,请问政府采购项目开标时,代理机构发现两家投标人IP地址一致,代理机构应当如何处理?是否需要将情况书面报告财政局?代理机构是否有权要求投标人作出解释说明?

答:留言所述情形应将情况记录后正常开标,向财政部门反映情况。采购代理机构无权自行要求投标人进行解释。

58. 供应商报价明显过低如何评审?

留言编号:3195909-deLU　答复单位:国库司　回复时间:2021-06-16

问:尊敬的国库司您好,烦请咨询,政府采购对供应商报价低于成本是否有定义?因政府采购价格分采取低价优先原则,且价格分占比较大,不乏有供应商试图低价中标,虽然法规对其事后确有对采购标的质量造成影响或履约不当有处罚措施,但实际过程中,因各种因素少有执行,且对采购人时间成本和项目影响也会很大。问:在采购文件编制过程中,能否对“成本核算”的前提条件做一个定义,“成本核算”并非作为废标条款,评委认为低于前提条件且可能影响采购质量和履约情况的,可以启动成本核算,要求供应商对其合理性作出说明即可。望答复为感!

答:政府采购货物和服务招标项目中,评审委员会认为供应商的报价明显低于其他通过符合性审查供应商的报价,有可能影响产品质量或者不能诚信履约的,可要求其在合理的时间内提供书面说明,必要时提交相关证明材料;供应商不能证明其报价合理性的,评审委员会将其作为无效投标。

59. 参加投标的供应商为同一品牌,如何认定?

留言编号:5019-3647346　答复单位:国库司　回复时间:2021-02-04

问:1个项目,3家单位用同一品牌产品参与投标,无其他品牌参与,评标的时候是否可以继续评标。请回复,谢谢

答:留言所述3家供应商提供的产品为同一品牌,应按1个供应商计算供应商数量。由于参加竞争的供应商不足3家,可以依据政府采购法第三十六条第一款第一项予以废标。

60. 供应商在经营活动中没有重大违法记录的时间认定。

留言编号:9134337-8TVY 答复单位　答复单位:国库司　回复时间:2022－04－25

问:政府采购法 第二十二条第五款 参加政府采购活动前3年内,在经营活动中没有重大违法记录;请问老师,这个前3年的基准是开评标时间,还是采购公告发布时间,还是其他时间?请指导,谢。

答:指供应商具体参加政府采购活动的时间起算前3年内。

61. 供应商的信用记录(是否依法纳税)。

留言编号:4110014-uhPk　答复单位:国库司　回复时间:2021－08－30

问:请教依法缴纳税收问题:甲乙丙3个供应商参加政府采购活动,甲供应商欠税1万元,乙供应商欠税100万元,丙供应商曾经欠税200万元,请问甲乙丙3个供应商是否符合《政府采购法》第二十二条当中"有依法缴纳税收和社会保障资金的良好记录"的规定。谢谢!

答:根据《财政部关于在政府采购活动中查询及使用信用记录有关问题的通知》(财库〔2016〕125号),被列入信用中国网站重大税收违法案件当事人名单的供应商不得参加政府采购活动。

62. 信用中国的查询记录是资格审查。

留言编号:1357-3658622　答复单位:国库司　回复时间:2021－03－25

问:老师您好,我想请问一下,信用中国查询记录属于资格审查还是符合性审查。

答:信用中国的查询记录在资格审查环节使用。

63. 信用中国查不到供应商的任何信息如何认定?

留言编号:4130-3664111　答复单位:国库司　回复时间:2021－03－24

问:尊敬的国库司领导,您好。请问在政府采购评审环节,进行信用查询时,在信用中国网站中查询不到供应商任何信息(即供应商名称在信用中国中查询不到),是否可以认为该供应商未被列入失信被执行人、重大税收违法案件当事人名单、政府采购严重违法失信行为记录名单?

答:通过在信用中国、中国政府采购网等网站查询,未发现严重违法失信行为记录信息的供应商可以参加政府采购活动。如通过其他渠道证明该供应商存在严重违法失信行为的,不得参与政府采购活动。

64. 良好的商业信誉应提供什么证明材料?

留言编号:5463-3654026　答复单位:国库司　回复时间:2021－03－01

问:国库司您好,就《政府采购法》第二十二条规定"具有良好的商业信誉和健全的财务会计制度"内容提出以下咨询:① 供应商应如何证明自身具备具有良好的商业信誉,应提供什么证明材料? ② 供应商的"守合同重信用"证书能否作为良好的商业信誉证明依据?

答:良好的商业信誉是指供应商在参加政府采购活动以前,再生产经营活动中始终能够做到遵纪守法,诚实守信,有良好的履约业绩。采购活动中,应当按规定查询供应商的信用记录,不存在严重违法失信行为记录等信息的,即可认为其具备良好的商业信誉。

65. 对分公司的处罚是否影响总公司参与投标?

留言编号:6269-3621610　答复单位:国库司　回复时间:2020－11－27

问:在公开招投标中,文件明确要求企业近3年内,日常经营活动中没有重大违法记录,且要求在国家企业信用信息公示系统中无行政处罚记录和未被列入经营异常名录;但是,经过在国家企业信用信息公示系统查询,有企业的3个分公司近3年内存在被行政处罚和被列入重大违法的名单的记录公示,鉴于分公司无独立法人资格和独立承担责任的法律规定,请问该企业是否还能正常参加本次投标?

答:对分公司作出的处罚决定,相应责任由总公司承担。对子公司作出的处罚决定,母公司不受影响。

66. 列入失信被执行人的供应商是否可以参加投标?

留言编号:1095542-ZA71　答复单位:国库司　回复时间:2021－06－08

问:尊敬的国库司领导,您好,我区一个政府采购公开招标项目,公司法定代表人因个人为亲戚担保贷款到期未还,被"信用中国"列入失信被执行人,请问该公司能参加投标吗?如果该公司中标,有未中标单位举报,会因此被取消中标资格吗?

答:根据《财政部关于在政府采购活动中查询及使用信用记录有关问题的通知》(财库〔2016〕125号),对列入失信被执行人的供应商,应当拒绝其参与政府采购活动。公司作为供应商参与政府采购活动的,公司未被列入失信被执行人即可。

67. 供应商提供的社保资金证明有关事项。

留言编号:2546-3642619　答复单位:国库司　回复时间:2021－02－18

问:咨询工作中2个问题,问题一:在政府采购活动中,某供应商提供的社会保障资金材料是法人给自己购买的城乡居民医疗保险和养老保险,这种情况供应商是否符合政府采购法实施条例第十七条第二款依法缴纳社会保障资金的规定?问题二:在政府采购活动中,招标文件中要求供应商提供近6个月中任意1个月依法缴纳税收和社会保障资金的证明材料,这种情况是否符合政府采购法实施条例第十七条第二款的规定?请予以解答,万分感谢!

答:① 为员工缴纳社保是企业的义务。企业应提供为员工缴纳社保的证明。② 供采购人可以根据项目实际情况,在采购文件中明确供应商需要提供的证明材料,可以要求供应商提供最近半年任一个月依法缴纳税收和社会保障资金的相关材料。

68. 投标人的资格审查(直接控股、管理如何认定)。

留言编号:0567-3665279　答复单位:国库司　回复时间:2021－03－24

问:《政府采购法实施条例》规定,"单位负责人为同一人或者存在直接控股、管理关系的不同供应商,不得参加同一合同项下的政府采购活动。"在采购活动中,采购人、采购代理机构或评标委员会是否有义务认定投标供应商是否存在"单位负责人为同一人或者存在直接控股、管理关系"的情况?尤其是"存在直接控股、管理关系",应当通过何种途径进行有效认定?

答:① 在采购活动中,采购人或者采购代理机构应该依法对投标人的资格进行审查。② 控股是指出资额占有限责任公司资本总额百分之五十以上或者其持有的股份占股份有限公司股本总额百分之五十以上的，以及出资额或者持有股份的比例虽然不足百分之五十，但依其出资额或者持有的股份所享有的表决权已足以对股东会、股东大会的决议产生重大影响。管理关系是指与不具有出资持股关系的单位之间存在的其他管理与被管理关系。

69．竞争性磋商是否可以委托评审专家对供应商进行资格性审查？

留言编号：9993-3647570　答复单位：国库司　回复时间：2021－02－04

问：一般采用竞争性磋商进行采购的，对供应商进行资格性审查，可以委托评审专家进行审查吗？

答：竞争性磋商项目，可由采购人及其采购代理机构依法进行资格审查，也可由磋商小组进行资格审查，但应在磋商文件中进行明示。

70．符合性审查（查什么、是否必须、是否可以约定不审查）。

留言编号：0854-3617125　答复单位：国库司　回复时间：2020－11－27

问：尊敬的国库司领导您好，请问无论是公开、磋商、竞谈和询价等采购方式，① 在开标过程中符合性审查应该审查什么？② 国家法律法规是否有明确要求必须进行符合性审查？③ 是否可以由招标文件约定符合性审查内容，或者约定不进行符合性审查。④ 以上 4 种采购方式是否均适用？

答：符合性审查，主要是为确定投标文件是否满足招标文件的实质性需求。《政府采购货物和服务招标投标管理办法》（财政部第 87 号令）第五十条明确规定政府采购货物和服务招标采购方式应当进行符合性审查，《政府采购非招标采购方式管理办法》（财政部第 74 号令）第十六条和《政府采购竞争性磋商采购方式管理暂行办法》（财库〔2014〕214 号）第十六条，均规定谈判小组、询价小组、磋商小组对响应文件的实质性响应情况进行审查，事实上明确了符合性审查的相关要求。

71．采购项目评审（投标人获得专利情况）。

留言编号：1104855-NbcC　答复单位：国库司　回复时间：2021－06－24

问：评审因素中要求投标人或所投产品制造商获得专利情况：提供由中华人民共和国知识产权局颁发的与本项目采购的家具产品相关的生产工艺、技术等方面的专利证书。有发明专利证书、实用新型专利证书、外观设计专利证书各 3 项，是否违反了第二十条第六款之规定？

答：留言所述情形，如果家具相关产品的专利证书与采购项目有关，把专利证书作为加分因素是可以的，否则就属于以不合理的条件限制供应商。

72．采购项目评审（政府质量奖）。

留言编号：1104532-9bx2　答复单位：国库司　回复时间：2021－06－18

问：评审因素中要求投标人或所投产品制造商获得地市级及以上政府部门颁发的政府质量奖，是否违反该条规定？

答：留言所述，根据《政府采购法实施条例》的规定，属于以不合理的条件对供应商实行差别待遇或者歧视待遇的情形。

73．评审因素（是否可以在标书中把设立党支部设置为评审因素）

留言编号：1326-3661732　答复单位：国库司　回复时间：2021－03－17

问:可以在标书中把设立党支部设置为评审因素吗?

答:评审因素的设定应当与投标人所提供货物服务的质量相关,包括投标报价、技术或者服务水平、履约能力、售后服务等,不建议将设立党支部作为评审因素。

74. 评审因素(进口产品的授权是否可以作为评审条件、资格条件)。

留言编号:7512-3654025　答复单位:国库司　回复时间:2021－03－01

问:根据《政府采购货物和服务招标投标管理办法》中华人民共和国财政部第87号令中第十七条,采购人、采购代理机构不得将投标人的注册资本、资产总额、营业收入、从业人员、利润、纳税额等规模条件作为资格要求或者评审因素,也不得通过将除进口货物以外的生产厂家授权、承诺、证明、背书等作为资格要求,对投标人实行差别待遇或者歧视待遇。如授权作为评审条件,而不是作为资格条件是否可行?在上述法规中,明确了表示除进口产品外的授权不可以作为资格条件,但为了确保设备的合法来源,以评分的方式进行体现,是否违反了上述法规?

答:为避免对供应商实行差别待遇或歧视待遇,采购文件中不得将生产厂家授权、承诺、证明、背书等作为资格条件,也不鼓励将其作为评审因素。留言所述设备维保问题,采购人及其委托的代理机构不应当在采购文件中强制要求提供原厂服务,可在采购文件中对设备来源等提出明确要求,并由供应商作出承诺。

75. 评审因素(制造商的证书能否作为加分因素)。

留言编号:8552-3624983　答复单位:国库司　回复时间:2020－12－09

问:尊敬的国库司领导!在政府采购中可否将所投产品制造商的业绩、所投产品制造商的证书作为评分因素,比如ISO几个证书等。

答:制造商的业绩可以作为评分因素,但是不能规定业绩的特定金额,也不得以特定地区和行业的业绩作为加分因素。所投产品的证书可以列为评分因素,但必须与货物和服务的质量相关。

76. 评审因素(资格证书能否可以作为加分因素)。

留言编号:8500-3620683　答复单位:国库司　回复时间:2020－11－27

问:尊敬的国库司领导,您好!咨询问题如下:某采购项目采用公开招标设置了供应商提供某证书加2分,某证书设置与项目提供服务的质量有关。但经查阅,该证书的申请条件中要求申请单位有时间年限和规模条件限制。请问如果使用这个证书作为评审因素,是否与第87号令第十七条“采购人、采购代理机构不得将投标人的注册资本、资产总额、营业收入、从业人员、利润、纳税额等规模条件作为资格要求或者评审因素”相违背?

答:相关资格证书的申请条件如对企业的注册资本、资产总额、营业收入、从业人员、利润、纳税额等规模条件做出了限制,则该资格证书不能作为政府采购项目的资格条件或者评审因素。

77. 供应商投标(投标文件的装订是否可以作为评审因素)。

留言编号:6347-3662737　答复单位:国库司　回复时间:2021－03－17

问:尊敬的领导,您好。《关于促进政府采购公平竞争优化营商环境的通知》不得因装订、纸张、文件排序等非实质性的格式、形式问题限制和影响供应商投标(响应)。那请问:①

这句话中的装订怎么理解呢？比如文件规定活页装订是否违反此条规定呢？② 那装订、纸张、文件排序等条款可作为评审因素因素吗？

答：① 采购文件可以对投标文件的装订方式作出规定，但不得因装订方式限制供应商参与采购活动或作无效（投标）效应处理。② 评审因素的设定应当与投标人所提供货物服务的质量相关，包括投标报价、技术或者服务水平、履约能力、售后服务等。留言所述装订、纸张、文件排序等一般与所提供货物服务的质量无关，不宜作为评审因素。

78．评审得分如何汇总？

留言编号：2440-3652099　答复单位：国库司　回复时间：2021－02－23

问：根据《政府采购货物和服务招标投标管理办法》（财政部令第 87 号）规定，价格分不得去掉报价中的最高报价和最低报价。但第 87 号令未明确规定“技术”、“商务”评审的评委个人评分汇总方式，个人认为有两种汇总方式：一是“技术”、“商务”评审能否先去高去低后，再进行余下评分的算术平均值计算；二是将所有评委的个人评分全部进行算术平均值计算。两者相比而言，第一种汇总方式更能避免因个别专家评分带有偏向性而导致评分畸高畸低的情况。但请问第一种汇总方式是否违反政府采购相关法律法规？望予以明示。

答：评标委员会成员独立评审，每个成员的评审意见都应该进行汇总，不应该去掉最高分和最低分。如果发现评审专家意见有畸高畸低的情形，应当按照财政部第 87 号令有关规定进行修改或重新评审。

79．综合评分法的总分有何规定？

留言编号：8233-3609779　答复单位：国库司　回复时间：2020－11－27

问：政府采购项目，采用综合评分法，采购文件评标办法中所有评分合计（技术＋商务＋报价）不足 100 分或超过 100 分，是否属于采购文件重大缺陷，应修改采购文件后，重新组织采购活动？

答：综合评分法一般采用百分制，但是也可以采用其他分值作为总分。

80．公开招标文件中能否明确评标委员会只推荐 1 名中标人？

留言编号：5613-3636668　答复单位：国库司　回复时间：2021－01－22

问：在公开招标文件中，能不能明确评标委员会只推荐 1 名中标候选供应商？

答：在具体招标项目中，中标候选人的数量由采购人决定，并在招标文件中事先明确。因此采购人可以在招标文件中要求评标委员会只推荐 1 名中标候选人。

81．投标文件金额大小写不一致如何认定？

留言编号：6064-3636762　答复单位：国库司　回复时间：2021－01－22

问：您好，请问下，开标一览表大写金额书写错误能修正吗？比如小写金额是 1011000 元的，大写写成了壹佰零拾壹万壹仟元的，能修正大写金额吗？该怎么认定报价？

答：根据第 87 号令第五十九条，除了招标文件另有规定以外，投标文件大写金额和小写金额不一致时，应以大写金额为准。

82．中标金额总价金额与单价汇总不一致如何处理？

留言编号：0094400-415k　答复单位：国库司　回复时间：2022－05－23

问:尊敬的国库司领导:政府采购货物类公开招标项目,共3家投标人参与,经评审后,评标委员会推荐投标人A为第一中标候选人,经采购人确定后,投标人A为该项目中标人,并发布中标结果。在采购人准备与中标人A签订政府采购合同前,采购人发现中标人A的开标一览表中,总价金额与按单价汇总金额不一致。请问这种情况怎么处理呢?

答:根据《政府采购货物和服务招标投标管理办法》(财政部第87号令)有关规定,投标文件中开标一览表总价金额与按单价汇总金额不一致的,除单价金额小数点或者百分比明显错位的,以单价金额计算结果为准。

83. 中标单位的很多单价超过通用办公设备配置标准如何处理?

留言编号:4891-3627354　答复单位:国库司　回复时间:2020－12－10

问:经过公开招标后,中标单位的很多单价超过《中央行政单位通用办公设备家具配置标准》,如何处理?是否需要重新招标?

答:根据第87号令规定,招标文件的内容不得违反法律、行政法规、强制性标准、政府采购政策,采购人、采购代理机构应在采购文件按照《中央行政单位通用办公设备家具配置标准》对通用办公设备家具设定最高限价。投标供应商报价超过最高限价规定的,应作无效处理。

84. 招标文件的资格条件(能否要求在规定时间内完成报名)。

留言编号:3393-3626748　答复单位:国库司　回复时间:2020－12－16

问:您好!请问招标文件将"在规定时间内完成了报名的供应商才能参加投标"这一要求设置为政府采购项目的资格条件,拒绝接收未报名供应商的投标文件这一做法违规吗?

答:招标文件不应将"在规定时间内完成了报名的供应商才能参加投标"设置为资格条件。

85. 要求投标人提供样品如何认定?

留言编号:9479-3621315　答复单位:国库司　回复时间:2020－12－09

问:尊敬的国库司领导,按照第87号令第二十二条"采购人、采购代理机构一般不得要求投标人提供样品,仅凭书面方式不能准确描述采购需求或者需要对样品进行主观判断以确认是否满足采购需求等特殊情况除外。",请问贵司:① 在实际操作中应该如何界定采购项目属于"仅凭书面方式不能准确描述采购需求或者需要对样品进行主观判断以确认是否满足采购需求"?② 采购衣物的项目是否属于可以要求提供样品的项目?③ 贵司的回答是否可以适用于公开招标、竞争性磋商、竞争性谈判等全部采购方式?

答:① 仅凭书面方式不能准确描述的情形,一般是投标产品用书面形式难以准确描述或文字描述与实际样品差距比较大的情形,例如鲜活农副产品,需要通过感观、嗅觉、触摸等手段进行判断比较的情形。② 采购衣物是否需要提供样品不能一概而论,需要根据具体情况决定。③ 第87号令关于样品的规定虽不适用其他采购方式,但是原则是相同的,采购人用其他采购方式采购时可参照借鉴。

86. 采购人代表作为磋商小组成员参加本单位采购项目评审。

留言编号:5205056-A8uh　答复单位:国库司　回复时间:2021－09－13

问:如何理解《政府采购竞争性磋商采购方式管理暂行办法》第十四条规定的"采购人代

表不得以评审专家身份参加本部门或本单位采购项目的评审”？在评审过程中，采购人代表(非省级专家库专家)在《评标专家声明书》和《评标专家情况登记表》上签字(磋商小组共3人，另两位机抽专家也在以上两表签字)，仅凭此行为能否认为其以评审专家身份参加本部门或本单位采购项目的评审？谢谢。

答：根据《政府采购竞争性磋商采购方式管理暂行办法》有关规定，磋商小组由采购人代表和评审专家共3人以上单数组成，其中评审专家人数不得少于磋商小组成员总数的2/3。留言所述情形，无法判断采购人代表是否以评审专家身份参加本单位采购项目评审，采购人代表作为磋商小组成员参加本单位采购项目评审，不违反政府采购有关规定。

87. 采购人是否必须委派采购人代表参与公开招标的评标？

留言编号：4154511-kLnE　答复单位：国库司　回复时间：2021－06－25

问：请问公开招标项目，采购人必须委派采购人代表参与评标吗

答：为落实采购人主体责任，财政部鼓励采购人指派熟悉项目的工作人员作为采购人代表参与评审。

88. 评标委员会可否由全部评审专家组成？

留言编号：8334-3609881　答复单位：国库司　回复时间：2020－11－27

问：尊敬的领导：中华人民共和国财政部令第87号《政府采购货物和服务招标投标管理办法》第四十七条中规定“评标委员会由采购人代表和评审专家组成”，请示这评标委员会可否由全部评审专家组成。

答：第87号令第四十七条规定，评标委员会由采购人代表和评审专家组成，成员人数应当为5人以上单数，其中评审专家不得少于成员总数的三分之二。采购人代表放弃参加的，评标委员会可以全部由评审专家组成，但是我部鼓励采购人派出代表参与评标委员会。

89. 采购人派出的监督人员是否可以对评审现场和评审资料拍照？

留言编号：3864-3613746　答复单位：国库司　回复时间：2020－11－23

问：我县一学校进行公开招标评审时，县教育局称是学校主管部门，必须要由他单位派人现场监督，监督人员用手机对评审现场进行拍照；对评标报告也进行拍照带走，请问他这种行为是否合法合规？

答：根据《政府采购货物和服务招标投标管理办法》(财政部令第87号)第六十二、第六十六条规定，采购人、采购代理机构应当采取必要措施，保证评标在严格保密的情况下进行。除采购人代表、评标现场组织人员外，其他与评标工作无关的人员不得进入评标现场。评标委员会在评审现场不得记录、复制或带走任何评标资料。

五、关于采购信息发布、采购政策扶持、采购质疑投诉

90. 采购公告发布后是否可以改变采购标的和资格条件？

留言编号：3110013-Lgef　答复单位：国库司　回复时间：2021－08－30

问：政府采购项目发布采购公告后，能否修改标的数量、最高限价信息？

答：政府采购项目发布采购公告后，采购人不得改变采购标的和资格条件。采购标的数量和最高限价是可以根据需要进行修改。改变后的数量影响采购标的的，应终止发布采购

公告，并重新开展招投标活动。

91．政府采购促进中小企业发展(事业单位是否可以参加)。

留言编号:4101731-lHx6　答复单位:国库司　回复时间:2021-08-30

问:请问事业单位直接控股、管理的中小企业享受《政府采购促进中小企业发展管理办法》的优惠政策吗？举例:某项目是预留份额专门面向中小企业采购项目且允许分包，中标人是事业单位，可以将合同份额分包给其直接控股的中小企业吗？

答:留言所述，事业单位不得参加预留份额专门面向中小企业的政府采购项目。

92．什么是书面关注？

留言编号:2165305-d8N9　答复单位:国库司　回复时间:2021-07-06

问:财库22号文中“第三十六条　在政府采购项目投诉、举报处理和监督检查过程中，发现采购人未按本办法规定建立采购需求管理内控制度、开展采购需求调查和审查工作的，由财政部门采取约谈、书面关注等方式责令采购人整改，并告知其主管预算单位。对情节严重或者拒不改正的，将有关线索移交纪检监 察、审计部门处理。”中书面关注指的是什么意思？

答:书面关注，指财政部门向采购人的主管预算单位发送书面关注函，告知其下属单位即采购人存在的问题，请其对相关问题予以关注，加强监管，并采取措施防范此类情况再次发生。

93．处理投诉事项时如果合同已经签订是否可以暂停合同履行？

留言编号:4161427-GgV1　答复单位:国库司　回复时间:2021-06-16

问:第94号令第二十八条第一款规定“财政部门在处理投诉事项期间，可以视具体情况书面通知采购人和采购代理机构暂停采购活动，暂停采购活动时间最长不得超过30日”，如果采购合同已经签订，是否可以暂停采购合同的履行？

答:财政部门书面通知采购人和采购代理机构暂停采购活动的，采购人和采购代理机构应当暂停采购活动，包括合同的签订与履行。

94．财政投诉处理决定的公示时间有无规定？

留言编号:5924-3667782　答复单位:国库司　回复时间:2021-03-22

问:按规定，财政部门应当将投诉处理决定和监督检查决定挂网公示，请问挂网公示多长时间，有无明确规定？

答:现行法律法规未对政府采购投诉处理决定和监督检查处理决定的公告期限作出规定，但相关期限应具有合理性，并达到公告效果。

第八部分
消防救援队伍政府采购流程示例

消防救援队伍改制转隶后，作为中央预算单位，按照财政部对中央预算单位采购管理要求，统一执行中央预算单位集中采购政策。为了进一步规范消防救援队伍采购行为，加强采购管理，防范采购领域廉政风险，结合消防救援队伍政府采购的工作实际，按照国家政府采购有关政策规定的工作程序和操作流程，对消防救援队伍政府采购的立项审批、需求提报、计划编制、组织实施、信息发布、履约验收、档案管理 7 个关键节点，按照党委统一领导、坚持“需求提报、采购实施、履约验收”相互分离的原则，编者设计制作了一套表格化、清单式的工作指南，可供读者借鉴参考。

一、消防救援队伍政府采购参考流程

1. 采购项目的立项审批

消防救援队伍的所有采购项目，必须申请立项，方可列入采购计划。由需求部门填写《消防救援队伍采购立项申请表》(附表 1)，由需求部门经办人、负责人审签，经技术、财务、资产等部门审查，分管领导审核后，报单位双主官(或党委会议研究)审批。已经列入单位年度预算、并经党委会议研究批准的采购项目，由单位双主官审批。未列入单位年度预算、或超出年度预算安排的，以及上级汇总下级实施的采购项目，应提交党委会议研究审批。

需求部门申请采购立项时，应列明项目名称、陈述申请事由，主要包括：

(一) 申请采购的依据。包括本地区消防事业发展规划、消防装备建设规划，地方党委政府对消防工作的批示，上级有关文件，单位领导有关批示，消防装备评估意见、可行性论证报告等。

(二) 申请采购的具体品目、数量、规格、金额，以及实施本次采购项目的绩效评价指标等。

财务、资产等部门应按以下职责分工，对采购立项提出审查意见，填写《消防救援队伍采购立项审查表》(附表 2)，由审查部门经办人、负责人审签，作为《消防救援队伍采购立项申请表》附件。技术部门主要审查：采购灭火救援装备、信息通信装备、消防宣传装备、防火检查装备、火灾调查装备、文化教育装备等货物类项目，以及服务类项目，由作战训练、后勤装备、信息通信等相关部门审查是否符合有关技术要求、标准规范和实际需要；工程建设项目招标采购等，由营房部门负责审查。财务部门主要审查：采购项目是否列入年度预算及预算金额、采购资金来源、采购项目评审情况及绩效评价指标等。资产部门主要审查：采购项目涉及的新增资产是否符合配备标准、原有资产处置意见是否恰当等。

2. 采购需求的编制提报

采购项目立项批准后 20 个工作日内，需求部门应填写《消防救援队伍采购需求申报表》(附表 3)，依据部门预算(或工程项目概预算)，提出拟采购的标的及其需要满足的技术、商务要求，由需求部门经办人、负责人审签，经财务、审计、技术等部门审查，分管领导审核后，报单位双主官审批。

财务、审计、技术等部门应按以下职责分工，对采购需求的必要性、合理性以及重点风险事项等进行审查，填写《消防救援队伍采购需求审查表》(附表 4)，由审查部门经办人、负责人审签，作为《采购需求申报表》附件。财务部门主要审查：采购需求是否遵循预算、资产和财务等相关管理制度规定，核定采购预算金额。审计部门主要审查：采购需求是否符合采购项目特点和实际需要，审定采购预算金额。技术部门主要审查：采购需求是否符合技术标准和有关规定。

经单位主官批准，可以委托采购代理机构或者其他第三方机构开展采购需求审查，财务、审计、技术等部门应对委托开展的采购需求审查结果进行复核。采购需求审查（复核）不通过的，应修改采购需求并重新进行审查（复核）。

以下采购项目，在确定采购需求前，应通过咨询、论证、问卷调查等方式开展需求调查：

（一）1000万元以上的货物、服务采购项目，3000万元以上的工程采购项目；

（二）涉及公共利益、社会关注度较高的采购项目，包括政府向社会公众提供的公共服务项目等；

（三）技术复杂、专业性较强的项目，包括需定制开发的信息化建设项目、采购进口产品的项目等；

（四）主管预算单位或者采购人认为需要开展需求调查的其他采购项目。

编制采购需求前一年内，采购人已就相关采购标的开展过需求调查的可以不再重复开展。按照规定对采购项目开展可行性研究等前期工作，已包含规定的需求调查内容的，可以不再重复调查；对在可行性研究等前期工作中未涉及的部分，应当按规定开展需求调查。面向市场主体开展需求调查时，选择的调查对象一般不少于3个，并应当具有代表性。需求调查报告应作为《消防救援队伍采购需求申报表》附件备查。需求调查报告内容应当包括：相关产业发展、市场供给、同类采购项目历史成交信息，可能涉及的运行维护、升级更新、备品备件、耗材等后续采购，以及其他相关情况等。

3. 采购计划的组织编制

采购需求批准后，需求部门应及时将相关资料提交采购办公室。采购办公室自受理后20个工作日内，填写《消防救援队伍采购计划审批表》（附表5），围绕合同订立和管理，拟定采购计划，由采购办公室经办人、负责人审签，经财务、审计、法制等部门审查，分管领导审核后，报单位党委会议研究审批。

采购计划应主要包括以下内容：

（一）合同订立安排，包括采购项目预（概）算、最高限价，开展采购活动的时间安排，采购组织形式和委托代理安排，采购包划分与合同分包，供应商资格条件，采购方式、竞争范围和评审规则等。

（二）合同管理安排，包括合同类型、定价方式、合同文本的主要条款、履约验收方案、风险管控措施等。

财务、审计、法制等部门应按以下职责分工，对采购计划进行一般性审查，填写《消防救援队伍采购计划审查表》（附表6），由审查部门经办人、负责人审签，作为《消防救援队伍采购计划审批表》附件。财务部门主要审查：采购计划是否符合预算、资产和财务等相关管理要求，对采购明细预算进行复核等。审计部门主要审查：对采购方式、评审规则、合同类型、定价方式的选择是否说明适用理由，按规定需要报相关监管部门批准、核准的事项是否作出相关安排等。法制部门主要审查：采购计划是否符合政府采购政策和有关规定，采购实施计划是否完整等。

对100万元(含)以上项目的采购计划,还应进行重点审查,审查意见合并填入《消防救援队伍采购计划审查表》,由审计部门牵头组织。重点审查内容包括:是否指向特定供应商或特定产品(非歧视性审查),是否确保充分竞争(竞争性审查),是否落实政府采购政策要求(采购政策审查),合同文本是否按规定由法律顾问审定(履约风险审查)等。

经单位主官批准,可以委托采购代理机构或者其他第三方机构开展采购计划审查,财务、审计、法制等部门应对委托开展的采购计划审查结果进行复核。采购计划审查(复核)不通过的,应修改采购计划并重新进行审查(复核)。

4. 采购行为的具体实施

采购计划获批后,由采购办公室依据核准的采购方式,按照法律法规的规定程序和上级有关文件要求,及时协调跟进、组织实施。由消防救援局集中采购的项目(消防水带、消防员抢险救援防护服、消防员抢险救援手套、消防被服装具),由消防救援局组织实施,总队、支队按上级要求配合落实。由总队集中采购的项目(消防车辆、除消防救援局集中采购外的其他消防装备),由总队采购办公室组织实施,总队相关部门、各支队、大队按要求配合落实。支队级单位确因工作需要,可采购《消防救援队伍部门集中采购目录(2022年版)》内同一预算年度单项或批量金额不超过100万元的消防装备,但不包括消防车辆和消防救援局集中采购的消防装备,采购前须报总队审批;支队采购由支队采购办公室组织实施,支队相关部门、各大队配合落实。

由总队、支队采购办公室组织,委托集中采购机构或社会中介机构代理的采购项目,按规定程序评审确定中标结果后,采购办公室应及时填写《消防救援队伍采购评审结果确认表》(附表7),由采购办公室经办人、负责人审签,经技术、需求、财务等部门审查,分管领导审核后,报单位双主官审批。

技术、需求、财务等部门应按以下职责分工,对采购评审结果进行审查,填写《消防救援队伍采购评审结果审查表》(附表8),由审查部门经办人、负责人审签,作为《消防救援队伍采购评审结果确认表》附件。技术部门主要审查:采购评审结果是否符合有关技术要求、标准规范和实际需要等。需求部门主要审查:采购评审结果是否符合采购计划的具体品目、数量、规格等。财务部门主要审查:采购评审结果是否符合预算、资产和财务等相关管理规定等。

采购评审结束、采购评审结果确认审批后,采购办公室应及时填写《消防救援队伍采购合同审批表》(附表9),由采购办公室经办人、负责人审签,经财务、审计、法制等部门审查,分管领导审核后,报单位双主官审批。采购合同经单位双主官审批后,由单位法人或授权人代表采购人,与中标供应商签订采购合同。

财务、审计、法制等部门应按以下职责分工,对采购合同结果进行审查,填写《消防救援队伍采购合同审查表》(附表10),由审查部门经办人、负责人审签,作为《消防救援队伍采购合同审批表》附件。财务部门主要审查:采购合同有关付款、质保金等条款是符合预算、资产和财务等相关管理规定。审计部门主要审查:采购合同是否符合批准的采购计划、招标文件,是否存在履约风险等。法制部门主要审查:采购合同是否符合相关法律法规等。

5. 采购信息的公示发布

政府采购信息应按规定公开发布,应予公开的政府采购信息包括:公开招标公告、资格预审公告、单一来源采购公示、中标(成交)结果公告、政府采购合同公告等采购项目信息,以及投诉处理结果、监督检查处理结果、集中采购机构考核结果等采购监管信息。采购项目应按规定公开采购意向。除以协议供货、定点采购方式实施的小额零星采购和由集中采购机构统一组织的批量集中采购外,按项目实施的集中采购目录以内或者政府采购限额标准以上的货物、工程、服务采购均应当公开采购意向。采购意向公开时间应当尽量提前,原则上不得晚于采购活动开始前30日。一般在采购立项批准后,即可开始公开采购意向。公开的内容应当包括采购项目名称、采购需求概况、预算金额、预计采购时间等。

政府采购信息发布由采购办公室负责实施,填写《消防救援队伍采购信息发布审批表》(附表11),由采购办公室经办人、负责人审签,经分管领导审核后,报单位双主官审批。中标(成交)结果公告、采购合同公告等已经报批履行确认或审批手续的,不再另行信息发布审批程序。消防救援队伍的政府采购信息应在中国政府采购网(www.ccgp.gov.cn)中央主网发布。

6. 采购项目的履约验收

单位领导指定的部门(一般为需求部门)应牵头成立采购项目验收小组,并根据项目特点制定验收方案,明确履约验收的时间、方式、程序等内容。技术复杂、社会影响较大的货物类项目,可以根据需要设置出厂检验、到货检验、安装调试检验、配套服务检验等多重验收环节;服务类项目,可根据项目特点对服务期内的服务实施情况进行分期考核,结合考核情况和服务效果进行验收;工程类项目应当按照行业管理部门规定的标准、方法和内容进行验收。

采购项目验收小组应按照验收方案和合同约定,对供应商履约情况进行验收。验收时,应按采购合同约定对每一项技术、服务、安全标准的履约情况进行确认。验收结束后,应当出具验收书,列明各项标准的验收情况及项目总体评价,由验收双方共同签署。对于大型或者复杂的采购项目,应当邀请国家认可的质量检测机构参加验收。采购人、采购代理机构可以邀请参加本项目的其他供应商或第三方专业机构及专家参与验收。

验收小组应按照采购合同、验收方案和双方共同签署的验收书,填写《消防救援队伍采购验收报告表》(附表12),注明合同有关信息、验收开展情况、实际验收结果等关键信息,由验收小组核查相关资料是否真实准确、齐全完整,经分管领导审核后、报单位双主官审批。

审计部门应按照内部审计规定,对采购完成(或竣工)的项目事项,开展结算(或决算)审计,并出具审计报告。对验收合格的项目,财务部门应当依据验收报告和审计意见,按照合同约定及时向供应商支付采购资金、退还履约保证金。验收不合格的项目,采购人应当依法依规及时处理。需求部门负责合同履约管理,合同款项支付和项目经费结算由采购部门(或需求部门)具体经办。

7. 采购档案的归集管理

在采购活动过程中形成的、具有凭证价值的各种门类和载体的文件材料等历史记录,应作为采购档案整理归档。采购档案应当遵循真实、完整、可用、安全的原则,按照采购项目、实施年度等分类整理,以便检索、利用和开发。

采购档案一般包括以下内容:

(一)采购立项批件,如有关规划计划、政策文件、领导批示、可行性论证报告、装备评估意见等申请立项依据，相关部门对立项申请的审查意见等；

（二）采购项目需求，如采购项目的商务、技术要求，开展的需求调查，相关部门对项目需求的审查意见等；

（三）采购实施计划，如代理机构的选择，采购方式的确定，相关部门对采购计划的审查意见等；

（四）采购评审过程，如招投标或谈判、磋商、询价等组织实施，中标结果的确定，相关部门对中标结果的审查意见等；

（五）采购合同文本，如合同文本、补充协议，相关部门对合同文本的审查意见等；

（六）采购信息发布，如信息发布批件、网站发布信息截图等；

（七）采购验收报告，如领导批准的验收方案、现场签署的验收书等；

（八）质疑投诉处理，如针对相关采购项目的质疑函、质疑答复、投诉书、投诉处理决定书等；

（九）其他相关资料，如采购项目的发票及报销凭证（复印件），结算（或决算）审计资料，资产增加、调拨、报废资料等。

采购办公室负责采购档案的收集整理，并同步制作电子档案，技术、需求、财务、审计、法制等部门应予配合。采购办公室应配备必要、安全、保密的档案柜（室），妥善保管采购档案。按规定移交至本单位的档案管理部门集中归档的采购档案，应做好交接手续。需求部门或其他业务部门需要留存备查部分采购档案的，采购办公室可提供相关资料复印件。

按照国家档案局《机关文件材料归档范围和文书档案保管期限规定》，货物、服务类采购项目的采购档案保管期限为 30 年，工程类采购项目的采购档案以及重要的合同协议应永久保管。

8. 其他需要注意的事项

在采购过程中发生供应商对采购活动提出质疑或投诉情况时，各级消防救援队伍应当坚持依法依规、权责对等、公平公正、简便高效原则，及时妥善处理。采购办应及时收集整理相关质疑投诉事项，填写《消防救援队伍采购质疑（投诉）处理报告表》（附表 13），将有关质疑（投诉）事由、质疑答复、投诉处理决定等事项，向分管采购工作的领导和单位双主官报告。

采购办公室应当合理安排采购项目的组织实施，充分考虑公告时限、流标废标等因素，尽早启动采购事宜，确保按时完成采购任务。有采购计划的需求部门，最迟应在当年 8 月 31 日之前向采购办公室提交领导批准的《消防救援队伍采购需求申报表》，以便采购实施。

财务、审计、技术等部门应按照有关制度规定，认真履行采购环节审查职责。纪检部门应对政府采购工作实施廉政监督。

采购项目涉及国家秘密的，按照涉密政府采购有关规定执行。

附表 1：

消防救援队伍采购立项申请表

需求部门： 经办人： 负责人： 年 月 日

项目名称		项目类别	（工程/货物/服务）
需求部门申请事由	（立项依据、申请采购具体品目的数量、规格、金额等，相关资料作为本表附件）		
审查部门审查意见	（相关部门依据职责分别出具采购立项审查表，作为本表附件）		
分管领导审核意见	（分管采购工作的单位领导签署意见）		
单位主官审批意见	（单位双主官签批、或提交党委会议研究审批）		

附表 2：

消防救援队伍采购立项审查表

审查部门： 经办人： 负责人： 年 月 日

需求部门			
项目名称		项目类别	（工程/货物/服务）
需求部门申请事由	（立项依据、申请采购具体品目的数量、规格、金额等）		
审查部门意见	（技术、财务、资产部门按照以下职责分工，分别填写此表，出具审查意见，作为采购立项申请表的附件）		
审查部门职责分工	【技术部门】主要审查：采购灭火救援装备、信息通信装备、消防宣传装备、防火检查装备、火灾调查装备、文化教育装备等货物类项目，以及服务类项目，由作战训练、后勤装备、信息通信等相关部门审查是否符合有关技术要求、标准规范和实际需要；工程建设项目招标采购等，由营房部门负责审查。 【财务部门】主要审查：采购项目是否列入年度预算及预算金额、采购资金来源、采购项目评审情况及绩效评价指标等。 【资产部门】主要审查：采购项目涉及的新增资产是否符合配备标准、原有资产处置意见是否恰当等。		

附表 3：

消防救援队伍采购需求申报表

需求部门：　　　　　　经办人：　　　　　　负责人：　　　　　　　　　　年　月　日

项目名称		项目类别	（工程/货物/服务）
立项审批	（审批时间、预算金额）		
需求部门提报需求	（拟采购标的及其需要满足的技术、商务要求等，规定项目应开展需求调查，相关资料作为本表附件）		
审查部门审查意见	（审查部门依据职责，对采购需求的必要性、合理性及重点风险事项等进行审查，审查不通过的，应修改采购需求并重新进行审查，审查表作为本表附件）		
分管领导审核意见	（分管采购工作的单位领导签署意见）		
单位主官审批意见	（单位双主官签批）		

附表 4：

消防救援队伍采购需求审查表

审查部门：　　　　　　经办人：　　　　　　负责人：　　　　　　　　　　年　月　日

需求部门			
项目名称		项目类别	（工程/货物/服务）
需求部门提报需求	（拟采购标的及其需要满足的技术、商务要求等，规定项目应开展需求调查）		
审查部门意见	（财务、审计、技术部门按照以下职责分工，分别填写此表，出具审查意见，作为采购需求申报表的附件）		
审查部门职责分工	【财务部门】主要审查：采购需求是否遵循预算、资产和财务等相关管理制度规定，核定采购预算金额。 【审计部门】主要审查：采购需求是否符合采购项目特点和实际需要，审定采购预算金额。 【技术部门】主要审查：采购需求是否符合技术标准和有关规定。		

附表5：

消防救援队伍采购计划审批表

采购办：　　　　　　经办人：　　　　　　负责人：　　　　　　　　　　　　　　年　月　日

需求部门		项目编号	（确定编号规则）
项目名称		项目类别	（工程/货物/服务）
采购预算		资金来源	（中央、地方、自筹）
代理机构	（国采中心、地方集采机构、社会中介机构、单位采购办）		
采购方式	（公开招标等，需具体明确）		
采购办拟定采购计划	（围绕采购需求对合同订立和管理拟定采购实施计划，相关资料作为本表附件）		
审查部门审查意见	（审查部门依据职责，对采购实施计划进行一般性审查和重点审查，审查不通过的，应修改采购实施计划并重新进行审查，审查表作为本表附件）		
分管领导审核意见	（分管采购工作的单位领导签署意见）		
单位主官审批意见	（单位党委会议研究审定）		

附表6：

消防救援队伍采购计划审查表

审查部门：　　　　　　经办人：　　　　　　负责人：　　　　　　　　　　　　　　年　月　日

需求部门		项目编号	
项目名称		项目类别	（工程/货物/服务）
采购预算		资金来源	（中央、地方、自筹）
代理机构	（国采中心、地方集采机构、社会中介机构、单位采购办）		
采购方式	（公开招标等，需具体明确）		
采购办拟定采购计划	（围绕采购需求对合同订立和管理拟定采购实施计划，相关资料作为本表附件）		
审查部门意见	（财务、审计、法制等部门按照以下职责分工，分别填写此表，出具审查意见，作为采购计划审批表的附件）		
审查部门职责分工	【财务部门】主要审查：采购计划是否符合预算、资产和财务等相关管理要求，对采购明细预算进行复核等。 【审计部门】主要审查：对采购方式、评审规则、合同类型、定价方式的选择是否说明适用理由，按规定需要报相关监管部门批准、核准的事项是否作出相关安排等。牵头负责重点审查（非歧视性审查、竞争性审查、采购政策审查、履约风险审查等）。 【法制部门】主要审查：采购计划是否符合政府采购政策和有关规定，采购实施计划是否完整等。		

附表7：

消防救援队伍采购评审结果确认表

采购办：　　　　　经办人：　　　　　负责人：　　　　　　　　　　　　年　月　日

需求部门		项目编号	
项目名称		项目类别	（工程/货物/服务）
采购预算		资金来源	（中央、地方、自筹）
采购机构	（国采中心、地方集采机构、社会中介机构、单位采购办）		
采购方式	（公开招标等，需具体明确）		
评审结果	（第一中标人：中标金额：） （第二中标人：中标金额：） （应将评标报告作为本表附件）		
审查部门审查意见	（审查部门依据审查职责，对采购评审过程以及重要、关键性程序进行复核，出具审查意见，审查表作为本表附件）		
分管领导审核意见	（分管采购工作的单位领导签署意见）		
单位主官审批意见	（单位双主官签批确认）		

附件8：

消防救援队伍采购评审结果审查表

审查部门：　　　　　经办人：　　　　　负责人：　　　　　　　　　　　　年　月　日

需求部门		项目编号	
项目名称		项目类别	（工程/货物/服务）
采购预算		资金来源	（中央、地方、自筹）
代理机构	（国采中心、地方集采机构、社会中介机构、单位采购办）		
采购方式	（公开招标等，需具体明确）		
评审结果	（第一中标人：中标金额：） （第二中标人：中标金额：） （应将评标报告作为本表附件）		
审查部门意见	（技术、需求、财务等部门按照以下职责分工，分别填写此表，出具审查意见，作为采购评审结果确认表附件）		
审查部门职责分工	【技术部门】主要审查：采购评审结果是否符合有关技术要求、标准规范和实际需要等。 【需求部门】主要审查：采购评审结果是否符合采购计划的具体品目、数量、规格等。 【财务部门】主要审查：采购评审结果是否符合预算、资产和财务等相关管理规定等。		

附表 9：

消防救援队伍采购合同审批表

需求部门：　　　　　经办人：　　　　　负责人：　　　　　　　　　　年　月　日

需求部门		项目编号	
项目名称		项目类别	（工程/货物/服务）
采购预算		资金来源	（中央、地方、自筹）
采购机构	（国采中心、地方集采机构、社会中介机构、单位采购办）		
采购方式	（公开招标等，需具体明确）		
采购合同主要内容	（合同标的、合同金额、付款方式、履约期限等主要条款简明列示，并将拟签订的合同文本作为本表附件）		
审查部门审查意见	（审查部门依据职责，对采购合同文本及重要条款进行复核，出具审查意见，审查表作为本表附件）		
分管领导审核意见	（分管采购工作的单位领导签署意见）		
单位主官审批意见	（单位双主官签批确认）		

附表 10：

消防救援队伍采购合同审查表

审查部门：　　　　　经办人：　　　　　负责人：　　　　　　　　　　年　月　日

需求部门		项目编号	
项目名称		项目类别	（工程/货物/服务）
采购预算		资金来源	（中央、地方、自筹）
代理机构	（国采中心、地方集采机构、社会中介机构、单位采购办）		
采购方式	（公开招标等，需具体明确）		
采购合同主要内容	（合同标的、合同金额、付款方式、履约期限等主要条款简明列示，并将拟签订的合同文本作为本表附件）		
审查部门意见	（财务、审计、法制等部门按照以下职责分工，分别填写此表，出具审查意见，作为采购合同审批表的附件）		
审查部门职责分工	【财务部门】主要审查：采购合同有关付款、质保金等条款是符合预算、资产和财务等相关管理规定。 【审计部门】主要审查：采购合同是否符合批准的采购计划、招标文件，是否存在履约风险等。 【法制部门】主要审查：采购合同是否符合相关法律法规等。		

附表 11：

消防救援队伍采购信息发布审批表

采购办：　　　　经办人：　　　　负责人：　　　　年　月　日

需求部门		项目编号	
项目名称		项目类别	（工程/货物/服务）
采购预算		资金来源	（中央、地方、自筹）
拟发信息名称	（采购意向公开、公开招标公告等，应具体明确）		
拟发信息主要内容	（简明列示拟发布信息的主要内容，并将拟发布信息的具体文本，作为本表附件）		
采购办审查意见	（对相关资料内容的真实性、完整性进行审核，出具审查意见）		
分管领导审核意见	（分管采购工作的单位领导签署意见）		
单位主官审批意见	（单位双主官签批）		

附表 12：

消防救援队伍采购验收报告表

验收小组：　　　　经办人：　　　　负责人：　　　　年　月　日

需求部门		项目编号	
项目名称		项目类别	（工程/货物/服务）
合同约定主要内容	（合同供应商、合同标的数量、约定履约时间等与验收相关的主要信息，合同文本作为本表附件）		
验收开展情况	（实际开展验收的时间、方式、程序，验收双方人员名单、职务、联系电话等信息，验收方案作为本表附件）		
验收结果报告	（按照合同约定逐一验收确认，列明各项标准的验收情况及项目总体评价，双方共同签署的验收书作为本表附件）		
验收小组审查意见	（对验收方案、验收书等资料进行审核，出具审查意见）		
分管领导审核意见	（分管采购工作的单位领导签署意见）		
单位主官审批意见	（单位双主官签批确认）		

附表 13：

消防救援队伍采购质疑(投诉)处理报告表

采购办： 经办人： 负责人： 年 月 日

需求部门		项目编号	
质疑项目名称		项目类别	（工程/货物/服务）
质疑供应商			
供应商 质疑事项	（具体明确的质疑事项、相关请求、事实依据、法律依据、质疑日期等，质疑函作为本表附件）		
采购人 质疑答复	（质疑答复的具体内容、事实依据、法律依据、收到质疑日期、答复日期，质疑答复作为本表附件）		
供应商 投诉事项	（具体明确的投诉事项、投诉请求、事实依据、法律依据、投诉日期等，投诉书作为本表附件）		
财政部 投诉处理	（投诉处理决定查明的事实和相关依据、具体处理决定和法律依据、处理日期等，投诉处理决定书作为本表附件）		
采购办 意见	（采购办对上述资料真实、准确、完整性进行审核）		
分管领导 意见	（分管采购工作的单位领导签署意见）		
单位主官 意见	（单位双主官签署意见）		

二、消防救援队伍政府采购业务示例

结合消防救援队伍工作实际，以 AH 省消防救援总队所属各市消防救援支队采购一批消防装备为例，按照前述流程表格，简要介绍如下。

【基本情况】 AH 省消防救援总队(以下简称 AH 总队)本级及所属的各市消防救援支队拟于 2022 年采购一批消防装备，依据 AH 省"十四五"消防发展规划，及省、市各级财政部门批复地方消防经费时已经安排的消防装备购置经费预算 9000 万元。

根据应急部消防救援局《消防救援队伍部门集中采购目录(2022 年版)》(应急消〔2022〕21 号)有关规定，此项采购内容为政府采购品目"A02030708 消防车""A032501 消防设备"，应由 AH 总队实施部门集中采购。

各支队依据 AH 省"十四五"消防发展规划、所在市"十四五"消防发展规划、所在市财政局已经批复的地方消防经费中的消防装备经费，以及所在市消防装备存量核查情况，拟制了本市 2022 年度消防装备采购计划。经所在支队党委审议通过后，3 月 10 日前，各支队分别向 AH 总队上报《关于 XX 市 2022 年度消防装备采购计划(一上)》。

AH 总队收到各支队采购计划的请示文件以后，按以下程序实施采购。

1．前期准备工作

根据总队职责分工，后勤装备处作为全省消防装备管理的责任部门，也是装备采购的需求部门，负责归集全省消防装备部门集采需求。

(1) 筛选出应由消防救援局组织集中采购的品目。3 月 11 日，总队后勤装备处对全省 2022 年度消防装备采购计划(一上)进行汇总整理，其中，应由消防救援局实施部门集中采购的品目(如消防水带)，单独列出，并按消防救援局有关工作通知执行。

(2) 对一上采购计划进行审核论证、开展需求调查。3 月 14 日，经总队领导批准，由总队后勤装备处牵头，信息通信处、火调技术处、防火监督处、新闻宣传处、组教处、作战训练处等相关处室，按照灭火救援装备、信息通信装备、消防宣传装备、防火检查装备、火灾调查装备和文化教育装备"六大类"消防装备分工负责，依据应急部消防救援局《消防救援队伍部门集中采购目录(2022 年版)》(应急消〔2022〕21 号)、AH 省"十四五"消防发展规划、各市"十四五"消防发展规划、各市消防装备经费、全省消防装备核查情况以及相关法律法规、国家标准、行业标准等，组织对全省 2022 年度消防装备采购计划(一上)进行审核论证，并开展需求调查。

(3) 下发采购计划初核意见、开展技术参数编制。3 月 28 日，由总队后勤装备处牵头，信息通信处等相关处室按照"六大类"消防装备分工负责，根据审核论证和需求调查情况，拟定并下发 2022 年度总队消防装备部门集中采购品目、型号规格及预算价格表，同步开展拟采购品目的技术参数编制。

(4)支队二上反馈采购计划。4 月 4 日，各支队根据总队下发的 2022 年度总队消防装备部门集中采购品目、型号规格及预算价格表，对所在市 2022 年度消防装备采购计划进行调整，并上报《关于 XX 市 2022 年度消防装备采购计划(二上)》。

2．采购立项审批

(1) 签批采购立项审查及审批表。4 月 5 日，总队后勤装备处对全省 2022 年度消防装备采购计划(二上)进行汇总。填写《消防救援队伍采购立项申请表》,申报立项,《AH省消防救援总队2022年度消防装备部门集中采购项目》有关前期资料作为附件。

4月6日,作战训练处、信息通信处等相关处室按照"六大类"消防装备分工负责技术审查,总队财务处对项目预算进行审查,总队资产管理部门对项目资产配备等进行审查,分别填写《消防救援队伍采购立项审查表》。

4月11日,总队后勤装备处根据相关处室审查通过意见,经总队分管领导审核,报总队长、政委共同签批"上会"的意见后,完成《消防救援队伍采购立项申请表》签批。4月15日,总队召开党委会,审议通过《AH省消防救援总队2022年度消防装备部门集中采购项目》立项申请,相关会议纪要(或会议记录复印件)作为附件。

(2) 发布采购意向公告。4月18日,总队采购办公室根据《AH省消防救援总队2022年度消防装备部门集中采购项目》立项批准文件,发布《AH省消防救援总队2022年度消防装备部门集中采购项目》政府采购意向公告。

3. 采购需求审批

(1)编制技术参数及采购需求。4月21日,由总队后勤装备处牵头,作战训练处、信息通信处等相关处室按照"六大类"消防装备分工负责,完成《AH省消防救援总队2022年度消防装备部门集中采购项目》技术参数及采购需求编制。

(2)签批采购需求审查及审批表。4月27日,总队后勤装备处根据技术参数及采购需求编制情况,填写《消防救援队伍采购需求申报表》,总队财务处对项目预算经费进行审查,总队审计室对项目进行预算审查,分别填写《消防救援队伍采购需求审查表》,并出具项目预算审计报告。4月29日,总队后勤装备处根据相关处室审查通过意见,经总队分管领导审核,报总队长、政委共同签批同意后,完成《消防救援队伍采购需求申报表》签批,送总队采购办公室实施。

4. 采购计划审批

(1) 拟定采购计划。5月3日,总队采购办公室受理《AH省消防救援总队2022年度消防装备部门集中采购项目》,围绕合同订立和管理安排,拟定采购计划。

(2) 签批采购计划审查及审批表。5月20日,总队采购办公室依据拟定的采购计划,填写《消防救援队伍采购计划审批表》,提交总队财务处、审计室、法制与社会消防工作处进行审查,相关处室分别填写《消防救援队伍采购计划审查表》,出具审查意见。5月25日,总队采购办公室根据相关处室审查通过意见,经总队分管领导审核,报总队长、政委共同签批"上会"的意见后,完成《消防救援队伍采购计划审批表》签批。5月26日,总队召开党委会,审议通过了《AH省消防救援总队2022年度消防装备部门集中采购项目》采购计划,相关会议纪要(或会议记录复印件)作为附件。.

(3) 采购申请上报财政部备案。5月27日,总队采购办公室根据《AH省消防救援总队2022年度消防装备部门集中采购项目》采购计划批准文件,组织各支队填写2022年度消防装备部门集中采购项目采购申请,上报财政部备案。

5. 采购招标实施

(1) 签订采购代理机构委托协议。5月28日,总队采购办公室根据《AH省消防救援总队2022年度消防装备部门集中采购项目》采购计划批准文件,委托采购代理机构编制招标文件，并签订委托协议。

(2) 招标文件审计。6 月 10 日，总队采购办公室将《AH 省消防救援总队 2022 年度消防装备部门集中采购项目》招标文件报送总队审计室进行招标文件审计。6 月 17 日，总队审计室出具《AH 省消防救援总队 2022 年度消防装备部门集中采购项目》招标文件审计意见。

(3) 发布招标公告。6 月 22 日，总队采购办公室根据《AH 省消防救援总队 2022 年度消防装备部门集中采购项目》招标文件审计意见对招标文件进行修订后，填写《消防救援队伍采购信息发布审批表》，经总队分管领导审核，报总队长、政委共同签批同意后，发布项目招标公告。6 月 23 日，采购代理机构在中国政府采购网、AH 省公共资源交易中心平台同步发布《AH 省消防救援总队 2022 年度消防装备部门集中采购项目》招标公告。

(4) 组织开评标。7 月 15 日，采购代理机构组织项目开评标，出具评标报告，并发布中标候选人公示。

6. 采购结果确认

(1) 签批采购评审结果审查及审批表。7 月 18 日，总队采购办公室接到采购代理机构出具的评标报告后，填写《消防救援队伍采购评审结果确认表》，提交总队后勤装备处、信息通信处、火调技术处、防火监督处、新闻宣传处、组教处、财务处等相关部门进行审查，相关处室分别填写《消防救援队伍采购评审结果审查表》。7 月 20 日，总队采购办公室根据相关处室审查通过意见，经总队分管领导审核，报总队长、政委共同签批同意后，完成《消防救援队伍采购评审结果确认表》签批，向采购代理机构发送采购结果确认函。

(2) 发布中标公告。7 月 21 日，采购代理机构发布中标(成交)公告。

7. 采购合同审批

(1) 签批采购合同审查及审批表。7 月 22 日，总队采购办公室依据招标文件和中标供应商响应文件拟定采购合同(框架合同及分项合同)，填写《消防救援队伍采购合同审批表》，提交总队财务处、审计室、法制与社会消防工作处进行审查，相关处室分别填写《消防救援队伍采购合同审查表》，审计室同时出具合同审计报告。7 月 28 日，总队采购办公室根据相关处室审查通过意见，经总队分管领导审核，报总队长、政委共同签批同意后，完成《消防救援队伍采购合同审批表》签批，通知中标供应商及各支队签订采购合同。

(2) 签订采购合同。7 月 29 日，总队采购办公室组织总队授权代表与中标供应商签订框架合同，组织各支队与中标供应商签订分项合同。

8. 采购履约验收

(1) 成立项目验收小组。10 月 10 日，中标供应商按照合同约定完成供货后，由总队验收工作领导小组牵头，组织后勤装备处、信息通信处、火调技术处、防火监督处、新闻宣传处、组教处、采购办等相关处室组成验收小组，实施项目验收。

(2) 签批采购验收报告表。10 月 21 日，验收小组完成到货装备验收，填写《消防救援队伍采购验收报告表》，经总队分管领导审核，报总队长、政委共同签批同意后，提交总队审计室进行结算审计。

(3) 结算审计及履约付款。11 月 4 日，总队审计室出具结算审计报告。总队采购办公室及各支队采购办公室按照采购合同约定和结算审计报告办理合同款支付。总队财务处及各支队财务部门按程序支付合同款。

9．采购档案整理

（1）收集整理各类档案。12 月底之前，采购办及时整理与采购项目有关的各类档案资料，按照时间、包别等分类整理装订，存档备查。

（2）妥善处理质疑投诉。对采购过程中可能出现的质疑或投诉事项，依法依规妥善处理，及时整理存档备查。